유아 컴퓨터 교육

김경철 · 곽주희

교육과학사

머리말

세상이 빠르게 변화하고 있다. 일반적으로 교육이 세상을 이끌어가야 하지만 경우에 따라서는 세상이 교육을 이끌어 가는 경우가 종종 있다. 컴퓨터와 인터넷의 발달도 이와 유사한 사례라 할 수 있다. 컴퓨터의 놀라운 발전과 인터넷의 보급은 우리의 생활을 많이 바꾸어 놓고 있다. 교육 현장도 이러한 변화의 소용돌이 속에서 예외는 아니다. 컴퓨터와 인터넷의 발전은 교수자의 교수방법에 커다란 변화를 요구하고 있으며 다양하고 효과적인 방안을 제시하기도 한다. 학습자도 과거와 달리 많은 변화를 보이고 있다. 생활태도, 사고방식, 세상을 이해하는 경로, 경험 등 여러 가지 점에서 오늘날의 유아는 과거와는 다른 형태를 보이고 있다. 그러나 세상이 빠르게 변하다보니 이에 맞는 교수방법에 제대로 쫓아가지 못하는 경우도 있다.

과거에는 소수의 사람만이 누렸던 이러한 전자기기 등의 문명의 혜택도 이제는 유아의 컴퓨터 혹은 인터넷 중독을 걱정할 정도로 지나치게 많이 보급되어 있다. 과거의 부모가 해주던 많은 보호의 기능을 스마트 폰이 대신한다는 볼멘소리도 나온다. 이러한 때에 컴퓨터 등을 위시한 전자기기의 바람직한 활용 방안에 대한 연구와 탐구는 매우 긴요한 일이라 할 것이다.

유아 컴퓨터 교육은 많은 점에서 장점을 찾을 수 있다. 물론 모든 사물이 그렇듯이 유아기 컴퓨터 활용도 밝은 면과 어두운 면을 함께 가지고 있다. 이제는 유아기 컴퓨터 교육 자체를 무시하거나 거부하기 힘든 여건이지만 그래도 가능한 한 유아에게 유용한 방향으로 컴퓨터 등의 장점이 전달되어야 할 것이다. 본서는 유아교육현장에서 컴퓨터라는 이기를 어떻게 잘 활용할 수 있을까 하는 고민에서 집필되었다. 21세기 급변하는 세상에서 컴퓨터의 영향이 어떠한지, 그리고 이러한 문명의 이기에 대해 유아교육관련자들이 알아야 할 내용은 무엇인지, 이것을 어떻게 교육적으로 활용하면 바람직할지에 대한 그동안의 성과를 정리해보았다.

이 책은 크게 두 부분으로 구성되었다. 제1부는 이론 편으로 정보화 사회와 현대 사회의 특징에 대해서 논의하고 있으며 유아 발달과 컴퓨터 교육은 어떻게 상응하는지, 그리고 유아교육현장에서 컴퓨터를 사용하는 이유와 사용 방법, 특히 유아교육과 컴퓨터를 어떻게 통합할지에 대해서 정리하였다. 아울러 바람직한 컴퓨터 사용과 더불어 유아 컴퓨터 사용과 안전에 대해서도 언급하였다. 제2부는 실제편으로 각 생활주제에 따라 활용 가능한 컴퓨터 활동에 대해서 설명하였고 컴퓨터 소프트웨어를 활용하여 작업할 수 있는 도구에 대해서 설명하였다.

이 책을 집필하는 동안 많은 분들의 도움을 받았다. 그 중에서 박미정 선생의 도움은 이 책이 진행되는 과정에 지대하다 할 것이다. 다만 개인적 사정으로 끝까지 같이 못한 점은 무척 안타까운 일이었다. 또한 연구를 핑계로 가족에게 최선을 다하지 못한 가장을 묵묵히 지원해준 가족에게도 고마움을 표시해야 할 것이다. 그 외에도 도움을 받은 분이 다수이며 그 이름을 일일이 밝혀드려야 마땅하나 그러지 못한 점 유감스럽게 생각한다. 비록 구체적인 이름이 거명되지는 않았어도 그들의 도움을 결코 잊지 않을 것임을 약속드린다.

끝으로 번번이 어기는 약속을 묵묵히 기다리며 이 책이 마무리될 때까지 물심양면으로 도와주신 교육과학사 여러분께 감사의 인사를 드린다.

2014년 8월

지은이

목차

제1부 이론편

제7장 유아 컴퓨터 사용과 안전 · 145

제 II 부 실제편

제8장 유아 컴퓨터 활동의 실제 · 169

제9장 유아와 함께 만드는 프레젠테이션 · 421

제10장 유용한 편집프로그램 및 도구들 · 449

제 I 부

이론편

제1장

정보화와 현대 사회

01 정보화 시대를 사는 우리들

1) 유비쿼터스(Ubiquitous) 세상으로의 변화

우리가 사는 세상은 계속 변화하고 있고 그 변화를 이끄는 것 중에 한 가지는 아마도 새로운 기술의 개발일 것이다. 새로운 기술은 사람들의 생활을 변화시키고 그로 인해 생각들이 달라지면서 한 시대의 가치관이나 세계관, 사회의 구조 등 커다란 세상의 변화를 가져올 수 있다. 쉬운 예를 찾아본다면, 자동차와 비행기의 발명을 생각해 볼 수 있다. 이 교통수단의 발명은 우리가 하루에 또는 한 시간에 이동할 수 있는 공간을 바꾸어 줌으로써 사람들이 할 수 있는 일을 더 많아지게 하여 우리의 생활을 변화시켰다.

이처럼 자동차와 비행기가 사람들의 생활에 변화를 이끌었듯이 현대 사회에서의 정보통신기술의 발달 역시 우리의 생활을 계속 달라지게 하고 있다. 그 중 두드러진 것이 유비쿼터스 세상으로의 변화일 것이다. Wiser(1993)는 유비쿼터스 세상을 Computing, Communication, Connectivity, Contents, Calm인 5C와 Anytime, Anywhere, Any-network, Any-device, Any-contents인 5Any의 모습으로 나아가는 세상이라고 하였다. 즉, 사람들이 특정한 장소나 시간, 컴퓨터나 통신장치의 제약을 받지 않고 언제 어디서나 네트워크에 접속하여 필요로 하는 것을 할 수 있는 환경이라고 볼 수 있다. 이러한 유비쿼터스 환경은 사람들의 일상생활뿐만 아니라 비즈니스, 금융, 교육, 기타 서비스업 등에서도 이루어지고 있다.

아래의 기사는 일본의 한 패션업체에서 구매자들이 패션쇼를 보며 그 자리에서 옷을 실시간으로 구매하는 마케팅을 통해 6시간 동안 약 7억 5천만 원이라는 매출을 올린 기사이다. 기존의 방식에서는 옷가게에 걸린 옷을 입어보고 사거나 인터넷 쇼핑몰에 게시된 옷 사진을 보고 구매를 하도록 마케팅을 해 왔다. 이처럼 생생한 패션쇼를 보여주며 구매자의 욕구를 자극하고 바로 구매를 할 수 있도록 모바일 마케팅을 한 것은 새로운 시도였다. 이러한 시도가 가능했던 것은 바로 새로운 정보통신기술이 개발되었기 때문이며 이로 인해 사람들의 구매패턴도 변화가 생기게 되었다. 또한 이러한 유비쿼터스 환경으로 우리를 이끌고 있는 것 중 한 가지는 스마트 폰이다. 스마트 폰은 만화영화나 공상과학영화에서 등장인물들이 GPS 기능이 작동하는 썬글라스를 쓰고 누군가를 추적하거나 어떤 장소나 물건 등에 대한 정보를 안경을 통해 송수신 하던 비현실적 장면들을 실현시켜주고 있다. 스마트 폰으로 거리의 건물들에 비추면 건물들에 대한 정보가, 잡지의 상품 위에 비추면 상품에 대한 정보가, 밤하늘을 비추면 여러 별자리의 모양을 그려주고 별자리 이름을 알려주는 환경으로 변화하였다.

패션쇼 즐기며 휴대폰으로 모델옷 쇼핑…6시간에 7억원5천만원 매출 `대박`

日 도쿄걸스 컬렉션
신문광고 웹캡에 비추면
종이속 모델이 살아서 '꿈틀'
루이비통 패션쇼 아이폰 생중계도

모바일 마케팅으로 매출을 올린 일본의 도쿄걸스컬렉션(한국경제, 2010.3.23.화)

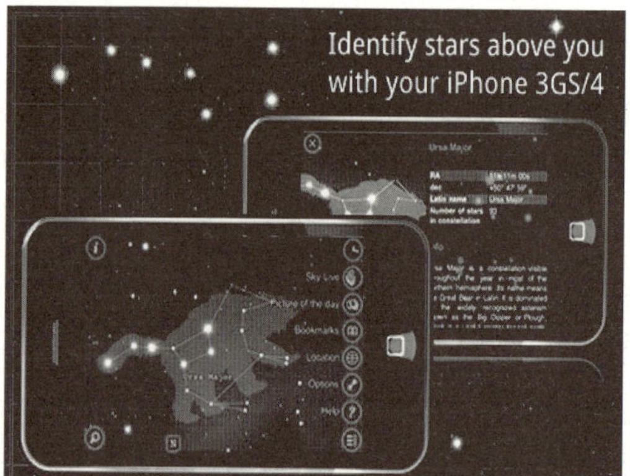

애플 아이폰의 starchart(www.apple.com) 별자리 모양과 이름을 알려준다.

이처럼 무선 인터넷 기술의 발달은 우리가 어디에 있든지 네트워크에 접속할 수 있도록 해 주어 어떤 정보를 알기 위해 특정한 장소를 일부러 찾아가야 하는 일을 줄여주고 있다. 더구나 단말기는 휴대하기에 가볍고 작아졌으며 조작방법 또한 점점 더 쉬워져 우리의 생활이 더욱 빠르게 변화되고 있다. 이제 우리는 버스정류장에서 돈을 송금할 수 있고 버스를 타고 가며 인터넷 강의나 방송을 볼 수 있으며 카페에 앉아 쇼핑을 할 수 있게 되었다.

우리의 아이들은 바로 이런 환경을 살아가고 있으며 앞으로도 새로운 기술의 등장으로 인해 우리 아이들의 사고방식이나 생활방식 및 가치관의 변화를 가져올 것이다. 예전에 비해 사회 변화가 더욱 빨라져 가는 현대 사회에서 유아교육 또한 여러 방면에서 이에 맞는 변화가 일어나야 할 것이다.

2) 공간의 혁명이 가져온 사회공동체(social network) 형성

우리는 살아가면서 여러 사람을 만나고 그 속에서 어떤 공동체들을 형성한다. 그 공동체는 학교나 동아리 모임 또는 주거지 등 주로 자신이 밀접하게 생활하고 있는 곳을 중심으로 만들어진다. 그러나 정보통신기술의 발달은 우리에게 사이버 공간이라는 새로운 공간을 제공하여 사람들의 공동체 형성에 변화를 가져왔다.

이러한 사이버 공간은 정보화 사회의 하나의 특징이다. 실제로 현대 사회는 인터넷을 통해 사람들이 인터넷 동호회를 만들고 인터넷 게시판, 미니홈피, 트위터 등의 사이버 공간에서 만남을 가지며 서로의 의견을 교류하면서 공동체를 만든다. 이에 따라 사회공동체는 더 이상 자신의 현실공간에 한정되지 않고 우리나라의 전 지역뿐만 아니라 전 세계와의 공동체 형성도 가능해졌다. 참여자의 수도 무한정으로 이루어지며 참여국, 연령, 계층의 폭도 다양해졌다. 또한 무선 인터넷의 확장과 휴대하기 편하고 사용법이 더욱 쉬워진 단말기 등은 어떤 안건에 대해 서로의 의견을 모으고 의사 결정을 하는 속도가 빨라지게 하였다.

사이버 공간을 통한 이와 같은 사회공동체 형성은 영국의 찰리 소년이 아이티 지진을 위한 성금모금 활동을 한 경우를 통해 잘 알 수 있다. 찰리 심슨(Charlie Simpson)은 영국의 7살짜리 남자아이로 아이티를 도우려고 무려 12만 파운드, 우리 돈으로 2억

원이 넘는 돈을 모금해 화제가 되었다. 찰리는 아이티 사람들이 지진으로 인해 고통받는 것을 매체를 통해 보고는 그들을 돕고 싶다는 마음을 어머니에게 말했고 어머니는 유니세프 자전거 타기 모금활동에 참가하라고 권했다. 찰리는 인터넷 기부사이트인 저스트기빙(JustGiving)에 “아이티 사람들을 돕기 위해 자전거를 타겠다”며 기부를 부탁하는 글을 올려 모금을 시작하였다. 처음에는 동네공원을 5바퀴 돌며 500파운드(약 94만원) 정도만 걷을 생각이었지만 이러한 소식이 인터넷을 통해 전세계로 퍼지면서 많은 사람들이 기부하여 목표보다 200배가 넘는 성금을 모았다. 한 꼬마아이가 엄청난 금액의 성금을 모금시킨 것도 놀라운 일이지만 이러한 성금이 단 24시간, 즉 하루 만에 모금되었다는 것도 굉장히 놀라운 일이다. 이처럼 현대 사회는 정보통신기술의 도움으로 인해 한정된 공간을 벗어나 많은 사람들에게 빠른 속도로 자신의 의견을 전달하고 이들의 동참을 불러일으켜 사회공동체를 형성할 수 있게 해 준다.

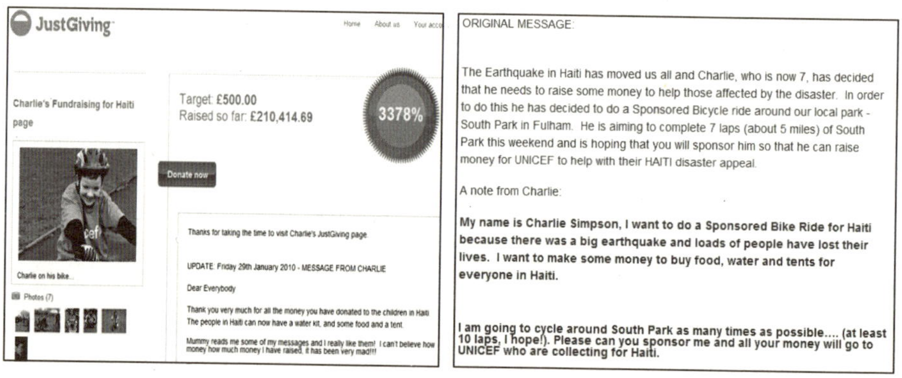

[찰리의 아이티지진 모금활동, www.justgiving.com]

찰리의 감동적인 그리고 기적적인 일화는 우리가 앞으로 아이들에게 ‘함께 살기 위한 교육’을 가르쳐야 함을 시사한다. ‘함께 살기 위한 교육’에 대해 유네스코 21세기 세계교육위원회(1998)도 우리 아이들이 21세기를 살아가기 위해 필요한 교육임을 강조하였다. 유네스코세계교육위원회는 21세기의 사회 변화에 부응하기 위한 교육으로 ‘알기 위한 교육(learning to know)’, ‘행동하기 위한 교육(learning to do)’, ‘존재하기 위한 교육(learning to be)’, ‘함께 살기 위한 교육(learning to live together)’을 제시하였다. 이 중 ‘함께 살기 위한 교육’이란 앞의 세 가지를 바탕으로 하는 궁극적인 목표로써 타인을 이해하고 상호의존성을 인정하면서 이루어지는 교육이다.

이처럼 우리 아이들이 타인을 배려하며 '함께 사는 것'에 관심을 가질 수 있도록 해주며 실제로 행동하게 하는 데 정보통신기술이 도움을 줄 수 있다. 그러므로 유아교육은 어린 시기부터 '함께 사는 것'의 중요성을 인식하고 이를 실천하는 힘을 길러주어야 하며 이를 위해 교실에서 여러 정보통신 매체를 활용하여 여러 가지 효과를 얻을 수 있을 것이다.

02 정보화 시대에서의 유아교육 환경

1) 정보화 사회와 유아교육의 방향

우리 아이들은 앞으로 더욱 유비쿼터스 환경의 다양한 정보통신매체를 이용하여 전 세계의 정보에 접촉하며 필요한 지식을 구할 것이다. 또한 전 세계인들과 사회공동체를 만들고 실시간으로 서로의 의견을 교류하며 필요한 도움을 주고받는 정보화 시대를 살아갈 것이다. 그러므로 이제 유아교육은 우리나라 아이들이 여러 나라의 아이들과 관계를 맺으며 함께 살아갈 수 있는 교육으로 나아가야 할 것이다.

정보화 시대를 살아가는 아이들을 위해, 유아교육뿐만 아니라 초등학교 이상의 모든 학교에서 공통적으로 제공해야 할 교육의 방향이 있다. 이것에 대해 교육인적자원부, 한국교육학술정보원(2000) 교육정보화백서에서는 다음과 같이 제시하고 있다.

첫째, 새로운 환경에서의 문제해결력과 창의력 발현이다. 정보화 사회에서의 교육은 새로운 삶의 환경 속에서 문제를 해결할 수 있는 능력의 개발이라는 관점에서 접근해야 하며 문제해결 시 새로운 대안 또는 문제해결전략 등을 구안할 때 정보기술의 활용을 고려해야 한다.

둘째, 학습자 중심의 교육이다. 빠르게 변화하고 정보가 넘치는 사회에서 자신이 당면한 문제를 해결하기 위해서는 스스로 지식을 구성하고 자기 주도적으로 해결하는 경험을 가질 필요가 있다. 따라서 과거처럼 교사가 미리 정해진 지식을 학생에게 전달하는 것이 아니라 학습자 스스로 학습을 계획하고 문제를 해결하도록 해야 한다.

셋째, 열린 학습이다. 정보기술이 발달함에 따라 다른 나라, 다른 사회, 다른 문화권에 대한 이해와 전 세계에서 발생하는 정보를 자신의 과제나 문제해결에 효과적으로 활용할 수 있는 능력이 있어야 한다. 그러므로 앞으로의 교육은 시·공간적으로 개방된 환경에서 전 세계의 사람과 정보를 이용하여 언제, 어디서나 학습할 수 있도록 변화되어야 할 것이다.

넷째, 함께 하는 학습이다. 협력과 경쟁을 통하여 문제나 과제를 해결하는 경험과 태도를 함양할 수 있도록 해야 한다.

유치원 교육과정은 위와 같은 교육의 방향과 함께 하여 타인을 배려하고 더불어 사는 공동체 이루기와 다문화 교육, 유아의 정보능력 함양, 창의성 신장을 강조하고 있다. 신체운동·건강, 의사소통, 사회관계, 예술경험, 자연탐구로 구성된 5개 영역 중 특정 영역에서만 강조하는 것이 아니라 유아의 생활전체 속에서 타인을 배려하고 세계에 관심을 가지며 정보를 활용하고 창의적으로 문제를 해결하도록 전 과정을 통합하여 강조하고 있다. 학습자 중심의 교육과 열린 학습을 위해서는 획일화된 교육방식에서 벗어나 자율화, 다양화, 특성화된 교육방식으로 나아가야 한다.

또한 유치원 교실에 새로운 정보통신매체가 등장하고 있다. 교육과학기술부는 로봇을 학습 및 기타 정보수집 및 활용에 이용하고자 2010년에 유치원에서 시범적으로 로봇 활용을 시행하였다. 기존의 컴퓨터 모양, 즉 책상 위에 놓아진 형태가 아니라 유아들이 친구처럼 느끼며 자연스럽게 접근하고 커뮤니케이션을 시도할 수 있도록 변화된 매체가 등장한 것이다.

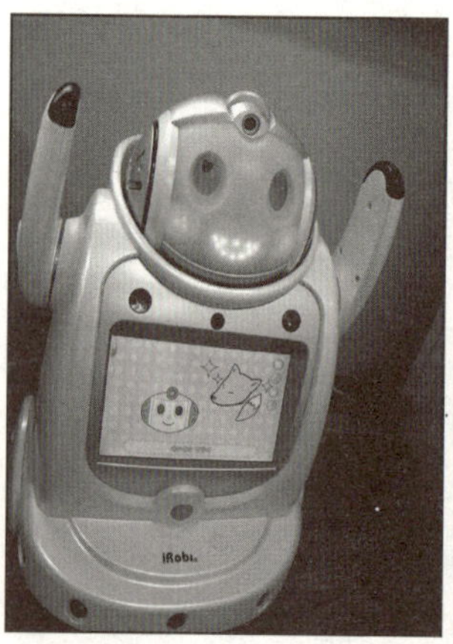
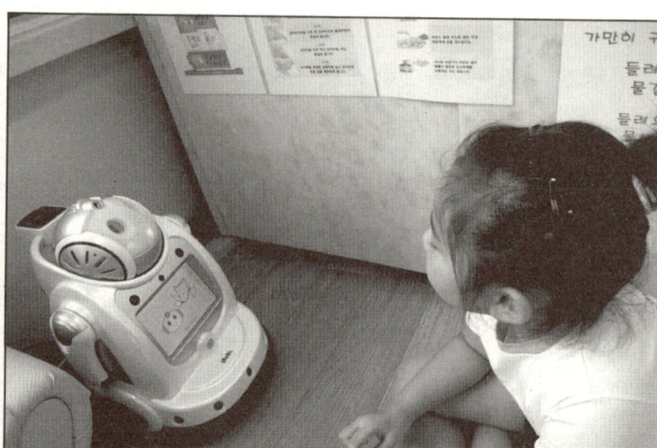

유치원 현장에서 활용하고 있는 교사 보조 로봇

우리의 아이들은 앞으로 로봇과 생활하는 정보화 시대를 살아갈지도 모른다. 그 만큼 기존의 세대와는 다른 환경에서 살아가게 되고 유아교육은 우리 아이들이 현대 사회에서 잘 살아갈 수 있도록 앞서 제시한 교육 방향을 바탕으로 교육을 해야 할 것이다.

2) 정보화 사회와 유아의 컴퓨터 활용교육

유비쿼터스 세상을 살아가는 아이들이 꼭 배워야 할 것들은 정보를 활용하는 능력과 여러 기계(매체)를 사용해 보는 것 그리고 정보윤리를 알고 이를 지키는 것이다. 유아교육기관에서는 이를 바탕에 두고 컴퓨터 활용 교육을 할 수 있다. 여기서는 유아의 컴퓨터 활용교육으로 다음의 네 가지를 소개하고자 한다.

첫째는 정보의 수집과 탐색하기이다. 정보수집과 탐색하기는 유아의 호기심과 관련된 여러 질문을 해결하기 위해 정보통신매체를 이용하여 정보를 찾아보는 것이다. 이는 문제해결을 위한 첫 단계가 된다. 주로 인터넷 검색엔진을 활용하여 관련 웹사이트 찾기, 주제와 관련된 시디롬 타이틀이나 백과사전 등의 인쇄자료들을 활용할 수 있다. 초기에는 교사가 주제에 관련한 다양한 자료를 사전에 검색하고 수집하여 정보찾기 과정에 도움을 주도록 한다. 이러한 활동에 유아가 익숙해지면 점점 유아에게 필요한 정보를 스스로 수집하고 탐색하도록 한다. 예를 들어, 인터넷 웹사이트를 검색하는 경우 컴퓨터 바탕화면에 아이콘을 만들어 주거나 즐겨찾기 등의 형태로 제공해 주어 유아가 마우스를 조작하여 원하는 정보를 스스로 탐색할 수 있도록 한다. 또한 정보의 수집과 탐색에서 한 가지 매체만을 활용하는 경험을 제공할 것이 아니라 유아의 흥미와 관심에 따라 다양한 형태의 활동이 이루어질 수 있도록 시디롬 타이틀, 도서, 웹 등을 골고루 제공해야 한다.

유아교육기관에서 '정보수집과 탐색하기' 활동을 할 때는 유아의 궁금증으로부터 시작하는 것이 적절하다. 예를 들어 '공룡'에 대한 주제를 알아보는 과정에서 교사는 유아가 자신의 궁금증을 해결하기 위해 정보를 찾도록 격려한다. 이야기 나누기 시간에 교사와 유아는 함께 검색엔진을 이용하여 공룡에 대한 궁금한 것들을 찾아볼 수 있다. 또한 교사는 공룡에 대한 책들을 교실의 도서영역에 놓아주거나 공룡 관련 시디롬 타이틀을 컴퓨터 영역에 제공하여 유아들이 스스로 정보를 수집할 수 있도록 환경을 만들어 줄 수 있다.

친구와 함께 컴퓨터 활동을 하고 있는 유아

둘째는 다양한 사람과의 의사소통 경험하기이다. 의사소통 경험은 주로 통신을 목적으로 하는 정보통신매체를 활용하여 웹 토론하기, 공동 프로젝트, 이메일 교류하기 등을 경험하는 것을 말한다. 먼저 웹 토론하기는 게시판, 전자우편, 블로그, 인터넷 카페, 인터넷 메신저 등을 활용하여 특정한 주제에 대해 자신의 의견을 게시하는 것으로 이 활동을 통해 타인의 의견을 존중하는 태도와 의사표현능력을 향상시킬 수 있다. 이때 유아들은 문자로 자신의 생각을 표현하는데 한계가 있으므로 화상채팅, 그림이나 비디오 등을 활용할 수 있다.

공동 프로젝트는 교실이라는 제한된 범위를 넘어 다른 지역의 학습자끼리 공동 관심사항에 대해 활동을 하고 정보통신매체를 활용하여 결과물을 공유하는 것이다. 이 유형은 많은 사람들과의 연계를 통해 상호작용을 활성화한다는 점 이외에도 서로 다른 환경과 문화에 대해 통찰할 수 있는 기회를 제공해 준다는 점에서 의의가 있다. 또한 교실에서 프로젝트 활동을 수행할 때 관련분야의 전문가와 교류할 수 있다. 전자우편을 통한 질의응답, 원격대화가 가능한 카메라, 원격영상회의 시스템 등을 활용하여 전문가와 실시간 화상대화를 실시하는 것도 가능하다.

전자 우편(e-mail) 교류하기는 친목을 위한 목적으로 다른 사람들과 개인적으로 소식을 주고받거나 언어학습 또는 문화에 대한 이해를 목적으로 교류를 하는 형태이다. 예를 들어, 유치원에서 '우리나라' 주제를 알아보는 과정에서 다른 지역의 유치원과 이메일이나 팩스 등을 통해 자신들 지역의 자랑거리, 문화재, 지역특성 등의 정보를 주고

받을 수 있다. 호주의 경우, 유아들에게 여행의 즐거움과 인터넷 및 전자우편의 활용능력을 향상시키기 위하여 '여행친구 Red Dog'라는 프로젝트를 실시하였다. 이 프로젝트에서 Red Dog의 여행을 통해 유아들은 다른 지역의 생활상을 알게 되고 새로운 친구를 사귀게 되며 전자우편 및 인터넷, 멀티미디어 자료를 활용하는 능력을 키울 수 있다.

셋째는 출판하기 경험을 가지는 것이다. 이는 유아들이 문제해결 과정에서 나온 각종 결과물들을 프리젠테이션 자료나 홈페이지로 만들어 보는 것이다. 또는 인터넷 신문 만들기, 포스터 만들기, 그림엽서 만들기 등과 같이 출판하기 자체가 목적이 될 수도 있다. 유아들이 작업한 인쇄매체나 비디오매체 등은 저작도구나 그래픽 제작 소프트웨어 또는 HTML 문서 등을 활용하여 만들어지며 웹이나 인쇄물, 비디오 형태로 제작된다. 실제로 여러 유치원에서는 유아들의 작품이나 활동 동영상 같은 결과물들을 홈페이지에 올려놓고 여러 사람이 볼 수 있도록 하고 있다. 이 과정에서 유아들은 자신의 활동과 다른 사람의 활동을 다시 보는 경험을 통해 반성적인 사고를 할 수 있는 기회를 갖게 된다. 또한 다른 사람이 자신의 활동물에 대해 남긴 의견을 보고 타인의 관점을 이해할 수 있는 기회도 가지게 된다.

넷째는 교육평가에 정보통신매체를 활용하는 것이다. 유아들의 작품, 활동 동영상, 교사의 일화기록 및 작품해설 등을 CD나 웹에 디지털자료로 보관하여 포트폴리오 자료를 만들고 이를 유아 평가에 활용할 수 있다.

이 외에도 유아의 컴퓨터 활용교육은 더욱 다양하게 이루어질 수 있다. 유아가 필요한 정보를 찾고 탐색하며 다양한 정보통신매체를 활용하고 많은 사람들과 의견을 교류하는 것들은 모두 유아가 좀 더 다양한 경험을 할 수 있도록 돕는다. 그러므로 교사는 유아의 컴퓨터 활용교육이 단순히 컴퓨터매체를 조작할 줄 아는 것이 아님을 알고 유아의 경험의 폭을 넓혀 생각이 확장될 수 있도록 노력해야 한다.

3) 기반 환경 구축을 위한 지원

컴퓨터 활용교육을 하기 위해서는 기본적으로 정보교육에 필요한 소프트웨어 및 시설설비 등이 마련되어야 한다. 다양하고 질 높은 교육용 멀티미디어를 개발하여 보급해야 하며 높은 사양의 하드웨어 제공, 빠른 속도를 유지하는 통신망 구축, 통신비 등의 문제들이 정부의 교단 선진화 사업으로서 유아교육기관에 지원되어야 한다.

또한 유아용 컨텐츠들이 양질의 교육용 소프트웨어로서 적합할 수 있도록 컨텐츠 평가의 전문성이 확보되어야 한다. 유아용 시디롬 타이틀이나 인터넷 사이트 등의 개발자 및 운영자들은 자체적으로 컨텐츠 질을 높이기 위해 노력하고 있으나 적합성이 인증되었다고는 말할 수 없다. 따라서 제도적으로 소프트웨어의 품질을 인증하는 '품질 인증제도'가 마련될 필요가 있다.

하드웨어 인프라가 갖추어지고 교육용 컨텐츠들이 마련되었을 때 교사들이 이를 능숙하게 사용할 수 없다면 무용지물이 될 것이다. 새로운 정보통신 매체들이 계속 개발되고 있지만 이에 대한 사용법을 모른다면 교실수업은 정보통신 매체들의 도움을 받을 수 없다. 그러므로 교사들이 여러 정보통신 기자재 및 정보활용능력을 배양하여 이를 교육활동과 유치원 운영에 적용할 수 있도록 교사연수 지원이 필요하다. 교사연수의 내용으로는 기본적으로 여러 매체의 사용법을 익히고 수업에서의 활용성과 유치원 운영에 적용 방법을 탐구하며 아울러 정보윤리 교육 등으로 이루어져야 한다. 또한 교사들이 정보화 사회의 특징을 알고 지금 아이들의 생활방식과 앞으로 변화할 모습들에 대한 이해를 키울 수 있는 내용도 포함되어야 한다.

참고문헌

교육인적자원부, 한국교육학술정보원(2000). 교육정보화 백서. 서울 : 한국교육학술정보원.

유네스코 21세기 세계교육위원회 편(1998). 21세기 교육을 위한 새로운 관점과 전망: 유네스코 21세기 세계교육위원회 종합보고서. (김용주 외 3인, 역)

Wiser, M. (1993), Hot topic : Ubiquitous computing. Computer, 26(10), 71-72.

제2장

유아 발달과 컴퓨터 교육

지금의 우리 아이들은 유아교육기관이나 가정에서 쉽게 컴퓨터를 접하고 있고 학습이나 놀이에 활용하고 있다. 그러나 유아의 컴퓨터 사용이 보편화 되었지만 유아의 컴퓨터 사용에 대한 찬반 논쟁은 아직까지 계속되고 있다. 유아기 컴퓨터의 사용이 유아의 발달과 학습에 도움을 주는지 아니면 오히려 해로운 것이냐에 대한 상반된 논쟁은 이미 1980년대 초부터 이어오고 있다.

이에 본 장에서는 유아 발달과 컴퓨터 활동이 어떠한 관련성을 가지고 있는지에 대하여 부정적인 입장과 긍정적인 입장으로 나누어 살펴 볼 것이다.

01 언어 발달과 컴퓨터 교육

1) 유아기의 컴퓨터 사용은 유아가 의미 있는 경험 속에서 배워야 할 의사소통의 기회를 뺏어버리는가?

부정적인 입장

유아가 말을 통해 자신의 생각을 상대에게 전달하거나 상대의 말을 듣고 그 생각을 이해하는 의사소통 능력은 유아가 실생활에서 다른 이와 말을 주고받는 직접적인 과정을 반복하면서 키워지게 된다.

유아기의 컴퓨터 사용에 대해 부정적인 입장을 가지는 사람들(Barnes & Hill, 1983)은 바로 컴퓨터가 이러한 과정을 유아에게서 빼어갈 것이라고 우려한다. 즉 유아들을 교사나 또래와 고립시켜 의미있는 상황에서 직접 상호작용할 기회나 좋은 언어모델을 접할 기회를 잃어버리게 하여 언어발달에 부정적 영향을 준다고 보았다.

긍정적인 입장

이러한 우려와는 달리 컴퓨터 활동은 유아 간의 상호작용을 증진시켜 언어사용의 경험을 제공한다는 주장이 있다(Borgh & Dickson, 1986). 또한 사회성발달에서 살펴보겠지만, 컴퓨터 활동은 유아의 사회적 상호작용과 긍정적 태도에 영향을 주고 이러한 점들이 언어의 사용을 자연스럽게 증대시킨다.

유아들이 분당 발화하는 어휘 수를 측정한 Muhlstein와 Corft(1986)의 연구를 보면, 유아가 컴퓨터 영역에서 발화한 어휘 수는 쌓기놀이와 미술놀이, 게임, 찰흙놀이 등의 영역과 비교해볼 때 거의 2배 이상 더 많았다. Hutinger 등(1998)의 연구에서는 유아들(3세와 4세)이 손으로 그린 그림보다 컴퓨터로 그린 그림에 더 많은 언어적 표현을 하였다. 또한 Burg(1984)의 연구에서는 또래와 대화를 꺼리고 언어능력이 뒤떨어진 5세 유아들을 대상으로 컴퓨터를 활용한 문답식 프로그램을 적용한 결과, 유아의 언어능력과 사회성이 함께 발달되었다. 이와 비슷하게 McCormick (1987)의 연구에서도 언어발달이 지체된 유아에게 컴퓨터 활동을 실시한 결과, 놀잇감을 가지고 노는 놀이보다 어휘사용이 더 증가하였다.

이러한 연구들의 결과에서와 같이 유아의 컴퓨터 활동은 의사소통의 기회를 빼어 언어발달을 저해한다는 우려도 있지만 이에 반해 오히려 유아들 간에 토의를 하거나 활동을 도와주거나 가르치기를 하는 등의 의미있는 상황을 제공하여 언어발달을 돕는다는 주장도 있다.

2) 유아에게 수동적인 학습태도만을 요구하여 읽기와 쓰기 능력 발달을 방해하는가?

부정적인 입장

이는 마치 유아가 텔레비전을 보며 수동적인 반응만을 하는 것처럼 컴퓨터 역시 유아들에게 프로그램이 시키는 대로 따라만 하라는 수동적인 학습태도만을 조장할 수 있다는 것이다. 유아의 읽기와 쓰기능력은 의사소통능력, 어휘력 등과 마찬가지로 자연스럽게 일상적인 생활 속에서 어떤 필요에 의해 읽거나 쓰기를 요구하는 상황에서 발달한다. 예를 들면, 친구에게 편지를 쓰고 싶거나 동화책을 읽고 싶거나 생각을 나중에 기억하기 위해 적어두거나 하는 등의 의미 있는 목적과 상황들을 말한다. 이에 비해 컴퓨터 활동은 어떤 의미와 목적 없이 유아에게 읽기와 쓰기를 하도록 지시하는 인위적이고 수동적인 학습을 요구한다. 결국 컴퓨터 활동은 유아에게 읽기와 쓰기에 대한 흥미를 잃게 하여 발달을 방해하는 해로움을 줄 것이다.

긍정적인 입장

컴퓨터를 통한 동화 듣기나 글자의 음운을 들려주는 등의 문해 프로그램들은 유아의 읽기능력을 향상시키는 데 긍정적인 영향을 미칠 수 있다. 억지로 읽기를 강요하는 것이 아니라 유아의 흥미를 충분히 고려하여 프로그램을 만들고 일반 동화책이나 문해관련 학습자료들이 제공하지 못하는 멀티미디어 기능을 제공할 수 있는 장점을 가지고 있다.

유아가 읽기를 배울 때 부모나 교사와 같은 어른들이 재미있게 읽어주며 즐거운 시간을 가지는 것이 언어발달과 더불어 정서발달에도 좋다. 그러나 어른들이 동화책을 읽어줄 기회를 많이 갖지 못하는 유아에게는 그에 따른 다른 학습기회가 제공되어야 한다. Tally와 Lancy, Lee(1997)는 컴퓨터를 통한 동화책 읽어주기는 가정에서 읽기를 많이 하는 유아와 그렇지 않은 유아 간의 차이를 줄일 수 있게 도와줄 수 있음을 강조하였다. 양승희(1997)의 연구에서는 컴퓨터를 활용한 문해활동이 유아의 읽기능력에 효과가 있었고 동화의 내용에 대한 이해도 높았으며 자발적 읽기 행동도 더 빈번히 발견되었음을 보여주었다. 아래의 '토끼와 거북이'나 '할머니와 둘이서'는 리빙북 소프트웨어로 성우가 동화를 들려줄 때 그에 해당하는 글자의 색을 강조하여 유아가 글자와 음운을 자연스럽게 연결할 수 있도록 하고 있다.

리빙북-토끼와 거북이

리빙북-할머니와 둘이서

또한 유아가 컴퓨터 자판을 치면 그 글자의 소리를 들려주는 소프트웨어를 활용하는 경험은 유아들로 하여금 자음과 모음의 합성과 이에 따른 결과를 즉각적으로 소리로 연결시킬 수 있으므로 글자와 음의 관계를 파악하고 음운적 관계의 이해에 효과적이다(홍혜경, 2008).

유아가 컴퓨터 활동을 통해 읽기능력을 향상시킬 수 있는 것처럼 기초적인 쓰기 학습에도 도움을 받을 수 있다. Clements(1987)와 Austin과 Hughes(1989)는 유아가 컴퓨터를 통한 쓰기활동을 하면서 쓰기 과정 중에 생길 수 있는 실수에 대해 부담을 덜 느낀다고 하였다. 이는 글자의 선이나 써 나가는 방향에 신경을 쓸 필요가 없으며 완전한 글자 형태로 쓰기가 쉽고 틀렸을 때 수정하기가 쉽기 때문이다. 또한 줄맞추기와 띄어쓰기, 지우기, 왼쪽에서 오른쪽으로 써 내려가기 등의 기술적인 문제에 어려움을 겪지 않고 결과물을 얻을 수 있다. 뿐만 아니라 자신의 쓰기활동 결과를 다른 사람들이 쉽게 알아보고 읽을 수 있다는 점에서 쓰기에 자신감을 갖게 된다. 자신이 원하는 만큼 똑같은 내용을 출력해 낼 수도 있으며 원하는 문자를 쓰기 위해 키보드의 자음과 모음을 조합해 보는 경험으로 문자의 구성도 알게 된다. 김영실(1999) 연구에서는 유아들이 컴퓨터를 통해 쓰기활동을 할 때 쓰기문제를 해결하기 위해 또래들과 의견을 나누었고 이렇게 협력하여 얻어낸 공동결과물을 인쇄하여 다른 친구들과 공유해 봄으로써 좀 더 주도적이고 자율적인 학습을 이루어간다고 하였다. 이러한 장점들을 볼 때 컴퓨터 활동은 유아가 단순히 쓰기 기술을 연습하는 것이 아니라 창의적인 쓰기 활동의 기회를 가질 수 있도록 격려하게 된다.

3) 유아의 언어 발달을 지원하기 위한 컴퓨터의 활용방법은 무엇인가?

컴퓨터를 통한 문해활동은 부정적인 입장을 가진 사람들의 우려와 달리 유아의 개인적인 흥미와 필요에 따라 자신이 선택한 대로 학습의 방향이나 속도를 조절하는 것이 가능하다(Meyer, Rose, & Chall, 1998). 이는 문해 습득에 도움이 되는 다양한 컴퓨터 문해프로그램을 제공함으로써 가능해지고 컴퓨터 활동을 유치원활동과 통합적으로 운영할 때 더 큰 효과를 거둘 수 있다.

유아 언어 발달을 위한 통합활동

통합활동이 주는 효과를 연구한 강명희(2000)는 유아에게 컴퓨터 활동과 연관된 읽기, 쓰기, 이야기 꾸미기, 표현하고 싶은 내용 글로 옮기기 등의 소집단, 대집단 활동을 실시하였을 때 유아의 어휘능력, 문장이해력, 쓰기능력이 더 향상되었음을 제시했다. 이는 컴퓨터 연관활동을 할 때 이야기 꾸미기나 편지 쓰기, 동시 짓기 등의 다양한 활동을 통하여 유아가 문자에 관심이 더 많아졌고, 점점 독자적으로 쓰려고 하는 등 능동적으로 활동하였기 때문으로 볼 수 있다.

즉 유아에게 컴퓨터 언어활동만 제공하여도 유아의 언어능력 향상에 도움을 줄 수 있으나 이를 다른 유치원 교육활동과 연관하여 통합적으로 운영하면 더 큰 향상을 가질 수 있다는 것이다. 따라서 교사는 유치원 생활주제를 중심으로 컴퓨터활동과 다른 흥미영역활동을 통합한 교육활동을 계획하여 유아의 언어발달을 도울 수 있어야 한다.

02 인지 발달과 컴퓨터 교육

1) 유아기의 컴퓨터 사용은 인지 발달에 적합한가?

부정적인 입장

초창기 유아교육 현장에 컴퓨터가 도입되자 많은 학자들은 컴퓨터교육에 대해 우려를 표명했다. 그 중 가장 큰 이유는 유아의 인지 발달이 컴퓨터를 사용할 정도로 발달하지 못했다는 것이다. 피아제의 인지발달 중 전조작기에 해당하는 유아는 주로 구체물을 다루며 활동을 해야 하는데 컴퓨터 활동은 추상성이 강한 활동이라는 것이다(Barnes & Hill, 1983; Cuffaro, 1984; Elkind, 1981, 1987a; Zajonc, 1984). 우리가 사는 실제 생활이 3차원인 것과 달리 컴퓨터 화면은 2차원으로밖에 보여주지 못하는 물리적 한계 때문에 세상 사물을 추상적으로 보여줄 수밖에 없으며 유아는 아직 컴퓨터 화면에서 보여주는 추상적인 개념을 배우기 어려울 것이라고 보았다. Brady와 Hill(1984)은 컴퓨터 화면의 추상적 특성 때문에 약 7살 정도의 구체적 조작기가 되기 전까지는 유아가 컴퓨터를 사용하는 것을 미루어야 한다고 주장했다. Cuffaro (1984)는 2차원인 컴퓨터 화면에서 공간 관계를 배우는 것보다 3차원인 실제 사물을 가지고 배우는 것이 훨씬 더 효과적이라고 주장한다.

긍정적인 입장

사실 컴퓨터의 사용이 유아에게 해롭다는 대부분의 논점은 Piaget의 이론에 대한 잘못된 이해에서 비롯되었다는 주장도 있다(Shade & Davis, 1997). 대부분 반대론자들은 전조작기 또는 구체적 조작기의 유아는 직접 손으로 교구를 조작해 보아야 만이 인지발달이 일어나며 따라서 교육 현장에서 컴퓨터와 같은 싱징적 내용을 다루는 도구를 사용해서는 안 된다고 주장하는데 이것은 유아의 인지 세계에 대한 잘못된 견해라는 것이다. Clements와 Nastasi(1993)는 유아에게 구체적(concrete)이란 말은 대상의 물리적 속성을 지칭하는 것이기보다는 대상이 얼마나 유아 개인에게 의미 있으며, 조작 가능한가와 더 관련이 깊다고 하였다. 게다가 유아들이 즐겨하는 활동들 대부분은 상징적이다(Sheingold, 1986). 예를 들어 유아들이 흔히 하는 활동인 손가락 놀이나 진흙으로 무엇을 만들거나 노래 부르기 등은 상징적인 행동이라 할 수 있다.

Shade와 Watson(1988), Brinkley와 Watson(1986)은 내외도식(inside/outside scheme)을 통해 화면의 그래픽을 배열하도록 고안된 복잡한 순서의 단일키 누르기를 3세 아이에게 가르치는데 성공했다. 이들 학자들은 유아를 훈련시키기 보다는 발견과정을 통해 유아 스스로 통제하도록 하는 소프트웨어를 사용한다면 유아기에도 컴퓨터를 도입할 수 있으며, 이 경우 3세 아의 경우에도 충분히 가능하다고 권고했다. 즉, 유아는 컴퓨터상의 추상적 특징을 충분히 이해하고 적응하였다.

또한 유아는 컴퓨터의 추상적 특징을 이해하는 것뿐만 아니라 컴퓨터 활동을 통해 구체적 사고수준에서 더 높은 인지수준인 상징적 표상을 사용하는 수준으로 발달한다(Clements & Gullo, 1984; Papert, 1980; Ziajka, 1983). 표상력은 사고의 기초 도구로써 유아는 자신이 했던 생각을 다시 생각해보고, 자신이 했던 행동을 반성하고 지식을 재구성하게 하는 초인지의 성격을 가진다. 이는 인지 발달에 중요한 역할을 하는 것으로, 이러한 표상력은 컴퓨터와 교사의 중개에 의해 발달된다(박선희, 1994). 4~5세 유아의 컴퓨터에 대한 흥미와 인지적·행동적 상관관계를 조사한 연구 결과를 보면 컴퓨터 사용횟수가 많았던 유아들이 컴퓨터 사용횟수가 적은 유아들보다 인지적 성숙 수준이 높은 것으로 나타났다(Johnson, 1985). 즉, 컴퓨터 활동은 유아의 학습을 신장시켜 주고, 논리와 새로운 방식의 사고를 통하여 지적발달을 촉진시킨다.

예를 들어, LOGO 프로그램 같은 경우는 학습자에게 사고할 기회와 사고 결과를 시각적으로 확인할 수 있는 기회를 제공하기 때문에 인지 발달에 특히 효과적이다. 학습자 통제유형의 특성을 지닌 이 프로그램은 유아의 인지 유형(사려성, 확산적 사고력), 초인지 능력과 기술, 인지기술(분류화, 서열화 조작), 창의성을 획득하는 데 효과적이다. 또한 LOGO 프로그래밍 활동은 유아의 공간개념 향상에 매우 긍정적인 영향을 준다(유인수, 2000).

2) 전통적인 재료들에 비해 값이 비싼 컴퓨터 학습이 유아에게 필요한가?

부정적인 입장

컴퓨터는 아마도 유아들이 사용하는 여러 학습 자료들 중 가장 비싼 매체일 것이다. 그렇다면 이렇게 비싼 컴퓨터를 가지고 유아들은 어떤 학습을 하는가. 단순히 그리기와 색칠하기, 더하기와 빼기 등의 연산문제를 풀고 있지는 않은가. Ziajka(1983)는 다양한 컴퓨터 프로그램이 유아의 개념형성에 도움을 준다할지라도 그것이 기존의 그렇게 비싸지도 않은 교구보다 더 효과적인가에 대해 의문을 제시했다. 즉 크레파스와 스케치북만 있으면, 종이와 연필만 있으면 그리기를 할 수 있는 것을 매우 비싸고 조작도 번거로운 컴퓨터로 줄을 긋고 색칠할 필요가 있는가를 생각해 보아야 한다.

긍정적인 입장

컴퓨터의 가격이 다른 교구보다 훨씬 비싸고 활용도 또한 높지 않다면 위의 주장은 타당하다. 그러나 실물교재가 필요한 경우와 컴퓨터가 필요한 경우가 따로 존재할 수 있으며, 이 두 가지가 통합되어 유아가 동일한 내용의 경험을 다양한 매체를 통해 재 경험할 때 학습효과가 더욱 증가될 수도 있다.

컴퓨터 활동은 경우에 따라 실물교구보다 더 효과적일 수도 있다. 그 예로 유아수학교육에 대한 연구들을 살펴보면, 김선영(1993)의 연구에서 유아는 서열화, 분류화, 기하학, 산술개념을 학습할 때 실물교구인 퀴즈네어 막대, 속성블럭, 도형판을 사용하는 경우보다는 이러한 교구를 컴퓨터 화면상에 나타내는 경우에 개념이해 및 학습 흥미 등에 더 효과적이었다. 권희경(1993)의 연구에서는 컴퓨터 교육 유무에 따라 서열과 수 개념에서는 유의한 차이가 있었지만 분류, 공간, 측정에서는 차이가 발견되지 않았다. 박순희(1999)는 만 5세아를 대상으로 유아용 멀티미디어 컴퓨터프로그램을 이용한 유아의 학습활동과 연습용카드를 이용한 학습활동이 유아의 수학 기초개념 향상에 미치는 효과를 알아보았다. 그 결과 서열, 공간, 측정의 기초개념에서는 차이가 나타났고 분류, 수개념에서는 차이가 나타나지 않았다. 이상애(1998)도 컴퓨터를 활용한 유아수학교육과 교구를 활용한 유아수학교육에 대하여 그 효과를 비교한 결과 컴퓨터를 활용한 교육이 유아수학교육에 더 높은 영향을 미쳤다고 보고하였다. 강인숙(2001)도 유아수학교육용 소프트웨어를 활용한 컴퓨터 활동이 유아의 수학성취 및 문제해결능력에 효과가 있음을 증명하였다.

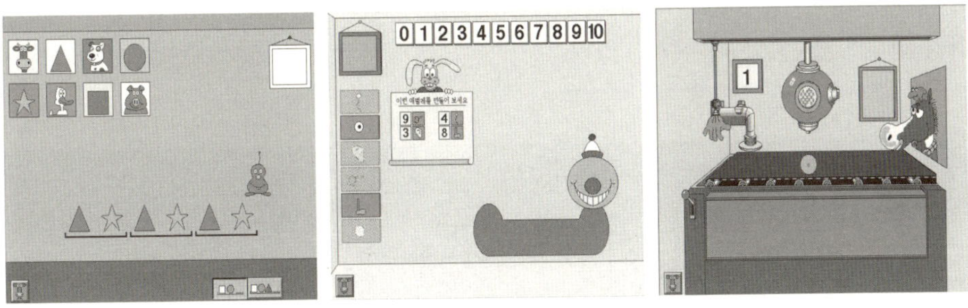

유아수학교육용으로 사용할 수 있는 유아용 소프트웨어 '밀리의 수놀이 가게'

이는 컴퓨터가 수학을 지도하는데 필요한 경험과 학습을 제공해 줄 수 있는 아주 훌륭한 학습보조 자료가 될 수 있으며(Craig, 2000), 기초적 수학기술 및 기능을 향상시키기 위해 컴퓨터 프로그램을 이용하는 것이 교사주도 학습방법을 이용하는 것보다 더 효과적임(박정숙, 1987)을 알 수 있다.

3) 컴퓨터를 통한 학습이 유아의 창의성에 긍정적 영향을 주는가?

컴퓨터 활동은 유아에게 창의적 경험의 기회를 제공하여 인지기술을 발달시키고, 유아의 논리적 지식을 획득하게 하여, 문제를 잘 해결할 수 있는 능력을 갖게 한다(Clements, 1991). 또한 컴퓨터 프로그래밍은 유아에게 무한한 창의력 표현의 기회를 주며, 컴퓨터는 시각적 도구로서 추상적이고 높은 수준의 사고력을 위한 매개체로서의 역할을 하여 유아가 시각적으로 내면화하게 도와준다(인보영, 1996).

이러한 주장들은 여러 연구들에서도 밝혀지고 있다. 먼저 멀티미디어를 활용하여 창의성을 연구한 결과(최인실, 2000) 멀티미디어 프로그램을 활용한 집단의 유아가 멀티미디어 프로그램을 활용하지 않는 집단의 유아보다 창의성에서 더 높은 점수를 얻었다. 컴퓨터 연관활동을 통해 창의성 증진효과를 살펴 본 연구(장혜경, 2002)에 따르면 단순한 컴퓨터 활동만 하는 것보다는 컴퓨터 활동과 이와 관련된 연관활동을 실시하면 유아의 창의성이 더 많이 증진된다고 보고하였다.

컴퓨터는 물리적 세계의 변인을 조작하고 또 각각에 대한 결과를 발견할 수 있는 독특한 기회를 제공해 주는 것으로서 찰흙, 모래, 물 등의 재료들과 마찬가지로 탐색의 기회를 내포하고 있다(Karden, 1990). 이런 관점에서 보면 유치원에서의 미술, 모래, 물, 역할놀이 등이 유아의 창의성 개발을 촉진하는 좋은 놀이들인 것처럼, 컴퓨터도 창의성 신장에 좋은 도구가 될 수 있다.

유아의 창의성 촉진을 도울 수 있는 개방형 소프트웨어 '올리의 그림동화 만들기'

컴퓨터는 유아의 지적경험 제공을 위한 훌륭한 매체이다. 컴퓨터 프로그램은 유아에게 전에는 경험하지 못했던 방식으로 세상을 탐색할 수 있도록 돕는다. 이는 유아에게 새로운 방식의 반성적 사고를 유발 할 수 있다.

유아들을 좀 더 빨리 좀 더 일찍 가르치고 성장시키려는 욕심으로 컴퓨터를 이용한다면(Elkind, 1981), 컴퓨터는 유아교육 현장에 들어와서는 안 될 것이다. 그러나 컴퓨터가 유아에게 개별화된 학습기회를 제공하고 수용적이고 재미있으며 안전한 매체를 통해서 개념을 학습하게 해주는 기회를 제공한다면 컴퓨터는 유아교육 현장에서 중요한 위치를 차지하게 될 것이다.

모든 교수매체는 그 나름대로의 장점과 단점을 가지고 있다. 장점과 단점은 매체를 사용해야 한다거나 사용해서는 안 된다를 결정하는 요인이 아니라 어떻게 그 매체를 활용해야 하는가 하는 등대와 같은 방향제시가 되어야 할 것이다. Silvern과 McCary(1986)는 컴퓨터가 단점을 가지고 있다고 해서 그것이 곧 사용을 금지해야 하는 것으로 결정되는 것은 아니라고 한다. 오히려 매체의 한계는 유아에게 현실을 인정하고 받아들이며 또 다른 방법으로 한계를 이용하도록 하는 장점도 있다고 주장한다.

따라서 이제 우리가 심각히 고려해야 할 것은 유아기에 컴퓨터를 소개하는 것이 이로우냐 아니면 해로우냐의 논쟁이 아니라, 어떻게 유아의 발달에 적합한 소프트웨어와 인터넷을 소개하느냐에 있다. 초창기와 달리 현재는 유아기의 컴퓨터 활용이 보편화되어있고 그에 따라 학습에서의 긍정적 효과가 검증되고 있다. 다만, 게임 중독이나 인터넷 중독이라는 부정적 측면이 숙제로 남아 있으므로 이 점을 해결해 가야 할 것이다.

03 | 사회성 발달과 컴퓨터 교육

1) 유아의 컴퓨터 사용은 또래들과의 생활을 고립시켜 사회성 발달을 저해하는가?

부정적인 입장

사회성 발달은 유아기에 이루어져야 할 중요한 과업이다. 양보하기와 자신의 감정 조절하기, 언어로 문제해결하기, 협동하기 등은 유아기에 길러야 할 사회적 기술(social skill)로써 최소한 둘 이상의 또래들이 서로 상호작용을 하는 생활 속에서 기르게 된다.

그러나 유아가 컴퓨터를 사용할 때는 하나의 컴퓨터하고만 상호작용하게 되고 또래들과 떨어져 있는 환경에서는 유아의 사회성이 결코 기를 수 없다. 유아기의 컴퓨터 사용이 사회성을 저해할 것이라고 주장하는 사람들은 바로 이러한 점을 들어 컴퓨터사용을 부정적으로 바라보고 있다. 즉 컴퓨터는 유아가 또래들과 사회적 놀이를 할 수 있는 시간과 기회를 빼어버려 적절한 사회성발달을 방해하므로 유아기에는 부적절하다고 주장한다.

긍정적인 입장

유아기의 컴퓨터 사용이 실제로 또래들과의 의사소통을 고립시키는가에 대한 반문을 가지고 여러 실험들이 이루어졌다. 여러 실험결과들은 공통적으로 그렇지 않다는 반대되는 결과들을 내놓았다. 유아들의 컴퓨터 사용은 확실히 성인들의 컴퓨터사용 습관과 달랐다. 성인들은 컴퓨터를 사용할 때 주로 혼자하나 유아들은 친구들과 끊임없는 상호작용을 하며 컴퓨터 활동을 하였다.

Lipinski와 Nida, Shade, Watson(1986)의 연구를 보면 컴퓨터영역에서 일어난 또래와의 상호작용 빈도는 다른 흥미영역에서 일어난 상호작용 빈도만큼 활발하게 일어나고 있는 것으로 나타났다. 또한 Borgh 와 Dickson(1986)은 컴퓨터 활동을 하는 유아를 관찰한 결과, 유아들은 서로 돕고 자발적으로 가르치는 협동학습이 많이 나타났으며 컴퓨터가 이러한 사회적 상호작용의 촉매역할을 한다고 주장하였다. Clements와 Nastasi(1985, 1992) 역시 유아의 컴퓨터 활동은 유아 간의 활발한 협력을 유발한다고 하였다. 유아 교육기관에서 컴퓨터 영역 관찰 결과, 유아들은 서로 가르쳐주기, 다른 생각을 수용하여 적용해 보기, 도와주기, 의논하기, 컴퓨터를 교대하며 나누어 쓰기 등의 사회적 관계를 촉진하는 상호작용을 자주 시도하였다. 또한 활동하는 과정에서 비교적 높은 수준의 언어를 사용하여 협동하며 자신의 이해를 재구성하기 등 또래를 통한 학습의 출현 빈도가 높게 나타났다.

이러한 연구결과들을 토대로 유아기의 컴퓨터 활동을 옹호하는 사람들(Kaden, 1990)은 컴퓨터 활동이 유아를 또래로부터 고립시키기보다 서로 의견을 교환하고 가르치고 배우며 협동하는 사회적 놀이가 발생되며 사회성발달을 돕는다고 주장한다.

2) 유아가 기계와의 상호작용만을 즐거워하여 비인간적인 문화에 빠지게 하고 혼자 놀이하도록 조장하는가?

부정적인 입장

유아가 사용하는 컴퓨터 프로그램들은 유아들이 조작할 때마다 마치 누군가와 함께 하는 듯한 다양한 반응들을 제공하여 유아와 컴퓨터 간의 상호작용성을 높인다.

그러나 유아기의 컴퓨터 사용을 반대하는 사람들은 아무리 유아들에게 상호작용성이 높은 컴퓨터 프로그램을 제공할지라도 이는 진정한 상호작용이 아닌 기계적 반응만을 제공하는 것으로 유아들이 비인간적인 문화에 길들여지게 한다고 주장한다. 또한 최근 인터넷 활동이 확산되면서 이메일과 채팅 등 온라인 상의 간접적인 접촉이 증가하고 있고 이는 또래와 직접 상호작용하며 놀이하는 사회적 경험을 빼앗아 비인간적인 문화를 양산하고 있다고 우려한다.

긍정적인 입장

유아기의 컴퓨터 사용에 긍정적인 사람들은 컴퓨터의 사용이 유아를 비인간적인 문화에 빠지게 하지 않으며 혼자만 놀이하는 환경에 있게 하지 않는다고 주장한다. 이는 교실의 여러 흥미영역에서 일어나는 유아들의 사회적 행동과 컴퓨터영역에서 일어나는 사회적 행동을 비교한 연구들을 보면 컴퓨터영역에서도 충분히 인간적인 문화가 벌어지고 있음을 볼 수 있기 때문이다.

먼저 흥미영역에 따른 사회적 행동유형을 분석한 이성희(1991)의 연구를 보면, 조작영역과 미술영역은 혼자 놀이하는 비율과 개인적 행동이 높게 나타났고 컴퓨터영역과 쌓기놀이 영역, 역할놀이 영역에서는 또래와 함께 놀이하는 비율과 사회적 행동이 높게 나타났다. 최종철(1996)의 연구는 각 흥미영역에서의 사회적 놀이형태를 분석하였는데, 혼자 놀이가 가장 많이 일어난 영역은 조작놀이 영역, 역할놀이 영역, 컴퓨터 영역 순이었다. 반대로 연합·협동놀이가 가장 많이 일어난 영역은 역할놀이 영역, 컴퓨터 영역, 쌓기놀이 영역, 미술 영역, 조작놀이 영역 순으로 나타났다. 즉, 컴퓨터 영역은 역할놀이 만큼이나 사회적 놀이가 많이 일어난다고 할 수 있다. Hawkins와 Sheingold, Gearhart, Berger(1982)의 연구에서도 역시 교실의 블록 영역과 미술 영역, 조작 영역과 비교해 볼 때 컴퓨터 영역은 더 다양하고 많은 상호작용을 이끌어낸다고 하였다.

이처럼 컴퓨터 영역은 다른 흥미영역들 만큼이나 때로는 그 보다 더 많이 또래와의 직접적인 상호작용을 일으켜 유아가 혼자놀이만 하게 하지 않으며 기계와의 상호작용만 하도록 내버려두지 않는다.

3) 유아들의 사회적 상호작용을 도울 수 있는 컴퓨터 활용 방법은 무엇인가?

유아의 사회성을 발달시킬 수 있는 컴퓨터활용 방법은 크게 두 가지로 나누어 생각해 볼 수 있다. 한 가지는 유아 간의 상호작용을 활발히 일으키는 컴퓨터 소프트웨어를 제공하는 것이고 다른 한 가지는 교실의 컴퓨터영역을 구성할 때 유아 간의 상호작용이 일어날 수 있도록 환경을 마련해 주는 것이다.

이러한 방법은 실제로 유아들이 컴퓨터를 사용하는 과정에서 또래간의 협력적인 상호작용의 양을 증가시킬 수 있다(Borgh & Dickson, 1986). 결국, 중요한 것은 단순히 컴퓨터 사용만을 가지고 유아의 사회성을 저해하느냐 촉진하느냐를 결정할 수는 없다는 것이다. 교실에서 유아가 혼자만 컴퓨터를 사용할 수 있도록 공간을 막아두고 유아에게 지시적인 반복학습의 컴퓨터소프트웨어만 제공한다면 당연히 유아의 사회성은 적절하게 길러지지 못할 것이다.

먼저 컴퓨터 소프트웨어의 유형에 따라 유아 간의 상호작용이 얼마나 잘 일어나는 지를 비교한 연구들을 살펴보면 이를 더 분명히 알 수 있다. 최신선(2000)의 연구에서는 발견학습유형의 소프트웨어가 반복연습유형보다 제안하기, 수용하기, 도움요청하기, 도움주기, 인정 및 격려하기와 같은 긍정적인 상호작용이 더 많이 발견되었다. 또한 박선희(1996)의 연구에서도 발견학습유형은 협동을 조장하는 행동이 많이 나타났으나 반복학습유형의 소프트웨어에서는 비협동, 사회적 갈등, 활동맥락을 벗어난 행동이 많이 나타났다. 황윤세(1997)의 연구에서도 역시 유아들이 개방적 소프트웨어를 사용할 때 또래와의 상호작용이 더 활발하게 나타났다.

이러한 발견학습이나 개방성을 지닌 소프트웨어들 중 하나가 바로 Logo 프로그램이다. LOGO 프로그램은 유아들에게 '정답을 맞추기' 또는 '문제풀이'식의 시나리오를 제공하지 않는다. 이 프로그램은 학습자의 논리적인 사고력을 키워주는 것을 목적으로 학습자는 간단한 기하학 모양을 그리는 것부터 시작하여 자신의 능숙도에 따라 복잡한 프로그래밍도 할 수 있다. 이러한 과정에서 아이들은 문제에 부딪치게 되고 이를 해결하기 위해 또래들과 협력하게 된다.

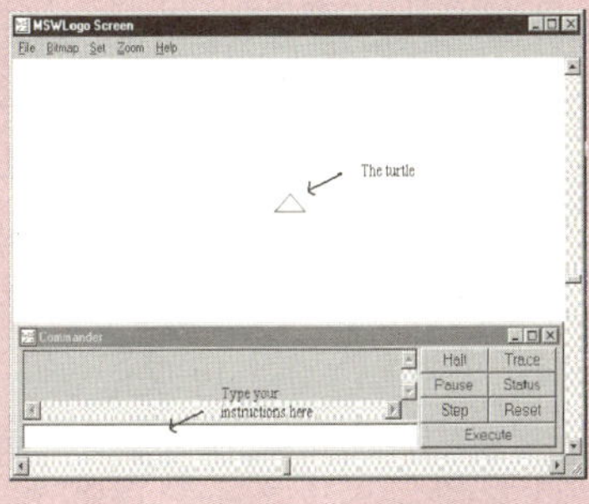

LOGO 실행화면

※ 로고 프로그램

Seymour Papert 연구진에 의해 개발된 프로그램으로 활동이 고정되어 있지 않고 사용자에 의한 선택과 결정에 의해 사건을 고안할 수 있는 개방적 소프트웨어이다.

올리의 그림동화 만들기

※개방형 소프트웨어란?

정형화된 틀 속에서 활동하는 것이 아니라 학습자가 프로그램을 통제하여 자신의 생각대로 프로그램을 조작하는 과정 속에서 문제를 해결하는 프로그램이다.

토미와 오스카의 음악여행

※폐쇄형 소프트웨어란?

구조화된 틀 속에서 컴퓨터의 지시에 따라 반복과 연습의 과정을 통하여 정해진 정답을 찾아내는 프로그램으로 학습자가 아닌 프로그램이 학습자를 통제한다.

즉 LOGO 같은 개방된 프로그램은 목표설정이나 계획하기, 협상하기, 갈등해결하기 등의 협동적 상황을 만들어내고 높은 수준의 사고발달을 촉진하는 상황을 만들어낸다. 반면 반복연습 유형의 소프트웨어는 교대하기와 같은 사회적 행동을 격려할 수는 있지만 경쟁심을 야기해 부정적 상호작용을 일으킬 수 있다.

다음은 교실에서의 컴퓨터영역 환경구성에 따라 유아 간의 상호작용이 영향을 받는다는 것이다. 앞서 말했듯이 혼자만 컴퓨터를 사용하도록 공간을 만들어 주면 또래 간의 상호작용은 일어나지 않는다. 그러므로 유아들끼리 서로 이야기하며 활동할 수 있도록 공간을 만들어주어야 한다.

유아들은 컴퓨터 활동을 할 때 혼자서 하기보다 또래와 활동하기를 더 좋아한다(Rosengren, Gross, Abrams & Perlmutter, 1985). 그러므로 컴퓨터 영역을 구성할 때는 한 대의 컴퓨터에 두 명이상의 유아들이 함께 사용할 수 있도록 의자를 놓아준다. 만약 컴퓨터가 2대 이상일 때는 컴퓨터를 하는 유아들끼리도 상호작용이 일어날 수 있도록 책상을 붙이는 등 거리를 가깝게 해 준다. 서로의 모니터를 보며 모르는 것을 물어보고 가르쳐주거나 뒤에서 컴퓨터 하는 친구를 구경하며 사용방법을 배우고 흥미를 키울 수 있다.

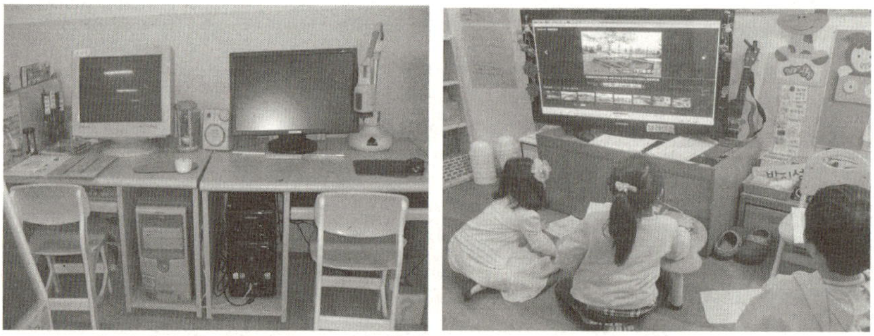

컴퓨터 영역 구성 시 또래와 상호작용이 일어나도록 배치한다.

즉 유아들의 컴퓨터 영역 구성은 초등학교 이상에서 학생들끼리 따로 떨어져 하는 개인적 활동공간으로 배치하기보다 오히려 서로 가까이 두어 상호작용을 촉진하는 협력적 활동공간으로 배치하는 것이 좋다. 이렇게 함으로써 컴퓨터영역은 유아의 사회적 상호작용을 촉진하는 곳이 되어 사회성발달에 긍정적 영향을 미치게 된다.

04 정서 발달과 컴퓨터 교육

1) 유아의 컴퓨터 조작은 추상성과 어려움으로 인해 흥미와 자신감을 떨어뜨리는가?

대부분의 유아는 컴퓨터 활동을 좋아하며, 컴퓨터 활동에 대해 열정을 보이고 긍정적인 감정을 나타낸다(Corning & Halapin, 1989; Hyson & Morris, 1985). 유치원 시기와 초등학교 시기의 아동은 전통적인 교실활동이라 할 수 있는 놀이나 그림 그리기, 말하기보다 컴퓨터 활동을 더 선호한다(Kurth, 1988).

이를 지지하는 연구들을 살펴 보면 다음과 같다. 컴퓨터를 활용한 집단의 유아가 전통적인 미술도구를 활용한 집단의 유아보다 미술작업과정에서 더 높은 흥미도와 자신감, 성실성을 보였으며(박수미, 1999), 컴퓨터 소프트웨어를 활용한 미술교육을 실시한 결과 유아들은 다른 활동들에 비해 컴퓨터를 활용한 미술활동에 높은 흥미와 집중도를 가지고 몰두하였고, 다소 개인차가 있지만 좀 더 다양하고 구체적인 표현을 많이 하였다(김지연, 2000). 또한 유아들은 컴퓨터 미술활동 시 흥미와 호기심을 가지고 접근하며 전통적 도구에 없는 기능(저장, 복사, 인쇄 등)을 유용하게 잘 활용하면서 자신의 작품이 인쇄되어 나오는 것에 대해 자부심을 느꼈다(이미자, 2002).

미술교육용으로 사용할 수 있는 유아용 소프트웨어'키드 픽스'

이는 컴퓨터 소프트웨어가 유아들에게 다양한 시각적 경험을 제공하여 더욱 자유로운 상상과 재미있는 생각들을 전개해 나가도록 촉진한다고 볼 수 있다. 결국 유아는 이러한 과정에서 흥미를 느끼고 자신의 조작 결과에 대해 자신감을 가지게 된다.

2) 컴퓨터를 통한 학습은 유아의 자율성을 저해하고 수동적인 학습태도를 형성하게 하는가?

컴퓨터는 유아의 긍정적인 학습태도 형성에 도움을 준다. 컴퓨터의 사용은 유아의 자아 존중감, 자율성 및 의사결정능력을 향상시킬 수 있다(Tan, 1985). 예를 들어, 유아가 TV를 시청하는 경우와 컴퓨터를 사용하는 경우를 비교해 보면, 컴퓨터를 사용할 경우가 TV를 볼 때 보다 더욱 활동적이고 긍정적이며 복합적인 얼굴표정이 나타난다. 이는 컴퓨터가 TV와는 달리 유아가 직접 손으로 조작하고 자신의 행위에 대한 결과를 눈으로 확인할 수 있도록 하여 유아에게 능동적인 행위를 하도록 요구하기 때문이다. 특히 좋은 소프트웨어는 유아가 프로그램의 진행을 자율적으로 조절할 수 있는 기회를 많이 제공하여 유아가 적극적으로 활동하도록 유도한다.

3) 유아에게 긍정적인 정서를 길러 줄 수 있는 컴퓨터 사용의 방향은 무엇인가?

유아의 정서발달은 단순한 컴퓨터의 사용보다는 어떤 소프트웨어를 사용하느냐가 더욱 중요한 문제가 된다. 이에 대해 Davidson(1989)은 적합한 컴퓨터 소프트웨어를 선정한다면 유아들은 컴퓨터를 통제할 수 있게 되므로 컴퓨터 사용이 유아의 자아개념을 발달시킬 수 있다고 하였다. Barnett와 Rowley(1990)도 역시 컴퓨터 소프트웨어에 따라 유아는 학습에 대한 긍정적 태도를 형성할 수 있으며 학습에 대해 자신감을 갖게 되고 학습동기가 유발된다고 하였다. 또한 컴퓨터 활동에 친숙한 유아가 덜 친숙한 유아를 도울 때 유아들은 자신의 능력에 대해 확신을 갖게 된다고 하였다.

정서발달에 있어 컴퓨터 소프트웨어의 중요성과 더불어, Bowman(1984)은 4세, 5세 유아들이 컴퓨터를 배우는 것은 전화나 장난감차를 사용하는 것을 배우는 것처럼 유아 놀이의 일부로써, 그리고 그들이 살아가는 사회적 환경으로써 경험해야 한다고 보았다. 즉, 형식적이고 딱딱한 컴퓨터 활용 교육이 아니라 다른 교구들과 같이 놀이로써 접근해야 한다.

참고문헌

강명희(2001). 컴퓨터 연관활동이 유아의 문해 발달에 미치는 영향. 한국교원대학교 교육대학원 석사학위논문.

강인숙(2001). 유아수학교육용 소프트웨어를 활용한 컴퓨터 활동이 유아의 수학성취 및 문제해결능력에 미치는 영향. 한국교원대학교 대학원 석사학위논문.

권희경(1993). 컴퓨터 교육과 유아의 인지능력의 발달. 경희대학교 대학원 석사학위논문.

김선영(1993). 유치원 아동의 수학개념 교수 학습에 있어서의 입체조작교구와 컴퓨터 화면상의 영상조작교구와의 상대적 효과. 한국교육학회창립 40주년 기념학술대회 제6분과 유아교육연구회 개인논문 발표.

김영실(1999). 문해 출현의 관점에서 본 유아의 '컴퓨터로 쓰기'의 성격. **유아교육연구**, 19(1), 5-19.

김지연(2000). CD-ROM 타이틀을 활용한 유아 미술교육 방안. 상명대학교 교육대학원 석사학위논문.

박선희(1994). 컴퓨터와 교사의 상호작용이 유아의 재연에 대한 표상력의 발달에 미치는 효과. **아동학회지**, 15(2), 97-116.

박선희(1996). 컴퓨터와 또래간의 사회·인지 상호작용 유형에 따른 발달적으로 적합한 유아교육용 소프트웨어 개발 방향 모색. **유아교육연구**, 16(2), 87-107.

박수미(1999). 컴퓨터 활용이 유아의 미술활동에 미치는 영향. 성균관대학교 교육대학원 석사학위논문.

박순희(1999). 유아용 멀티미디어 컴퓨터 프로그램이 수학전 기초개념 향상에 미치는 효과. 계명대학교 교육대학원 석사학위논문.

박정숙(1988). 유아의 수학습을 위한 마이크로 컴퓨터의 효과. 중앙대학교 대학원 석사학위논문.

양승희(1997). 컴퓨터를 활용한 문해활동제시가 유아의 읽기능력에 미치는 영향. 덕성여자대학교 대학원 석사학위논문.

오현아(1989). 수업현장에서의 컴퓨터 코스웨어 활용방안에 대한 연구: 협동학습모델을 중심으로. **교육학연구**, 27(1), 121-134.

유인수(2000). logo 프로그래밍 활동이 유아의 공간개념에 미치는 영향. 한국교원대학교 교육대학원 석사학위논문.

이미자(2002). 컴퓨터를 활용한 유아의 미술활동에 관한 사례연구. 한국교원대학교 교육대학원 석사학위논문.

인보영(1996). 유아의 컴퓨터 흥미와 유치원 컴퓨터 프로그램선택에 관한 연구. 건국대학교 교육대학원 석사학위논문.

장혜경(2002). 컴퓨터 연관활동이 유아의 창의성에 미치는 영향. 한국교원대학교 교육대학원 석사학위논문.

최신선(2000). 컴퓨터 소프트웨어 유형에 따른 유아의 사회적 상호작용. 한국교원대학교 대학원 석사학위논문.

최인실(2000). 멀티미디어 활용이 유아의 창의성에 미치는 영향. 성균관대학교 교육대학원 석사학위논문.

황윤세(1997). 소프트웨어의 유형이 유아의 사회적 상호작용에 미치는 효과. 경북대학교 대학원 석사학위논문.

Austin, S., & Hughes, P. (1989). Word power. *Child Education, 66*(1), 36-37.

Barnes, B. J., & Hill, S. (1983). Should young children work with microcomputer: Logo before lego. *The Computing Teacher, 10*(9), 11-14.

Barnes, B. J., & Rowley, M. (1990). Overlaid with meaning. *Childhood Education, 67*(10), 51-53.

Borgh, K., & Dickson, P. (1986). Two preschoolers sharing one microcomputer. In P. Campbell & G. Fein (Eds.), *Young children and microcomputers*(pp. 38-44). Englewood Cliffs, NJ : Prentice-Hall.

Bowman, B. (1984). Exploring the uses and misuses of computers with young children. Paper presented at the National Association for the Education of Young Children Annual Conference, Los Angeles, CA.

Brady, E. H., & Hill, S. (1984). Yong children and micro computer: Research issues and directions. *Young Children, 39*(3), 49-61.

Brinkley, V. M., & Watson, J. A. (1988). Effects of microworld training experience on sorting tasks by young children. *Journal of Educational Technology Systems, 16*, 349-364.

Burg, K. (1984). The microcomputer in the kindergarten. *Young Children, 39(*3), 30-40.

Clements, D. H. (1987). Computers and young children: A review of research. *Young Children, 43*(1), 34-44.

Clements, D. H. (1991). Current technology and the early childhood curriculum. In B. Spodek & O. N. Saracho (Eds.), *Issues in early childhood curriculum*(pp. 106-131). New York: Teachers College Press.

Clements, D. H., & Gullo, D. F. (1984). Effects of computer progamming on young children's cognition. *Journal of Educational Psychology*, *76*, 1051-1058.

Clements, D. H., & Nastasi, B. K. (1985). Effects of computer environments on social-emotional development: Logo and computer-assisted instruction. *Computers in the Schools 2*(2), 11-31.

Clements, D. H., & Nastasi, B. K. (1992). Computers and early childhood education. In M. Gettinger, S. N. Elliot, & T. R. Kratochwill (Eds.), *Advances in school psychology:Preschool and early childhood treatment directions*(pp. 187-246). Hillsdale, NJ: Lawence Erlbaum.

Clements, D. H., & Nastasi, B. K., & Swaminathan, S. (1993). Young children and computers: Crossroads and directions from researchers. *Young Children,* 48(2), 56-64.

Corning, N., & Halapin, J. (1989, March). Computer applications in an action-oriented kindergarten. *Paper presented at the meeting of the Connecticut Institute for Teaching and Learning Conference.* Wallingfor, CN.

Craig, D. V. (2000). Technology, math, and the early learner: Models for learning. *Early Childhood Educational Journal,* 27(3), 179-184.

Cuffaro, H. K. (1984). Microcomputers in education: Why is earlier better? *Teachers College Record, 85,* 559-567.

Davidson, J. I. (1989). *Children and computers together in the early childhood classroom.* Albany, NY: Delmar Publishers Inc.

Elkind, D. (1981). *The hurried child: Growing up too fast, too soon.* Reading, MA: Addison-Wesley.

Elkind, D. (1987a). *Miseducation: Preschoolers at risk.* New York, NY: Knopf.

Elkind, D. (1987b). The child, yesterday, today, tomorrow. *Young Children, 42*(4), 6-11.

Hawkins, J., Sheingold, M. Gearhart, and C. Berger(1982). Microcomputers in schools : impact on the social life of elementary classrooms. *Journal of Applied Developmental Psychology, 3,* 361-373.

Hutinger, P. L., Beard, M., Bell, C., Bond, J., Robinson, L., Schneider, C., & Terry, C. (1998). *Emerging literacy and technology: Working together.* (ERIC ED 433-670).

Hyson, M., & Morris, S. (1985). Computers? I love them!: Young children's concepts and attitudes about computers. *Early Childhood Education and Care, 23*, 17-29.

Johnson, J. E. (1985). Characteristics of preschoolers interested in microcomputer. *Journal of Educational Research, 78*, 299-305.

Kaden, M. (1990). Issues on computers and early childhood education. In C. Sefeldt (Ed.), *Continuing issues in early childhood education* (pp. 261-275). Columbus: Merrill Publishing Company.

Kurth, R, J. (1988, April). Process variables in writing instruction using word processing, word processing with voice synthesis and no word processing. *Paper presensted at the meeting of the American Educational Research Association,* Chicago.

Lipinski, J., Nida, R., Shade, D., & Watson, A. (1986). The effects of microcomputers on young children: an examination of free play choices, sex differences, and social interations. *Journal of Educational Computing Research, 2*, 147-168.

McCormick, L. (1987). Comparison of the effects of a microcomputer activity and toy play on social and communication behaviors of young children. *Journal of Early intervention, 11*(3), 195-205.

Meyer, A., Rose, D. H., & Chall, J. S. (1998). Learning to read in the computer age(vol. 3). Brookline Books.

Muglstein, E. A., & Croft, D. J. (1986). *Using the microcomputer to enhance language experiences and the development of cooperative play among preschool children.* Cupertino, CA: DeAnza College.

Papert, S. (1980). *Mindstorms: Children, computers and powerful ideas.* New York, NY: Basic Book.

Shade, D. D., & Davis, B. C. (1977). The role of computer technology in early childhood education. In J. Isenberg, & M. Jahongo, (Eds.), *Major trends and issues in early childhood education: Challenges, controversies, and insights* (pp. 90-103). New York, NY: Teachers College Press.

Shade, D. D., & Watson, J. A. (1988). Microcomputers in preschool environment: Answers to questions. (ERIC ED 299 060).

Silvern, B., & McCary, J. C. (1986). Computers in the educational lives of children: Developmental issues. In J. L. Hoot (Ed.), *Computer in early childhood education: Issues and practices* (pp. 6-21). Englewood, NJ: Prentice-Hall.

Tally, S., Lancy, D. F., & Lee, T. R. (1997). Children, storybooks and computers. *Reading Horizons, 38*(2), 116-128.

Tan, L. E. (1985). Computer in preschool education. *Early Childhood Development and Care, 14*, 243-250.

Yost, N. J. M. (1998). Computers, kids, and crayons: A comparative study of one kindergarten's emergent literacy behaviors. *Dissertation Abstracts International,* 59-08, 2847.

Zajonc, A. G. (1984). Computer pedagogy? Questions concerning the new educational technology. *Teachers College Record,* 85, 569-577.

Ziajka, A. (1983). Microcomputers in early childhood education? A first look. *Young Children, 38*(5), 61-67.

제**3**장

유아 컴퓨터 교육의 배경 이론

01 플로우(Flow) 이론

1) 플로우(Flow)의 개념

칙센트미하이(1988)는 우리가 일상생활에서 운동이나 춤 등 다양한 활동을 할 때 기술과 도전(이 필요하지만 어느 정도 수준에 이르면 이런 활동에 깊이 빠져든다고 주장한다. 그는 이러한 것이 플로우(flow)혹은 최적의 경험(optimal experience)이라고 하며 현재 경험에서 능동적으로 참여함으로써 스스로 즐거움을 느끼는 상태라고 정의하고 있다. 플로우(flow)란 행동 그 자체가 흥미롭고 즐겁기 때문에 외재적 보상이 없더라도 행동이 지속되면서 시간과 공간 개념을 의식하지 않고 활동 자체에 몰두하여 모든 것이 자연스럽게 흐르는 듯한 느낌을 갖게 되는 상태를 비유적으로 표현한 것이다.

즉, 플로우(flow)는 학습자가 즐겁고 유쾌한 감정을 가지고 활동함으로써 그 활동에 집중하고 흡인력이 나타나는 최적의 경험 상태이며, 학습자가 활동에 '몰입된 상태'라고 볼 수 있다. 이러한 플로우는 긍정적인 정서적 경험에 공헌하며, 학생들의 동기유발에 좀 더 나은 결과를 가져올 수 있다(이기택, 2001, 재인용). 이 때 학습자로 하여금 행위를 지속하고 유지할 수 있도록 하고 최적의 경험을 느끼도록 만드는 상태는 '재미(fun)'이다. 만약 학습자가 어떠한 활동에 도전하기를 즐기고 그 활동에 빠져서 재미와 긍정적인 정서를 경험하고 있다면 이것을 '최적의 경험을 하고 있다', '몰입하고 있다'라고 말할 수 있다.

책 읽기에 몰입하고 있는 유아들

강성중 외(2007)는 Education과 Entertainment의 합성어인 Edutainment에서 지각적 재미와 인지적 재미를 설명하였다. 지각적 재미는 인간의 오감 중 시각, 청각, 촉각을 기본으로 애니메이션을 포함하며 인지적 재미는 도전감, 만족감, 요행감, 상호작용을 포함한다.

인지적 재미는 지각적 재미를 통한 심리적 현상이라고 할 수 있다. 도전감은 도전과제의 달성, 단계의 상승, 난이도 등으로 심리적 긴장감을 통해 재미를 만들어내며, 만족감은 스토리텔링으로 접한 새로운 세계에 대한 성취감, 통제감 등을 통해 현실에서 갖지 못한 욕구를 만족시켜 몰입하게 되는 원리이다. 또한 요행감은 학습자가 노력하지 않았지만 우연히 얻게 되는 우연한 보상 등을 의미하며, 상호작용성은 시스템 혹은 인터넷을 통하여 커뮤니티, 교수자와 정보교환 및 협동 등의 상호작용을 하여 더욱 몰입하게 된다는 것이다.

Flow의 심리상태와 Edutainment의 요소

재미	Edutainment의 요소	
지각적 재미	시각	인터페이스, 캐릭터, 아이템, 배경
	청각	효과음, 배경음, 대사, 내레이션
	촉각	조이스틱 등 조정 장치로 전해지는 진동과 조작감
	애니메이션	캐릭터의 움직임, 진행 및 반응 속도
인지적 재미	도전감	미션, 단계별 스테이지, 난이도
	만족감	스토리텔링, 캐릭터의 움직임, 통제감, 성취감, 스킬
	요행감	아이템, 스킬획득
	상호작용성	시스템, 학습자(플레이어), 교수자

출처 : 강성중 외 (2007)

2) 유아 컴퓨터에서의 플로우(Flow)

유아교육기관의 각 흥미영역 중 컴퓨터 영역은 유아들이 선호하는 흥미영역 중 하나이다. 이는 컴퓨터게임과 다양한 컴퓨터 활동이 유아를 몰입시키는 특성을 가지고 있기 때문이다. 유아들이 컴퓨터 활동에 몰입하는 특성은 다음과 같다.

먼저 컴퓨터 활동의 놀이적 특성은 유아를 컴퓨터에 몰입하게 한다. 칙센트미하이(1990)는 '놀이성은 플로우(flow)의 중요한 척도이고, 개인의 즐거움과 심리적 자극 또는 관심의 인지를 포함하는 복합적인 변수이다'라고 정의하고 있다. 즉, 컴퓨터 활동은 놀이와 같이 그 자체가 유아에게 흥미롭고 즐거운 것이며 외재적 보상이 없더라도 유아 스스로의 내재적 동기에 의해 활동이 이루어지는 놀이의 특징을 가지고 있다. 따라서 유아는 놀이를 하듯이 컴퓨터 활동에 몰입하게 된다.

둘째, 컴퓨터는 상호작용적인 특성을 갖는다. 컴퓨터는 TV와 기타 매체와는 다르게 양 방향적이며 즉각적인 피드백을 얻을 수 있다. 이메일이나 게시판 등 인터넷을 이용하여 원거리에 있는 사람과 의사소통이 가능하며, 컴퓨터로 언제든지 원하는 정보를 찾아볼 수 있다는 특성이 있다. 시디롬 타이틀이나 온라인 게임을 할 때 유아들은 자신의 반응에 따라 즉각적인 피드백을 받을 수 있으므로, 활동에 지속적으로 몰입할 수 있다.

셋째, 컴퓨터의 지각적 특성은 유아의 몰입을 촉진한다. 컴퓨터 화면에서 보이는 다양한 캐릭터와 캐릭터들의 움직임과 변화, 배경음과 다양한 청각 요소 그리고 애니메이션 등은 유아의 흥미를 끌기에 충분하며 유아는 이를 통해 재미를 느낄 수 있다.

넷째, 컴퓨터의 인지적 특징이다. 유아의 컴퓨터 활동, 특히 컴퓨터 게임에는 발견, 탐색, 문제해결, 자신의 한계 극복 등 미지의 대상에 대한 인지적 특성이 존재한다. 이에 대하여 골드버그(1996)는 컴퓨터 게임을 할 때 게임사용자는 자기 자신을 일시적으로 잊는 특성이 있으며 일단 게임행위에 몰입하면 자신을 게임의 캐릭터나 대상과 강력하게 동일시한다고 주장한다.

컴퓨터 활동에 몰입하고 있는 유아

이와 같은 이유로 유아는 컴퓨터 활동에 몰입하게 된다. 컴퓨터 활동에서 플로우(flow)는 유아가 컴퓨터에 몰입하여 어느 정도의 기술과 도전의욕이 균형을 이룰 때 일어나는 총체적인 기분 상태로서 시간 왜곡 현상과 만족감을 만들어 지속적인 참여를 하게 하는 것이다. 그러나 때때로 유아가 컴퓨터를 사용하는 활동의 시간을 조절하지 못하고, 자신의 의지를 통제할 수 없을 때 컴퓨터 게임중독과 같은 현상이 나타나기도 한다.

컴퓨터에 대한 중독과 몰입은 다른 의미를 가진다. 중독은 자신의 의지로 컴퓨터 사용에 대한 시간 및 활동에 대한 통제력을 상실한 상태를 의미하지만 몰입은 자신을 통제해가며 몰두와 집중하는 상태를 의미한다.

컴퓨터 게임 중독

컴퓨터 게임이 자신의 생활에 큰 비중을 차지하고 있으며, 컴퓨터 게임에 대한 통제력을 상실하여 게임에 대한 자제를 인식하면서도 자신의 의지대로 통제하지 못하는 상태를 컴퓨터 게임 중독이라 한다(Young, 1999). 즉 유아가 컴퓨터 게임을 하는 시간을 통제하는 데에 어려움이 생기는 것과 컴퓨터게임을 하기 위해 일상의 생활이 제대로 이루어지지 않는 상태를 의미한다.

컴퓨터 게임 몰입

컴퓨터 게임 몰입이란 학습자가 학습과정에서 탐색적인 몰두와 집중을 하면서 자신의 정체성을 유지하고 통제해 나가는 심리상태이다. 유아의 컴퓨터 게임 및 컴퓨터 활동에서의 몰입은 학습능력을 신장시키는 데 영향을 미치는 정의적·심리적 요인이라고 할 수 있다.

컴퓨터 게임 중독과 컴퓨터 게임 몰입의 차이

따라서 유아교육 기관에서는 컴퓨터 영역에서 활동하는 시간에 대한 규칙을 정하여 일정한 시간 동안만 활동할 수 있도록 하고, 인터넷 게임 보다는 교육용 소프트웨어를 제공하거나 생활주제와 관련된 다양한 컴퓨터 활동을 준비한다. 자유선택활동 시간에 컴퓨터 영역에서의 활동 방법 및 시간 등을 소개해 주어 유아들이 스스로를 조절하며 활동할 수 있게 도와야 한다.

02 생태학적 체계 이론

1) 생태학적 체계 관점

유아는 가족, 이웃, 국가라는 여러 가지 환경 속에서 살아가며 가족, 친구, 친척, 종교단체, 학교 등의 영향을 받으며 성장한다. 또한 대중매체나 자신이 속한 문화 등에 의해서도 영향을 받는다. Bronfenbrenner(1979)는 생태학적 모형(ecological model)

을 통해 사회적 맥락에서 유아와 유아교육을 체계적으로 이해하고자 하였다.

생태학적 체계 관점에서는 일반적으로 네 가지의 환경체계를 제시한다. 즉, 미시체계(microsystem), 중간체계(mesosystem), 외체계(exosystem), 거시체계(macrosystem)이다. 미시체계는 성장하는 개체와 그 개체를 포괄하는 인접환경이 맺고 있는 관계 복합체를 말한다. 이 체계는 발달하는 아동이 독특한 물리적, 물질적 특성을 갖는 환경 내에서 경험하는 역할 및 대인 관계로, 직접적이고 즉각적인 영향을 미치는 환경이다. 중간체계는 미시체계들 간의 상호작용으로 성장하는 유기체가 참여하는 두 가지 이상의 환경에서 일어나는 과정과의 연결성을 의미한다. 외체계는 개인이 직접 참여하지는 않으나 간접적으로 영향을 주고받는 좀 더 큰 환경을 말하는데, 친척, 이웃, 가족의 친구, 대중매체, 사회복지 및 법률 서비스 등이 포함된다. 마지막으로 거시체계는 하위문화나 문화 전반의 수준에 존재하거나 존재할 수 있는 하위체계의 형식과 내용

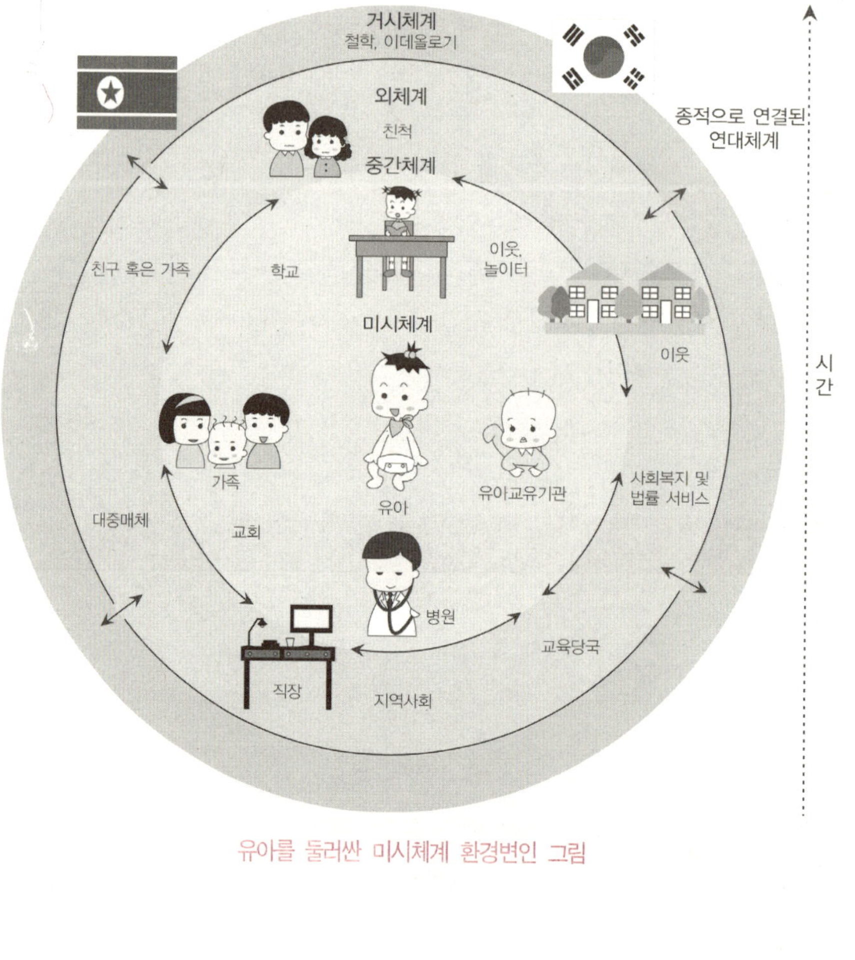

유아를 둘러싼 미시체계 환경변인 그림

의 일관성을 의미하는 것으로 특정 문화에서 강조되는 철학이나 이데올로기를 말한다(Bronfenbrenner, 1979).

네 가지 체계는 각각 독립적으로 존재하는 것이 아니라 상호 관련을 맺고 있다. 미시·중간·외·거시체계는 상호적 연결망 속에서 연계 체계를 형성하고, 이러한 연계 체계는 횡적 연계만이 아니라 종적으로 연결된 연대체계(chronosystem)를 구성한다(Berns, 2004).

유아와 컴퓨터 환경은 네 가지 체계 중 미시체계가 가장 두드러지지만 중간체계, 외체계, 거시체계의 영향도 받고 있다. Bronfenbrenner(1979)는 네 가지의 체계 중 유아에게 가장 강력한 영향력을 행사하는 환경으로 미시체계를 언급하였다.

미시체계는 유아와 가장 인접하여 있는 환경으로 가족, 친구, 학교, 이웃 그리고 집, 운동장, 도서관, 놀이터 등의 물리적인 공간뿐만 아니라 컴퓨터와 스마트폰 등 스마트기기라는 매체 또한 유아에게 직접적인 영향을 주며 상호작용할 수 있는 미시체계의 하나로 포함될 수 있을 것이다.

2) 생태학적 체계와 유아컴퓨터

Bronfenbrenner는 미시체계를 설명하면서 '경험'의 중요성을 언급하였다. 왜냐하면 환경에 관련된 특성을 과학적으로 논하고자 할 때에는 환경이 갖는 객관적인 속성뿐만 아니라 환경에 속해 있는 개인이 그 속성을 지각하는 방식도 함께 고려하여야 하기 때문이다. 유아는 일상적인 경험을 바탕으로 자신과 주변세계를 이해하는 기본적인 틀을 형성하게 된다(오정윤, 2006).

유아의 컴퓨터에 대한 경험은 가정과 유아교육기관 등 유아가 속한 대부분의 공간에서 이루어진다. 유아는 컴퓨터 테크놀로지를 이용하여 정보를 검색하며, 이메일과 게시판 등을 활용하여 다른 사람과 의사소통 하는 등 시·공간을 초월한 상호작용을 하기도 하고, 소프트웨어를 활용하여 컴퓨터와 직접적인 상호작용을 하기도 한다. 컴퓨터는 유아에게 교사가 되기도 하고, 때로는 친구가 되기도 하며, 놀이 공간이 되기도 한다. 즉 이것은 컴퓨터 환경이 유아에게 직접적이고 구체적인 환경임을 시사한다.

컴퓨터의 사용동기에 대한 연구를 살펴보면 유아는 다양한 동기에서 컴퓨터를 사용하고 있다. 한국인터넷 정보센터(2000)의 보고에 따르면 많은 아동이 정보검색(37.1%)이나 학교수업(23.6%), 호기심(15.0%), 게임 · 오락 (9.7%) 등 주로 과제해결을 목적으로 컴퓨터를 사용하고 있음을 나타낸 반면 다른 조사에서는 숙제나 학습 보다는 오락이나 게임(51.5%)을 목적으로 사용한 경우가 많다는 조사가 있기도 하였다(한국일보, 2001). 이와 같은 보고는 결과에서 차이가 있기는 하지만 공통적으로 컴퓨터를 어떠한 동기를 가지고 사용하고 있음을 알 수 있으며 이것은 또한 유아의 삶과 컴퓨터가 밀접한 관계를 가지고 상호작용하고 있다는 것을 시사한다.

Montgomery(2000)는 1990년대 이후 컴퓨터 테크놀로지가 유아의 생활에 중요한 일부가 되었으며, 컴퓨터 테크놀로지에 의해 디지털 미디어 문화(digital media culture)로 이동하고 있음을 보고하고 있다. 현대 사회는 컴퓨터를 활용한 생활이 보편화 되었으며 컴퓨터는 이미 유아의 일상생활의 일부가 되고 있다. 즉, 유아의 생활은 컴퓨터와 밀접한 관련을 맺으며 컴퓨터를 활용한 경험을 통해 유아는 자신과 주변세계를 이해하게 된다.

이처럼 유아에게 컴퓨터는 교수매체의 의미를 넘어서서 유아에게 가장 직접적인 영향을 미치는 미시체계의 하나로 볼 수 있을 것이다.

03 피아제의 도식발달

1) 유아의 도식발달

Piaget(피아제)는 유아교육뿐만 아니라 교육학 전반에 많은 영향을 끼쳤다. 그의 이론은 우리가 유아를 교육하기 위해 어떻게 다가서야 하고 어디에서부터 가르쳐야 하는 지 등에 대한 전반적인 기본선을 제공해 준다. 또한 어른의 눈으로는 정말 이해하기 힘든 유아의 행동이 매우 깊은 의미를 가지고 행하는 몸짓임을 우리에게 알려준다. 물론, Piaget 외에도 많은 교육학자들이 유아를 이해하기 위한 지식을 제공하지만 영아기와 유아기의 인지특성을 체계적으로 제공한 그의 인지발달이론은 우리 유아교육자들에게 큰 도움을 준다. 지금까지도 인지발달에 대한 그의 주장들은 전세계적으로 많은 보편성을 가지고 유아를 이해하고 교육하는 데 적용되고 있다.

여기서는 Piaget의 주장들 중 도식발달을 중심으로 컴퓨터활용이 유아의 도식발달에 어떻게 도움을 줄 수 있는지에 대해 알아보고자 한다. 그럼 먼저 도식은 우리 머릿속에서 어떻게 만들어지고 점점 변화해 가는지를 알아보자.

Piaget(1952)는 도식을 우리가 생각하는 활동에 필요한 기본 단위라고 불렀다. 좁은 범위 도식의 한 예로는 영아기에 발달하는 대상영속성 도식을 들 수 있다. 대상영속성이란 어떤 대상(사물)이 보이지 않더라도 존재한다는 것을 아는 것으로 영아기 약 9개월에서 11개월경에 생기는 주요한 특징이다. 어른이 영아가 보는 앞에서 딸랑이를 흔들다가 등 뒤로 숨겼을 때, 가만히 있는 영아들은 아직 머릿속에 대상영속성 도식이 생기지 않아 '딸랑이가 없어졌다. 존재하지 않는다'라고 여겨 관심을 더 이상 가지지 않는다. 반면, 대상영속성 도식이 생긴 영아는 딸랑이를 숨기면 '그 딸랑이는 없어진 것이 아니라 어딘가에 있다'라고 여기고 딸랑이를 찾기 위한 행동을 보인다. 즉 어떤 도식이 머릿속에 새로 생기면 생각하는 폭과 방식이 바뀌게 된다. 그러므로 도식이 머릿속에 많이 있고 단순한 도식보다 좀 더 복잡하고 추상적인 도식이 많을수록 생각을 더욱 풍부하고 다양하게 해 낼 수 있게 된다.

이러한 도식들은 경험을 통해 생겨난다. Piaget는 우리가 새로운 경험을 할 때마다 생겨난 새로운 도식을 기존의 도식에 연결하거나 아니면 기존의 도식틀을 변형시키는 과정을 반복함으로써 우리의 도식이 점점 발달해 간다고 하였다. 우리는 영아기 때부터 성인기까지 살아가면서 얼마나 많은 새로운 경험들을 하였는가. 그리고 그러한 경험들을 할 때마다 아마도 '몰랐던 것을 더 많이 알게 되었어. 또는 옛날과 내 생각이 달라졌어'라고 수없이 말했을 것이다. 이러한 느낌들이 바로 Piaget가 말한 도식이 점점 변화한 것으로 볼 수 있다. 또한 영아기 때보다 지금이 한층 더 생각의 폭과 질이 높아졌음을 알 수 있는데 이는 도식이 더욱 발달해 가고 있음을 알게 해주는 것이다.

도식이 점점 발달해 가는 과정을 설명하기 위해 Piaget는 인지적 평형화라는 기제를 제시하였다. 평형화(equilibration)개념을 이해하기 위해 우리는 사전적 의미 그대로인 '평형을 이룬 상태'의 느낌으로 일단 접근해 보자. 우리의 머릿속이 평형을 이루었다면, 그 느낌을 다른 말로는 '어떤 갈등이 없는 편안한 상태'라 할 수 있을 것이다. 즉 어떤 사람이 새로운 경험을 했는데 그 과정에서 어떤 인지적 갈등 없이 잘 이해되고 수용되어 '머릿속의 평형이 깨지지 않았다면' 이는 인지적 평형화가 계속 유지되고 있는 것이다. 그러나 새로운 경험의 과정에서 잘 이해되지 않고 뭔가 생각의 갈등들이 일어난다면 이는 인지적 평형화가 깨진 인지적 불평형화가 된 상태이다.

Piaget에 의하면 사람은 인지적 평형화가 깨져 불평형화 상태에 빠지면 본능적으로 이 힘든 상태를 벗어나 인지적 평형화로 다시 돌아가기 위한 과정을 취한다고 하였다. 평형화로 돌아가는 과정을 적응(adaptation)이란 말로 설명하고 있는데 적응이란 평형화를 유지하기 위해 새로운 경험과 도식을 서로 조정하는 과정을 말한다. 인지적 평형화를 찾기 위한 적응과정은 동화(assimilation)와 조절(accommodation)이라는 두 가지 반대되는 방식을 가진다. 앞서, 우리는 새로운 경험을 하면 새로운 도식이 생긴다고 했다. 그 새로운 도식은 빨리 적응되어 인지적 평형화를 유지해야 한다. 이 적응과정에서 동화는 새로운 도식이 기존의 도식에 통합되는 방식이다. 동화는 주로 새로운 도식(경험)이 기존의 도식과 비슷한 점이 많아서 기존의 도식에 큰 변화 없이 두 도식이 통합되어 평형화가 이루어지는 것이다. 반면 조절은 새로운 도식(경험)이 기존의 도식과 다른 점이 너무 커 통합이 이루어지기 힘든 상태에서 일어난다. 즉 조절은 새로운 도식(경험)을 받아들이기 위해 기존의 도식을 변형시켜 기존과 다른 새로운 도식을 만들어냄으로써 평형화를 유지하는 것이다.

동화와 조절의 예를 들어보면, 한 아이가 어느 날 마당에서 개를 보게 되었다. 엄마가 그 것은 '개'라고 가르쳐 주었다. 아이는 머릿속에 '개'라는 도식을 만들었다. 다음날 아이는 마당에서 다른 개를 보게 되었다. 아이는 순간 당황했다. 어제의 개는 덩치가 컸는데, 오늘의 동물은 덩치가 매우 작았다. 아이는 오늘 본 동물이 어제 본 개와 비슷한데 정말 개일까 하고 조금 의심을 했다. 엄마는 '어제 본 개는 진돗개, 오늘 본 것은 치와와 개'라고 가르쳐 주었다. 아이는 머릿속을 정리하며, '개 중에는 진돗개, 치와와...가 있구나' 하고 편안한 미소를 보였다. 새로운 개(치와와) 도식을 어제의 개(진돗개) 도식에 통합시켜 좀 더 확장된 '개 도식'으로 인지적 평형화를 이루었다. 이 과정을 살펴보면 결국 새로운 경험과 기존의 경험이 매우 유사하여 유아는 동화과정을 통해 평형화를 이루었다.

이번에는 조절의 예를 살펴보자. 한 아이가 어느 날 마당에서 개를 보게 되었다. 엄마가 그 것은 '개'라고 가르쳐 주었다. 아이는 머릿속에 '개'라는 도식을 만들었다.

다음날 아이는 마당에서 걷다가 날개를 퍼득퍼득 거리는 어떤 동물을 보게 되었다. 아이는 매우 당황하기 시작했다. 어제 경험한 개와 생김새가 너무 달라 '이것을 개라고 해도 될까?'하고 크게 의심하였다. 엄마는 그 동물이 '닭'이라고 말해주었다. 아이는 머릿속에 어제의 '개 도식'에 '닭'을 통합시키기가 매우 어려웠다. 그래서 아이는 기존의 '개도식'을 변형하여 '우리집 동물도식'을 만든 후에, '개도식'과 '닭도식'을 만들어 인지적 평형화를 이루었다. 즉, 조절은 새로운 경험이 기존의 경험과 다른 점이 커 기존의 도식을 변형시킨 후 새로운 도식을 만들어 평형화를 이루는 것이다.

위의 그림에서 보듯이 인지적 평형화를 이루기 위해서는 동화와 조절과정이 모두 일어나야 한다. 따라서 유아를 대상으로 하는 교육은 도식의 발달을 촉진하기 위해 동화와 조절과정이 적절히 이루어지도록 촉진해야 한다. 다만 학습에서 동화과정만 이루어지면 도식은 비슷한 지식들이 확장되기만 하고 큰 변화가 없어 질적인 발달이 일어나지 않을 것이다. 반면, 큰 인지적 갈등 과정에서 일어나는 조절은 기존의 도식에 변형을 일으켜 도식이 새롭게 향상되겠지만 짧은 시간에, 또는 유아에게 벅찰 정도로 인지적 갈등을 일으키는 학습을 제공하면 유아는 새로운 도식의 학습을 포기해 버릴 수 있다.

2) 도식발달과 유아컴퓨터

앞에서 말해왔듯이 Piaget는 도식이 경험을 통해 만들어진다고 하였다. 특히 유아기는 Piaget의 인지발달단계에 근거해 보더라도 실세계의 경험을 통해 도식이 만들어지게 된다. 여기서 우리는 한 가지 의심이 들기 시작한다. 컴퓨터 활동은 분명히 실세계의 경험이 아닌 모의경험인데 어떻게 유아의 도식발달에 도움을 줄 수 있는가이다. 사실 이러한 의문은 초기 유아기의 컴퓨터 사용에 대한 찬반논쟁에서 많이 제기되었던 것이나 여기서는 그 논쟁들을 생략하고(26쪽 인지발달과 컴퓨터 교육 참조할 것) 컴퓨터교육이 유아의 도식발달에 주는 도움에 초점을 두도록 하겠다.

분명 유아기의 교육은 실세계의 경험이 가장 우선한다. 이를 모의경험(또는 간접경험)이 대체할 수도 없고 대체해서도 안 되는 중요한 것이다. 유아기의 컴퓨터 교육은 실세계의 경험을 뺏는 것이 아니라 실세계 경험을 좀 더 내면화하거나 확장시켜주는 연장선으로 가는 것이다. 피아제의 도식발달 측면에서 생각해 보면, 도식은 동화와 조절과정을 통해 점점 발달해 간다. 컴퓨터 교육이 유아의 도식발달에 어떻게 도움을 주는 지를 알아보기 위해 'Zoo Tycoon' 유아용 소프트웨어를 예로 살펴보자.

유아는 대부분 가정이나 유아교육기관을 통해 동물원 견학을 한두 번쯤은 하게 된다. 유아에게 '동물원에서 볼 수 있는 것들'이라는 주제로 이야기 나누기를 하면 동물원에서 살고 있는 동물 한두 개쯤은 다 말할 수 있을 것이다. 이렇듯 동물원에 대한 실세계 경험을 하고 나면 유아의 머릿속에는 '동물원 도식'이 만들어지게 된다. 이제 이 도식을 좀 더 향상시키기 위해 우리는 'Zoo Tycoon'이라는 유아용 소프트웨어를 통해 도식발달을 촉진해 볼 것이다.

먼저 이야기 나누기 상황을 가정해 보자. 아이들에게 '동물원에서 볼 수 있는 것들'이라는 주제로 아이들의 이야기를 적어보자. 아마도 대부분 '호랑이, 코끼리, 기린, 원숭이, 악어, 토끼 등' 동물들의 이름을 나열할 것이다. 이때의 '동물원 도식'은 아래의 그림과 비슷할 것이다.

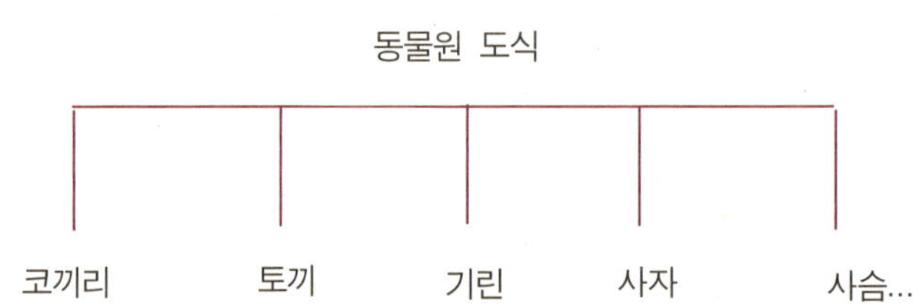

예, 동물원 견학 후 알아본 유아들의 동물원 도식

이제 이야기 나누기를 한 후 유아들이 교실에서 Zoo Tycoon을 가지고 컴퓨터활동을 한다고 가정해 보자. Zoo Tycoon은 유아들이 동물원에서 볼 수 있는 다양한 캐릭터들을 가지고 동물원을 직접 만들어 보는 시뮬레이션 놀이이다.

가정 1)

철수와 영희는 동물 우리를 만들고 그 속에 동물들을 넣기 시작했다. 철수는 사자를 한 마리 넣고 영희는 제일 좋아하는 예쁜 사슴 한 마리를 넣었다.

만약 철수와 영희가 그림으로만 그렸다면 누군가(교사 또는 친구 등)가 지적해주지 않는 한 이대로 그들의 작업은 끝났을 것이다. 그러나 소프트웨어에서는 철수와 영희가 해 놓은 결과에 대해 바로 피드백을 해준다.

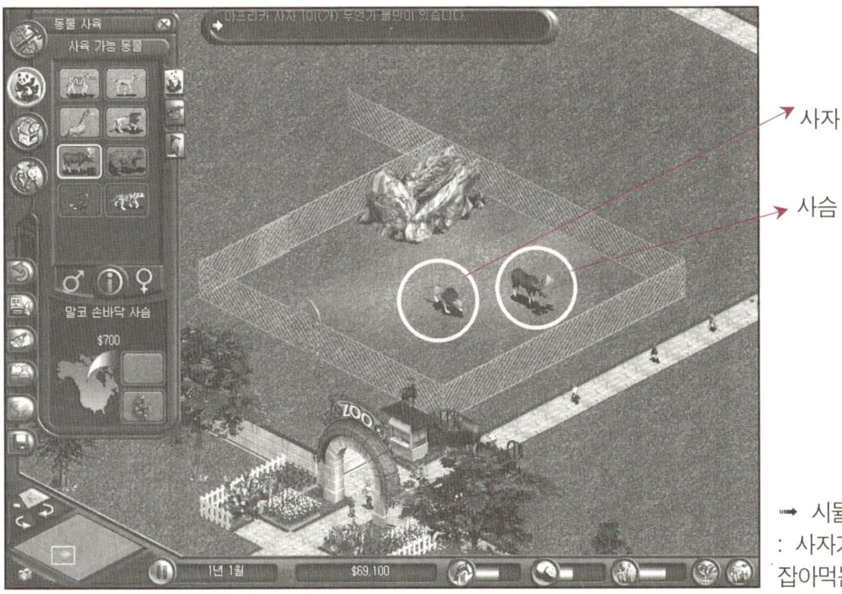

→ 시뮬레이션 결과 : 사자가 사슴을 잡아먹는다.

Zoo Tycoon **동물사육하기 장면**

아마도 철수와 영희는 '아!'하고는 먹이사슬에 대해 어렴풋이 이해하게 되면서 동물원의 동물을 육식동물도식과 초식동물도식으로 재분류하게 되는 조절의 경험을 하게 될 것이다. '동물'이라는 하나의 범주로만 동물을 기억했다면 이제는 초식과 육식으로 구분할 줄 알게 되고 이에 따라 먹이가 달라지고 다른 우리에서 길러야 함을 알아가게 될 것이다.

또한 Zoo Tycoon에서는 동물원 운영을 위한 풍부한 아이템을 제공한다. 여러 동물뿐만 아니라 청소부, 사육사와 같은 관리인들, 의자나 매점, 화장실 등과 같은 편의시설들을 제공하여 유아들이 동물원에는 동물만 있는 것이 아니라 여러 도와주는 사람과 필요한 시설이 있어야 함을 생각해 볼 수 있도록 자극한다. 이러한 컴퓨터 활동 과정에서 유아는 기존의 도식에 새로운 경험을 통합하거나 기존의 도식을 변형시켜 새로운 도식을 다시 만들어 내는 동화와 조절의 경험을 끊임없이 하게 되어 도식이 발달해 가게 된다.

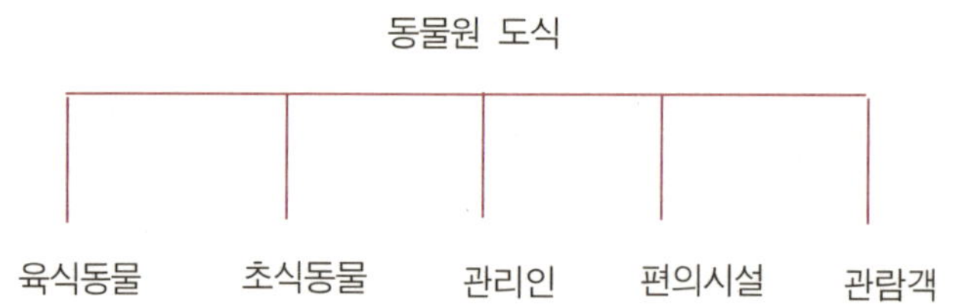

예, 확장활동으로 Zoo Tycoon 컴퓨터활동을 하고 난 후 유아의 동물원 도식

이러한 예와 같이 대부분의 유아교육기관에서는 현장학습을 다녀온 후에는 확장활동(또는 사후활동)을 제공한다. 확장활동은 유아가 경험한 것을 재방문하여 좀 더 잘 기억할 수 있게 하거나 내면화 하게 하거나 도식을 체계화시키는 데 도움을 준다. 이러한 확장활동으로 Zoo Tycoon 같은 소프트웨어를 활용하여 유아가 컴퓨터 활동을 한다면 기존의 정보(도식)들과 새로운 정보(도식)들을 좀 더 통합하고 분류하고 재정렬하면서 도식을 체계화시켜 나갈 수 있을 것이다. 즉 유아의 시뮬레이션 조작에 대한 즉각적인 피드백이나 풍부한 아이템 제공 등이 동화와 조절을 일으켜 유아의 도식발달을 촉진시킬 수 있을 것이다.

참고문헌

오정윤(2006). 미시체계 환경변인과 아동의 미디어 이용에 대한 연구. 숙명여자대학교 원격대학원 석사학위논문.

Berns, R. M. (2004). *Child, family, school, community: Socialization and support*(6th ed.). Belmont, CA:Wadsworth/Thomson Learning.

Bronfenbrenner, U. (1979). *The ecology of human development.* Harvard University Press.

Montgomery, K. C. (2000). Children's media culture in the new millennium: Mapping the digital landscape. *The Future of Children*: *Children and Computer Technology*, *10*(2), 145-167.

Piaget, J. (1952). Origins of intelligence in children. New York, NY: International Universities Press.

제4장

멀티미디어 자료의 선정

01 유아교육용 소프트웨어의 유형

소프트웨어는 컴퓨터 프로그램을 뜻하고 교육용 소프트웨어는 교수학습 활동이나 교육행정 등 교육 목적에 맞는 기능을 갖는 프로그램의 경우를 말한다. 이 중 유아교육용 소프트웨어는 유아를 대상으로 한 교육용 프로그램이라고 볼 수 있다. 소프트웨어의 선정은 하드웨어의 선정과 달리 신중함을 더욱 요구한다. 컴퓨터를 통한 교육이 유아에게 적절한가 또는 부적절한가를 판단하는 기준은 결국 소프트웨어의 질에 따라 달라질 수 있기 때문이다. 따라서 교사는 유아가 수업목표를 가장 효과적으로 학습할 수 있도록 돕는 소프트웨어를 선택할 수 있는 능력을 갖추어야 한다.

여기서는 유아교육용 소프트웨어를 다음과 같은 「프로그램 통제, 학습내용 교수전략, 활용형태」에 따라 유형을 구분하였다. 각 특징에 따라 교사는 수업목표 달성에 효과적인 소프트웨어 유형을 선택할 수 있다.

1) 프로그램 통제유형에 따른 분류

컴퓨터 프로그램이 학습자를 통제하는가 아니면 학습자가 프로그램을 통제하는

가에 따라 분류할 수 있다. 일반적으로 프로그램이 학습자를 통제하는 유형은 폐쇄형 소프트웨어로 불리고 학습자가 프로그램을 통제하는 유형을 개방형 소프트웨어라 부른다.

① 폐쇄형 또는 수렴형 소프트웨어(close-ended software)

이 유형에 속하는 소프트웨어는 유아에게 반복과 연습의 학습과정을 통하여 정답을 찾아내도록 지시하고 안내하는 구조화된 틀로 이루어져 있다. 폐쇄형 소프트웨어에 속하는 것은 대개 유아에게 새로운 개념을 알려주거나 이미 알고 있는 개념을 연습시켜 강화시키고자 하는 목적을 가지고 있다. 학습내용은 정답과 오답이 존재하고 유아는 컴퓨터의 지시에 따라 적절한 반응을 하며 이에 대해 컴퓨터가 피드백을 제공한다.

이러한 교수형태와 반복적 연습은 유아교육에서 부적절한 교수형태로 보는 시각이 높다. 유아의 탐색과 발견, 해결과정을 중시하는 교수학습 방향과는 달리 오로지 지식전달과 맞고 틀림만을 강조하는 것으로 보이기 때문이다. 그러나 폐쇄형에 속하는 소프트웨어들이 여러 한계점을 갖고 있지만 모두 유아에게 부적절하다고 말 할 수는 없다. 지식전달과 답 맞추기식의 폐쇄형 소프트웨어들 간에도 그 질적 차이가 매우 크기 때문이다. 그러므로 무조건 나쁘다는 편견을 갖기보다 소프트웨어의 적절성 평가를 통하여 유아에게 제공할 것인가 말 것인가를 판단해야 한다.
이에 해당하는 예로는 「꼬마 파스칼」, 「나는 찾아요 주니어」, 「오스카의 음악여행」 등이 있다.

꼬마 파스칼

이 활동은 시계 보는 방법을 배우기 위해 시계를 읽고 맞추기를 한다. 학습내용은 수준별로 제시되어 1단계는 시간표현 배우기, 2단계는 분 표현배우기, 3단계는 시간 맞추기로 되어있다. 이 과정에서 컴퓨터는 계속적으로 유아에게 문제를 제시하고 유아들은 그 문제를 풀며 컴퓨터가 맞았는지 틀렸는지를 알려준다('꼬마 파스칼' 중 시계보기).

나는 찾아요 주니어

이 활동은 언어능력 향상을 목적으로 하고 있다. 화면에 여러 물건들을 제시하고 음성으로 '나는 찾아요. 빨간 자동차'라고 들려주면 유아가 해당 물건을 찾아 클릭하는 수수께끼 접근을 사용하고 있다. 맞추면 글자부분이 변한다. 다른 단어와 물건들을 연속적으로 제시하고 한다('나는 찾아요. 주니어' 중 바깥으로).

오스카의 음악여행

이 메뉴는 컴퓨터가 제시하는 악기소리를 듣고 유아가 적절한 악기를 찾아내는 활동이다. 유아의 선택에 대해 맞았는지 틀렸는지를 음성으로 알려주며 하단에 점수판을 두어 몇 개를 맞추었는지 확인하게 한다. 유아는 쉬운 단계에서 어려운 단계로 진행하면서 악기소리와 악기를 맞추는 활동을 계속하게 된다('오스카의 음악여행' 중 악기 알아맞히기).

② 개방형 소프트웨어

개방형 소프트웨어는 폐쇄형 소프트웨어와 반대되는 의미를 가진다. 이 유형은 구조화된 틀 속에서 컴퓨터가 제시하는 문제를 유아가 맞추는 식의 학습활동을 하지 않는다. 대신 유아가 프로그램을 통제하는 방식으로, 발견학습의 형태를 가지고 학습한다.

이러한 소프트웨어는 개방성과 가능성이라는 두 가지 요소를 가지고 있다(Shade, 1985). 먼저 개방성이 있다는 것은 유아가 특정개념을 좀 더 직접적으로 접할 수 있도록 하며 유아에게 의미 있는 방식으로 새로운 개념을 연습할 기회를 제공하고 있음을 말한다. 가능성 요소는 유아가 학습하는 과정에서 자신의 의도대로 내용을 구성할 수 있는 여지가 있는가를 의미한다.

이에 해당하는 예로는 「씽킹 씽즈」, 「스탠리스티커 스토리」, 「올리의 그림동화 만들기」 등이 있다.

씽킹 씽즈

이 활동은 음악능력 향상을 위한 목적을 가지고 있다. 다섯 종류(보통 실로폰, 유리컵, 통나무, 고무줄, 닭소리)의 실로폰 중 유아가 원하는 것을 선택할 수 있으며, 유아가 연주를 하면 그 음들이 녹음되어 루니(새캐릭터)가 그대로 재연해 준다. 또는 반대로 루니가 연주한 것을 유아가 재연할 수도 있다(「씽킹 씽즈」 중 '투니룬').

스탠리스티커 스토리

이 활동은 애니메이션 동화 만들기를 통해 유아의 언어 및 이야기 구성능력을 신장시키고자 한다. 프로그램은 다양한 등장인물들과 배경그림, 효과음, 배경음악을 제공하고 글자를 넣을 수 있는 기능을 제공한다. 또한, 등장인물들은 정지된 것뿐만 아니라 움직이는 모습의 인물도 제공하다. 프로그램은 필요한 아이템만 제공하고 유아가 자신의 이야기를 만들어 간다(「스탠리 스티커 스토리」 중 '동화만들기').

올리의 그림동화 만들기

이 메뉴는 유아가 자유롭게 그림을 그리는 활동으로 위의 동화만들기 활동과 유사한 특징을 가지고 있다. 프로그램은 물감, 색연필, 지우개, 연필, 붓, 패턴모양, 그림틀 등을 제공하고 유아가 이것들을 활용하여 자신의 그림을 그린 후, 저장 및 인쇄를 한다(「올리의 그림동화 만들기」 중 '멋대로 그림방').

2) 학습내용 교수전략에 따른 분류

유아교육용 소프트웨어는 일반적으로 컴퓨터가 교사역할을 하여 유아에게 학습내용을 지도하는 상호작용 과정으로 이루어진다. 이러한 과정에서 소프트웨어는 효과적인 학습내용 전달 및 지도를 위해 다른 형태의 교수학습 전략을 적용한다.

여기서는 「훈련 및 연습형, 개인교수형, 모의실험용, 게임형, 이야기형」으로 제시하였다(고이기, 1997; 김경철, 박선희, 박정선, 유구종, 조부경, 1998; 백영균, 2002; Hoot, 1986). 초창기에는 한 가지 전략을 중심으로 제공하였으나 최근의 소프트웨어들은 몇 가지 교수전략을 혼합하여 제시하는 경향을 띠고 있다.

① 훈련 및 연습형(drill and practice) 소프트웨어

훈련 및 연습형은 이미 알고 있는 기초 개념이나 기술 등을 확인시키기 위해 반복적으로 연습시키는 방법이다. 주로 유아들은 다양한 문제들을 제시받고 정답을 맞출 때까지 여러 번의 기회를 갖게 되며 다른 문제 수준을 선택하여 연습할 수 있다. 이에 해당하는 예로는 「밀리의 수놀이 가게-과자를 만들어 주세요」와 「나의 천국-점잇기」 등이 있다.

밀리의 수놀이가게

'과자를 만들어 주세요'활동은 유아가 수의 양을 익히기 위해 컴퓨터가 문제를 제공하고 유아는 계속적으로 문 제를 풀어가는 방식이다. 컴퓨터가 '1' 숫자를 제시하면 유아는 과자에 그 만큼의 초코칩을 얹은 후 말에게 전달한다. 이 때 맞았으면 말이 받아먹고 틀렸으면 고개를 저으며 다시 달라는 말을 한다. (「밀리의 수놀이 가게」 중 '과자를 만들어 주세요')

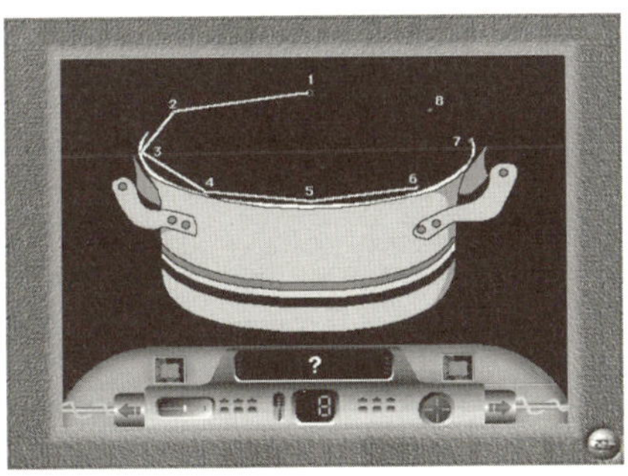

나의 천국

'점잇기'활동은 유아가 수의 순서를 알도록 연습하는 형태이다. 이는 위의 활동과 마찬가지로 컴퓨터가 문제를 제공하고 유아가 문제를 풀어간다. 끝까지 맞게 완성하면 실제모양(예, 냄비뚜껑)이 나타나고 틀렸으면 효과음과 함께 다시 할 것을 제안한다. 제시하는 문제의 모양만 바뀔 뿐 문제는 계속 '수의 순서 익히기'이다. (「나의 천국 중 '점잇기'」)

② 개인교수형(tutorial) 소프트웨어

이 유형은 컴퓨터가 교사의 역할을 하여 유아에게 새로운 개념이나 정보, 규칙 등을 가르치는 방법이며 이미 학습한 내용에 대한 보충학습이나 교정학습을 제공할 때도 적용된다. 유아들은 컴퓨터로부터 충분한 교수 및 상세한 안내를 받고 연습의 기회를 제공받는다. 또한 자신이 학습한 내용을 확인할 수 있으며 학습결과에 대한 피드백이 제공된다. 이에 해당하는 예로는 「새미의 과학놀이방-영화를 만들자」와 「오스카의 신기한 자연이야기-집안으로」 등이 있다.

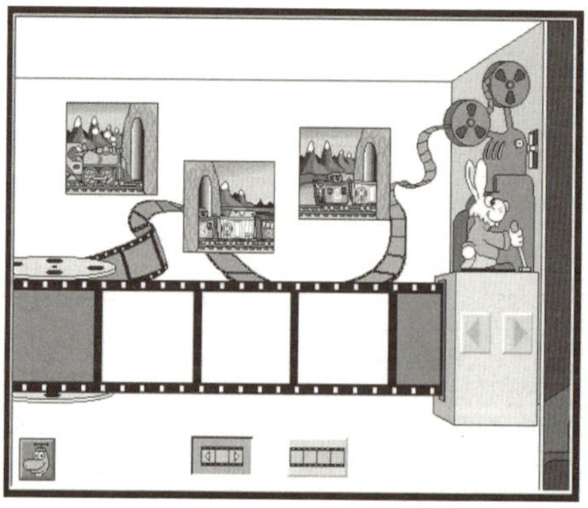

새미의 과학놀이방

'영화를 만들자'는 유아가 시간의 순서에 따라 현상이 변화되는 모습을 보면서 그 개념과 지식을 배우는 활동이다. 예를 들면, 기차가 터널을 빠져나가는 정지그림 3컷을 보고 그 시간순서에 맞게 차례대로 놓는다. 맞으면 마치 영화를 보듯 상영해 주고 틀렸으면 영화를 보여주지 않고 다시 할 것을 권유한다. 또한 재미있는 것은 시간의 흐름이 정방향뿐만 아니라 선택에 따라 역방향으로도 상영해 준다. (「새미의 과학놀이방」 중 영화를 만들자)

오스카의 신기한 자연이야기

'집안으로'는 유아들이 몇몇 동물들의 생김새, 특징, 먹이, 생활방식 등에 대해 설명을 듣고 알아보는 활동을 제공한다. 옆 그림에서 보듯이 올빼미, 나비, 두더지, 도마뱀, 산토끼, 고슴도치, 노루를 주로 알아본다. 또한, 동물뿐만 아니라 몇 가지의 식물들에 대해서도 설명을 해준다. 유아는 이 활동을 기본으로 '겨울잠 자는 동물', '먹이사슬관계', '동물알아맞추기' 등 게임을 하면서 지식을 기억하게 된다. (「오스카의 신기한 자연이야기」 중 집안으로)

③ 모의실험용(simulation) 소프트웨어

모의실험용은 컴퓨터에 의해 실제와 유사한 가상적인 상황을 유아에게 제공한다. 현실 상황과 관련한 개념이나 원리, 변화과정 등을 경험하고 이해하기에 비용이 많이 든다거나 위험부담이 높거나 눈으로 관찰할 수 없는 것이거나 진행과정이 장기간에 걸쳐 일어나는 것 등일 때 유용하게 쓰일 수 있다. 이 유형은 대부분 유아에게 모의상황을 소개하고 필요한 사항들을 안내한다. 유아는 소프트웨어에서 제시한 시나리오와 코스를 선택하고 제공된 아이템들을 이용하여 활동할 수 있는 기회를 제공받는다. 모의실험용 소프트웨어에 해당하는 예로는 「ZOO TYCOON」이 있다.

ZOO TYCOON

이 활동은 동물원을 만들어 운영하는 시뮬레이션 활동이다. 유아는 땅 위에 우리를 짓고 동물을 키우며, 동물에게 알맞은 환경도 만들어주게 된다. 또한, 관람객을 위한 휴식공간, 매점, 화장실, 청소부 등 필요한 것들을 생각하여 동물원을 구성한다. 이 활동 중 재미있는 것은 사자와 영양을 한 우리에 넣으면 실제와 같게 사자가 영양을 잡아먹으며, 암사자와 숫사자를 한 우리에 넣으면 새끼 사자가 태어난다. 혹은 사자우리를 짓는데 너무 얕은 우리를 선택하거나 일부가 소실되면 사자가 우리 밖으로 뛰쳐나가 사람들을 위협하게 된다. 관람객들 역시 주변에 쓰레기통이 없으면 쓰레기를 바닥에 마구 버리고 매점 또는 화장실이 적어 줄을 오래서야 할 경우는 화를 내며 불평을 해댄다. 그리고 관람객들의 입장료와 직원들의 월급, 동물과 우리를 짓는 데 사용되는 비용 등에 따라 돈이 자동으로 계산되어 제시해 준다. 사실 유아들이 이 소프트웨어를 능숙하게 조작하기는 다소 한계가 있다. 그러나 유아들 수준에 맞는 만큼만 조작해도 된다. 그 만큼만 활동해도 유아들은 실세계의 경험을 더욱 확장시키는 경험을 갖게 된다.

④ 게임형(instruction game) 소프트웨어

게임형 소프트웨어는 게임식의 경쟁적인 형태를 이용하여 이미 가르친 개념과 사실, 기능 등에 대한 강화로 연습을 제공한다. 경쟁의 대상은 상대방(컴퓨터포함) 또는 자신, 도전의 기회, 시간 등이 될 수 있으며 대부분의 경우 여러 가지가 복합적으로 구성되어 있다. 이 처럼 게임형은 유아가 목표에 도달하기 위해 어떤 요소를 극복하는 과정에서, 유아의 도전심리를 자극하도록 구성되어 있다. 예로는 「줌비니2-산악구출작전」이 있다.

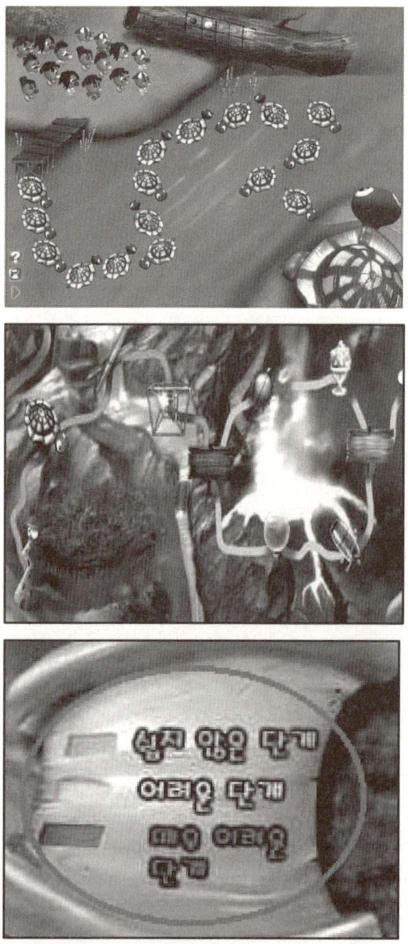

줌비니2-산악구출작전

이 활동은 유아가 제공되는 문제를 해결해 가는 과정에서 논리 수학적 사고를 키우는 것을 목적으로 하고 있다. 전체적인 진행방식은 모험형으로서 함정처럼 제공되는 문제를 차례차례 풀어가며 최종 목적지까지 가야한다. 컴퓨터는 유아가 어느 코스까지 문제를 풀었는지 시각적으로 정보를 보여주며 문제의 난이도를 두어 유아가 학습에 계속 흥미를 갖고 도전할 수 있도록 하고 있다. 또한 유아는 장시간에 걸쳐 고심하며 문제를 해결해 가기 때문에 성취감을 느끼게 된다.

⑤ 이야기형(dialogue) 소프트웨어

이 유형의 소프트웨어는 말하는 동화책 또는 움직이는 이야기책이라고 부른다. 말 그대로 이야기를 애니메이션과 음성, 효과음으로 들려준다. 비디오 동화와 비교해 볼 때, 애니메이션과 음성, 효과음을 통한 이야기 전달은 같다. 그러나 이야기형 소프트웨어는 유아가 일방향으로 보고 듣기만 하는 것이 아니라 유아가 보고 싶고 듣고 싶은 부분을 선택할 수 있는 기회를 갖는다. 또한 대부분 글자와 음성, 의미와의 관계를 인식할 수 있는 정보를 제공한다. 이에 해당하는 소프트웨어로는 「곰돌이 푸우와 꿀나무」, 「할머니와 둘이서」, 「토끼와 거북이」 등이 있다.

곰돌이 푸우와 꿀나무

이 활동은 우리가 잘 알고 있는 '곰돌이 푸우' 동화를 유아에게 들려주는 것이다. 비디오만화영화와 다른 점은 위에서도 설명했듯이 연속적인 이야기듣기뿐만 아니라 내가 다시 보고 싶은 책장을 찾아보듯 읽기와 듣기를 할 수 있다는 것과 특정 단어와 그림에 대한 설명을 클릭하여 들어볼 수 있다는 것이다. 이야기와 관련한 게임들도 몇 가지 제공하나 주 목적은 이야기 듣기와 읽기이다.

3) 활용형태에 따른 분류

① 컴퓨터 보조수업용(Computer Assistant Instruction) 소프트웨어

이는 학습자가 컴퓨터로 진행되는 학습프로그램을 진행하면서 필요한 지식을 습득하거나 이미 배운 것을 복습하는 등의 학습활동을 하는 것이다. 교사가 여러 명의 학습자들과 동시에 수업하는 방식이 아니라 학습자 개개인이 자신의 속도에 맞게 진행할 수 있으며 학습프로그램의 형식에 따라 수준별 학습을 할 수 있다는 장점이 있다. 또한 멀티미디어 자료로 구성되어 내용전달의 사실감과 흥미 유발을 돕고 단순히 일방향의 진행방식이 아닌 네트워크 형식의 구조도 포함하고 있어 정보의 빠른 이동과 지루함을 덜어 줄 수 있다. 이러한 소프트웨어는 교사의 전통적인 교수방식을 도와 학습자의 교육효과를 더욱 높이고자 한다.

컴퓨터 보조 수업용 소프트웨어

② 도구적 사용(tool like) 소프트웨어

이러한 소프트웨어들은 그 자체에 어떤 교육내용을 담아 유아에게 전달하려는 것이 목적이 아니다. 대신 교사가 수업목표를 달성하기 위해 도구로서 활용하는 것이다. 이에 해당하는 소프트웨어로는 워드프로세서, 스프레드시트, 데이터베이스, 그래픽 소프트웨어, 프리젠테이션 소프트웨어, 웹, 동영상제작 소프트웨어 등이 있다. 여기서는 파워포인트(프리젠테이션 소프트웨어)와 무비메이커(동영상제작 소프트웨어)를 제시하였다.

파워포인트는 교육현장에서 많이 사용되고 있는 소프트웨어이다. 프리젠테이션 목적에 맞게 보고서발표 시 많이 활용되나 수업자료제작으로도 빈번히 활용되고 있다. 다음은 '나를 소개합니다'라는 제목으로 각 유아가 자신을 친구들에게 소개하는 수업에 활용한 예이다.

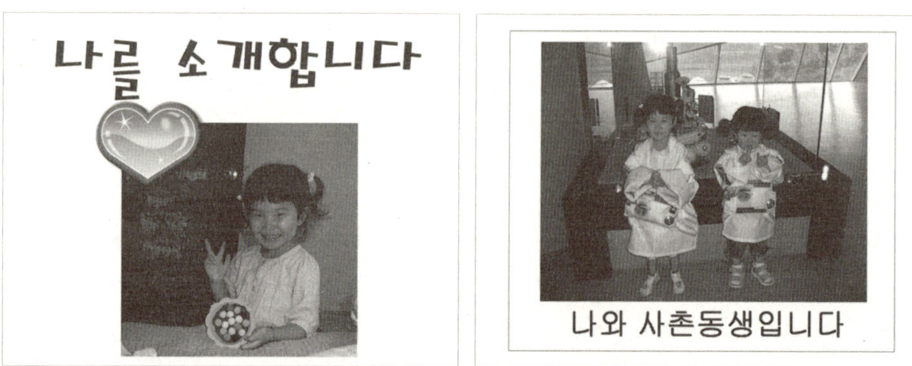

파워포인트를 이용한 프리젠테이션 장면

유아교육기관에서 유아들이 자신을 소개하는 활동을 할 때, 주로 그림을 그리거나 사진을 가져와 이야기 나누기를 한다. 이 때 컴퓨터로 유아의 모습을 담은 자료를 프로젝션 TV로 마치 영화처럼 본다면 유아들은 매우 흥미를 가지고 친구에게 관심을 가질 수 있다. 특히, 자신의 사진과 함께 목소리를 녹음하여 만들어 가는 과정은 유아 자신에게 즐거운 학습경험이 된다. 또한, 자료를 추가적으로 보충해 나갈 수 있기 때문에, 마지막에 가서는 '7살의 이야기'로 확장될 수 있다.

다음은 무비메이커로 윈도우환경에서 무료로 제공하는 소프트웨어이다. 정지된 그림들을 연결하여 연속된 장면으로 만들어 주는 기능을 가지고 있다. 다음의 예는 유아들이 소그룹으로 이야기창작활동을 한 후, 각자가 그림을 그려 무비메이커를 통해 연속된 하나의 동화로 만든 것이다.

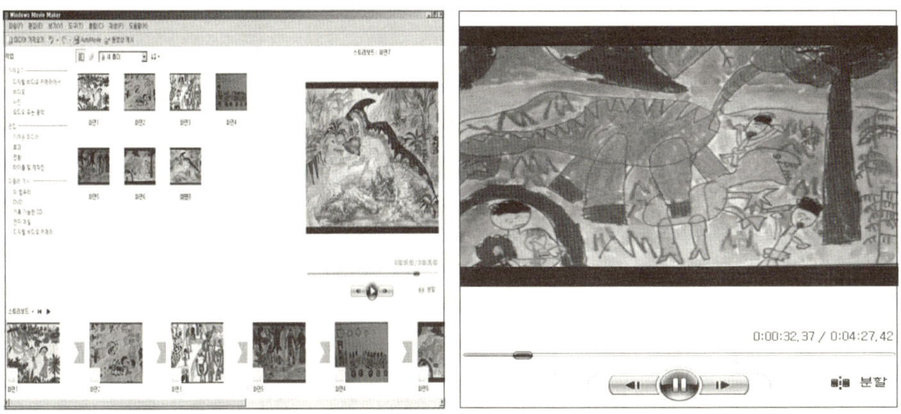

무비메이커 활용장면

이 소프트웨어에도 녹음기능이 있기 때문에 유아들 자신의 목소리를 내레이션으로 넣을 수 있다. 전통적인 방법으로 동화창작을 할 수도 있지만 이처럼 소프트웨어를 이용하여 동화를 완성하는 경험은 유아가 다양한 매체의 활용을 배울 수 있고 이를 토대로 자신의 표현을 더욱 다양하게 확장시키는 데 도움을 줄 수 있다.

이처럼, 소프트웨어의 도구적 활용은 앞서 제시한 소프트웨어들과 달리 교사가 자신의 수업목적에 맞게 일부분을 활용하는 것을 말한다.

02 유아교육용 소프트웨어 평가

유아에게 컴퓨터 교육이 학습과 발달에 도움이 되는 것인지 아니면 해를 끼치는 것인지에 대한 논의에서 가장 중요한 것은 소프트웨어의 적절성이다. 유아기의 컴퓨터활용에 대한 초창기 논의들은 유아가 '어려운 기계를 다룰 수 있겠는가'에 의문이 많이 제기되었으나 최근 이러한 의문은 거의 제기되지 않는다. 그러나 '소프트웨어가 유아에게 적절한가'에 대한 논의는 아직도 매우 중요한 문제이다.

컴퓨터 교육에서 소프트웨어는 교사의 수업에 해당한다. 교사의 수업이 교육효과를 결정짓는 중요 요인이듯 소프트웨어의 질은 유아의 학습에 직결되는 요인이 된다. 따라서 우리가 소프트웨어를 유아에게 제공할 때는 그 적절성을 따져보고 판단해야 한다. 일반적으로 소프트웨어의 적절성은 모든 유아교육에서와 같이, 유아교육의 바람직한 기본 방향에 따라 제작되어야 한다. 즉, 유아의 발달특성과 흥미반영, 적극적 탐색 및 문제해결, 수준별 학습 등을 고려해야 한다.

여기서는 이러한 유아교육의 기본 방향을 토대로 좀 더 세분화시킨 평가척도로 Haugland/Shade 소프트웨어 평가척도와 CSR(Children's Software Revue)의 소프트웨어 평가준거를 소개하고자 한다.

1) Haugland/Shade(1997)의 소프트웨어 평가척도

이 평가 척도는 3세부터 8세까지의 유아를 대상으로 한 소프트웨어를 평가할 수 있다. 세부적인 평가항목으로는 '연령의 적합성, 유아의 통제성, 명확한 지시, 난이도의 전개성, 독립적 사용, 비폭력성, 과정지향성, 실제 세계의 표상, 기술적 특징, 변형, 반편견으로 구별하였다. 채점방법은 반편견 항목을 제외한 각 평가항목에서 적절하게 반영되면 1점을 주고 절반정도만 반영되었으면 0.5점 그리고 전혀 반영하고 있지 않을 경우 0점을 준다. 마지막 반편견 항목은 다른 평가항목과 달리 역점수로 채점하고 그 점수를 전체점수에서 뺀다. 반편견항목 점수를 공제한 후 구해진 전체 총점이 7점 이상이면 발달적으로 적합한 소프트웨어로 보고 그 이하이면 부족한 것으로 판단을 내린다(Haugland & Shade, 1997).

Haugland/Shade 소프트웨어 평가척도

평가 준거	평 가 요 소
연령의 적합성	1. 발달에 적합한 개념을 포함하는가?
	2. 유아의 발달적 요구에 부응하는 교육방법을 사용하는가?
유아의 통제성	3. 유아가 능동적인 참여자의 역할을 하게 하는가?
	4. 현 화면에서 다른 메뉴로 쉽게 전환할 수 있는가?
	5. 유아의 개인 속도에 따라 활동할 수 있는가?
	6. 시행착오가 가능한가?
명확한 지시	7. 메뉴가 그림을 선택할 수 있도록 설계되었는가?
	8. 지시가 단순하고 명확한가?
	9. 음성으로 지시하는가?
난이도의 전개성	10. 성인이 한 번 도움을 제공한 후, 스스로 사용할 수 있도록 쉬운 단계에서 복잡한 단계로 전개하는가?
	11. 학습의 위계가 분명한가?
	12. 개념을 명확하게 습득할 수 있도록 하는가?
독립적 사용	13. 프로그램을 제시할 때 성인의 도움 후에 유아가 독립적으로 사용할 수 있는가?
비폭력성	14. 소프트웨어에 폭력적인 인물과 행동이 제시되지 않는가?
	15. 소프트웨어가 긍정적인 사회적 가치(협동, 우정, 보살핌 등)의 시범을 보이는가?
과정 지향성	16. 기능연습이 아닌 발견학습을 가능하게 하는가?
	17. 내재적 동기를 유발시키는가?
	18. 과정을 중시하는가?
실제 세계의 표상	19. 사물이 실제처럼 구체적으로 표상되었는가?
	20. 사물이 움직이고 유아가 조작할 수 있는가?
	21. 사물과 작동이 단순하고 사실에 근거하고 있는가?

기술적 특징	22. 컴퓨터에 의해 독특한 학습경험을 제공할 수 있는 애니메이션이 있는가?
	23. 색채가 풍부하고 화면에서 본 것을 실생활에 전이하는 데 도움이 되는 그래픽이 있는가?
	24. 소프트웨어를 쉽게 설치할 수 있는가?
	25. 일관성 있게 작동하는가?
	26. 인쇄할 수 있는가?
	27. 효과음향이나 음악이 사실적인가?
	28. 실감나는 그래픽이 있는가?
	29. 실행이 지연되지 않고 순조롭게 이루어지는가?
	30. 유아의 컴퓨터 상에서 한 활동을 저장할 수 있는가?
변형	31. 사물과 상황을 변화시킬 수 있는가?
	32. 현실에서 관찰하기에 불가능한 과정을 관찰할 수가 있는가? (식물의 성장, 색의 혼합, 화산폭발 등)
반편견 공제	33. 소프트웨어가 다양한 언어를 사용할 수 있도록 설계되었는가?
	34. 유아에게 친근하고 다양한 문화를 표상하는 사물이나 상황을 제시하는 보편성을 지니는가?
	35. 성차별이 없고 성역할에 편견이 없는가?
	36. 다양한 문화적 배경을 가진 등장인물이 있는가?
	37. 다양한 능력과 연령을 가진 등장인물이 있는가?
	38. 다양한 가족 구조를 반영하는가?

〈Haugland & Wright 제시하고 있는 평가 사례〉

제목 : 밀리의 수놀이 가게(Millie's Math House)
제작사 : Edmark Corporation
연령 : 2~5세　가격 : $49.95　제작연도 : 1992
내용:

아이들은 수, 수세기, 패턴, 문제해결, 크기, 도형, 덧셈과 뺄셈 등의 7가지 주제를 중심으로 활동을 합니다. 각각의 활동에서 아이들은 탐색모드 또는 문답모드를 선택할 수 있습니다. 문답모드에서는 여러 가지 기술 수준을 선택할 수 있습니다.

의견 :

권장연령은 이 소프트웨어의 학습 목표와 내용을 이해하기에 그리 높지 않습니다. 3세 이상의 아이들을 대상으로 평가를 하였습니다. 문답모드 활동들은 몇 가지 형식의 외부 보상을 포함하고 있습니다.

점수 : 7.5

제목 : 할머니와 둘이서(Just Grandma and Me)
제작사 : Living Books
연령 : 3~8　가격 : $39.95　제작연도 : 1992
내용 :

이 소프트웨어는 Mercer Mayer의 유명한 동화를 기반으로 제작되었습니다. 할머니와 해변에서 함께한 조개잡이, 바다에서 헤엄치기, 모래성 쌓기 등의 이야기로 구성되어 있습니다. 아이들은 이야기를 듣거나 사람과 물체를 클릭하여 애니메이션 효과를 볼 수 있습니다.

의견 :

아이들은 키보드를 조작하여 한국어, 영어, 프랑스어 등 다양한 언어를 선택할 수 있습니다. 아이들은 언제든지 소리를 바꿀 수 있습니다. 게임 사운드는 더욱 실감나게 바뀔 필요가 있습니다. 아이들이 좀 더 많이 이야기의 방향을 변경하고 자신의 모험에 대한 이야기를 만들 수 있도록 개선이 필요합니다.

점수 : 7

2) CSR(Children's Software Revue, 1997)의 소프트웨어 평가준거

CSR의 척도는 우수한 소프트웨어에 상을 주는 볼로냐 뉴 미디어상(Bolonan New Media Prize)에 사용될 만큼 널리 사용되었다. 이 척도는 3세부터 12세까지의 유아를 대상으로 한 소프트웨어를 평가하고 사용의 용이성, 유아의 적합성, 교육적 가치, 오락성, 디자인의 특성, 소프트웨어의 가격(전체적 가치)을 평가항목으로 정하였다. 채점방법은 소프트웨어의 가격항목을 제외한 각 문항마다 '항상 그렇다'는 1점, '보통이다'는 0.5점, '전혀 아니다'는 0점을 준다. 이 때 어느 문항이 평가하고자 하는 소프트웨어와 상관이 없는 평가문항일 경우 '적용되지 않는다'에 표시를 하고 제외시킨다. 합산된 점수는 0점에서 5점까지의 분포로 나타난다.

CSR(Children's Software Revue)의 소프트웨어 평가준거

A = 항상 그렇다(1점) SE = 보통이다(0.5점)
N = 전혀 아니다(0점) NA = 적용되지 않는다(제외)

1. 사용의 용이성(최소한의 도움으로 유아 스스로 사용할 수 있는가?)

1점 0.5점 0점 제외

❶ ___ ___ ___ ___ 프로그램은 작동하는 기술이 유아의 능력 범위 내에 있다.
❷ ___ ___ ___ ___ 유아가 프로그램을 최초로 사용한 후, 독립적으로 사용할 수 있다.
❸ ___ ___ ___ ___ 실행키 메뉴가 간단하다.
❹ ___ ___ ___ ___ 읽기 능력이 프로그램 사용에 선행되지 않는다.
❺ ___ ___ ___ ___ 그래픽이 사용자에게 의미를 제시한다.
❻ ___ ___ ___ ___ 인쇄과정이 단순하다.
❼ ___ ___ ___ ___ 어느 곳에서나 시작하거나 끝내기 쉽다.
❽ ___ ___ ___ ___ 초기 메뉴로 돌아가기가 빠르고 쉽다.
❾ ___ ___ ___ ___ '프로그램 조정'은 키를 누르면 반응하도록 되어 있다.
❿ ___ ___ ___ ___ 사용지침서가 도움이 된다.
⓫ ___ ___ ___ ___ 필요한 경우, 화면에서 도움말을 볼 수 있다.
⓬ ___ ___ ___ ___ 유아가 실수했을 때, 스스로 알 수 있다.
⓭ ___ ___ ___ ___ 아이콘은 움직이는 커서에 따라 선택하기 쉽고 크게 되어 있다.
⓮ ___ ___ ___ ___ 인스톨시키는 과정이 직접적이고 쉽다.

2. 유아의 적합성(유아의 실세계를 고려하여 고안된 것인가?)

1점 0.5점 0점 제외

❶ ___ ___ ___ ___ '키보드를 두드려 보기' 테스트에 살아남는다.
❷ ___ ___ ___ ___ 유아의 조작에 따른 반응이 빠르고 정확하다.
❸ ___ ___ ___ ___ 유아는 화면에 제시되는 정도를 조절할 수 있다.
❹ ___ ___ ___ ___ 유아는 어느 때이든지 빠져 나올 수 있다.
❺ ___ ___ ___ ___ 유아가 화면에 지시되는 순서를 조절할 수 있다.
❻ ___ ___ ___ ___ 제목을 나타내는 초기화면은 간단하고, 지나쳐갈 수도 있다.
❼ ___ ___ ___ ___ 유아가 한 개의 키를 계속 누르고 있어도 한 가지만 입력된다.
❽ ___ ___ ___ ___ 파일이 유아에게 해롭지 않고 유아에 의해 손상되지 않는다.
❾ ___ ___ ___ ___ 유아가 실수할 때 스스로 알 수 있게 되어 있다.
❿ ___ ___ ___ ___ 가정이나 교실 환경에서 순조롭게 조작된다.

3. 교육적 가치(유아가 프로그램으로부터 무엇을 배울 수 있는가?)

1점 0.5점 0점 제외

❶ ___ ___ ___ ___ 하나 혹은 그 이상의 내용 영역을 잘 제시한다.
❷ ___ ___ ___ ___ 그래픽은 프로그램의 교육적 의도에 부합된다.
❸ ___ ___ ___ ___ 피드백은 의미 있는 그래픽이나 음향으로 주어진다.

❹ ___ ___ ___ ___ 음성언어가 사용된다.
❺ ___ ___ ___ ___ 제시되는 내용은 매번 새롭게 나타난다.
❻ ___ ___ ___ ___ 알맞은 범위 내에서 도전하게 한다(프로그램은 유아와 함께 진전해 나아간다)
❼ ___ ___ ___ ___ 피드백은 내용을 강화한다.
❽ ___ ___ ___ ___ 프로그램의 요소는 유아의 직접적인 경험과 연결된다.
❾ ___ ___ ___ ___ 프로그램의 내용에 성 차별적인 요소가 없다.
❿ ___ ___ ___ ___ 프로그램의 내용에 인종적 편견이 없다.
⓫ ___ ___ ___ ___ 유아의 아이디어를 프로그램에 반영시킬 수 있다.
⓬ ___ ___ ___ ___ 프로그램은 학습을 확장시키는 전략으로 되어 있다.
⓭ ___ ___ ___ ___ 적절한 양의 내용이 있다.

4. 오락성(재미있게 할 수 있는 프로그램인가?)

1점 0.5점 0점 제외

❶ ___ ___ ___ ___ 프로그램이 사용하는 데 재미있다.
❷ ___ ___ ___ ___ 그래픽은 의미 있고 유아에게 흥미롭다.
❸ ___ ___ ___ ___ 프로그램이 넓은 계층의 사용자에게 매력적이다.
❹ ___ ___ ___ ___ 유아들이 이 프로그램을 계속해서 다시 사용한다.
❺ ___ ___ ___ ___ 어느 세대에도 적합하도록 고안되어 있다.
❻ ___ ___ ___ ___ 음향과 음성이 유아에게 의미가 있다.
❼ ___ ___ ___ ___ 유아가 다양하게 도전할 수 있고 자신의 수준에서 선택할 수 있다.
❽ ___ ___ ___ ___ 프로그램은 유아의 조작에 반응적이다.
❾ ___ ___ ___ ___ 프로그램의 주제가 유아에게 의미 있다.

5. 디자인의 특성(얼마나 우수한 프로그램인가?)

1점 0.5점 0점 제외

❶ ___ ___ ___ ___ 프로그램에 언어기능이 있다.
❷ ___ ___ ___ ___ 프로그램에 인쇄기능이 있다.
❸ ___ ___ ___ ___ 유아가 작업한 것을 계속 저장할 수 있다.
❹ ___ ___ ___ ___ 여러 방향으로 자동적으로 갈 수 있다. 즉, 도전하는 수준이 다양하다.
❺ ___ ___ ___ ___ 유아의 아이디어를 프로그램에 반영시킬 수 있다.
❻ ___ ___ ___ ___ 음향이 적절하며 조정될 수 있다.
❼ ___ ___ ___ ___ 피드백이 개별 유아에게 적절하게 주어진다.
❽ ___ ___ ___ ___ 일정기간 동안 유아가 사용한 프로그램에 대해 누적적으로 기록을 해준다.
❾ ___ ___ ___ ___ 교사와 부모를 위한 지침을 쉽게 찾아서 쓸 수 있다.

6. 소프트웨어의 가격(값이 얼마인가? 그 만큼의 가치가 있는가?)

이상에서 제시된 여러 요소와 시장가격과 비교해서 값을 정한다. 이 때 프로그램의 효과를 극대화하기 위해 사용해야 하는 사운드 카드나 CD-ROM의 부품에 대해서도 고려한다.

빈약하다 좋다

1	2	3	4	5	6	7	8	9	10

이소은(2000)은 유아 대상 수학교육 시디롬 타이틀을 CSR 준거에 근거하여 평가한 후 CSR 평점 상·하위 10%에 해당하는 시디롬 타이틀의 목록과 평점을 제시한 바 있다.

CDR 평점 상 · 하위 10% 시디롬 타이틀의 목록과 평점

	시디롬 타이틀 명	개발사	CSR평점 (5점 척도)
상위 10%	Ready for School kindergarten	Fisher-price	4.72
	Mille's Math House	Edmark	4.68
	Jump Start Kindergarten	Knowledge Adventure	4.62
	Reader Rabbit Preschool	The Learning Company	4.52
	Jump start preschool	Knowledge Adventure	4.51
	Reader Rabbit Kindergarten	The Learning Company	4.47
하위 10%	더하기 왕자 빼기 공주	하람 소프트텍	1.06
	신나는 숫자 영재교실	리눅스 플라자	1.40
	몬테쏘리 수학	한텍 정보통신	1.46
	신나는 숫자교실	엠지 미디어	1.68
	123 숫자나라	우리정보	1.69
	머리가 좋아지는 비교나라	우리정보	1.79

출처 : 이소은(2000). 유아를 위한 수학교육 시디롬 타이틀의 내용 및 품질 분석. 이화여자대학교 석사학위논문

홍미연(1999)의 연구에서 분석한 CSR 평가의 예

제목	Jump Start Kindergarten
제작사	Knowledge Adventure
연도	1997년
대상연령	4-6세
내용	영어 발음공부, 읽기, 문장구성놀이, 동의어와 반의어, 운율, 수와 양 비교하기, 시간놀이, 청취력 놀이 등의 언어, 수에 관한 활동으로 구성되어 있다.

점수 : 4.51

출처 : 홍미연(1999). 유아교육 전문가가 추천한 시디롬 타이틀과 일반인이 구매한 시디롬 타이틀의 비교평가. 이화여자대학교 석사학위논문

3) 기타 소프트웨어 평가척도

앞서 소개한 두 가지의 척도 외에도 유아교육용 소프트웨어를 평가하기 위한 다른 유용한 척도들이 있다. 이러한 척도들은 개발자의 의도에 따라 평가항목이 매우 세분화 되어 있거나 통합적으로 제시한 차이는 있으나 기본적으로 바람직한 유아교육의 원리 안에서 컴퓨터라는 특수성을 고려하여 평가척도들을 개발하였다. 그러므로 사용자가 각 평가척도를 살펴본 후 본인의 의도에 좀 더 적절한 것을 선택하여 사용하면 된다.

여기서는 국내에서 개발한 일부 평가척도를 항목 정도로만 간단히 소개하고 자세한 내용은 평가척도를 개발한 연구자의 연구논문을 참고하기 바란다.

먼저, 박선희(2000)의 척도는 최종적으로 내용영역과 설계영역, 학습지원영역이라는 세 영역으로 구분하여 제시하였다. 이 중 내용영역은 발달적 적합성, 인지발달 기여도, 사회 및 정서발달 기여도, 학습목표의 타당성, 건전성/공정성, 정확성, 유치원교육과정과의 연계성인 7가지 평가준거로 구성되어 있고, 설계영역은 흥미/동기유발의 효과성, 피드백의 적절성, 개념 의미화 방식의 효율성, 내용제시의 적절성, 지시방법의 적절성, 학습과정의 통제가능성인 6개의 준거로 설정하였다. 학습지원영역은 학습관리 기능의 적절성, 사용의 용이성, 설명서의 적합성인 3개의 준거로 구성하였다. 총 3개의 영역과 16개 평가준거, 59개 평가요소로 소프트웨어 평가척도를 개발하였다.

다음으로 백지혜(2002)는 척도를 교수설계영역과 기술영역, 학습지원영역인 세 가지 영역으로 구분하였고, 10가지 평가준거와 54가지 평가요소로 제시하였다. 이를 살펴보면, 교수설계영역은 교육적가치(요소 10개), 학습을 위한 소프트웨어 요소의 적절성(요소 10개), 학습의 과정지향성(요소 3개), 유치원 교육과정과의 연계성(요소 1개)이다. 기술영역은 기술의 지원도(요소 11개), 사용의 용이성(요소 4개), 프로그래밍 안전도(요소 1개)이고, 학습지원영역은 음향 및 이해 증진의 효과성(요소 6개), 보조자료 및 서비스(요소 6개), 화면배정의 적절성(요소 2개)으로 구성하였다.

마지막으로 교육부 산하 한국교육방송부설 멀티미디어 교육지원센타(1998)에서 개발한 평가척도는 주로 소프트웨어를 심의하여 인준해 주는 지침으로 사용되었다. 평가준거는 내용영역에서 6가지(선정의 타당성, 창의성, 조직의 합리성, 명확성, 윤리성, 매체의 적합성) 준거와 교수전략영역에서 3가지(동기유발, 피드백, 학습의 통제성)

준거, 기술적 특성영역에서 5가지(사용의 편리성, 정보수용의 용이성, 프로그램의 안정성, 관리체제, 기능성) 준거로 구성되어 있다. 그러나 이러한 교육용 소프트웨어 품질인증 심의지침 사항 중에는 유아교육용 소프트웨어에 적용하기에 적합하지 않은 내용도 일부 포함하고 있다.

03 유아교육용 웹사이트의 활용 형태

유아교육용 웹사이트는 적용대상과 활용 형태에 따라 개발목적이 다를 수 있고 수업에 활용하는 접근방식에도 차이가 있을 수 있다. 이를 크게 두 가지로 구분해 보면 유아가 교실 또는 가정에서 성인의 도움을 받아 학습활동을 할 수 있는 유아 학습형태와 교사가 수업에 필요한 정보와 자료를 얻고 다른 교사들과 자료를 공유할 수 있도록 돕는 교사의 자료 활용 형태로 구분할 수 있다. 이는 하나의 웹사이트에서 두 가지 모두가 운영되기도 하고 단독으로 운영되기도 한다.

1) 유아의 학습형태

이러한 웹사이트는 유아의 발달과 흥미를 고려하여 여러 수준으로 학습활동을 제공하기도 하고 다양한 주제를 제공하여 유아가 선택할 수 있는 기회를 제공한다. 유아는 컴퓨터영역에서 단독으로 학습하거나 또래들과 협력하여 학습할 수도 있고, 때때로 교사의 도움을 받아 학습할 수도 있다. 소프트웨어와 달리 웹사이트는 유아가 접속할 때마다 학습활동의 내용과 과제유형이 새롭게 제공될 수 있기 때문에 유아의 흥미를 지속적으로 유지시켜 줄 수 있는 융통성이 크다.

uptoten.com 사이트

사이트마다 다소 차이는 있지만 대부분 유아교육기관과의 연계를 위해 현 교육과정에서 제시하는 생활영역으로 구조화하여 운영하고 있고 이 속에서 유아의 개별적인 수준 차를 고려하여 수준별로 메뉴를 구분하여 학습내용을 제공하고 있다. 이러한 사이트는 유아가 한 단계의 학습활동을 완료할 때 마다 상위 수준의 학습활동이 지원된다. 학습 결과는 개인이 언제든지 확인할 수 있도록 사이트 내에서 정보가 제공되거나 개인 E-mail을 통해 알려주기도 한다.

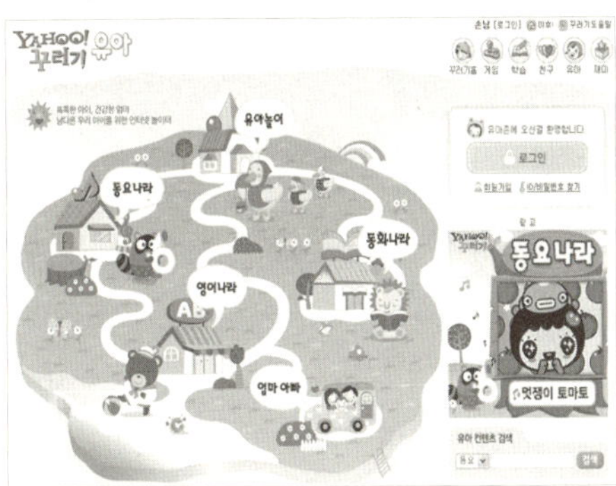

야후 꾸러기

차일드에듀넷

학습내용을 주제별로 제시하는 사이트는 많은 수의 다양한 주제를 제공하여 유아가 흥미를 갖는 주제를 선택한 후 자유롭게 탐색하고 문제를 해결해 갈 수 있는 방식으로 학습활동을 유도하고 있다. 이와 같이 어떤 방식으로 웹사이트를 구조화하여 운영하든 기본적으로 유아가 능동적 주도적 역할을 통해 학습활동을 해 갈 수 있도록 마련되어야 한다.

2) 교사의 자료활용

교사의 자료 활용 형태는 교사가 수업자료를 제작하기 위해 필요한 기본 소스들을 구하는 목적으로 웹사이트를 이용하거나 수업 활용에 적합한 멀티미디어 교재를 온라인으로 활용하기 위해 사용하는 것을 말한다. 유아 학습형태의 웹사이트에 비해 그 수나 웹문서 구성의 정교성이 부족하다. 이는 교사의 자료 활용 웹사이트들이 주로 교사들에 의해 정보가 채워지고 공유되기 때문에 자발적 참여와 활용도에 따라 차이가 커지게 된다. 그러나 운영이 활발한 웹사이트의 경우, 많은 멀티미디어 자료의 데이터베이스가 가능하여 전국의 교사들이 적기에 활용할 수 있도록 돕고 개인이 수업자료를 제작하는 시간을 단축시켜 줄 수 있다. 또한 수업자료 보관상의 어려움을 해소할 수 있으며 서로가 유용한 자료들을 제공하여 공유할 수 있는 큰 장점을 가지고 있다.

현재 이러한 목적으로 활용되는 사이트들은 상업용으로 제공되는 것들과 주로 지역교육청 산하 기관에서 운영하는 것들이 있다.

경기도 교육청에서 운영하는 교수학습지원센타(www.kerinet.re.kr)로서 교사들을 위한 교수학습 자료들을 제공하고 있다. 온라인으로 접속하여 수업에 바로 적용할 수도 있고 자료를 다운받아 활용할 수 있는 두 가지 방법을 모두 지원하고 있다.

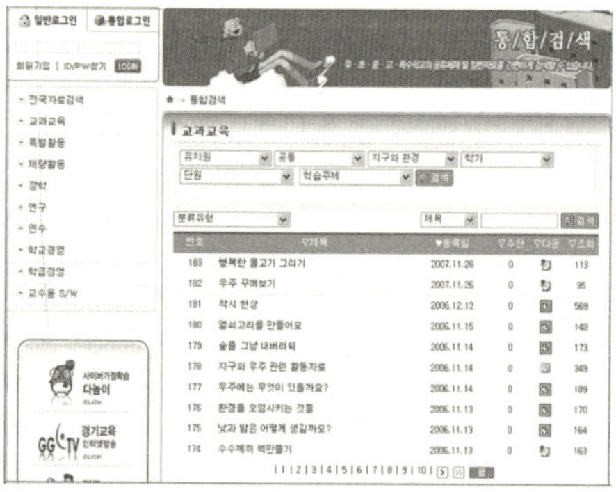

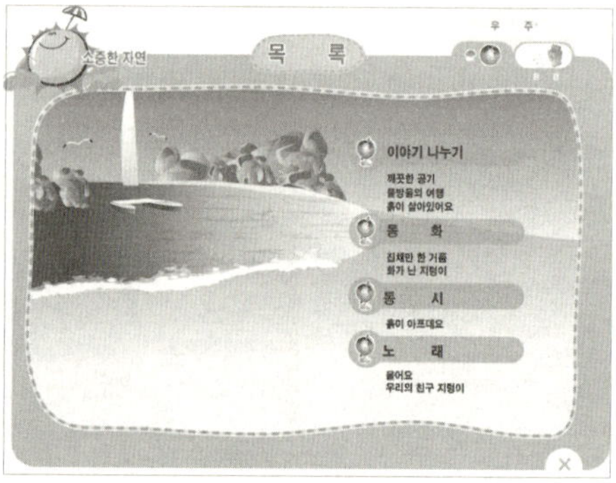

경기도 교육연구원 사이트

이러한 웹기반 교수학습센터는 중앙에서 운영하는 교수학습개발센터와 중앙교수학습센터(에듀넷) 그리고 각 시·도 교육청에서 운영하는 교수학습지원센터 등이 있다(김은정, 2007).

3) 온라인을 통한 행정시스템 활용

유아교육현장에서의 컴퓨터 활용은 앞서 소개한 수업적인 측면과 더불어 행정지원을 위한 활용이 이루어지고 있다. 현재 대부분의 공립유치원에서는 행정문서를 전자문서로 작성하여 온라인을 통해 발송하고 수신하는 전자문서시스템을 사용하고 있으며 일부 지역에서는 유치원의 비품과 교구를 행정서버에 온라인으로 기입하여 장부를 관리하는 시스템을 추진하고 있다.

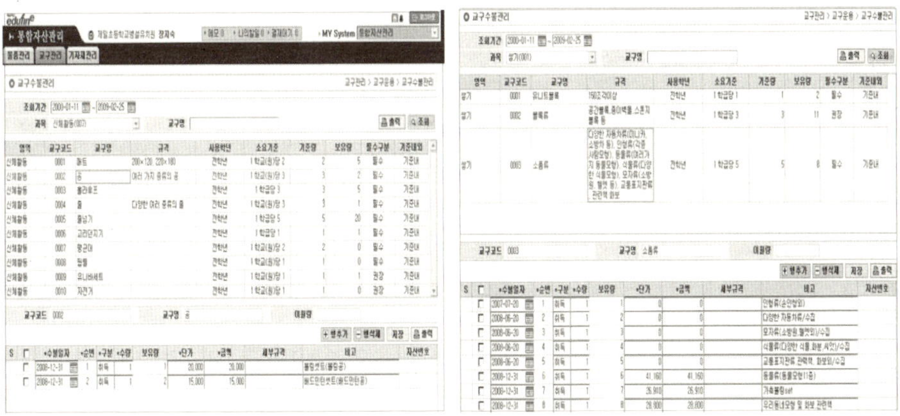

온라인 행정시스템

온라인을 활용하면 행정시스템뿐 아니라 유아의 평가 결과 자료의 보관, 관리, 활용도 용이할 수 있다. 그럼 여기서 유아의 평가프로그램을 위한 온라인 지원시스템의 한 가지 예를 소개하고자 한다. 그것은 우리나라에서 활동표본평가(최지연, 2004)로 소개된 유아평가방법을 온라인으로 교사가 작업하여 관리하는 것을 돕는 온라인 활동표본평가이다. 교사는 유아를 관찰하여 평가프로그램이 제공하는 체크리스트에 평가하고 유아가 작업한 결과물을 멀티미디어자료로 저장하여 서버에 올려 보관하게 된다. 유아의 전반적인 상태를 기술할 때는 유아의 각 수준을 설명해 줄 수 있는 문구를 제공하여 교사들이 쉽게 참고할 수 있도록 지원한다.

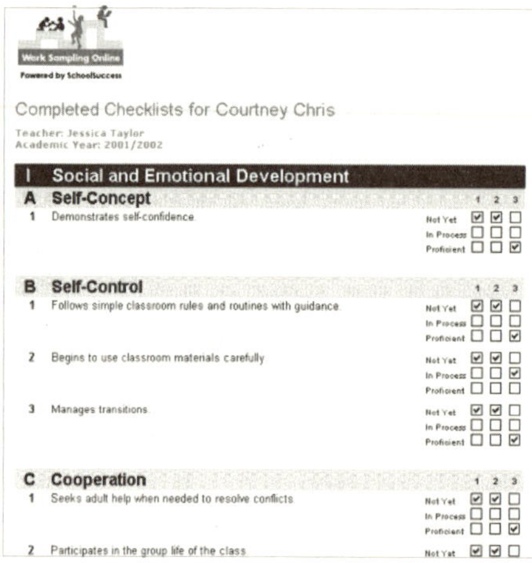

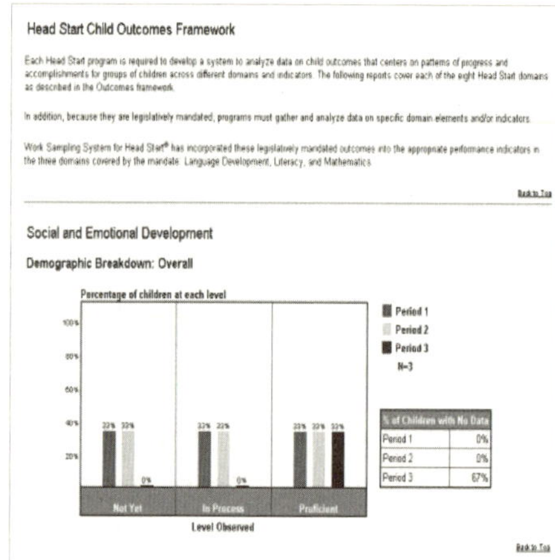

활동표본평가 사이트(www.worksamplingonline.com)

자료들의 기록이 끝나면 마지막으로 프로그램이 자동으로 프로파일을 작성하고 평가결과를 사용하고자 하는 목적에 맞는 보고서양식(부모용, 기관용 등)으로 작성해 준다. 이 외에 평가결과에 따라 유아를 도울 수 있는 기관이나 사람들을 연계해 주는 정보를 제공해 준다.

04 유아교육용 웹사이트 평가

소프트웨어와 더불어 온라인 웹사이트의 중요성이 더욱 커지고 있다. 인터넷을 통해 멀티미디어 자료 즉, 문자, 그림, 사진, 동영상, 애니메이션, 음성, 음악 등의 각종 자료를 이용하여 유아에게 학습 프로그램을 제공하는 온라인 웹사이트는 소프트웨어가 가지지 못한 장점들로 인해 유아교육기관에서 그리고 가정에서 활용이 선호되고 있다.

인터넷을 통한 접근의 용이성과 학습내용의 계속적 보완이라는 큰 특징은 교사나 학부모의 관심을 일으키고 그에 따라 현재 많은 유아교육용 웹사이트들이 유료로 또는 무료로 운영되고 있다. 그러므로 우리는 적절한 유아교육용 웹사이트를 선택할 수는 있는 평가정보가 필요하다. 여기서는 유아교육용 웹사이트의 평가에 참고할 수 있는 것으로 김영희(2003)의 평가준거를 소개한다.

1) 김영희(2003)의 온라인 유아학습형 웹사이트 평가도구

김영희는 웹사이트 평가도구를 유아학습형과 교사자료형으로 구분하여 각각 제시하였다. 여기서는 유아학습형만을 소개한다. 이 평가도구는 「콘텐츠, 교수학습전략, 인터페이스」인 세 가지 영역으로, 「교육성, 적합성, 통합성, 상호작용성, 동기유발성, 유아조절성, 연결성, 기능성, 사용의 용이성, 친숙성」인 10가지 평가준거로 구성되었다. 평가항목은 총 97문항이다.

온라인 유아학습형 웹사이트 평가도구

영역	평가준거	평가항목
콘텐츠	교육성	• 정보의 출처(기관 혹은 인물)에 신뢰가 간다.
		• 유아교육과정에서 지시된 건강생활 영역의 교육목표를 지원한다(*).
		• 유아교육과정에서 지시된 사회생활 영역의 교육목표를 지원한다(*).
		• 유아교육과정에서 지시된 언어생활 영역의 교육목표를 지원한다(*).
		• 유아교육과정에서 지시된 탐구생활 영역의 교육목표를 지원한다(*).
		• 내용은 유아가 흥미를 가지고 쉽게 몰두할 수 있을 만큼 재미있다.
		• 일상생활에서 흔히 경험할 수 있는 여러 가지 사물과 사건을 소재로 한 내용을 제공하고 있다.
		• 학습내용에서 다루고 있는 인물은 폭력적이 아니다.
		• 사회적으로 바람직하다고 인정되는 긍정적인 내용을 다루고 있다.
		• 왜곡된 편견(성, 종교, 인종, 다양한 가족구조, 장애)을 갖지 않도록 내용이 구성되어 있다.
	적합성	• 학습 대상 유아의 연령과 발달단계를 분명히 밝히고 있다.
		• 진술된 학습목표는 유아가 성취하기에 적절한 수준이다.
		• 학습 내용은 다양하고 풍부하다.
		• 한 학습활동에서 다루어지는 내용의 범위가 유아에게 적절하다.
		• 내용은 무엇을 지시하는지 명확히 알 수 있다.
		• 하나의 개념을 설명하기 위해 유아가 이해하기 쉬운 다양한 예를 제공한다.
		• 유아가 쉽게 이해할 수 있는 사실, 개념, 법칙, 원리, 어휘가 사용되었다.
		• 절차, 문법, 띄어쓰기는 대체로 정확하다.
		• 학습내용은 멀티미디어로 표현되었다.
		• 사용된 멀티미디어는 유아가 이해할 수 있는 수준이다.
		• 사용된 멀티미디어는 정확하게 전달된다.
		• 표현된 내용은 일상생활에서 경험하는 것보다 웹상에서 더욱 심도 있게 경험할 수 있는 것이다.
		• 성인의 한번의 도움 후 어려움 없이 학습할 수 있게끔 쉬운 단계에서 복잡한 단계로 전개된다.

<table>
<tr><td rowspan="30">교
수
학
습
전
략</td><td rowspan="5">통합성</td><td>• 사물의 크기, 색, 형태가 실제와 같이 구체적으로 표현되었다.</td></tr>
<tr><td>• 유아가 놀이를 하면서 자연스럽게 대상이나 사건에 대한 개념을 구성해 갈 수 있도록 짜여져 있다.</td></tr>
<tr><td>• 시, 공간상의 제약으로 교실에서 보기 어려운 내용을 제공한다.</td></tr>
<tr><td>• 내용은 유아가 실제 생활에서 적용해 보도록 구성되었다.</td></tr>
<tr><td>• 사물의 움직임은 현실감이 있고 실제와 같다.</td></tr>
<tr><td rowspan="9">상호
작용성</td><td>• 유아가 수행한 작업에 대한 피드백이 즉각적으로 주어진다.</td></tr>
<tr><td>• 피드백은 구체적으로 제시되어 있어 유아가 의미를 금방 이해할 수 있다.</td></tr>
<tr><td>• 피드백은 교육적 요소를 포함하고 있다.</td></tr>
<tr><td>• 전체 학습활동 진행에서 피드백은 다양하게 제공된다.</td></tr>
<tr><td>• 내용은 단순한 기능연습이 아닌 발견학습이 가능하도록 구성되었다.</td></tr>
<tr><td>• 성인의 도움을 대신하여 혼자 학습할 수 있도록 웹도우미가 제공된다.</td></tr>
<tr><td>• 내용은 분지화가 되면서 유아가 마우스로 클릭하거나 드래그할 때마다 새로운 상황이나 활동이 전개된다.</td></tr>
<tr><td>• 성인의 도움이 필요한 도전적인 내용을 포함하고 있다.</td></tr>
<tr><td>• 또래와의 협동학습이 필요한 내용을 포함하고 있다.</td></tr>
<tr><td rowspan="8">동기
유발성</td><td>• 주의를 집중시키는 음향 요소가 학습 전반에 적절하게 사용되었다.</td></tr>
<tr><td>• 내용은 유아의 적극적인 참여를 유도하고 있다.</td></tr>
<tr><td>• 유아의 생각이나 작업을 반영할 수 있도록 구성되어 있다.</td></tr>
<tr><td>• 등장하는 캐릭터가 매우 친숙하다.</td></tr>
<tr><td>• 예와 연습이 적절하게 제공되었다.</td></tr>
<tr><td>• 적절한 순간에 학습에 대한 보상이 주어진다.</td></tr>
<tr><td>• 내용은 실패감보다 도전감을 갖도록 한다.</td></tr>
<tr><td>• 학습 도중에 즉흥적인 행동유발 기재가 나타난다.</td></tr>
<tr><td rowspan="8">유아
조절성</td><td>• 유아가 학습의 진행속도를 조절할 수 있다.</td></tr>
<tr><td>• 학습내용은 주제별로 구성되어 있고 동일한 주제 내에서는 여러 수준의 내용이 그림형태로 펼쳐 있어 유아가 선택하여 학습할 수 있다.</td></tr>
<tr><td>• 제목을 나타내는 화면은 간단하거나 금방 지나가게 할 수 있다.</td></tr>
<tr><td>• 유아가 원하는 학습화면으로 즉각적인 이동과 복귀가 가능하다.</td></tr>
<tr><td>• 페이지 번호가 표시되어 있어 학습진행정도를 알 수 있다.</td></tr>
<tr><td>• 반복학습을 할 수 있도록 구성되어 있다.</td></tr>
<tr><td>• 유아의 시행착오를 허용한다.</td></tr>
<tr><td>• 유아 자신이 선택한 부분을 알 수 있다.</td></tr>
<tr><td rowspan="6">인
터
페
이
스</td><td rowspan="6">연결성</td><td>• 웹사이트 내의 모든 웹페이지의 링크가 오류없이 신속하게 연결된다.</td></tr>
<tr><td>• 유용한 정보를 제공하는 다른 웹사이트의 링크가 오류없이 순조롭게 연결이 잘 된다.</td></tr>
<tr><td>• 학습 활동 중에 실행이 지연되거나 끊김이 없이 순조롭게 이어진다.</td></tr>
<tr><td>• 손상된 그림이나 사진이 없다.</td></tr>
<tr><td>• 학습활동을 지원하는 응용프로그램과 플러그인이 실행되는 시간이 적절하다.</td></tr>
<tr><td>• 멀티미디어 자료를 실행하는데 걸리는 시간이 학습활동을 방해하지 않는다.</td></tr>
</table>

	기능성	• 필요하면 언제라도 화면에서 도움말을 볼 수 있다.
		• 학습과정을 안내하는 지시문이 있다.
		• 지시문은 간단하며 그 뜻을 정확하게 이해할 수 있다.
		• 지시문은 전체 학습에서 동일한 위치에 있다.
		• 유아가 실수한 부분에 대해서 경고음이 울리거나 오류 메세지가 음성으로 제공된다.
		• 경고음과 오류 메세지는 일관성이 있다.
		• 경고음과 오류 메시지가 전달하려는 뜻을 분명히 알 수 있다.
		• 학습 프로그램 작동시나 작업수행에 대한 결과를 기다리는 동안 안내문이 나타난다.
		• 온라인과 오프라인상에서의 학습을 동시에 지원하는 저장기능이 있다.
		• 자료의 인쇄기능이 간편하다.
	사용의 용이성	• 웹사이트 초기화면은 공간적으로 비유된 하나의 전체그림으로 되어 있다.
		• 어떤 곳에 있더라도 처음페이지로 나가는 출구가 있다.
		• 메뉴는 모든 페이지마다 동일한 위치에 있어 쉽게 접근할 수 있다.
		• 메뉴의 개수가 적당하며 선택 단계가 3단계 이내이다.
		• 아이콘과 버튼은 간단한 도안으로 구성되었으며 불필요한 장식이 없다.
		• 웹사이트 전체에 동일한 의미를 전달하는 아이콘은 같은 아이콘이사용되었다.
		• 아이콘과 버튼은 유아가 선택하기 쉬운 크기이다.
		• 아이콘과 버튼은 내용을 잘 대표하고 있어 유아가 쉽게 이해할 수 있다.
		• 아이콘이나 버튼은 모든 페이지마다 동일한 위치에 있다.
		• 웹사이트 전체에 사용된 아이콘과 버튼의 색상, 모양, 크기가 일관성이 있다.
		• 내용은 한 화면에 표현현되어 있어 스크롤바가 생기지 않는다.
		• 학습 화면은 전체화면으로 제공되어 유아가 사용하기에 편리하다.
		• 학습활동을 지원하는 응용프로그램 설치가 편리하다.
		• 정보가 공간적으로 적절히 조직되어 있어 이동이 쉽다.
	친숙성	• 전체 화면구성이 일관성 있게 구성되었다.
		• 화면은 유아가 주의집중을 하는데 효과적으로 구성되었다.
		• 웹사이트 첫페이지에는 눈길을 끄는 제목이나 로고가 있다.
		• 정보를 전달하는 문장의 길이와 간격이 적당하다.
		• 글자 크기는 유아가 보기에 적당하다.
		• 중요한 내용이 제대로 강조되어 있다.
		• 배경색과 기타 화면의 색이 잘 조화되어 있다.
		• 배경색과 텍스트 색상, 링크색상이 일관성 있게 사용되었다.
		• 이미지에 적합한 라벨이 사용되었다.
		• 라벨의 배치 방식은 웹사이트 전체적으로 일관성이 있다.
		• 학습활동에 집중할 수 없도록 하는 불필요한 장식이 거의 없다.

(*)웹사이트에서 지원되는 생활영역이 있을 경우에만 평가가 적용됨.

이수진(2005)이 김영희(2003)의 온라인 유아학습형 웹사이트 평가도구를 사용하여 분석한 예

유아 학습형 사이트 전체 순위

구분	사이트명	전체점수(5점기준)	교육성(55)	적합성(70)	통합성(25)	충실성(95)
1	재미나라	216.0(4.40)	55.0	69.0	20.5	71.0
2	깨비키즈	208.5(4.26)	49.0	67.0	23.0	69.5
…	…	…	…	…	…	…

사이트명 : 재미나라
[아이 공부나라] 코너에서 기본 생활 교육 관련 내용을 학습하게 함. 생활놀이라는 컨셉으로 11개의 영역, 20개의 주제학습이 가능
인사, 감정표현, 배변 활동, 청결, 정리정돈 등. 누야라는 캐릭터를 활용하여 만화 형식의 에피소드로 기본 생활 교육에 대한 내용을 구성

점수 : 4.40(5점 기준)

사이트명 : 깨비키즈
[초등준비>바른 생활] 코너에서 기본 생활 교육 관련 내용을 학습하게 함.
인사예절, 공공예절, 가족예절, 몸을 깨끗이 하는 청결내용, 학교생활, 쓰레기 처리 등의 내용과 차례차례라는 주제 등으로 기본 생활 교육에 대한 내용을 구성

점수 ; 4.26(5점 기준)

출처 : 이수진(2005). 기본생활 교육 관련 온라인 콘텐츠 분석. 숙명여자대학교 원격대학원 석사학위논문

다른 연구자들의 평가도구도 간략히 살펴보면, 먼저 유아교육용 소프트웨어의 평가척도를 개발했던 Haugland도 유아용 웹사이트의 발달척도를 제시하였다. 그 평가준거는 기술적 특징에서 '웹사이트의 접속 속도'가 새로 추가된 것 외에 나머지는

소프트웨어 평가준거와 동일하다.

Buckleitner(1998)는 CSR 웹사이트 평가척도로 '사용의 용이성과 교육성, 오락성, 다자인적 요소, 안정성과 책임성'인 다섯 가지 준거를 설정한 어린이용 인터넷 사이트 평가도구를 개발하였다.

먼저 '사용의 용이성'에서는 어린이들이 사이트를 사용하기에 편리하도록 각종 기능을 제공하고 적절한 속도와 찾기 기능을 포함할 것을 제시하였다.

'교육성'에서는 상호작용적 요소를 포함하고 내용의 적절성과 최신성, 멀티미디어적 요소의 효과적인 운영, 충분한 내용, 다양한 연령의 어린이 대상 사용 가능성, 적절한 링크를 들었다.

'오락성'에서는 그래픽과 사운드가 유아들에게 즐거움을 주고 경험확장의 기회를 제공하며 어린이들이 사이트에 적극적으로 참여하여 주인의식을 가질 수 있는 기회를 제공할 것을 들었다. 또한 도전의 정도가 유연하고 난이도의 수준을 선택할 수 있으며 경험이 심미적으로 의미 있고 전문가적 안목을 기를 수 있어야 함을 제시하였다.

'디자인 요소'에서는 그래픽이 선명하고 아름다우며 사용자의 컴퓨터 환경을 고려해야 함을 들었다.

마지막 '책임 있고 안전한 사이트 운영(책임성)'에서는 개인정보의 보호를 명시하고 채팅방이나 게시판의 내용을 운영자가 감독할 것을 제시하였다.

국내연구자 중 이창욱(2001)은 유아교육용으로 개발하지는 않았지만 교육컨텐츠 부분에 역점을 두어 평가할 수 있는 평가도구를 개발하였다. 평가영역은 여섯 가지(환경, 교수전략, 내용, 구조, 디자인, 성과)로 범주화하였고 이 속에서 14개의 준거와 28개의 평가요소로 구성하였다. 먼저 각 영역에서의 준거를 살펴보면 '환경영역'에서는 시스템신뢰성과 컨텐츠 신뢰성을, '교수전략영역'에서는 이해용이성과 제공범위의 적절성을, '내용영역'에서는 내용전개의 흥미성과 표현매체의 적정성을, '구조영역'에서는 상호작용성과 구조의 일관성, 탐색용이성을, '디자인 영역'에서는 일관성과 명쾌성을, '성과영역'에서는 교육내용 습득수준과 만족도, 재 방문의도를 제시하였다.

한국교육학술정보원(2001)은 유아에서 중·고등학생을 대상으로 모든 웹사이트에 적용할 수 있는 평가도구를 개발하였다. 이는 유아의 학습으로 활용되는 사이트와 교사가 자료 활용 형태로 이용되는 사이트로 구분하여 '내용적 측면, 교수설계 측면,

교육환경' 측면으로 구분하여 평가한다.

05 소프트웨어 및 웹사이트 사용자 인터페이스

유아에게 좋은 소프트웨어와 웹사이트는 적절한 학습내용과 더불어 유아가 사용하기 편리한 인터페이스를 갖추고 있어야 한다. 유아가 능동적이고 주도적으로 학습활동에 참여하기 위해서는 무엇보다 화면에서 제시되는 아이콘, 메뉴바, 글자, 그래픽, 정보의 흐름구조, 동영상, 소리 등의 다양한 메시지들을 쉽게 이해하고 선택하기 편리해야 한다.

인터페이스는 컴퓨터 시스템에서 눈에 보이는 부분으로 사용자가 보고, 듣고, 접촉하는 곳을 지칭하는 것으로(Head, 2000), 사용자가 컴퓨터 시스템을 사용할 때 반드시 통해야 하는 것이다. 그러므로 잘 디자인된 인터페이스는 사용자가 도구의 사용방법을 쉽게 이해하고 사용할 수 있도록 도와주는 것이 도구의 가장 중요한 부분인 것이다(Norman, 2004).

사람들이 소프트웨어나 웹사이트의 사용을 어려워하는 이유로 사용자 인터페이스의 불편함 또는 난해함 등의 문제를 제시했다는 연구(Beltran, 1996)를 볼 때, 편리하게 사용할 수 있는 인터페이스 제공은 매우 중요하게 여겨져야 한다. 특히 유아들은 아직 글자해독이 부족하여 성인들 대상의 소프트웨어나 웹사이트에서보다 더욱 사용자 인터페이스를 중요한 요소로 보아야 한다.

여기서는 유아용 소프트웨어나 웹사이트 제작에서 참고해야 할 사용자 인터페이스를 설명하기 위해, 곽다정과 김보연(2005)이 '줌비니2 산악구출작전' 소프트웨어를 분석한 연구를 중심으로 설명하였다.

1) 정보의 구조

소프트웨어나 웹사이트에 담긴 많은 정보들이 어떤 방식으로 구조를 이루고 있는지에 따라 유아는 쉽게 또는 어렵게 정보를 탐색하게 된다. 정보의 구조는 크게 '선형구조, 계층구조, 네트워크 구조'로 구분해 볼 수 있고 각 구조는 모두 장단점을 가지고 있다. 그러므로 정보를 어떻게 조직할 것이냐의 결정은 콘텐츠의 특성을 반영하여 결정하는 것이 가장 바람직하다.

가. 선형구조

선형구조(linear structure)는 연속된 일련의 정보를 순차적으로 볼 수 있도록 구성하는 방식으로 정보의 내용이 이야기와 같이 일정한 흐름이 있거나 각 단계마다 순서가 있어서 그 순서를 따라가는 경우에 해당한다.

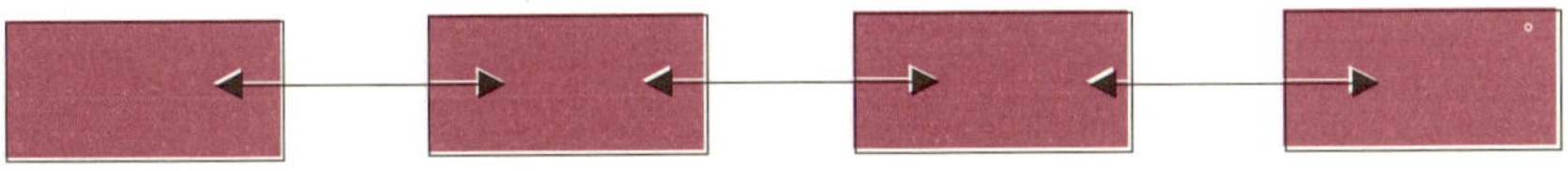

선형 구조

나. 계층구조

계층구조(hierarchy structure)는 상위개념과 하위개념이 위계적으로 구성된다. 이는 많은 양의 복잡한 정보를 체계적으로 조직할 수 있기 때문에 대부분의 학습용 소프트웨어에서 많이 사용하고 있다.

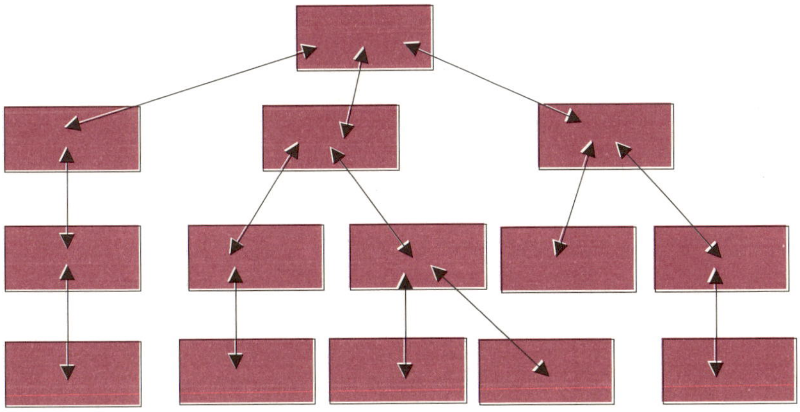

계층구조

다. 네트워크 구조

네트워크 구조(network structure)는 제약이 없는 정보의 구성으로 개별자료들이 특정 구조 없이 연결되어 있는 복잡한 구조를 말한다. 특별한 규칙없이 사용자의 독특한 방식으로 정보검색이 가능하므로 개발자의 의도와 상관없이 사용자 스스로 소프트웨어를 탐색할 수 있어서 가장 뛰어난 상호작용성을 제공한다. 또한 의미적으로 유사한 모든 페이지들을 자유롭게 연결할 수 있기 때문에 사용자가 사고의 흐름이나 자신의 관심사에 따라 독특한 항해 패턴을 형성할 수 있다는 장점이 있다(강은정, 유승아, 윤정호, 2004). 그러나 사용자가 그 구조를 이해하고 예측하기 어려워 사용 중에 방향감을 잃고 혼란에 빠지기 쉽다는 단점이 있다. 네트워크 구조를 기본구조로 사용하기보다는 다른 구조와 함께 보조적으로 사용하는 것이 도움이 된다.

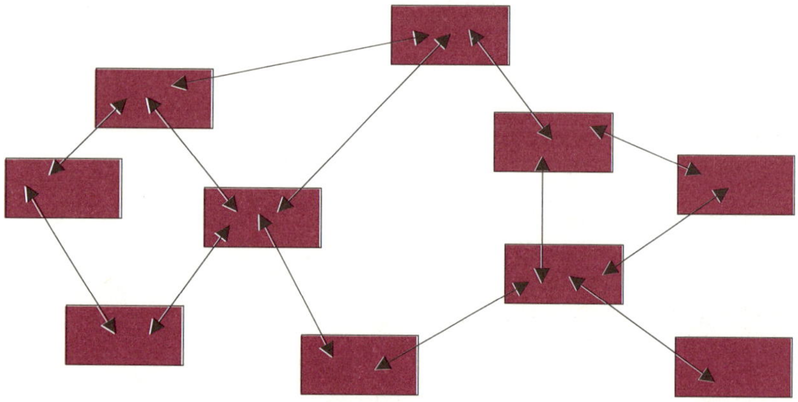

네트워크구조

줌비니 산악구출작전을 예로 보자. 이 소프트웨어는 처음 줌비니들이 산딸기를 따던 중 조난을 당하게 되어 그 친구들을 구하기 위해 모험을 시작하는 이야기를 기초로 하는 선형구조의 형태이다. 내용구성은 여행모드와 연습모드로 나누어져 있다. 여행모드는 기본 이야기를 따라서 정해진 순서대로 일직선으로 이동하는 선형구조로써 이야기의 흐름을 잃지 않고 일관되게 진행된다. 연습모드는 사용자가 활동의 종류와 난이도를 선택하여 활동할 수 있는 네트워크 구조로 이루어져 있다. 줌비니 산악구출작전은 정보의 구조를 조직할 때 기본 이야기에 충실하게 진행이 되도록 선형구조를 기초로 하면서, 사용자가 흥미 있어 하는 활동을 선택하여 반복해 볼 수 있는 네트워크 구조를 사용하여 사용자에게 선택의 기회를 제공하여 선형구조에서 오는 단순함을 극복한 복합구조 형식이다.

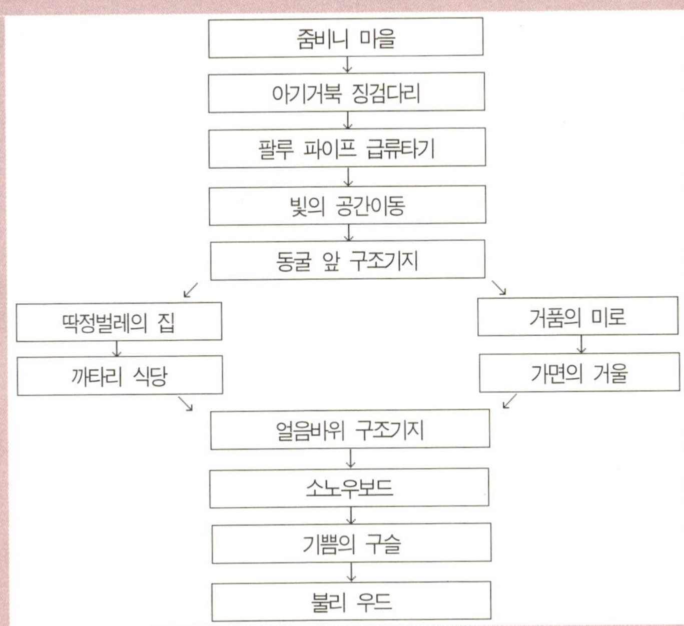

줌비니 산악구출작전의 정보 구조

2) 시청각적 요소

가. 그래픽 사용자 인터페이스(GUI)

그래픽 사용자 인터페이스를 처음 제안한 Shneiderman(1988)은 학습자가 화면에 제시된 그래픽적 요소를 직접 조작하여 상호작용하는 것으로 정의하였다. 선행연구에서 전양덕, 금진우(1997)는 사용자 인터페이스의 구성요소를 레이아웃, 메뉴와 아이콘, 텍스트, 동화상과 애니메이션, 사운드와 음향으로 나누었다. 최문규(1997)는 시각적 구성요소를 타이포그래픽, 심벌, 색상 및 기타 정적 동적 그래픽으로, 이정은(1997)은 시각적 구성요소를 아이콘, 포인터, 폰트, 대화상자, 배경으로 나누어 보았으며 특히 아이콘을 외형, 기능, 작동되는 형태, 화면상의 위치 등으로 세분화하여 살펴보았다. 이향재(1998)는 사용자 인터페이스에서 시각언어를 레이아웃, 타이포그래피, 시각적 아이덴티, 색깔과 질감, 상, 연속성, 애니메이션, 소리로 나누었다. 오영신(1999)은 시각적 요소를 메뉴, 윈도우, 대화상자, 아이콘, 컬러, 문자, 도표나 이미지로 기본원칙으로 하였고, 김재훈(2000)은 인터페이스 구성 요소로 윈도우, 아이콘, 메뉴, 포인터로 보았다.

따라서 본 연구에서는 선행연구에서 나타난 기본적인 시각 구성 요소로 색, 레이아웃, 타이포그래피, 아이콘, 포인터, 대화상자를 선정하여 분석하였다.

첫째, 색(color)은 우리 주위의 가장 보편적이고 국제적인 언어이다(Luckiesh, 1938). 특히 어린이들은 선천적으로 색을 좋아하고 그것에 무의식적으로 반응을 보이기 때문에 그들의 반응은 아주 의미가 있다(Birren, 1978). 소프트웨어에서 색상이 중요한 것은 색에는 주의를 이끌어 내는 효과, 심리적 효과, 어떠한 대상에 대한 연상 작용을 일으키는 효과, 대상에 대한 기억력을 강화시키는 효과, 미적으로 즐거운 분위기를 창조시키는 효과를 가질 수 있기 때문이다(이창수, 1996).

줌비니 산악구출작전에서 기본적인 줌비니 모습은 파란색 피부에 남색 머리카락, 5가지 색의 코와 5가지 모양의 눈과 다리로 이루어져 있다. 활동이 진행될 때의 전체 지도에서는 산악지역을 거치기 때문에 많이 쓰인 색깔도 초록과 회색, 파란색 계열이 주를 이루고 있다. 전체적인 배경색은 컴퓨터 그래픽으로 세부적인 질감을 살린 색깔로 은은하게 처리하였고, 실제 움직이는 줌비니들은 3D형식으로 입체감을 주어 좀 더 선명하게 표현했다. 여행모드에서 한번 지나간 길은 초록색으로 표시되며 난이도가 3단계로 상향조정되며 길의 색깔이 노랑색, 빨간색 순으로 바뀐다. 연습모드에서는 난이도를 선택하면 길 색깔 전체가 선택한 난이도 색깔로 바뀐다. 활동별로 보면 각 활동에서 줌비니의 코 색깔이 단서가 되는 경우가 많으며, 팔루파이프에서는 줌비니들이 맞게 놓여진 경우 파란색으로 물이 통하게 하며, 딱정벌레의 집에서는 딱정벌레의 색깔과 밑판과의 색깔을 맞춰야 한다.

이상을 살펴볼 때, 줌비니 산악구출작전은 각각의 세부활동을 할 때, 색깔이 단서가 되는 경우가 많으며 전체적으로 밝고 은은한 색깔을 배경으로 선명한 줌비니들이 움직이는 모습이 잘 표현되어 있다.

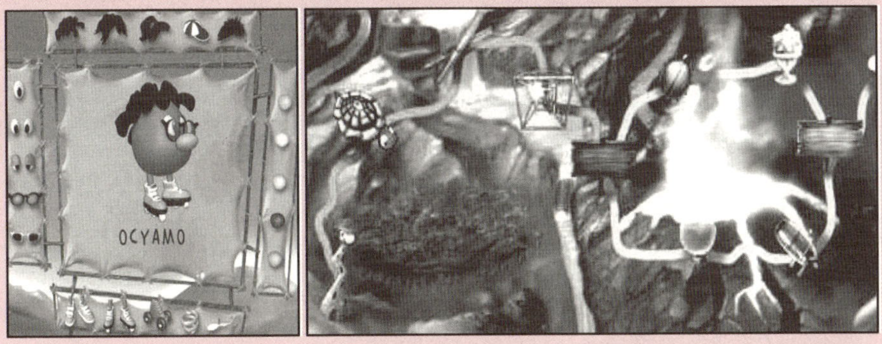

시각적 구성요소 - 색

둘째, 레이아웃(layout)은 구성요소들을 효과적으로 전달하기 위해 적절한 위치에 배치하는 작업이다. 구성할 때에 균형, 구성, 움직임, 조화, 대조, 표현 등의 단순성과 명료성, 적절한 여백의 활용, 여백, 색채 등에 유의하여야 한다. 레이아웃은 인터페이스에 일관성을 부여한다는 점에서 중요하며, 사용자 입장에서는 인터페이스 상에 나타난 메뉴 및 버튼들과 상호작용이 이루어져야 하므로 일관성 있는 기능을 가져야 함은 물론 심미적으로 이루어져야 한다.

줌비니 산악구출작전의 기본 화면은 산악지역을 나타내고 있는 지도 위에 모든 활동과 길이 흑백으로 나와 있으며 지나온 길과 활동은 칼라로 표시되어 있다. 사용자의 이름은 화면 상단 중앙에 표시되어 있으며, 화면 상단왼쪽에는 기본메뉴, 오른쪽 하단에는 상황메뉴, 아래쪽에 넓게 버튼모양의 시스템 설정메뉴가 배치되어 있다. 세부활동에서는 화면 왼쪽 아랫부분에 물음표, 지도, 화살표 아이콘이 나와 있다. 이는 모든 활동에서 같은 곳에 위치하여 일관성 있는 레이아웃을 보여주고 있다. 이상을 살펴볼 때, 산악구출작전은 기본화면의 메뉴구성과 세부화면에서의 아이콘 배치에서 유사한 레이아웃을 보여주고 있다. 정보의 양에서는 최소한의 정보만 제공하고 있으며 자세한 활동방법은 세부화면에서의 도움말 아이콘을 누르면 제공된다.

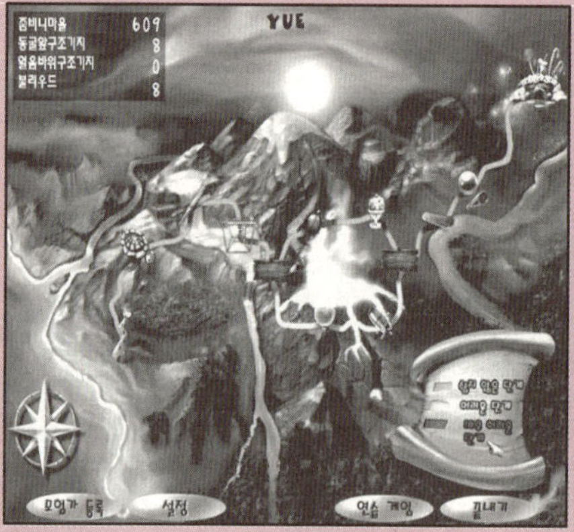

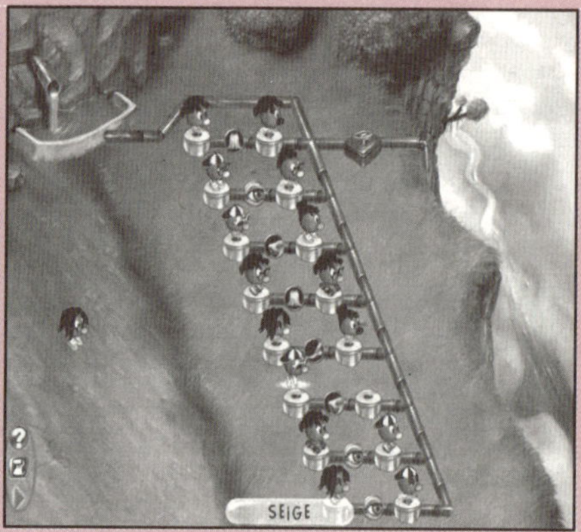

시각적 구성요소 - 레이아웃

셋째, 텍스트(text)는 정보전달을 주 기능으로 하지만, 타이포그라피(typography)란 모든 글자와 글자가 만들어 내는 디자인으로 글자체/폰트디자인을 포함하는 광범위한 개념이다. 타이포그래피 역할은 말이 가진 의미를 전달하는 기능적 역할과 글자가 가지고 있는 조형미를 표현하는 형태적 역할로 나누어 볼 수 있으며, 글씨체와 크기, 행간, 자간을 고려하여 디자인된다(Constaintine & Lockwood, 1999).

줌비니 산악구출작전은 제목, 사용자 이름, 도움말, 메뉴에서 다른 글자체를 사용하고 있다. 줌비니 산악구출작전에서의 타이포그래피는 주로 정보전달을 목적으로 하는 텍스트에 중점을 두었다. 이전 시리즈에 비해 글자가 만들어 내는 디자인을 다양하게 하여 딱딱함이 줄어들었다. 소프트웨어를 시작할 때 직접 자판으로 영어로 된 사용자 이름을 입력하는 것을 제외하면 사용상의 어려움은 없었다.

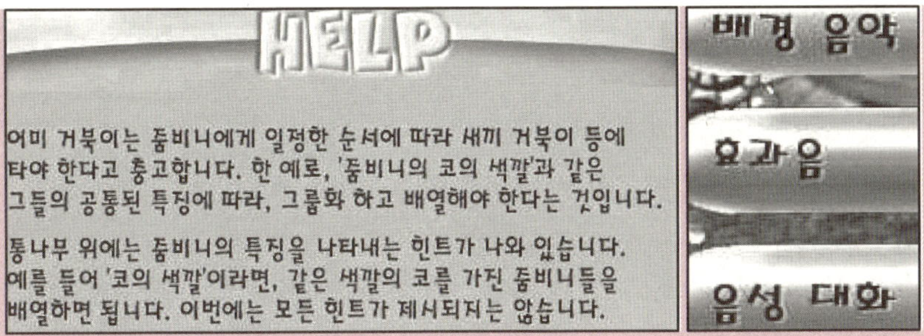

시각적 구성요소 - 타이포그래피

넷째, 아이콘(icon)은 버튼의 일종으로 소프트웨어에서 화면에 작은 그림이나 기호로 표현하여(16×16 pixel) 그 내용을 시각적으로 이해하기 쉽게 상징적으로 묘사한 것이다. 사람들은 동일한 사물을 말로 표현하는 것보다 그림으로 표현하는 것을 더 쉽고 빨리 알아보고 이해하며 그래픽적 심볼은 말이나 글보다 문화적, 언어적 장벽을 더 잘 극복할 수 있게 한다. 특히 유아를 대상으로 하는 소프트웨어에서는 텍스트보다 그래픽이 주가 되는 인터페이스 환경이 더 바람직하다.

(가) 실행 아이콘

아이콘은 기능면에서 볼 때 실행아이콘과 기능 아이콘으로 나뉜다. 실행 아이콘은 프로그램을 실행시키는 아이콘을 뜻하며 소프트웨어의 경우 대부분 소프트웨어의 제목과 실행 아이콘의 이름이 일치하고 폴더 안의 다른 아이콘과 구분이 된다. 줌비니 산악구출작전의 실행 아이콘은 으로 실제 소프트웨어 상에서 볼 수 있는 줌비니의 모습을 실행아이콘으로 함으로써 쉽게 실행아이콘임을 알 수 있도록 디자인되었다.

(나) 내용진행 아이콘

기능 아이콘은 내용진행, 세부진행, 장면선택 아이콘으로 나뉘어진다. 내용진행 아이콘은 기본화면에서 세부화면으로 넘어가는 기능을 하는 아이콘을 말한다. 줌비니 산악구출작전에서의 내용진행 아이콘은 화면 하단의 연습/여행 모드 선택과 시스템 설정 메뉴 선택, 오른쪽 하단의 난이도 구분 선택, 그리고 화면 중앙의 활동 선택 아이콘까지 모두 4가지의 내용 진행 아이콘이 있다. 내용진행 아이콘들은 텍스트만으로 표현되어 선택하도록 되어 있거나 텍스트와 아이콘이 함께 쓰인 경우, 아이콘만 쓰인 3가지 경우가 모두 나타났으나 주로 텍스트를 기본으로 하는 버튼형 아이콘이 주를 이루고 있다.

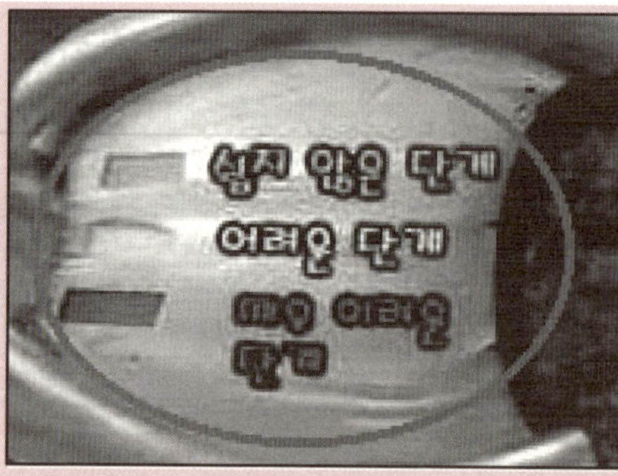

시각적 구성요소 - 내용진행 아이콘

(다) 실사적 아이콘

실사적 아이콘은 아이콘이 나타내는 사물이나 의미하는 바를 실사적으로 표현한 것으로 주로 자연스런 일러스트나 사진의 이미지를 그대로 사용한 경우가 많다. 은유적 아이콘은 실사 아이콘에 포함되는 것으로써 아이콘으로 표현하고자 하는 사물이나 동작을 은유, 암시하는 것으로 메타포라고도 한다. 줌비니 산악구출작전에서 모든 세부 활동에 공통적으로 나타나는 메타포는 지도, 물음표가 버튼의 형태로 사용되어 사용자가 실생활의 경험에 비추어 별다른 학습 없이 사용할 수 있도록 하였다. 세부 활동별로 나타나는 메타포 중 팔루파이프 급류타기에서는 물을 통하게 하는 레버는 일상생활에서 쉽게 접할 수 있는 모양을 그대로 이용하여 실생활의 지식을 그대로 사용할 수 있게 하였다. 까타리 식당의 음식과 음료수의 경우 텍스트나 소리로 나오는 설명 없이도 까타리들이 말하는 음식이 무엇인지 바로 알 수가 있다. 바닥에 놓여진 쟁반도 그 쓰임새가 실생활과 같아서 활동진행이 원활하게 하였다.

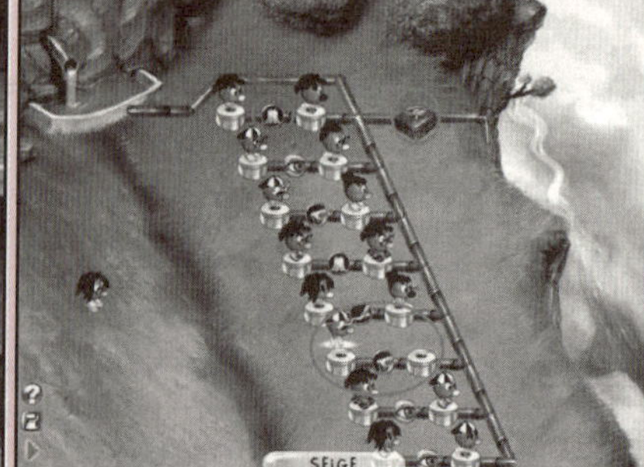

시각적 구성요소 - 실사적 아이콘

다섯째, 마우스가 움직이는 것을 따라가거나 사용자가 다음 동작을 실행시킬 곳을 보여주는 스크린 상의 작은 형태를 포인터라 한다. 포인터는 무엇보다도 배경색과 구별되어 눈에 잘 띄어야 한다. 포인터의 역할은 마우스의 움직임을 알려주고, 사용자로 하여금 포인터의 이동을 통해 오브젝트를 선택함으로써 프로그램 명령을 실현시키는 역할을 하고 있다.

줌비니 산악구출작전에서의 포인터는 검지 손가락을 편 손 모양이 기본 포인터로 사용되고 있다. 세부활동을 선택을 위에 포인터를 그 아이콘 위에 올려놓았을 때나, 세부활동 중에 아이콘을 옮겨야할 때 손바닥이 펴진다. 색깔은 하얀색이고, 3D 형태로 표현되어 입체감을 느낄 수 있도록 해 준다.

여섯째, 대화상자에는 사용자의 입력을 얻고 바꾸는 기능의 비정형 대화상자, 현행 동작을 수행하기 전에 사용자로부터 필요한 정보를 얻는데 유용한 정형 대화상자, 그리고 에러상황을 알려주는 경고상자 등이 있다. 소프트웨어의 경우 입력된 내용을 읽을 수만 있는 매체여서 비정형 대화상자나 이동가능한 대화상자 등은 사용이 될 수 없다. 소프트웨어에 주로 쓰이는 대화상자는 주로 정형 대화상자이며 소프트웨어의 종료 여부를 묻는 경우가 대부분이다.

산악구출작전은 나무 표지판 모양의 버튼형식을 선택, 누름으로써 소프트웨어를 시작하거나 종료할 수 있게 되어 있다. 그리고 항상 기본화면인 지도화면 위에 나타나 있는 메뉴 형태의 대화상자에는 현재 활동상황과 시스템 설정을 변경할 수 있는 버튼형 아이콘이 나와 있다. 화면 상단 왼쪽의 소프트웨어의 진행상황을 알려주는 투명한 대화상자가 있다. 여기에서는 여행모드와 연습모드의 선택이 가능하며, 진행상황을 보며 얼마나 많은 줌비니를 구해냈고, 앞으로 얼마나 많은 수의 줌비니를 구해내야 하는지 쉽게 파악이 가능하도록 시작점과 중간점, 도착점에 있는 줌비니의 수를 보여준다.

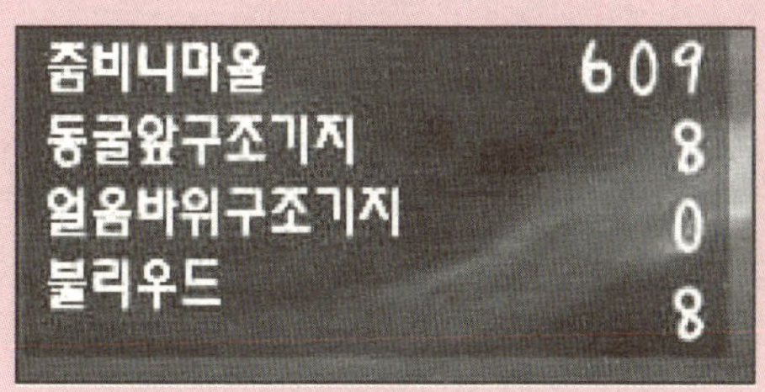

시각적 구성요소 - 대화상자

나. 청각적 요소

청각적 인터페이스(auditory interface)는 사용자와 컴퓨터가 '소리'로 상호작용하는 것을 말한다. 이 '소리'에는 사용자의 실제 음성음력, 녹음되거나 합성된 음성 출력, 디자인된 효과음이나 배경음악이 포함된다. 하지만 이 청각적 인터페이스는 일시적이고 지속력이 없는 매개체이기 때문에 사용자가 프로그램의 메시지를 기억할 수 있도록 디자인되어야 하고 음성의 속도와 크기를 잘 조절하여야 한다. 사용성을 중시하는 사용자 인터페이스 환경에서 빼 놓을 수 없는 청각적 요소는 특히 감각적인 요소에 더 잘 반응하는 유아들에겐 더욱 효과적이다. 청각적 요소는 음성과 음향으로 나뉘며, 음성은 사람의 목소리가 나오는 내레이션이나 설명을 말하며 음향은 배경음악과 효과음을 의미한다. 청각적 요소는 단독으로 쓰이기보다는 시각적 구성요소와 함께 쓰여 그 효과를 배로 만들어 주는 역할을 한다.

음성으로는 시작할 때 내레이터가 줌비니 이야기를 들려주며, 마우스를 클릭하면 바로 활동으로 넘어간다. 줌비니들은 대사가 없으나 한 활동이 끝날 때마나 내레이터가 "잘 했어요" 등의 긍정적 피드백을 주며, 활동에서 활동으로 넘어갈 때 나레이터의 목소리로 다음 활동에 대한 간략한 설명과 힌트를 준다.

음향으로는 기본 배경음악이 있고, 활동에 따른 효과음이 존재한다. 아기거북이 소리, 팔루파이프에서 파이프속으로 빨려드는 소리, 빛의 공간이동에서 움직이는 소리, 딱정벌레의 집에서 딱정벌레가 움직이는 소리, 까타리 식당의 쟁반 던지는 소리, 스노우 보드 미끌어지는 소리, 불리들에게 공이 맞는 소리, 가면의 거울의 거울 깨지는 소리 등 여러 가지 소리가 존재한다. 이 음향들은 소프트웨어를 하는 중에 즉각적인 피드백을 주어 현재 활동이 이루어지고 있는 시각적 요소를 더욱 부각시켜준다.

3) 디자인 원리

유아가 소프트웨어를 편리하게 사용하기 위해서는 구성 원리에 의해 적용, 배치, 사용되어야 한다. 이정은(1997)은 구성 원리로 예측성, 일반성, 일관성, 간결성과 명료성, 대화성, 특이성으로 나누었고, 김재훈(2000)은 조직성, 경제성, 의사소통성, 일관성, 그 외에 예측성, 안전성, 심미성, 피드백, 장애자에 대한 배려로 나누었다. 박재석

(2002)은 구성 원리를 사용자 조절, 직접조작, 보고 선택하기, 일관성, 피드백, 관대함으로 보았다. 김준호(2003)는 인터페이스의 필요성 측면에서 직관성, 실제성, 신속성, 정확성, 공간감지성, 공간절약성, 재활성, 국제성으로 보았으며, 김재현(2003)은 구성원리를 통일감, 섬세함, 적합성으로 보았다.

본고에서는 유아교육용 소프트웨어의 사용자 인터페이스 구성원리를 일관성, 가시성, 피드백, 관용성으로 나누어 알아보고자 한다.

첫째, 일관성은 인터페이스 디자인에서 가장 기초적인 원리로 그래픽 스타일, 버튼의 그룹화, 그래픽 요소의 위치, 시청각적 피드백, 페이지 레이아웃, 페이지 배경, 버튼의 기능 등 여러 페이지에 반복적으로 나타나는 인터페이스 요소에 적용되어야 하는 근본적인 디자인 원리이다.

각 활동화면에서 화면 하단 오른쪽의 지도, 화살표, 물음표 버튼의 디자인과 위치, 크기, 기능 면에서 일관성을 보여준다. "물음표"의 버튼을 눌렀을 때 나오는 도움말 화면의 레이아웃도 활동 전체에서 동일하다. 세부 활동 모두에서 여행모드와 연습모드로 나뉘는 기본 지도 화면과 여행모드일 때 활동횟수에 따라 자동적으로 달라지는 난이도, 줌비니들이 길을 따라 이동하는 방식과 구조기지, 각 세부활동에서 줌비니들이 놓여야 할 자리를 밝게 표시한 점, 머리와 눈, 코와 다리 모양의 디자인 면에서 일관성이 있다.

둘째, 가시성은 사용자에게 각 부분이 어떻게 기능하는지, 그것을 조작하기 위해서는 무엇을 어떻게 해야 하는지를 시각적으로 보여주는 것이다. 아동용 게임의 경우 흥미를 유발하기 위해 보이지 않는 버튼을 사용하는 경우도 있으나 보이지 않는 버튼은 가시성이 결여되어 있어서 버튼이라는 단서를 일시적으로라도 보여주지 않으면 사용자는 버튼의 존재조차 모르고 지나칠 수도 있으므로 주의해야 한다.

여행모드에서는 3번 이상 지나간 길은 자동으로 난이도가 올라가서 길의 색깔이 바뀐다. 연습모드에서는 사용자가 직접 난이도의 단계를 선택을 할 수 있고, 선택을 할 경우 전체 길의 색깔이 바뀌어 쉽게 난이도 단계를 눈으로 확인하여 연습할 수 있도록 디자인되어 있다. 또한, 줌비니를 놓을 자리를 밝게 표시함으로써 다른 사용방법의 학습 없이도 쉽게 줌비니를 놓을 자리를 찾아서 사용할 수 있도록 하였다. 각 세부 활동별로 가시성을 고려하였는데, 식당에 앉아있는 까타리들이 원하는 음식을 쟁반에 차려주는 활동이다. 화면 왼쪽 상단에 까타리들이 말한 단서들을 사용자가 가시적으로 표시하여 활동진행을 쉽도록 배려하였으며, 바닥에 있는 쟁반의 수로 남은 기회를 알 수 있다.

셋째, 피드백은 사용자가 소프트웨어를 진행하면서 이룬 과정과 결과를 알려준다. 피드백은 사용자가 지시한 명령에 대한 시스템의 실행결과를 확인하려는 사용자와 시스템 간의 상호작용에서 가장 중요한 단계이다.

줌비니 산악구출작전에서는 다음과 같은 7가지 변화를 통해 사용자에게 어떤 작동이 이루어졌는지에 대해 알려준다.

첫째, 색깔의 변화로 피드백을 주는 경우이다. 우선 기본 메뉴 화면에서 볼 수 있는 피드백은 연습모드에서 난이도를 변경할 때 길의 색이 즉시 바뀌면서 난이도가 조정되었음을 바로 알 수 있게 해 주는 장면이다.

둘째, 움직임으로 피드백을 주는 경우이다. 움직임으로 피드백을 주는 경우는 줌비니의 대부분의 활동에서 공통적으로 나타난다. 각 세부활동 중 아기거북 징검다리에서 줌비니들이 놓여야 할 곳 위에 오면 자리가 표시가 되며 틀린 곳에 놓을 경우 밑의 돌판이 회전하며 놓여야 할 자리로 자동으로 가지만 기회가 하나씩 사라진다. 모두가 맞게 놓여진 경우 줌비니들이 환호하는 소리를 내며 제자리에서 깡총거린다.

셋째, 소리로 피드백을 주는 경우이다. 이 경우에는 음성과 음향으로 나뉜다. 세부활동 중 까타리 식당에서는 사용자가 단서에 맞지 않게 활동을 한 경우 바로 통통이와 까타리들이 "더 줘", "다른 것도 넣어줘.", "이건 아니야", "내가 싫어하는 게 들어 있잖아.", "내가 주문한 게 아니야"라고 말하는 소리를 듣고 바른 선택을 했는지 아닌지를 바로 알 수 있다.

넷째, 모양의 변화로 피드백을 주는 경우이다. 세부 활동 중 기쁨의 구슬에서는 구슬에 맞음과 동시에 불리들의 얼굴표정이 슬픈 표정과 기쁜 표정으로 바뀐다. 모두 기쁜 표정으로 만들기 위해 몇 개의 구슬을 보내야 하는지 시행착오를 통해 알 수 있도록 해준다.

다섯째, 위치로 피드백을 주는 경우는 줌비니의 모든 활동에서 나타나고 있다. 세부활동 중 빛의 공간이동에서는 사용자의 조작에 따라 바로 위치가 이동되어 어느 버튼이 어느 방향으로 가는 것인지 바로 알아서 활동을 진행할 수 있다.

여섯째, 개수로 피드백을 주는 경우이다. 아기거북 징검다리에서는 다리를 지지하고 있는 나무지지대의 개수, 가면의 거울에서는 대포에 넣을 구슬의 남은 구슬로, 까타리 식장에서는 바닥에 남은 쟁반의 개수로 남은 기회를 알 수 있다.

일곱째, 위의 여섯 가지 피드백이 두 가지 이상이 함께 일어나는 경우로 예를 들어,

색과 움직임, 위치변화가 소리와 함께 일어나는 경우이다. 피드백의 경우, 어느 한 가지가 이루어지기 보다는 여러 가지가 복합적으로 이루어졌다. 특히 음성과 음향이 시각적 구성요소와 함께 일어나는 경우가 가장 많았다. 움직임이나 색의 변화와 함께 효과음이 나타는 경우가 그 예라고 볼 수 있다.

넷째, 관용성을 가진 시스템은 사용자가 실수에 대한 두려움 없이 긴장하지 않고 편안하게 소프트웨어를 사용할 수 있게 한다. 사용자가 실수를 하였을 때 시스템의 반응은 매우 중요한 부분이다. 사용자의 예상치 못한 엉뚱한 조작에도 유연하게 반응하는 시스템은 사용자로 하여금 편안함과 신뢰를 준다.

관용성은 소프트웨어 활동과 시스템 면으로 나누어 볼 수 있다.

첫째, 소프트웨어의 활동 면에서 단서에 맞지 않게 줌비니를 배치해도 5번 이상 재도전의 기회가 주어지고, 그 기회가 다 되어도 줌비니들은 그 전 쉼터로 돌아갈 뿐 죽지 않는다.

둘째, 시스템 면에서는 시스템 설정메뉴의 각 버튼에서 관용성을 찾아볼 수 있다. 줌비니의 모든 시스템 설정버튼은 잘못 눌러서 설정이 변하더라도 같은 조작으로 원상복귀가 가능하며 결과를 취소할 수 없는 버튼을 눌렀을 경우에는 다시 한번 재확인을 한다. 예로 자동 저장기능으로 저장하기에 익숙하지 못한 사용자들이 미처 저장하지 못하고 게임을 끝내지 않을 수 있도록 배려하였다.

참고문헌

강은정, 유승아, 윤정호(2004). **네비게이션: 기본 & 핵심원칙**. 서울 : 영진닷컴.

김재현 (2003). 시각인터페이스의 커뮤니케이션 효과에 대한 연구. 디자인 연구. 상명대학교 디자인 연구소.

고이기(1997). 교육용 소프트웨어 활용 전략. 웹집 에듀파인더.

곽다정, 김보연(2005). 유아용 소프트웨어 중 '줌비니 산악구출작전'의 사용자 인터페이스 분석. **어린이미디어연구**, 4, 107-127.

김경철, 박선희, 박정선, 유구종, 조부경(1998). 유아교육과 멀티미디어. 서울: 양서원.

김영희(2003). 온라인 유아학습 웹사이트 평가도구 개발과 타당화연구. 숙명여자대학교 대학원 박사학위논문.

김은정(2007).웹기반 교수학습센터 유아교육부분의 운영 현황과 유아교사의 인식. 한국교원대학교 대학원 석사학위 논문.

김재훈 (2000). 멀티미디어 GUI의 구성요소에 관한 연구. **디자인 과학연구**, 4(1), 55-61.

김준호 (2003). 멀티미디어 인터페이스 메타포의 기호학적 유형에 관한 연구. 홍익대학교 광고홍보대학원 석사학위논문.

박선희(2000). 유아용 컴퓨터 소프트웨서 평가척도 개발연구. **유아교육연구**, 20(3), 99-125.

박재석 (2002). 소프트웨어 제작을 위한 GUI 디자인 적용에 관한 연구: 이미지 리터치 소프트웨어 '팬시포토'제작사례를 중심으로. 중앙대학교 대학원 석사학위논문.

백영균(2002). ICT 활용교육론. 서울: 문음사

백지혜(2002). 유아교육용 소프트웨어 평가준거개발연구. 한국교원대학교 교육대학원 석사학위논문.

이수진(2005). 기본생활 교육관련 온라인 콘텐츠분석. 숙명여자대학교 원격대학원 석사학위논문.

이정은 (1997). CD ROM 타이틀의 그래픽 유우저 인터페이스에 관한 연구. 국민대학교 대학원 석사학위논문.

이창수 (1996). 인터넷 웹사이트 홈페이지 디자인에 관한 연구. 홍익대학교 석사학위논문

이향재 (1998). 유저인터페이스에서 효과적인 시각성에 대한 고찰. **한국정보디자인학회 디자인연구**, 1(1), pp.87-99.

오영신 (1999). Web에서의 사용자 인터페이스 디자인의 Illustration 연구. **미술교육논집**, 7, 131-141.

전양덕, 금진우 (1997). 멀티미디어 인터페이스 디자인에 관한 연구: 컴퓨터용 GUI를 중심으로.

서울산업대학교 논문집, 45, 307-321.

최문규 (1997). **멀티미디어 홈페이지 만들기**. 한국컴퓨터매거진.

최지연(2004). 새싹유치원 교사의 활동표본평가 적용 사례 연구. 한국교원대학교 대학원 석사학위논문.

홍미연(1999). 유아교육 전문가가 추천한 시디롬타이틀과 일반인이 구매한 시디롬타이틀의 비교평가. 이화여자대학교 석사학위논문.

Head, A. J. (2000). **웹 시대의 인터페이스 디자인**. (박광열, 김형렬 역). p.31

Norman, D. (2004). *Emotional design: Why we love(or hate) everyday things.* New York, NY: Basic Books.

Birren, F. (1978). *Color and human response.* New York: Van Nostrand Reinhold Co.

Constaintine, L. & Lockwood, L. (1999). Software for use: A practical guide to the models and methods of usage-centerd design, *ACM press*, 149-163.

Shneiderman, B. (1988). *Designing the user interface: Strategies for effective human-computer interaction*. Reading, MA: Addison Wesley Publishing Company.

<싸이트>

www.worksamplingonline.com

제5장

컴퓨터 영역의 운영

유아를 위한 컴퓨터 교육은 컴퓨터 자체에 대한 지식을 교육시키는 것보다는 교육과정 전체와 조화를 이루어 통합적인 교육이 이루어져야 하므로 흥미영역 중 하나로 설치하는 것이 바람직하다. 많은 연구에서 유아를 위한 컴퓨터 활동이 교실 내에서 흥미영역의 하나로 설치하여 운영하였을 때 유아의 발달에 적합한 교육과 부합된다고 하고 있다(김선영, 1994; 박선희, 1995; NAEYC, 1996). 즉 컴퓨터 영역을 구성하여 활동하게 되면 다른 영역의 활동과 쉽게 통합되어 주제에 관해 더욱 다양하고 확장된 경험이 가능하며, 또한 상호 보완적인 학습을 촉진할 수 있다. 그리고 유아는 즐거운 놀이 중의 하나로 컴퓨터를 이용할 수 있다.

컴퓨터 영역의 구성 시 고려할 점은 다음과 같다.

01 컴퓨터 영역의 구성

1) 시 기

컴퓨터 영역은 유아의 컴퓨터에 대한 사전경험 여부를 파악한 후 설치하는 것이 효과적이다. 유아들이 컴퓨터에 대하여 익숙한 경험을 가지고 있는 경우 학기가 시작되면서 다른 흥미영역과 함께 설치할 수 있으나, 컴퓨터에 대한 사전경험이 없는 유아가 학급에 더 많을 경우, 다른 흥미영역에 대한 적응이 이루어진 후 컴퓨터 영역을 구성할 수 있다.

즉, 유아교육 기관의 기본적인 흥미영역을 먼저 탐색하여 익숙해진 3월 4째주나 4월초 정도에 유아들에게 컴퓨터 영역을 소개하는 것이 바람직하다. 컴퓨터 영역을 소개하는 방법으로는 다른 흥미영역을 소개할 때처럼 영역을 둘러보고 어떤 물건들이 있는지 살펴보거나 또는 컴퓨터를 일일 교육주제로 정하여 소개할 수 있다.

이후 컴퓨터에 대하여 익숙해지면 다른 흥미영역과 마찬가지로 생활주제별로 다양한 활동을 계획하여 소프트웨어와 관련 자료 등을 제공하고 다른 영역과의 통합된 활동이 이루어질 수 있도록 한다.

2) 영역의 배치(구성)

컴퓨터 영역은 언어·과학 등과 같은 흥미영역 속에 설치하여 활용하거나 영역을 별도로 마련하여 구성할 수 있다. 별도로 구성한 컴퓨터 영역은 교구장이나 칸막이를 이용하여 다른 흥미영역과는 구분되지만 유아의 시야를 차단하거나 다른 영역과 완전히 고립되지 않도록 한다. 컴퓨터 영역은 프린터, 스캐너 운영 시 발생하는 소음 때문에 다른 영역에 방해를 주므로 조용한 영역과 떨어져 배치한다. 그러나 너무 소란스러운 쌓기나 역할놀이 영역 근처에 배치하는 것은 컴퓨터 활동에 방해를 주므로 피한다.

컴퓨터는 습기에 민감하므로 물을 사용하는 씽크대나 화장실, 미술, 요리, 물·모래놀이 영역과 떨어져 배치하고 물리적 충격과 먼지에 민감하므로 출입구와 떨어져 배치한다. 또한 컴퓨터는 열에 약하므로 햇빛이 강하게 들어오는 창가를 피하여 배치한다. 컴퓨터를 창가에 배치할 경우에는 커튼이나 블라인드를 이용하여 햇빛을 차단한다. 컴퓨터를 창가에 배치하면 강한 빛과 함께 밖에서 들어오는 먼지나 빗물로 인해 고장이 날 수 있으므로 벽면 쪽으로 설치하도록 한다. 컴퓨터를 이용하여 이야기 나누기, 노래 부르기와 같은 그룹 활동 시 교수매체로 활용할 수 있으므로 그룹 활동 영역에 가까이 구성할 수도 있다.

위와 같은 점을 고려한 교실에서의 컴퓨터 영역의 배치의 예는 다음과 같다.

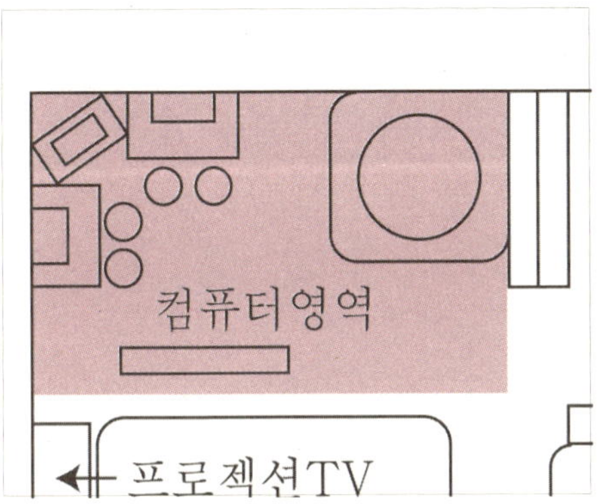

컴퓨터 영역배치의 예

컴퓨터 영역배치 사진

3) 컴퓨터 영역의 환경구성

컴퓨터 영역은 다른 흥미영역의 환경과 유사하게 구성한다. 기본적인 비품 및 자료, 컴퓨터 관련 게시물 등을 마련한다.

(1) 가구 및 컴퓨터 배치

유아에게 적절한 크기의 컴퓨터 책상과 의자를 준비하도록 하며, 바퀴가 달린 책상을 설치하여 다른 흥미영역이나 대집단 활동영역으로 컴퓨터를 이동하기 쉽도록 한다. 한 대의 컴퓨터에 의자를 2개 이상을 두어 화면을 보고 있는 유아들끼리 서로 의견을 주고받을 수 있도록 한다. 컴퓨터가 2대 이상인 경우에는 책상이 130-150 정도가 되도록 배치하여 컴퓨터 활동을 하고 있는 유아들끼리 상호작용 할 수 있도록 하는 것이 좋다. 모니터의 높이는 유아가 의자에 앉아서 볼 때 눈높이보다 약간 높은 정도를 유지하도록 하며, 즉각적인 상호작용이 가능하도록 컴퓨터 옆에 프린터를 배치하도록 한다. 컴퓨터가 2대일 경우 공유하여 사용할 수 있도록 2대의 컴퓨터 사이에 프린터를 배치한다. 최근에는 무선프린터도 보급되어 이를 이용하는 것도 바람직하다.

컴퓨터는 콘센트 가까이에 있는 벽면을 의지하여 배치하도록 하는 것이 좋다. 전기 콘센트가 멀리 있을 경우, 여러 가닥의 전깃줄을 테이프로 고정시킨다 해도 유아들의 활동에 지장을 줄 수 있기 때문이다. 또한 햇빛의 반사, 추위, 열 등을 피할 수 있도록 컴퓨터를 배치한다.

가구 및 컴퓨터 배치 모습

(2) 게시판 및 전시 공간

컴퓨터 영역의 한쪽 벽면에 게시판을 마련하여 컴퓨터 영역에서 지켜야 할 규칙과 유아들의 컴퓨터 활동순서를 부착할 수 있으며 컴퓨터 관련 자료나 유아의 활동 결과물을 게시할 수 있는 공간을 마련할 수 있다. 게시판은 유아의 눈높이를 고려하여 너무 높지 않은 위치에 배치하도록 하며, 게시판에 부착 할 자료들은 한눈에 볼 수 있을 크기로 전시하도록 한다. 활동의 순서판은 그림이나 유아들의 사진을 이용하여 구성하여 순서대로 활동에 참여할 수 있도록 하며, 영역 규칙판은 유아들과 토의활동을 한 후 정한 컴퓨터 영역에서의 규칙을 유아들이 적도록 하거나 교사가 적어 주어 게시판에 게시할 수 있다.

또한 유아의 컴퓨터 활동 결과물을 게시판에 전시해 줄 수 있다. 예를 들어 유아가 만든 그림 동화를 출력한 자료, 혹은 소프트웨어를 활용하여 활동한 것을 출력한 자료, 또는 그림 자료를 프린트하여 색칠한 자료 등 다양한 활동 결과물을 전시할 수 있다.

유아의 컴퓨터 활동 결과물은 게시판뿐만 아니라 교구장 뒷면 등을 이용할 수 있으며, 입체적인 자료일 경우에는 교구장 위나 책상 등에 전시하여 다른 유아들과 공유하며, 유아가 성취감과 자신감을 가질 수 있도록 한다.

컴퓨터 영역의 게시판

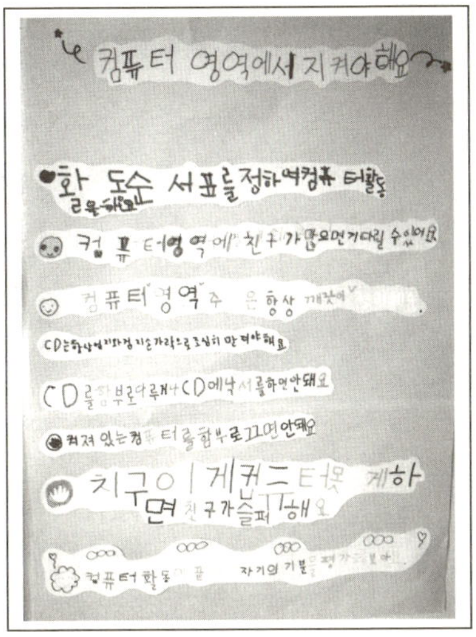

컴퓨터 영역 규칙판

(3) 이름표 및 그림 순서표

키보드, 마우스, 모니터, 스피커 등 컴퓨터 각 부분의 명칭을 적은 이름표를 붙여 주어 유아가 컴퓨터 각 부분의 명칭에 대하여 익숙해지도록 하며, 유아가 글자를 읽고 쓰기를 해보며 글자에 관심을 가지고 친숙해 질 수 있도록 한다.

또한 컴퓨터의 기본적인 사용법, 즉 컴퓨터의 전원을 켜고 끄기, 시디롬 타이틀을 넣는 방법과 빼는 방법, 프린터의 사용방법 등을 설명하는 그림카드나 그림 순서표를 컴퓨터 주변에 게시하여 글씨를 읽지 못하는 유아도 그림 순서표를 보고 컴퓨터를 사용할 수 있도록 한다.

컴퓨터 각 부분의 명칭과 사용방법은 교사가 주입식으로 설명하기 보다는 비형식적 방법을 사용할 수 있다. 예를 들어 교사가 "모니터에 어떤 그림이 나왔니?" 혹은 "프린터에서 사진을 인쇄했구나" 등의 말을 사용해 봄으로써 자연스럽게 컴퓨터 각 부분의 명칭에 익숙해 질 수 있다. 또한 컴퓨터의 사용방법은 교사가 소개해 준 후 그림 순서표를 이용하여 또래 유아들과 함께 의논하여 사용해 볼 수 있도록 한다.

컴퓨터 각 부분의 이름표

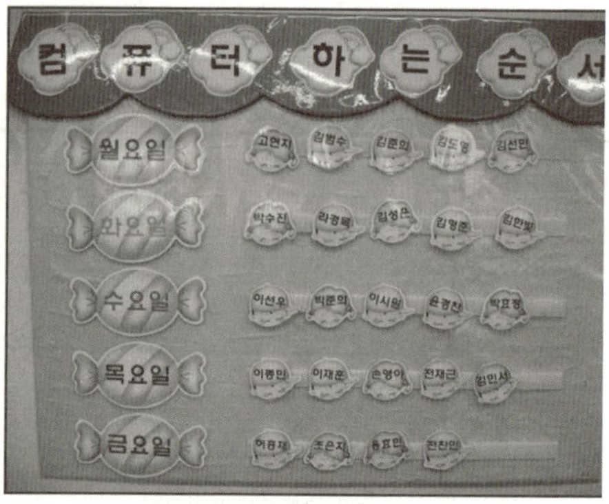

컴퓨터의 사용순서표

(4) 관련자료 및 정리함

컴퓨터 관련 책, 유아에게 적절한 소프트웨어와 활동 매뉴얼 등을 준비하고, 유아의 활동 결과물 철을 비치할 수 있는 정리장을 준비한다. 또한, 마이크나 헤드폰 정리함과 새 프린트 용지와 이면지를 구분하여 정리할 수 있는 정리함을 준비한다.

유아교육기관의 생활주제에 따라 유아가 정보검색을 하거나 다양한 확장활동이 가능하도록 생활주제와 관련된 도서를 컴퓨터 영역에 배치하도록 하며, 생활주제와 관련된 소프트웨어를 선정하여 각 생활주제별로 제공해 줌으로써 주제별로 다양한 경험이 가능하도록 한다.

또한 컴퓨터 영역에서 사용되는 각종 도구들, 즉 마이크, 헤드폰 등을 정리해 두고 필요시 꺼내어 쓸 수 있도록 정리장이나 정리 바구니 등을 만들어 놓는 것이 좋다.

컴퓨터 관련 자료 및 정리함

(5) 기 타

컴퓨터 영역에서 활동 순서표에 이름을 쓰거나 다양한 확장활동에 사용할 수 있도록 연필, 사인펜, 색연필 등의 필기도구를 제공하고 다른 영역과의 통합 활동 시 사용할 수 있도록 종이, 가위, 풀 등을 준비하여 컴퓨터 옆 보조공간에 놓아준다.

또한 유아들이 컴퓨터 사용시간을 조절하여 활동할 수 있도록 시계(탁상시계나 모래시계) 또는 타이머를 준비한다. 컴퓨터를 어느 정도 사용하는 것이 좋을지에 대하여 토의활동을 한 후 약속한 시간만큼 사용하면 다음 유아가 사용할 수 있도록 할 수 있다. 예를 들어 모래시계가 한번 떨어질 만큼 혹은 시계 바늘이 숫자 0에 갈 만큼 등 약속을 정해 활동할 수 있도록 시계, 타이머를 컴퓨터 영역에 배치하도록 한다.

필기도구와 시계

컴퓨터 영역에 비치할 비품 및 자료들을 살펴보면 다음과 같다.

본 체

모니터

키보드

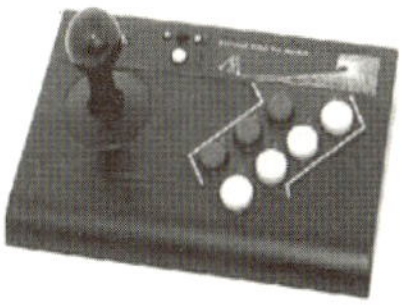

조이스틱

마우스

마우스 패드

스피커

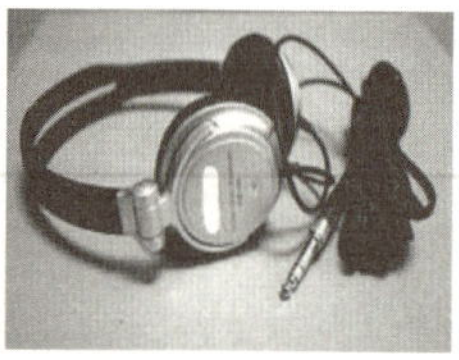
헤드폰

유아용 책상 및 의자

프린터

스캐너

필기도구

가위, 풀, 종이류

시계, 타이머

소프트웨어

저장 도구

02 컴퓨터 영역 운영의 실제(규칙 정하기)

컴퓨터 영역을 효과적으로 운영하기 위해서는 컴퓨터와 프린터 그리고 시디롬 사용방법에 대한 소개를 하고 컴퓨터 영역에서 필요한 규칙을 정하여 여러 가지 문제가 발생하는 것을 미연에 방지하도록 한다. 규칙을 정할 때에는 학기 초에 너무 많이 제시하지 않도록 하며 발생하는 문제에 대한 해결책 모색은 교사가 독단적으로 제시하기 보다 유아들과 토의하여 해결방안을 모색한다. 따라서 교사는 기본적으로 지켜야 할 규칙을 몇 가지만 소개하고 생활하면서 문제해결책(규칙)을 의논하여 첨가하도록 한다.

컴퓨터 영역 운영을 위한 기본적인 활동으로 크게 컴퓨터에 대해 알아보기와 놀이규칙 정하기로 나누어 살펴보면 다음과 같다.

1) 컴퓨터에 대해 알아보기

컴퓨터 활동에 대한 소개 시 다루어야 할 내용은 컴퓨터 각 부분의 이름과 간단한 사용방법 알기, 컴퓨터 이외의 비치된 도구 사용법 알기, 컴퓨터 사용시 주의점 알기, 디스켓과 시디롬 타이틀의 취급방법 알기 등에 대해 이야기한다.

컴퓨터 각 부분의 이름이나 시디롬 취급방법 등은 대그룹으로 소개할 수 있지만 컴퓨터의 사용법과 같은 세부적인 내용은 소그룹으로 나누어 활동한다. 컴퓨터 사용을 위한 규칙은 컴퓨터 활동을 하면서 지켜야 할 놀이규칙과는 차이가 있다. 다시 말해, 컴퓨터 활동 시 놀이규칙은 문제가 발생한 후 토의과정을 거쳐 해결책을 모색하는 것이 효과적인 전략이 될 수 있지만 컴퓨터 작동과 관련된 규칙은 컴퓨터를 직접 다루기 이전에 주의사항을 이야기해야 한다.

(1) 컴퓨터의 각 부분 이름 소개하기

여러 물건이나 유아들 자신이 이름을 가지고 있듯이 모니터, 본체, 키보드, 마우스, 스피커, 헤드폰, 마이크 등, 컴퓨터 각 부분에도 이름이 있음을 소개한다. 컴퓨터의 각 부분을 소개할 때 컴퓨터를 처음 접하는 유아는 사전경험이 있는 유아나 교사의 도움을 받아 컴퓨터를 탐색하고, 컴퓨터에 관련된 조사하기 활동을 통해 궁금한 것을 발견해 갈 수 있다. 교사는 유아가 조사해 온 자료를 발표할 수 있도록 시간을 계획하고, 발표 후 컴퓨터 영역에 게시한다. 컴퓨터의 각 부분의 이름을 적어 붙여 놓으면 유아들이 자연스럽게 각 부분의 이름을 익힐 수 있다.

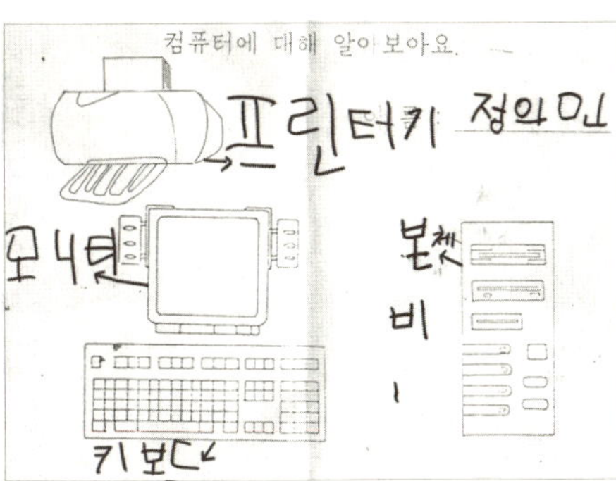

만 4세 유아의 조사용지의 예

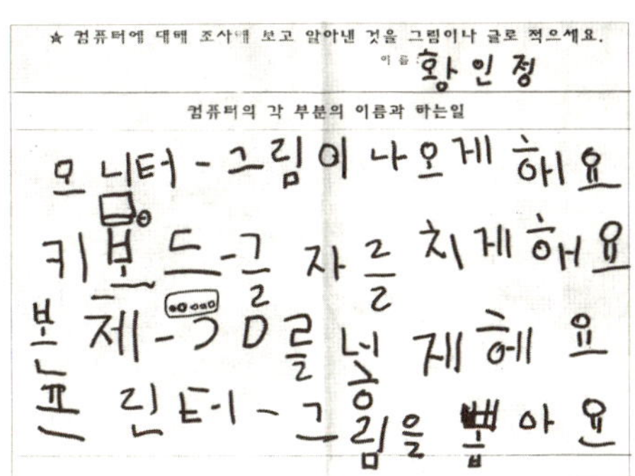

만 5세 유아의 조사용지의 예

(2) 컴퓨터의 사용법 소개하기

사람의 몸에 있는 머리, 손, 입들이 모두 하는 일이 다른 것처럼 컴퓨터도 각각 하는 일이 다름을 소개한다. 컴퓨터 조작방법은 긴 시간을 두고 익혀야 하는 것으로 처음 소개할 때는 컴퓨터를 켜고 끄기, 마우스 클릭과 더블클릭 정도만 소개한다. 또한 그림 설명 자료를 게시하여 항상 참고할 수 있도록 한다. 컴퓨터의 기본적인 사용법이 익숙해지면 게임하기, 노래 듣기, 그림그리기, 글자치기, 그림보기, 정보 찾기, 편지보내기 등 컴퓨터로 할 수 있는 것들을 알아보고 유아들이 직접 해 볼 수 있도록 유도한다.

컴퓨터 각 부분의 이름 알기와 사용법을 탐색해 가는 활동은 유아가 컴퓨터에 관련된 정확한 지식을 획득하도록 하기보다 컴퓨터에 대한 두려움을 갖지 않도록 하는 것이다.

(3) 프린터 및 CD-ROM 다루는 방법 소개하기

프린터 소개하기는 프린터의 기능과 사용법, 사용상 주의점에 대하여 이야기한다. 전원을 켜고 끄는 방법, 종이를 넣는 방법 등 간단한 사용방법을 소개하고 버튼을 여러 번 누르면 고장이 나므로 여러 번 누르는 장난을 하지 않도록 한다. 또한 문제가 발생했을 경우에는 교사에게 이야기 하도록 한다.

CD-ROM 다루는 방법은 컴퓨터를 탐색한 후 소개한다. CO-ROM 사용방법, CD 잡는 법과 주의해야 할 점 등을 이야기한다. 즉, CD-ROM을 열 때에는 열기 버튼을 한 번 누르면 열리고 CD를 넣고 닫을 때에는 닫기 버튼을 한 번 누르면 되고 꺼낼 때는 다시 열기 버튼을 한 번 누른다는 것을 알려준다. 또한 CD는 가장자리를 엄지로 CD 가운데 구멍에 가운데 손가락을 넣어 잡는다. CD 뒷면을 만지면 CD가 고장 난다는 것을 알려주고 CD에 낙서를 하지 않도록 주의 한다.

(4) 컴퓨터를 사용할 때 주의할 점

컴퓨터를 사용할 때의 주의할 점은 컴퓨터와 프린터, 그 밖의 주변기기를 다룰 때 모두 적용 된다. 기본적인 컴퓨터 사용규칙은 컴퓨터를 사용하기 이전에 이야기해 줌으로써 문제의 발생을 예방하도록 한다. 컴퓨터 영역에서 지켜야 할 주의사항은 유아들이 볼 수 있도록 게시해 줄 수 있다. 컴퓨터를 사용할 때 주의해야 할 점은 다음과 같다.

- 물이나 모래, 크레파스 등이 묻은 손으로 컴퓨터를 사용하지 않는다.
- 우유나 간식 등을 컴퓨터 영역에서 먹지 않는다.
- 컴퓨터, 키보드 등을 주먹으로 치지 않는다.
- 컴퓨터를 켰다 껐다 하지 않는다.
- 컴퓨터에 연결된 전기선을 빼거나 전기선을 가지고 장난치지 않는다.

2) 컴퓨터 놀이규칙 정하기

컴퓨터 영역의 놀이규칙은 학기 초 기본적인 몇 가지만 제시하고 생활하면서 자연스럽게 발생하는 문제들에 대해 새로운 규칙을 첨가한다. 발생할 문제들을 교사가 미리 제시하는 것보다는 유아들이 자유선택활동 후 회상하기 시간에 컴퓨터 영역에서 발생한 문제 상황을 이야기할 수 있도록 한다. 제기된 문제는 교사와 유아가 함께 토의하여 적절한 해결방안을 모색한다. 토의활동을 통해 정해진 컴퓨터 영역에서의 놀이규칙은 교사가 적어 주거나 유아들이 직접 적도록 하여 컴퓨터 영역의 게시판이나 한쪽 벽면에 게시하도록 한다. 놀이규칙 정하기 활동은 유아들이 자발적이고 적극적으로 해결방안 모색에 참여할 수 있도록 유도하는 것이 중요하다.

(1) 순서 정하기

몇 명의 유아가 컴퓨터를 독점하는 경우가 발생할 수 있으므로 모든 유아들이 컴퓨터 활동을 할 수 있도록 순서를 정한다. 순서를 정하는 방법으로는 컴퓨터 사용 순서표를 만들어 유아들이 순서표에 자신의 이름이나 사진을 붙여 순서를 정하여 활동할 수 있도록 한다. 순서표를 활용함으로써 컴퓨터 활동 차례를 기다리기 위해 다른 영역의 활동을 하지 못하는 경우를 방지할 수 있다. 컴퓨터 활동을 마친 유아는 다음 순서의 유아에게 알려주도록 한다.

컴퓨터 사용시 일부 유아가 컴퓨터를 독점하는 경우에는 집단토의를 통해 문제를 해결하는 것도 유아가 문제해결을 경험하고 사회적 관계를 인식하는 좋은 경험이 될 수 있다.

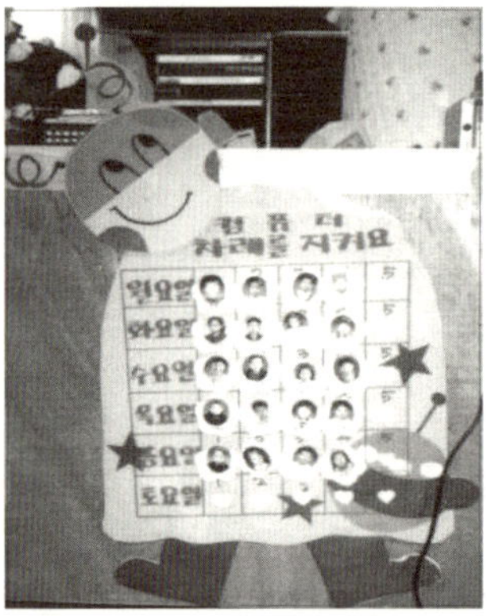

놀이순서표 예1

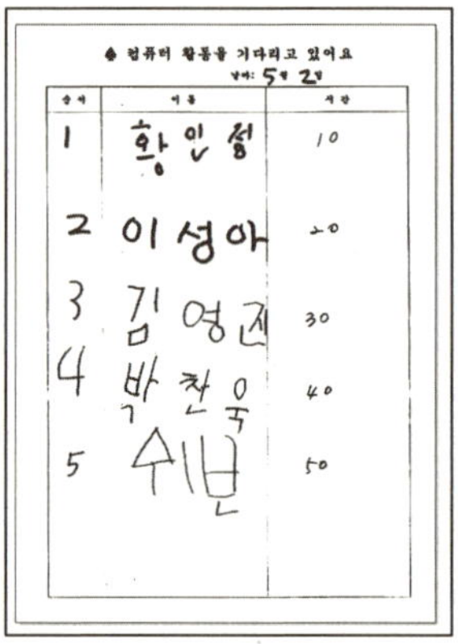
놀이순서표 예2

(2) 시간 정하기

한 유아가 컴퓨터 활동을 혼자만 너무 오래하는 경우 유아들과 토의하여 한 사람이 컴퓨터를 이용할 수 있는 시간을 정한다. 유아가 활동한 시간을 알 수 있도록 탁상시계나 모래 시계를 컴퓨터 영역에 제공하여 주고 탁상시계를 이용할 경우 계획한 활동 시간의 분 단위로 색깔 스티커를 붙여 주어 간격을 구분할 수 있도록 한다.

(3) 컴퓨터 다루기

컴퓨터 및 주변기기를 함부로 사용하여 고장이 나거나 컴퓨터 활동시 소리를 너무 크게 하여 다른 영역에서 활동하는 유아들에게 방해가 되는 등의 문제 상황이 발생할 경우 컴퓨터를 다루는 방법에 대한 토의를 통해 규칙을 정할 수 있다. 예를 들어 전원 버튼을 마음대로 누르지 않기, 마우스를 계속 누르지 않기, 혼자 컴퓨터를 사용할 경우에는 헤드폰을 끼고 활동하기 혹은 컴퓨터 소리를 작게 하기 등의 규칙을 정할 수 있다.

(4) 정리하기

컴퓨터 영역도 다른 영역들과 마찬가지로 정리·정돈을 해야만 다음에 활동하는 유아들이 편리하게 이용할 수 있으므로 활동 후 사용한 자료들을 제자리에 정리하도록 규칙을 정할 수 있다. 이를 위하여 교사는 먼저 헤드폰, 마이크, CD-ROM, 종이, 필기도구 등을 정리할 수 있는 공간과 정리함을 만들어 주고 스스로 제자리에 놓을 수 있도록 한다.

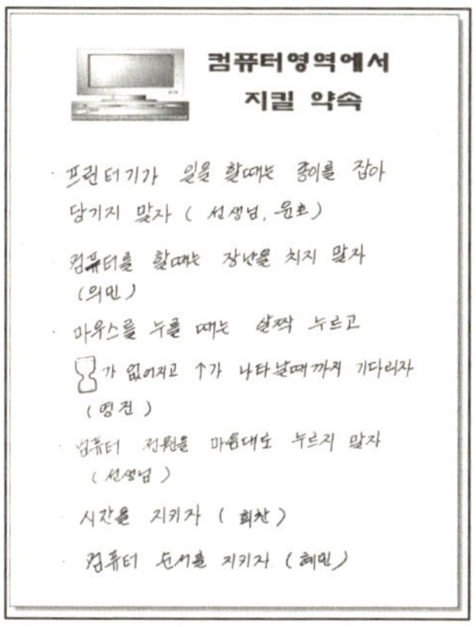

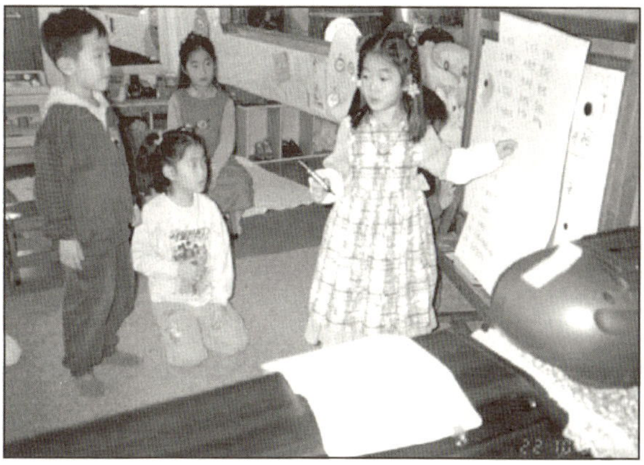

컴퓨터 영역에서의 놀이 규칙

03 | 컴퓨터의 다양한 활용

1) 인터넷을 통한 정보 탐색하기

인터넷은 언제 어디서든 원하는 정보를 빠른 시간 안에 얻을 수 있는 장점을 가진다. 유아교육기관에서 진행 중인 생활주제에 대하여 궁금한 사항이나 심화된 정보를 검색엔진을 통해 검색해 봄으로써 책뿐만 아니라 인터넷을 통해서도 정보를 얻을 수 있음을 알게 된다.

예를 들어 '개구리'에 대한 주제를 진행하면서 컴퓨터 영역에서 개구리에 대한 정보를 검색해보게 하고 개구리의 생김새, 울음소리, 성장과정 등을 검색함으로써 주제에 대한 확장된 경험을 할 수 있다. 교사가 주제와 관련한 각종 멀티미디어 자료를 즐겨찾기에 링크해 놓으면 유아들이 쉽게 자료를 찾아볼 수 있다.

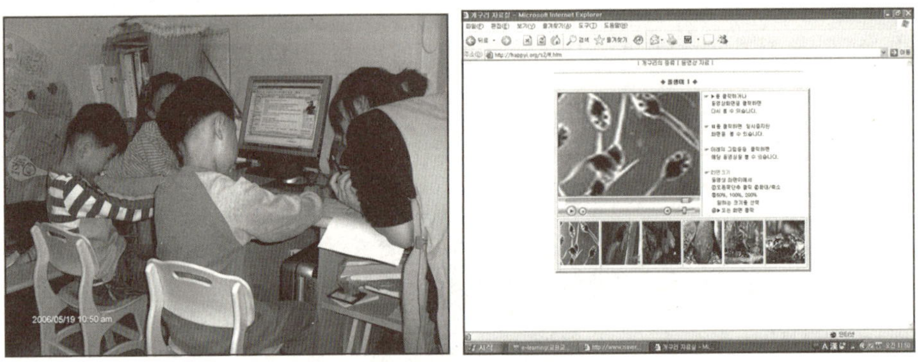

인터넷을 이용해 정보탐색하기

2) E-mail 보내기

유아는 개인 아이디를 만들어 친구, 또는 부모님 그리고 교사에게 이메일을 보내고, 받은 편지에 대한 답장을 보내는 활동을 해볼 수 있다. 먼저 유아들이 이메일의 기능과 사용법을 익힐 수 있도록 소집단으로 모여 설명해 주고 누구에게 보낼 수 있을지 목록을 정해본다. 유아의 주변 사람뿐만 아니라 다른 유치원 유아들과 이메일을 통해 교류해 볼 수 있다. 처음에는 교사가 도움을 주도록 하고 점점 유아들이 직접 보내볼 수 있도록 한다.

이메일 보내기를 할 때에는 유아의 키보드의 사용능력 및 글자를 읽고 쓸 수 있는 능력을 고려하여 유아용 사이트에서 그림이나 음악 등을 선택하여 이메일을 보낼 수 있도록 할 수 있다. 또한 가정과의 연계를 고려하여 가정에서도 친구들과 이메일을 통한 상호작용이 가능하도록 학부모에게 교육방법을 소개할 수 있다.

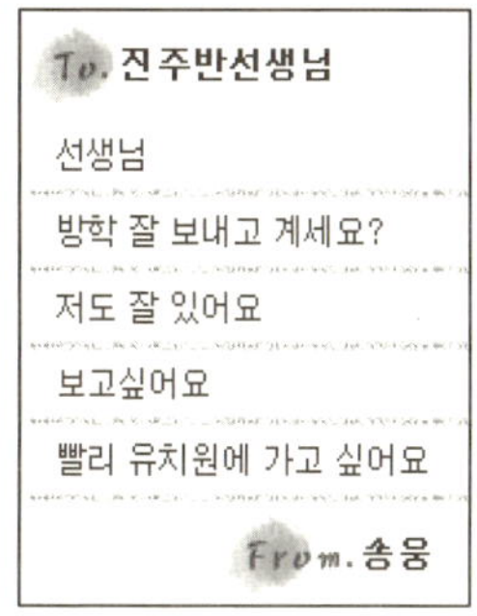

3) 게시판을 이용해 의사소통하기

유아교육기관의 홈페이지나 개인 홈페이지 게시판을 이용하여 교사, 유아, 학부모간 원거리의사소통을 할 수 있다. 유아들은 같은 반 친구에게 게시판을 이용해 편지쓰기를 하고 여러 친구들이 꼬리말을 달아 생각을 덧붙일 수 있다. 또한 교사들은 유아교육기관의 행사 및 교육 활동에 대한 안내나 활동사진들을 홈페이지 게시판에 올려놓음으로써 가정에서 유아교육기관에 대한 이해를 높일 수 있으며, 부모들은 가정에서 있었던 특별한 일들을 게시판에 소개하는 등 의사소통할 수 있다.

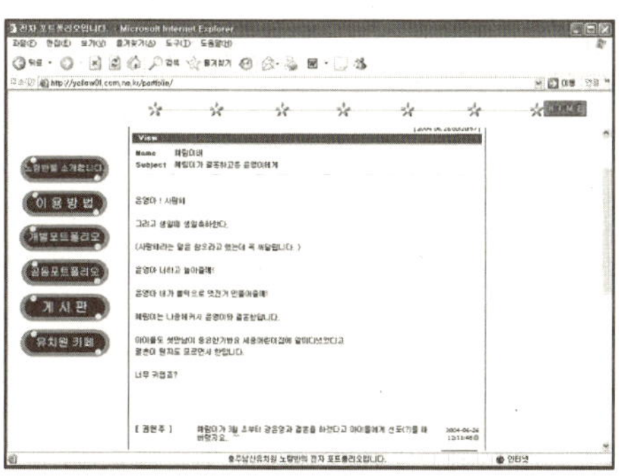

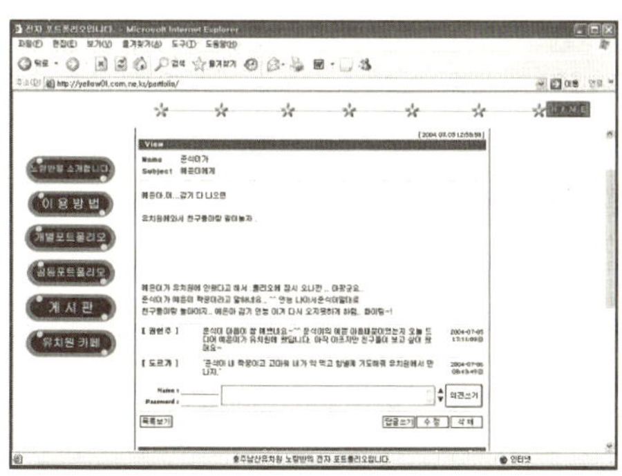

게시판 이용해 의사소통하기

4) 유아용 소프트웨어 활용하기

유아 발달에 적합한 소프트웨어를 제공하여 유아들이 스스로 조작하고 발견하며 활동할 수 있도록 한다. 유아에게 제공되는 소프트웨어는 컴퓨터의 지시에 따라 반복과 연습의 학습과정을 통하여 정답을 찾아내는 프로그램 보다는 유아가 프로그램을 조작하는 과정 속에서 문제를 발견하고 해결하는 프로그램을 제공하는 것이 바람직하다. 교사는 적절한 소프트웨어를 선정하여 유아가 친구들과 상호작용하며 활동할 수 있도록 격려해야 한다.

상호작용하기

5) 살아있는 이야기책 만들기

책 만들기 활동은 유아교육기관에서 자주 이루어지는 활동으로 많은 교육적 효과를 가진다. 이러한 활동에 전자 매체를 활용한다면 유아의 책 만들기 학습활동을 더욱 촉진시킬 수 있다.

이야기책을 만들기 위해 유아가 쉽게 사용할 수 있는 저작 소프트웨어를 활용할 수 있다. 유아는 가족사진이나 기르는 애완동물, 좋아하는 장난감 등을 디지털 카메라로 찍는다. 그리고 녹음기능을 이용해 자신이나 가족, 친구 등의 목소리를 녹음한다. 저작 소프트웨어를 활용하여 모든 사진과 녹음자료를 구성하는 이야기 순서대로 삽입하고 한 문장정도의 간단한 글자를 입력한다. 개체에 애니메이션을 적용시키고 슬라이드를 전후로 이동시키는 이동단추를 만든다. 책 만들기를 완성하면 교사와 다른 친구들에게 자신이 만든 이야기를 보여주며 들려준다.

살아있는 이야기책 만들기

6) 자기소개 보고서 프레젠테이션

유아는 파워포인트 등의 프레젠테이션 프로그램을 활용하여 간단한 자기소개 보고서를 작성하여 보여줄 수 있다. 교사는 유아들이 프레젠테이션 자료를 만들 수 있도록 기본 틀을 잡아주고 각각 삽입할 내용에 대해 안내하여 유아들이 쉽게 틀 안에 글자나 사진 등을 삽입하고 저장할 수 있도록 한다. 자기소개 보고서에 들어 갈 내용을 유아들과 함께 선정하고 삽입할 내용과 사진자료를 모은다. 교사는 컴퓨터 영역에 '자기 보고서 작성 파워포인트 틀'을 고안하여 제공하고 유아가 내용을 기록하고 사진을 불러와 삽입한다. 전자매체를 활용하여 자기소개 보고서를 만드는 것은 자료수집이 용이하고 내용수정이 가능하고 생생한 현장감이 있어 유아들이 자료작성 한계로 인해 제한받지 않고 학습활동을 할 수 있게 한다. 자기소개 보고서를 작성하는 활동이 끝나면 다른 친구들에게 소개한다. 자기소개를 하면서 단순히 구두로만 발표하면 유아들이 다른 친구의 발표를 듣는 것에 지루해 할 수 있으나 프레젠테이션을 활용한 자기소개는 유아들의 흥미를 지속시켜 줄 수 있다.

자기소개 보고서 프레젠테이션

7) 전자포트폴리오를 통해 함께 공유하기

전자포트폴리오는 포트폴리오를 스캐너, 디지털 카메라, 디지털 캠코더 등을 이용하여 컴퓨터 상에서 이용할 수 있도록 만든 형태의 디지털화된 포트폴리오를 말한다. 먼저 활동 기록물은 미술, 동극, 이야기 나누기, 음악, 자유선택활동 등 다양한 활동영역에서 유아가 수행하는 학습과정을 보여줄 수 있도록 계획적으로 선정하여 수집한다. 유아의 활동 기록물을 수집하고 선정한 후에는 디지털화하여 웹에 올린다. 기록물을 선정할 때는 교사뿐만 아니라 유아 자신도 선택할 수 있도록 한다. 또한, 유아의 활동기록물은 유치원에서뿐만 아니라 가정에서의 활동 기록물도 웹에 올릴 수 있도록 한다. 웹 개발은 포트폴리오 평가의 특징에 따라 공동작품, 개인작품, 게시판, 자료유형 등을 고려하여 개발한다.

온라인을 통한 전자 포트폴리오 평가는 유아의 학습에 유아 자신과 친구, 교사, 부모들의 참여를 가져온다. 유아는 자신의 활동기록물에 대해 소중함을 느끼게 되고 다른 사람들의 생각을 듣고 다른 친구의 작품에 대해 말해줄 수 있는 공유하기 활동을 할 수 있다. 이를 통해, 사고의 폭을 넓힐 수 있다. 전자포트폴리오 평가는 유아의 이야기 꾸미기능력, 쓰기 능력과 행동, 미술표현 등에도 좋은 효과가 있다(김현숙, 2004; 전지영, 2002; 진하숙, 2009).

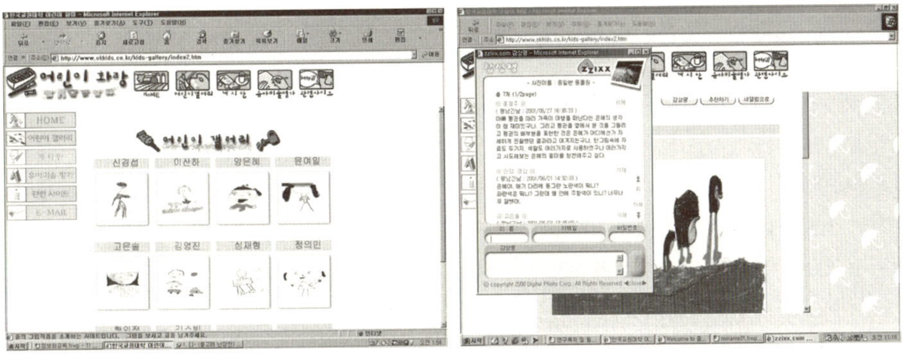

전자 포트폴리오 평가의 예

참고문헌

김선영(1994). 유치원 학습활동에서의 컴퓨터 활용의 발달적 적합성에 관한 고찰. **교육학연구**, 32(5), 151-166.

김현숙(2004). 전자포트폴리오 평가가 유아의 쓰기 능력과 행동에 미치는 영향. 한국교원대학교 교육대학원 석사학위논문.

박선희(1995). 유아교육에서 컴퓨터의 역할 정립. **교육학연구**, 33(5), 313-332.

전지영(2002). 전자포트폴리오 평가가 유아의 미술 표현에 미치는 영향. 한국교원대학교 대학원 석사학위논문.

진하숙(2009). 전자책 만들기 활동이 유아의 이야기 꾸미기 능력에 미치는 영향. 한국교원대학교 교육대학원 석사학위논문.

NAEYC(1996). NAEYC position statement: Technology and young children-ages three and through eight. *Young Children, 51*(6), 11-16.

Robinson, L (2003). Technology as a scaffold for emergent literacy, *Young Children, 58*(6). 42-48.

제6장

유아 컴퓨터 활동의 통합적 접근

01 유치원 교육과정(3, 4, 5세 연령별 누리과정)과 유아 컴퓨터 활동

빠르게 변화하고 발전하고 있는 첨단 기술 산업은 우리의 생활을 급속하게 변화시키고 있으며, 그 속도는 점점 빨라지고 있다. 우리 아이들이 살아가게 될 미래 사회는 지금보다 훨씬 다양한 멀티미디어를 활용하게 될 것이다.

이러한 흐름에 따라 유치원 교육과정에서는 유아의 올바른 미디어 사용과 매체 활용에 대한 내용을 제시하고 있다. 먼저 2007 개정 유치원교육과정에서는 컴퓨터와 멀티미디어의 활용은 때에 따라서 유아들에게 탐닉의 대상이 되어 역기능이 발생하기도 하므로 역기능을 예방하고 컴퓨터와 멀티미디어를 바람직하게 활용할 수 있도록 하는 내용을 포함하였다. 즉 '건강생활영역'의 '안전하게 생활하기-안전하게 놀이하기'에서 '미디어에는 유익한 것과 유해한 것이 있음을 알고 바르게 사용한다.'의 내용과 '탐구생활영역'의 '과학적 탐구-간단한 도구와 기계 활용하기'에서는 '편리한 물건이 때로는 해가 될 수 있음을 안다.'의 내용을 제시하여 컴퓨터 활용에 있어서의 역기능적인 측면과 바른 사용법에 대한 교육의 필요성을 제시하고 있다.

2013년부터 유아교육기관에서 적용하고 있는 3~5세 연령별 누리과정에서도 미디어 사용에 대한 내용을 제시하고 있다. '신체운동·건강영역' 중 '안전하게 생활하기-안전하게 놀이하기'에서는 연령별로 전자미디어를 안전하게 사용하는 데 필요한 지식, 기능, 태도를 형성하는 내용을 담고 있다. 또한 '자연탐구영역' 중 '과학적 탐구하기-간단한 도구와 기계 활용하기'에서는 컴퓨터 등과 같은 생활 속에서의 도구와 기계에 관심을 갖고 그 편리함을 활용해 보는 것과 첨단 과학 기술의 발달로 새로운 도구와 기계가 계속 등장하게 됨으로 새롭게 개발되는 도구와 기계에 관심을 갖고 장단점을 알아보도록 하는 내용을 포함하였다.

유치원 교육과정에 나타난 컴퓨터 활동 관련 하위내용을 살펴보면 다음과 같다.

영역	2007 개정 유치원 교육과정		영역	3-5세 연령별 누리과정	
	내 용	하위내용 및 수준별 내용		내 용	하위내용 및 수준별 내용
건강생활	안전하게 생활하기	<안전하게놀이하기> II수준 : 미디어에는 유익한 것과 유해한 것이 있음을 알고 바르게 사용한다.	신체운동·건강	안전하게 생활하기	<안전하게 놀이하기> 3세 : TV, 인터넷, 통신기기 등을 바르게 사용한다. 4세·5세 : TV, 인터넷, 통신기기 등의 위해성을 알고 바르게 사용한다.
탐구생활	과학적 탐구	<간단한 도구와 기계 활용하기> I 수준 : 도구와 기계의 편리함에 관심을 가진다. II수준 : 편리한 물건이 때로는 해가 될 수 있음을 안다. 공통수준 : 생활 속에서 간단한 도구와 기계를 활용한다.	자연탐구	과학적 탐구하기	<간단한 도구와 기계 활용하기> 3세·4세 : 도구와 기계의 편리함에 관심을 갖는다. 5세 : 변화하는 새로운 도구와 기계에 관심을 갖고 장단점을 안다.

02 | 유아 컴퓨터 활동 전개

유아에게 적합한 컴퓨터 활동을 전개하기 위해서는 그 활동이 유아의 발달수준에 맞는 활동인지를 고려하여 적합한 활동을 제공해야 한다. 이를 위해서는 유아의 연령별 컴퓨터 활용능력에 대한 발달단계와 특징에 대하여 알아야 하며, 이것을 바탕으로 교사는 유아에게 적합한 컴퓨터 활동을 계획하고 소개하여 효과적인 컴퓨터 활동을 전개해야 할 것이다. 유아의 연령에 따른 컴퓨터 활용 능력은 다음과 같다.

1단계(0~18개월) : 엄마, 아빠가 사용하는 물건으로 컴퓨터를 인식하는 시기
이 시기의 유아는 컴퓨터를 엄마, 아빠가 사용하는 물건 중의 하나인 '크고, 무엇인가 바삐 일어나는 상자'로 인식하며, 부모가 컴퓨터 작업을 할 때 키보드를 두드리거나 마우스로 장난을 치거나 하여 부모가 일하는 것을 방해하는 것을 즐기는 것처럼 보이는 행동을 자주 한다. 이러한 행동은 감각 경험과 운동 활동을 통한 상호 작용을 통하여 세계를 인식해 나가는 감각 운동기 유아의 자연스러운 행동 특성을 나타내는 것이다. 이 시기의 유아에게 마우스를 움직이면서 변화되는 것을 관찰하도록 하는 것을 기대하는 것은 무리이다. 대신 사용하지 않는 컴퓨터가 있으면 전선을 뺀 상태에서 키보드를 마음껏 두드려 보거나 만져 보면서 컴퓨터를 탐색할 수 있도록 해 주는 것이 적합하다.
2단계(19~30개월) : '나도 한번 해보고 싶어요' 시기
이 시기의 유아는 컴퓨터를 '대단히 바쁜 상자'라고 여기며 모니터에 물체가 뜨는 것을 인식하게 된다. 그리고 컴퓨터를 사용하는 어른들처럼 흉내 내어 보고 싶어한다. 소개하기에 적합한 것으로는 걸음마 시기의 유아들이 쉽게 노래를 듣고, 그림을 볼 수 있는 애니메이션 종류이다.
3단계(31~36개월) : '나는 할 수 있어요' 시기
이 시기의 유아들은 소근육이 발달하여 마우스를 혼자서 조절할 수 있으며, 컴퓨터 앞에 앉아 시간을 보낼 수 있어 컴퓨터 활동을 즐기게 된다. 그러나 유아마다 마우스를 사용하는 기술은 컴퓨터 사용 경험 및 발달의 차이에 따라 다르게 나타나며, 아직은 성인과 함께 성인의 무릎에 앉아 함께 활동하는 것을 즐긴다.
4단계(37~60개월) : '나는 컴퓨터를 사랑해요' 시기
이 시기의 유아는 마우스를 자유롭게 잘 조작할 뿐 아니라, 프로그램에서 원하는 다양한 활동을 불러 조작할 수 있어 독립적으로 컴퓨터를 사용하게 되며, 다른 친구와 재미있는 컴퓨터 활동을 하는 것을 즐긴다. 이 시기의 유아들을 위해서는 내용을 이해하여 스스로 조작 방법을 터득할 수 있는 단순한 자극의 프로그램이 좋으며, 특히 자신이 만든 작업을 인쇄해 내는 창의적 활동이 필요하다.
5단계(61~90개월) : '컴퓨터는 무엇이든 할 수 있군요' 시기
컴퓨터 프로그램을 메뉴에서 불러와 사용할 수 있으며, 어느 정도 도움을 받아 흥미 있는 주제를 찾는 인터넷으로 들어갈 수도 있다 이 시기에는 자판과 글자가 어디 있는지 알게 되고, 글자를 찾거나 자기 이름을 찍을 수 있다. 그러나 타자 치는 것은 아직 기대하기 힘들다.

<출처 : 홍혜경, 2008 재인용>

유아의 발달수준에 맞는 적절한 컴퓨터 활동을 선정한 후, 활동이 효과적으로 이루어지기 위해서는 일련의 과정에 따라 유아들에게 컴퓨터 활동을 전개할 수 있도록 해야 한다. 먼저 유아들에게 충분한 탐색의 기회를 제공하고, 흥미를 가지고 활동에 참여할 수 있도록 도우며, 또한 확장활동을 통해 다양한 경험을 제공할 수 있다. 즉, 유아를 위한 컴퓨터 활동의 전개는 탐색하기 - 활동하기 - 확장하기의 순서로 진행할 수 있다.

미국의 전미 유아 교육 협회(National Association for the Education of Young Children)에서는 만3세에서 8세 유아의 컴퓨터 및 관련 과학 기술의 사용에 관한 기본 지침을 제시하였는데 그 내용은 다음과 같다(NAEYC, 1996).

NAEYC의 유아의 컴퓨터 사용에 대한 기본 지침(1996)

1. 사용의 적절성을 위한 교사의 전문적인 역할

교사는 컴퓨터 사용이 유아의 연령에 적합한지, 개별적 특성과 문화적으로 적합한지를 판단하여야 한다. 또한 교사는 어떤 소프트웨어를 사용할 것인지 전문적인 결정을 내리고 유아의 발달에 적합하도록 통합적으로 적용하여야 한다.

2. 컴퓨터 활용의 효과

컴퓨터가 유아를 위해 적합하게 사용된다면 유아의 인지, 사회 능력을 증진시킬 수 있다.

3. 통합적 적용

컴퓨터 및 관련 기술의 사용은 학급의 기존의 정규적 학습 환경에 통합되어 유아의 학습을 지원하는 많은 선택 중의 하나로 사용되어야 한다.

4. 동등한 기회의 제공

유아의 성별, 인종, 사회 계층 등에 관계없이 모든 유아에게 컴퓨터 및 관련 과학 기술의 교육적 사용에 대한 동등한 기회를 주어야 한다.

5. 소프트웨어의 선택

유아들이 사용하는 소프트웨어는 성별, 인종, 능력에 관한 특정 집단에 대한 고정 관념을 반영해서는 안 되며, 폭력성을 나타내거나 파괴 등의 폭력적인 성향을 반영해서도 안 된다.

6. 부모와의 협력

교사는 부모와의 공조를 통하여 모든 유아를 위해 컴퓨터 및 관련 과학 기술이 더욱 더 적합하게 사용되는 것을 도모하여야 한다.

7. 교사 교육의 확대

유아를 위한 컴퓨터 및 관련 과학 기술이 적합하게 사용되고 그 활용의 긍정적인 효과를 산출하기 위해서는 직전 교육과 현직 교육을 통하여 교사들에게 기본적인 정보와 올바른 의식을 갖는 기회를 제공하여야 한다.

이러한 한 점들을 볼때 교사는 활동을 전개할 때 유아들이 컴퓨터 활동을 하면서 많은 실패감을 느끼지 않고 흥미를 가지고 활동하도록 발달에 적합한 소프트웨어를 유아에게 제시하는 것이 중요하다. 또한 유아들의 컴퓨터 활동의 사전경험에 따라 소프트웨어의 진행조작이 단순한 것에서 점점 복잡한 것으로 갈 수 있도록 배려해야 한다.

1) 탐색하기

컴퓨터 활동에서 탐색하기는 유아들이 새로 소개된 소프트웨어를 탐색해 보는 과정이다. 유아들은 소프트웨어에 구성된 활동을 세밀하게 참여하기 앞서, 어떤 활동이 있고 버튼이나 그림을 클릭했을 때 어떤 변화가 일어나는가 등을 알아보는 과정이 필요하다. 교사는 경험이 없는 유아와 경험이 있는 유아를 짝지어 서로 협력활동을 할 수 있도록 도와 줄 수 있다.

유아들이 소프트웨어를 탐색하는 단계에서 소프트웨어에 제시된 내용들을 가능한한 모두 탐색해 볼 수 있게 하는 것이 좋다. 이는 탐색활동을 통하여 더 흥미 있는 활동을 선택하여 그 활동에 몰두하고, 확장시켜 나갈 수 있기 때문이다.

컴퓨터 영역에서 2-3명의 유아들이 상호작용을 하며 컴퓨터 활동에 대한 탐색하기가 이루어질 수 있도록 한다. 유아들은 서로 알게 된 정보를 공유하며 협력적인 탐색과정을 가질 수 있다. 유아들이 해결하지 못하는 문제를 접했을 때 교사는 적절한 개입을 통하여 유아들이 활동에 대하여 탐색해 볼 수 있도록 하는 것이 바람직하다.

탐색하기 단계에서 이루어질 수 있는 내용은 다음과 같다.

(1) 들어가고 나오는 방법 알아보기

(2) 여러 가지 메뉴화면 탐색하기

(3) 실행방법 알아보기

(4) 문제상황 해결하기(저장하기, 프린트하기 등)

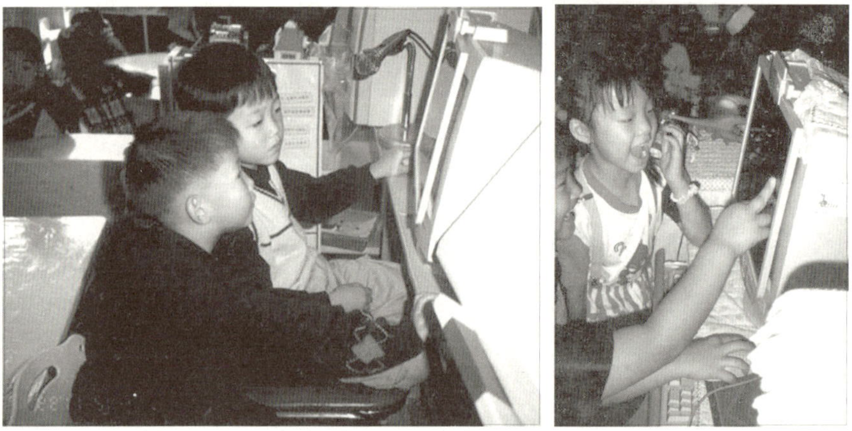

또래와 협력하여 탐색하기

2) 활동하기

탐색하는 과정을 거친 후 유아들은 소프트웨어에 좀 더 몰입하는 단계가 된다. 유아들이 활동에 몰입하다 보면 약속한 컴퓨터 활동시간을 넘기는 경우가 종종 발생하므로 활동시간에 대한 규칙을 상기시킬 수 있도록 이야기해 줄 필요가 있다. 유아들끼리 서로 협력하여 활동이 이루어질 수 있도록 적절한 환경을 구성하여 주고, 유아들이 활동의 순서를 알 수 있도록 그림 순서판을 컴퓨터 옆에 제시해 줄 수 있다. 교사는 유아들이 활동에 어려움을 겪을 때 적절히 개입할 수 있으며, 또한 회상하기 시간에 컴퓨터에 저장된 유아들의 활동결과를 프로젝션 TV를 통하여 다른 유아들에게 소개할 수 있도록 도와줄 수 있다. 소프트웨어는 여러 가지 활동을 포함하고 있고 높은 수준의 문제해결을 요구하거나 활동방식이 개방적으로 진행되어 활동과정이 길어질 수 있다.

'올리의 그림동화 만들기' 시디롬 타이틀을 이용한 활동의 예는 다음과 같다.

○ 활동 1. 등장인물(그림틀) 불러와 색칠하기

초보 단계의 유아들은 마우스를 조작하여 그림을 그리는 것이 어려우므로 소프트웨어에서 제공하는 그림틀을 불러와 색칠할 수 있다. 별난공주, 벌레사냥꾼 렌스, 못난이 도깨비들 이야기에 나오는 등장인물의 그림틀을 불러와 색칠한다.

제공되는 그림틀을 불러와 색칠한 활동

○ 활동 2. 마우스로 등장인물을 그린 후 색칠하기

마우스 조작이 익숙해지면 별난공주, 벌레사냥꾼 렌스, 못난이 도깨비들에 나오는 등장인물을 직접 마우스로 그려본다.

마우스로 직접 그린 후 색칠한 활동

○ 활동 3. 인쇄한 그림에 제목을 붙이거나 이야기 짓기

유아들이 인쇄한 그림에 제목을 붙이거나 여러 장의 그림을 이어서 이야기를 짓는다.

자판에 익숙한 유아의 경우 컴퓨터로 직접 칠 수 있으나, 익숙하지 못한 유아는 등장인물을 인쇄한 후 직접 글을 쓰거나 글을 모르는 유아는 교사가 유아의 이야기를 받아 적어준다.

제목: 물고기가 누군가를 보고 좋아해요

그림인쇄 후 이야기 쓰기

○ 활동 4. 자판을 활용하여 이야기 짓기

내가 만든 동화책 활동을 통해 그림그리기와 자판을 통해 이야기 짓기 활동을 한다. 처음에는 1-2장의 동시짓기나 일기쓰기에서 점점 긴 이야기로 진행될 수 있도록 돕는다.

배경그림을 불러온 후 동시 짓기

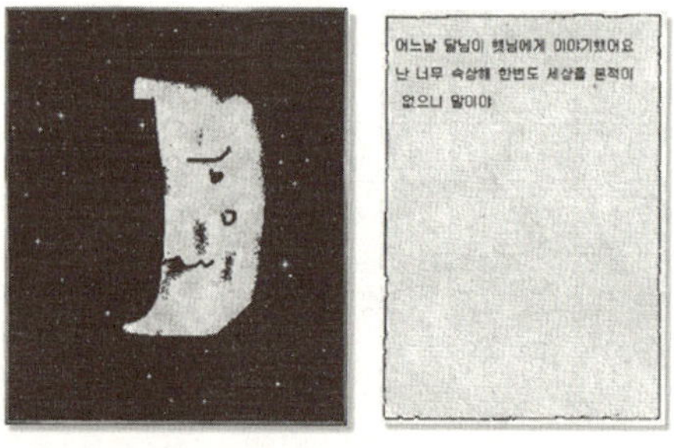

배경그림을 직접 그린 후 이야기 짓기

3) 확장하기

유아들이 소프트웨어에 익숙해지면 교사는 유아들이 컴퓨터 속에서만 활동하던 것을 확장시켜 소프트웨어와 관련된 다른 활동을 제공할 수 있다. 컴퓨터 활동에서 확장하기 과정은 컴퓨터 속에서만 행해지던 경험을 다른 교실 활동에 응용하여 활동을 좀 더 다양하게 경험하도록 계획된다. 이러한 확장하기 과정은 유아들이 컴퓨터 속에서만 활동할 때 보다 좀 더 경험의 폭을 확장시킬 수 있도록 해 준다.

예를 들면, '올리의 그림동화 만들기' 소프트웨어를 이용한 컴퓨터 활동 후 동극이나 그림전시회로 확장시킬 수 있고, '토미와 오스카의 음악여행' 소프트웨어를 이용한 후에는 유아들이 만든 음악으로 음악회열기 활동 등으로 확장시킬 수 있다.

'올리의 그림동화 만들기'를 활용한 확장활동의 예는 다음과 같다.

○ 활동 1. 작품소개하기

유아들이 만든 작품은 회상하기 시간에 소개할 수 있다. 유아는 자신의 그림과 이야기에 대한 설명을 하고 제작한 방법에 대해 소개한다. 유아들은 다른 친구의 작품을 감상하고 제작방법에 대한 정보를 공유함으로써 다양한 컴퓨터 활동을 촉진한다.

다른 유아에게 작품 소개하기

프로젝션 TV로 작품 감상하기

○ 활동 2. 게임판 만들기

유아는 소프트웨어의 등장인물이나 배경그림을 활용하여 게임판을 만들 수 있다. 등장 인물을 인쇄하여 말을 만들고 배경을 인쇄하여 게임판을 만들 수 있다. 게임판을 만든 후 유아들에게 게임방법과 규칙을 설명하고, 게임을 해 본 후 좀 더 재미있는 방법을 첨가시켜 게임을 해 볼 수 있다.

게임판을 만드는 활동

다른 유아에게 게임판과 규칙 소개하기

○ 활동 3. 편지 및 일기 쓰기

'내가 만드는 이야기' 메뉴활동을 이용하여 이야기 만들기 이외에 편지쓰기, 초대장 만들기, 일기쓰기 활동으로 확장시킬 수 있다. 이 활동 역시 유아의 컴퓨터 조작 능력에 따라 그림과 글자를 모두 컴퓨터에서 조작하여 활동할 수도 있고, 그림이나 글자만 작업한 후, 다른 방법으로 꾸밀 수 있다.

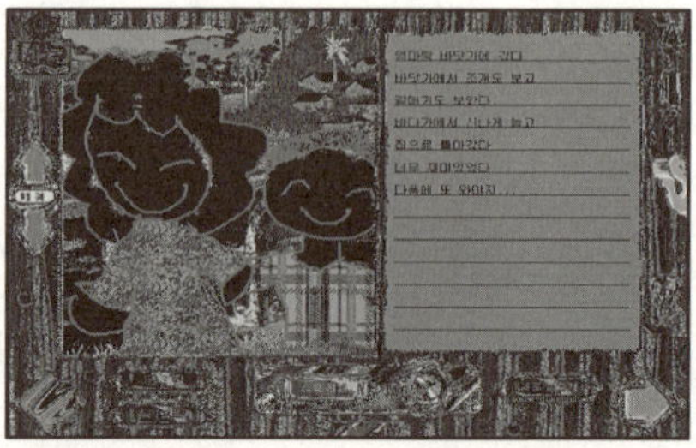

유아들이 컴퓨터를 이용하여 쓴 그림 일기

○ 활동 4. 미술작품 만들기

소프트웨어의 등장인물이나 컴퓨터로 작성한 그림을 전통적인 미술활동으로 만들어 볼 수 있다. 다만, 컴퓨터로 작성한 그림은 평면작품이므로 전통적인 미술활동은 입체작품을 만들어 보는 기회를 제공하는 것이 흥미를 더욱 유발할 수 있다.

등장인물 올리를 컴퓨터로 작업해 본 후 지점토로 만든 작품

○ 활동 5. 작품전시회하기

유아들이 컴퓨터 영역에서 활동한 작품들을 다른 반 친구나 학부모 등에게 소개할 수 있다. 어떤 작품을 전시할 것인지, 준비역할을 어떻게 정할 것인지 등을 서로 협의하여 진행한다. 교사는 유아들이 활동 처음부터 끝까지 적극적으로 참여하도록 도와야 한다.

① 작품선정하기

개별 작품과 공동작품 선정은 작업한 유아와 다른 유아, 교사의 의견을 수렴하여 선정한다. 교사는 유아들이 작품선정하기 과정에 적극적으로 참여할 수 있도록 유도한다.

공동 작품 선정하는 과정

② 작품전시회 준비를 위한 협의하기

다른 반 친구와 부모님에게 보여줄 작품전시회를 위해 준비물, 홍보방법, 장소, 시간 등에 대하여 토의하는 협의과정을 가진다. 그 후 작품 전시회의 역할 정하기로 안내하기, 초대장 만들기, 교실 꾸미기의 역할을 정한다.

작품전시회를 위한 협의 과정

③ 초대장 및 포스터 만들기

초대장을 어떻게 만들 것인지, 누구누구에게 초대장을 보낼 것인지를 결정하고, 초대장을 만들어 전시회의 내용과 일시, 장소 등을 적어본다. 또한 포스터는 몇 장을 그리고 어디에 붙일 것인지를 결정하여 전시회가 열리는 것을 알리는 포스터를 만들어 본다.

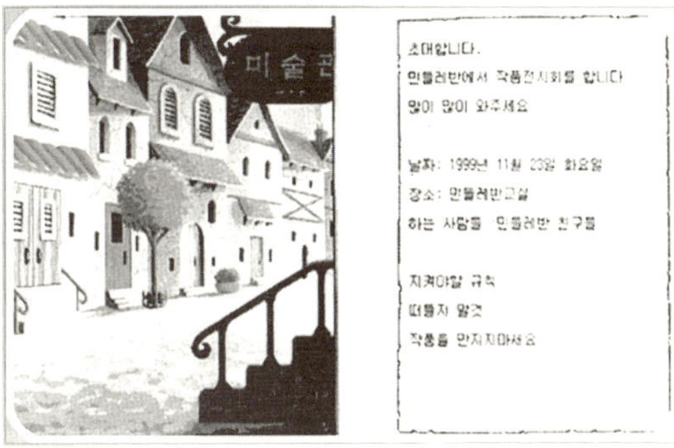

올리의 그림동화 만들기를 활용한 초대장

작품전시회를 위한 포스터

④ 교실정리 및 꾸미기

작품전시회를 위한 교실환경을 유아들과 협의한 후 역할을 정하여 활동할 수 있다.

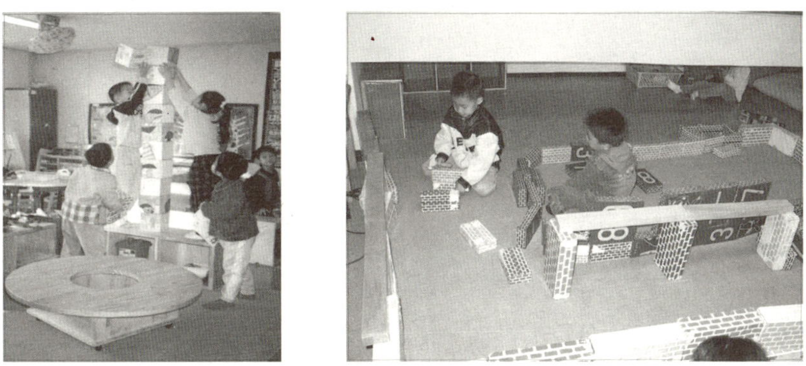

작품전시회를 위한 교실환경 꾸미기

⑤ 작품전시회

작품의 위치를 배치하는 과정 또한 유아와 교사가 협력하여 진행한다. 작품전시회 당일에는 음악을 준비하고 유아들이 작품안내 도우미의 역할을 할 수 있다.

유아들의 작품 전시

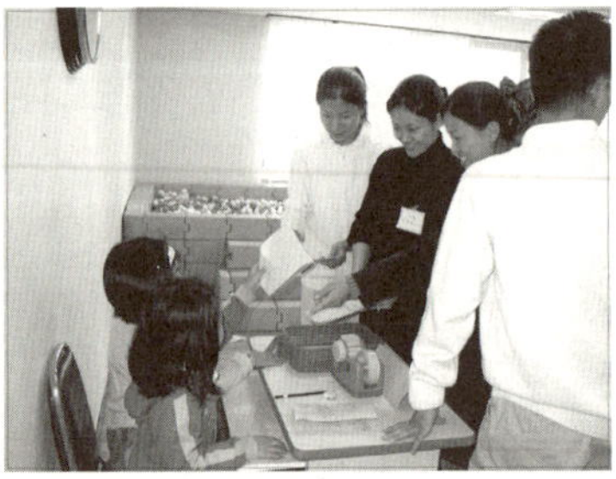

유아들의 안내 활동

03 통합적 접근

통합이란 유아가 전인적 발달을 할 수 있도록 유아들에게 학문 간, 발달 영역 간, 그리고 활동 간 통합된 경험을 제공하는 것을 말한다. 유아들은 분리된 내용보다는 통합된 전체 경험을 통하여 주변 세계에 대해 더욱 효율적으로 학습할 수 있다(Krough, 1990). 또한 유아기의 경험을 통합적으로 하는 것은 교과 영역의 효율적 운영도 가능하게 한다. 따라서 유아들을 위한 컴퓨터 활동에서도 전체 유아교육과정과 통합적으로 이루어지는 것이 바람직하다.

컴퓨터 활동이 유아의 발달에 바람직한 영향을 미치기 위해서는 물리적 환경과 통합된 교육과정, 잘 계획된 교육활동과 그에 적절한 질 좋은 소프트웨어, 그리고 적절한 교사의 역할이 있어야 한다.

유아교육기관에서 컴퓨터 활동의 통합적인 접근을 주제의 통합, 물리적 통합, 활동의 통합으로 구분하여 살펴보면 다음과 같다.

1) 주제의 통합

유아교육기관은 연간 생활 계획에 따라 생활 주제를 중심으로 교육 활동이 전개된다. 컴퓨터 활동을 교육과정과 통합하여 운영하기 위해서는 주제와 관련짓는 것이 바람직하다. 컴퓨터 활동에 있어서 주제의 통합은 교육주제와 연관된 소프트웨어를 활용할 수 있다. 주제와 관련되는 소프트웨어를 선정하여 제공해 줌으로써 유아들에게 정보를 제공하고 주제와 관련된 활동으로 확장함으로써 주제를 보다 심화·확장할 수 있도록 한다.

즉, 주제와 관련된 소프트웨어를 선택하여 생활주제 전개에 필요한 여러 정보를 얻고, 주제와 관련된 활동을 확장해 주는 도구로 소프트웨어를 사용하여 그림 그리기나 쓰기 등의 기능을 통한 주제와 연결이 가능하도록 할 수 있다. 그리고 소프트웨어의 내용을 생활 주제와 관련시켜 수정하여 확장활동을 할 수 있다. 이처럼 유아를 위한 컴퓨터 활동의 통합적 접근을 위해서는 질 좋은 소프트웨어를 선정하여 주제에 맞게 제공해 주는 것이 중요하다.

주제를 중심으로 통합 컴퓨터 활동을 위한 소프트웨어를 선장할 때는 폐쇄적인 소프트웨어보다는 개방적인 소프트웨어를 선정하도록 한다. Davidson(1989)은 개방적인 소프트웨어가 폐쇄적인 소프트웨어보다 유아들로 하여금 영상을 만들어 보게 하며 이야기를 꾸며 보고 프로그램에 나타나는 상황을 해결해 볼 수 있게 하며, 더 나아가 유아간의 상호작용이 더 많이 일어날 수 있도록 해주므로 개방적인 소프트웨어 사용을 강조한다(이경우 외, 1998).

또한 이경우(1995)는 컴퓨터의 통합적 접근을 위해 고려할 점으로 소프트웨어가 특정 유아교육기관의 교육철학과 부합하는 것이어야 하고, 또한 사회적 상호작용이 일어나는 것이 바람직하다고 주장하고 있으며, 1년간 사용할 수 있는 소프트웨어는 최소한 10개 정도이고 가능한 유아교육과정의 내용을 많이 포함하는 것이어야 한다고 하였다.

주제별로 적합한 소프트웨어를 소개하면 다음과 같다.

생활주제	소프트웨어	개발사
유치원과 나	시간이 빨리 갔네요 꼬마크레용	푸른 하늘을 여는 사람들 웅진 미디어
봄	토끼와 거북이 스탠리 스티커 스토리	Broderbund Edmark
나와 가족/ 우리동네	밀리의 수놀이 가게 I spy 주니어	Edmark scholastic/케이유니버스
동식물과 자연	새미의 과학놀이방 Zoo 타이쿤 오스카의 신기한 자연이야기	Broderbund 블루 팽 게임즈 티볼라
건강과 안전	티미의 꿈속여행 스탠리 스티커 스토리 줌비니의 수학 · 논리 여행	(주)오르다 Edmark Broderbund
여 름	할머니와 둘이서 씽킹 씽즈 1 프레디 피쉬 (잃어버린 해초의 씨앗을 찾아서)	Broderbund Edmark Humongous
교통기관	레고 스턴드 랠리 키드픽스 Put-Put 나는 자동차 경주왕	그래픽 스테이트 Broderbund Humongous
생활도구	꼬마 파스칼 악기나라 대모험 생각이 넓어지는 통통과학	한글과 컴퓨터 (주)다우기술 웅진 미디어
우리나라/ 세계 여러나라	올리의 그림동화 만들기 토미와 오스카의 음악여행 루브르 박물관	Broderbund Rainbow S.R.L. 아리수 미디어
가 을	오스카의 신기한 자연이야기 색깔을 갖고 싶어요	Broderbund 푸른 하늘을 여는 사람들
환경과 생활	맥스의 달나라 대탐험 줌비니 2	티볼라 Broderbund
겨 울	트루디의 시간 · 공간여행 나의 천국	Edmark 푸른 하늘을 여는 사람들

주제 중심 통합적 컴퓨터 활동을 계획할 때에는 주제를 중심으로 어떻게 주제를 발달시켜갈 것인가를 고려하여 영역별, 또는 학습 개념별로 전개해 나갈 수 있으며 소프트웨어를 중심으로 통합적인 영역별 활동을 계획할 수도 있다.

생활주제에 따른 통합적 교육계획과 소프트웨어를 중심으로 한 교육계획의 예를 들면 다음 그림과 같다.

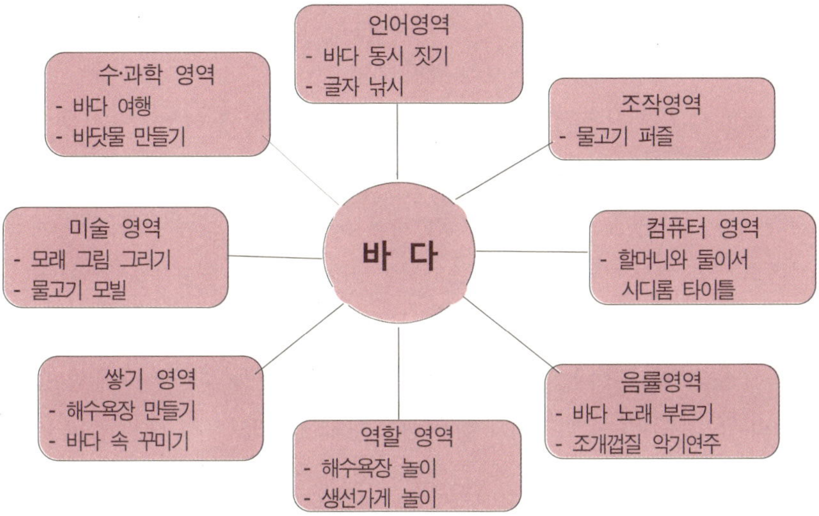

생활주제 중심 통합적 활동안

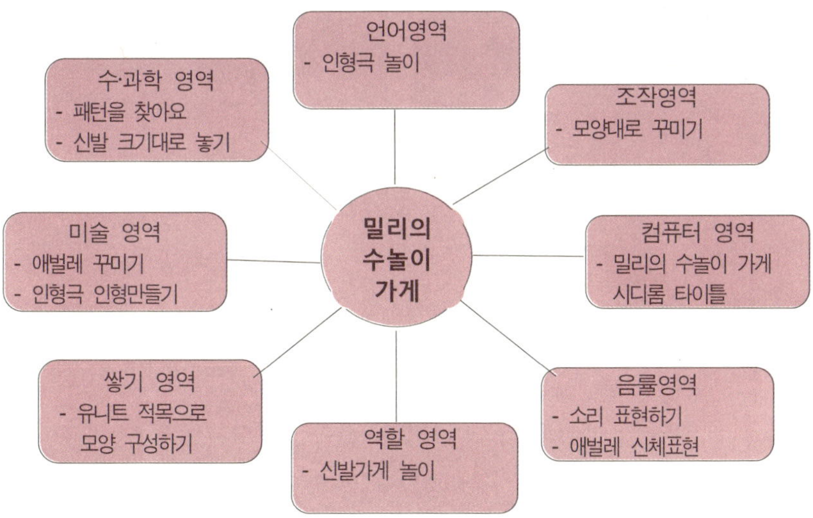

소프트웨어 중심 통합적 활동안

2) 물리적 통합

유아 컴퓨터 활동에 있어서 물리적 통합은 초·중·고등학교에서 이루어지는 컴퓨터 교육처럼 별도의 컴퓨터실에서 이루어지는 것이 아니라 유치원 교실의 하나의 흥미영역으로 통합하여 설치하는 것을 의미한다.

유아들의 컴퓨터 활동이 발달 간, 활동 간에 통합적으로 이루어지기 위해서는 물리적 통합이 선행되어야 한다. 반운경(1995)는 컴퓨터를 교실 내의 흥미영역의 하나로 운영하여야 유아가 끊임없이 탐색하는 가운데 새로운 것을 발견하고, 다른 영역과의 연결이 자연스럽게 이루어져 상호보완적인 역할을 할 수 있게 되어 유아들의 인지, 사회, 정서적 성장에 도움이 된다고 밝힌 바 있다. 물리적 통합을 통해 컴퓨터는 컴퓨터 영역에서 뿐만 아니라 다른 흥미영역에서 훌륭한 교구로 사용될 수 있으며, 컴퓨터 영역에서의 활동은 다른 영역에서의 활동과 연계되어 확장, 발전 될 수 있다.

초등학교 교실과 유치원 교실

3) 활동의 통합

유아교육 기관에서 컴퓨터 활동의 통합은 유아들이 다른 흥미영역에서의 활동을 통해 경험한 것이나 사전 경험이 컴퓨터 활동과 통합되는 것을 뜻한다. 예를 들어 이야기 나누기 시간에 필요한 그림이나 사진을 컴퓨터 영역에서 출력하여 사용할 수 있으며, 동극에 필요한 준비물 즉, 가면, 간판 꾸미기를 컴퓨터 활동을 통해 만든 후 프린터로 출력해 사용할 수 있다. 그리고 미술활동에 필요한 그림을 출력하여 색칠하여 사용하거나 요리 활동에 필요한 요리 순서표를 인터넷으로 검색하여 찾아보는 등 컴퓨터는 다양한 영역의 활동과 통합이 가능하다. 또한 전통 유적지에 현장학습을 다녀온 후 인터넷 검색을 통해 그 곳에 대한 더 많은 정보를 찾아볼 수 있으며, 주말에 재미있었던 경험이나 있었던 일을 컴퓨터를 이용하여 기록할 수 있다.

이러한 통합적 활동을 통하여 유아들은 분리된 내용이 아닌 통합된 전체 경험을 통하여 주변 세계에 대해 더욱 효율적으로 학습할 수 있을 것이다.

참고문헌

박석규, 최중근, 이민아(2005). **유아 컴퓨터 교육**. 서울: 형설 출판사.

반운경(1995). 컴퓨터 흥미영역 설치 및 활동의 예. 이경우(편), 유아를 위한 컴퓨터 활동의 접근 방향(pp. 187-203). 서울: 창지사

이경우(1995). 컴퓨터 활동의 통합적 접근방향: 우리나라의 경우. 이경우(편), 유아를 위한 컴퓨터 활동의 접근 방향(pp. 137-185). 서울: 창지사.

이경우, 이현옥, 김영실, 박정민, 조경자, 김지영(1998). **유아 컴퓨터 교육**. 서울: 다음세대.

홍혜경(2007). 유아컴퓨터교육. 서울 : 학지사.

Buckleitner, W. (1993). Buyer's guide to early childhood software. Ypsilanti, MI:High/Scope Press.

Davidson, J. I. (1989). *Children and computers together in the early childhood classroom.* Albany, NY: Delmar Publishers Inc.

Krough, S. (1990). *The integrated early childhood curriculu*m. New York: McGrawHill.

NAEYC(1996). NAEYC position statement; Technology and young children-ages three and through eight. *Young Children, 51*(6), 11-16.

제7장

유아 컴퓨터 사용과 안전

01 컴퓨터 안전교육의 필요성

현대 사회는 지식 정보 사회로서 정보능력에 대한 중요성이 끊임없이 강조되고 있다. 이와 함께 인터넷 활용에 대한 중요성이 거세어지고 있으며, 정보검색 외에도 각종 블로그, UCC등과 같은 새로운 기술들이 매우 빠르게 확산되고 있고, 이용자의 적응 속도도 마찬가지로 빠르게 진전되고 있다(한국정보문화진흥원, 2007).

이와 같은 사회적인 분위기는 유아의 삶에도 영향을 주고 있다. 만 6세 이상 국민 중 인터넷 이용자는 2006년 6월 기준으로 약 33만 6천 명(73.5%)으로 급속도로 증가하였으며, 만3~5세 유아의 인터넷 이용률도 급격하게 증가하여 50.3%에 이르고 있다(정보통신부 · 한국인터넷진흥원, 2006). 또한 인터넷을 처음 시작하는 연령은 평균 3.2세로 점점 하향화되고 있으며, 만 3~5세 유아의 주당 평균 인터넷 이용 시간은 4.7시간으로 나타나 적절한 대응이 요구되고 있다.

유아기 컴퓨터와 인터넷 사용은 유아에게 언어, 인지, 사회 · 정서 발달 등 발달적으로 긍정적 효과(김경철, 2002)를 줄 뿐만 아니라 테크놀로지에 친숙하게 해주고, 문제해결력을 길러줄 수 있으며, 눈과 손의 협응력을 발달시킬 수 있다는 장점을 가진다. 또한 상상력과 창의력을 키워줄 수 있는 바람직한 게임을 통한 학습은 교육기관에서 찾아볼 수 없는 배움을 제공하기도 하고 학습에 장애를 보이는 유아들에게도 좋은 효과를 거둘 수 있다. 뿐만 아니라 컴퓨터 게임은 가상적인 세계와 현실 세계를 넘나들 수 있는 상상력을 제공하여 성장기 유아들에게 최대의 화제와 문화를 제공하고 있다(정아란, 2007).

그러나 유아들의 인터넷 사용은 긍정적인 기능뿐만 아니라 부정적인 역기능을 가지고 있다. 유아들의 인터넷 사용실태에 대한 조사에 따르면 유아의 92.5%가 게임, 오락 등의 여가 활동을 위해 인터넷을 사용하고 있으며, 교육과 학습을 위해서는 38.9%, 자료 및 정보 획득은 4.1%에 불과해 인터넷을 통한 순기능을 제대로 활용하지 못하고 있음을 알 수 있다(김지혜, 2007). 또한 폭력성 강한 컴퓨터 게임으로 인해 공격성과 폭력성이 증가하고, 생활 적응력이 저하되며, 가족 및 친구관계에서 문제가 발생하는 등 일상생활에 문제가 발생하고 있으며, 심한 경우 게임 중독으로 인해 치료센터나 소아 정신과를 찾는 유아들도 늘고 있다. 게임 중독 경향을 보이는 청소년들은 대부분 5세정도의 어린 시절부터 컴퓨터를 친숙하게 접하였다는 연구결과들을 고려할 때 이른 시기의 게임중독 경향이 아동기, 청소년기의 게임중독으로 이어질 수 있는 위험성을 가지고 있다(이은경, 2007). 뿐만 아니라 무분별한 인터넷 사용은 각종 유해 사이트에 쉽게 노출될 수 있으므로 유아를 대상으로 하는 정보 안전교육에 대한 필요성이 절실하다.

서울과 경기지역의 유아교육기관에 근무하는 교사 312명을 대상으로 설문조사를 실시한 한 연구(김승옥, 이정수, 이경옥, 2008)에 따르면, 유아의 인터넷 사용에 따른 역기능 문제가 심각한 것으로 나타났으며 특히 인터넷 및 게임의 과다사용, 부적절한 언어사용의 문제, 무계획적 사용 및 부적절한 인터넷 사용자세 등이 심각한 문제로 지적되었다. 이에 대부분의 유아교사들은 유아를 대상으로 한 인터넷 안전교육이 필요하다고 인식하고 있으나 실제 인터넷 안전교육을 실시하는 유아교사는 일부에 불과한 것으로 조사되었다.

유아기는 기초적 사고와 태도가 형성되는 시기이며 유아가 살아가야 할 시대는 더욱 더 복잡하고 발달된 정보화 시대일 것이다. 따라서 컴퓨터와 인터넷이 주는 바람직한 기능을 적극 활용하고, 역기능으로부터 유아를 보호해 줄 수 있으며, 유아들 스스로 바르고 안전하게 이용할 수 있도록 하는 교육이 절실히 요구된다.

이에 본 장에서는 인터넷 사용시간을 조절하여 사용하는 방법과, 게임중독 예방을 위한 안내, 유해 사이트 차단 프로그램의 소개를 통해 유아들로 하여금 올바른 인터넷 사용을 하기 위한 방법을 제시하고자 한다.

02 컴퓨터 사용시간 조절하기

유아기는 신체, 인지, 사회 정서 발달 등 제 영역의 발달이 고루 이루어져야 하는 시기이다. 이러한 시기에 지나친 컴퓨터(인터넷) 사용은 유아로 하여금 이시기 달성해야 할 발달을 방해하여 많은 역기능을 초래하게 된다. 특히 놀이 문화의 변화로 신체운동의 기회가 줄어든 유아들에게 지나친 인터넷 사용은 대근육 활동을 할 기회를 제한하여 신체 발달에 부정적인 영향을 끼치게 되어 소아 비만을 유발하거나 신체 활동의 부재로 심리적, 정신적 장애 등 유아기 부적응 문제들을 유발하고 있다(한국정보문화진흥원, 2007).

과거 청소년에게만 문제시 되었던 게임중독이 최근에는 유아기에도 심각한 문제로 대두되어 가족 관계나 또래 관계 등 일상생활의 부적응 문제를 발생시키는 주된 요인이 되고 있으며, 불안감, 우울감, 충동성 등 신체적 정신적 어려움을 나타내는 경우가 발생하고 있다. 또한 장시간의 컴퓨터 사용은 VDT증후군(VDT syndrome)을 유발하여 시력 저하, 안구 건조, 충혈, 눈 따가움 등과 같은 안과 질환이나 목과 어깨 결림, 손가락 및 손목 이상, 두통, 수면 장애, 집중력 저하 및 정서 장애와 같은 심리적 이상에 까지 다양한 부작용을 야기시키고 있다.

VDT증후군(VDT syndrome)이란?

컴퓨터 사용에 관련된 건강상의 문제들을 총칭하는 용어로, 컴퓨터 작업 때문에 발생하는 목이나 어깨의 결림 등과 같은 증상이나, 눈의 피로와 이물감, 피부 증상, 정신 신경계 증상 등을 포함하는 용어이다. VDT란 '영상 단말기(visual display terminal)'의 약자로, 쉽게 말하면 컴퓨터 모니터나 텔레비전 또는 비디오 화면을 말한다.

따라서 유아의 올바른 컴퓨터 사용을 위해 유아 스스로 사용시간을 조절하도록 도와줄 수 있는 교육활동이 필요하다.

유아들이 인터넷 사용시간을 조절할 수 있는 방법으로는 먼저 컴퓨터 영역에서 지켜야 할 규칙 및 사용시간을 토의과정을 통해 정하여 한명의 유아가 컴퓨터를 독점

인터넷 이용 계획표

______반 이름 ______________

이용할 활동 내용					
어떤 활동을 할까요? (해당하는 곳에 ○표 하세요.)	정보 검색	게임	노래 및 율동	동화	학습
누구와 함께 할까요? (해당하는 곳에 ○표 하세요.)					기타 (　　)
이만큼 사용할래요. (해당하는 곳에 색칠해 주세요.)	10분	20분	30분	40분	50분
얼마나 재미있었나요? (재미있었던 만큼 색칠해 주세요.)					

인터넷 이용 계획표의 예

※ 출처 : 한국정보문화진흥원. 유아를 위한 바른 인터넷 첫걸음 지도서, 2007

하여 활동하는 일이 없도록 하고, 유아 각자 개별적으로 컴퓨터를 사용하기 전 이용 계획표를 작성하여 스스로 조절하여 활동할 수 있도록 할 수 있다(그림 인터넷 이용 계획표의 예 참고). 즉, 어떤 활동을 할 것인지, 누구와 함께 할 것인지와 더불어 어느 정도의 시간 동안 활동할 것인지를 기록하고 계획적인 컴퓨터(인터넷)이용을 할 수 있도록 계획할 수 있다. 정해진 시간 동안 활동할 수 있도록 교사나 부모는 컴퓨터 옆에 타이머나 모래시계를 비치해 주거나 시간 조절 소프트웨어를 이용하여 유아가 자신이 계획한 시간 동안만 컴퓨터를 이용할 수 있도록 도울 수 있을 것이다.

또한 유아교육기관에서는 인터넷의 바른 사용에 도움이 될 수 있는 활동을 계획

인터넷 이용 습관을 위한 게임판

• 참고 : 게임판에 사용할 말의 모양

뒷면에 풀칠하는 곳			붙이는 곳

인터넷 이용 습관을 위한 게임판

※출처 : 한국정보문화진흥원. 유아를 위한 바른 인터넷 첫걸음 지도서, 2007

하여 바른 이용 습관을 기를 수 있도록 할 수 있다. 예를 들어 <그림 인터넷 이용 습관을 위한 게임판>과 같이 게임판을 준비하여 주사위를 돌려 바른 습관이 나왔을 경우 앞으로, 바르지 못한 습관의 경우는 뒤로 가는 등 유아들이 게임을 통해 인터넷에 대한 올바른 습관에 대하여 학습할 수 있도록 할 수 있다.

유아들이 컴퓨터(인터넷) 사용시간을 스스로 조절하여 이용하도록 지도할 때 교사는 모든 유아들에게 동일한 기준을 제시하기 보다는 개별 유아의 현재 이용 습관을 고려하여 개개인에 맞는 계획을 세워 실천할 수 있도록 도와야 할 것이며 타율적으로 행동을 통제하기 보다는 자기 조절력을 길러 스스로 행동 조절이 이루어질 수 있도록 해야 할 것이다.

또한 컴퓨터의 이용은 유아교육기관에서보다 가정에서 더 많이 이루어지므로 가정과의 연계성 있는 지도를 통해 효과적으로 교육할 수 있다. 따라서 교사는 부모들로 하여금 자녀의 컴퓨터(인터넷)이용 습관에 대하여 점검해 보고 객관적으로 이해할 수 있도록 도와야 할 것이다.

이를 위해 부모 교육이나 가정 통신문 등으로 부모의 관심과 이해를 유발할 수 있다. 더불어 가정에서는 자녀가 올바른 컴퓨터 이용 습관을 가지고 있는지, 사용시간은 적절한지, 게임 중독이 아닌지 등을 파악하고 유아들이 가정에서도 스스로 조절하여 컴퓨터를 이용할 수 있도록 지도해야 할 것이다.

부모교육자료 – 가정에서의 유아 인터넷 지도방법

1. 자료의 인터넷 이용시간을 강압적으로 통제하기보다는 자녀와 합의해서 정한다.
2. 부모도 컴퓨터에 대하여 알고 인터넷을 활용할 수 있도록 한다.
3. 컴퓨터는 거실처럼 가족이 공유하는 장소에 둔다.
4. 학습을 돕는 긍정적인 인터넷 이용을 격려한다.
5. 자녀가 여가 시간에 인터넷을 하는 것 외에 다른 취미 활동을 할 수 있도록 유도한다.
6. 자녀가 인터넷을 하면서 식사나 군것질을 하지 않도록 한다.
7. 인터넷 이용에 대하여 일관된 태도를 보여 준다.
8. 자녀 스스로 인터넷 이용 시간을 조절하기가 어려울 경우 시간 관리 소프트웨어를 설치한다.
9. 자녀의 평소 생각이나 고민에 관심을 보여 준다.
10. 인터넷 이용으로 인하여 생활 부적응이나 갈등이 지속되면 전문 상담 기관의 도움을 받는다.

03 게임 중독 예방을 위한 안내

1) 유아의 게임 중독의 경향

유아기에 컴퓨터를 사용하는 것이 교육적으로 효과가 있느냐 없느냐에 대한 논쟁은 초기 컴퓨터 교육을 도입하던 시기에 비하면 그리 뜨겁지 않다. 그것은 아마도 컴퓨터 사용, 그 자체보다는 어떤 컨텐츠를 아이들에게 제공하느냐가 교육적 효과와 직접적 관련이 있기 때문이다. 그러나 여전히 현대에 이르러서도 유아기의 컴퓨터사용에 대해 우려하는 소리는 크다. 그 쟁점이 되는 것은 바로 인터넷 중독 또는 게임 중독이라고 부르는 현상 때문이다. 실제로 청소년들의 게임중독은 심각한 사회문제로 대두되었고 유아들도 그 위험성에 조금씩 노출되고 있다.

중독이라는 말을 설명하자면 아마도 '어떤 것에 강한 집착을 보이며 이를 자신의 의지로 통제하기 어렵다'일 것이다. 우리가 흔히 들어오는 알콜 중독, 도박 중독 등을 생각하면 이해가 쉽다. 또한 이러한 중독은 한 가지 공통점을 더 갖는데 바로 '그 결과가 당사자에게 해롭다'라는 것이다. 게임 중독을 이러한 특징에 따라 이해해 보면 '게임에 지나치게 빠져 일상생활에 문제가 생기는 것'으로 생각해 볼 수 있다.

실제로 정아란(2007)의 연구를 보면 유아의 인터넷 중독은 일반적으로 게임 중독인 경우가 대부분이다. 이러한 중독의 증상들은 실제로 식사나 수면, 놀이 등의 일상생활에 문제를 발생시켰다. 밤늦게까지 게임을 해서 다음날 유치원에서 하루 종일 졸거나 유치원에 가지 않고 하루 종일 게임만 하고 있는 아이 등 일부 심각한 중독사례들이 있었다. 결국 유치원 생활과 또래와의 놀이에 흥미를 잃고 공격적이고 충동적, 폭력적인 행동과 그와 같은 언어의 사용이 증가되었다. 뿐만 아니라 가족과 친구관계에서 부적응을 보이며 고립감 및 우울감이 증가하였다.

온라인 게임은 사용자들에게 재미있는 요소를 많이 제공한다. 여러 사람들이 같은 공간에서 가상의 공동체를 형성하여 게임을 할 수 있게 해 주며 게임의 전개가 다양하고 현실과 가상 세계를 구분하지 못할 정도로 생생한 느낌을 준다(한국정보문화진흥원, 2002). 그러나 온라인 게임 사용에서 일상 생활에 문제를 일으킬 정도로 자신의 통제력을 잃어버리게 되면 오히려 게임 중독자가 되어 지나친 경쟁이나 폭력성, 건강의 위험 등에 처하게 된다. 유아들도 온라인 게임을 즐겨하는데 이에 대한 강성단(2004)의 연구를 보면, 유아가 주로 하는 게임은 야후꾸러기(53.6%), 주니어네이버(45.9%)와 같은 포털사이트의 유아용 게임이었고 크레이지 아케이드(34.8%)나 메이플 스토리(28.8%)와 같이 유아에게 부적절한 게임도 많이 이용되고 있었다. 더구나 스타크레프트(4.7%)와 같이 폭력성이 짙어 유아에게 제한된 게임을 하는 유아들도 일부 있었다.

에듀테인먼트 요소를 지닌 게임은 유아에게 긍정적인 교육 효과를 줄 수 있다. 그러나 아직 자기 조절력이 충분히 발달하지 못한 유아가 무분별한 온라인 게임을 장시간 하는 것은 분명히 건강한 발달을 해치게 된다. 따라서 적절한 지도가 반드시 이루어져야 한다. 이경옥 외(2006)는 유아의 인터넷 게임 중독에 대한 연구에서 유아의 게임 중독 예방을 위해서는 적절한 환경적 지원과 개입이 중요한 역할을 한다고 보고 유아의 인터넷 게임 중독의 특성을 설명하였다.

유아의 인터넷 게임 중독의 특성

- 부부 갈등, 부모의 정신병리 혹은 중독문제로 인해 자녀가 방치되는 경우 게임 중독의 가능성이 있다.
- 부모의 비일관적이고 강압적인 양육태도의 영향이 크다.
- 부모의 관심으로 게임을 중단할 가능성이 높다.
- 게임 이외의 활동으로 관심을 돌리게 하여 게임 중독을 중재할 가능성이 높다.
- 학교 무단 결석이나 범죄 행위와 같은 심각한 품행 문제로 발전할 가능성이 낮다.
- 충동성, 공격적 반항 등의 문제를 보이지만, 이러한 행동이 부모 및 또래에 한정되어 있어 사회적 문제를 일으키지 않는다.
- 아동의 방치, 부모의 양육 태도, 부모의 게임 문제 등 게임 행동과 관련한 가정 환경특성이 중요하다.

출처- 이경옥 외(2006), 한국정보문화진흥원 연구 개발 보고서, 유아동 및 청소년의 인터넷 게임 중독 척도 개발연구

또한 이경옥 외(2007)은 유아들의 인터넷 중독이 발생하는 원인으로 위에서 제시한 맞벌이 부부의 증가, 방임적 자녀양육, 적절한 놀이 문화 부재 등과 같은 유아들의 가정 환경적 요인과 함께 개인적 성향(자기 조절력 저하, 충동 및 자극에 대한 취약성,

대인 관계 결여 등)을 들고 있다. 즉 유아의 인터넷(게임) 중독은 가정 환경적 요인과 개인적 성향에 따라 다르게 나타날 수 있으므로 유아의 올바른 인터넷 이용을 지원하기 위해서는 개인적 특성과 환경적 요인을 고려하여 도와주어야 한다.

2) 유아의 게임 중독 척도 – 「유아를 위한 부모용 게임 중독 경향성 척도」

이 척도는 이경옥 외(2006)가 개발한 것으로 18문항으로 구성된 부모용 설문지이다. 설문지는 '게임중독 관련 행동 특성(14문항)'과 '게임중독 관련 환경특성(4문항)'의 두 차원으로 구성되어 있다. 본 척도를 통해 나온 유아의 경향성에 따라 유아가 게임중독으로 발전할 위험이 있는 '게임중독 경향 위험군'인지, 게임중독의 잠재성이 있으므로 지속적인 지도와 관심이 필요한 '게임중독 경향 잠재군'인지를 판별할 수 있다. 이 척도는 유아의 게임중독을 확정이 아닌 '경향성'으로 판별하고 있다. 이는 유아가 앞으로의 발달과정을 통해 변화된 양상을 나타낼 수 있는 가변성이 크기 때문에 특정 아동의 게임행동에 기초하여 게임중독으로 확정된 진단을 내리기에는 어려움이 있다고 보았다. 따라서 척도 개발자는 앞으로 게임중독으로 발전할 가능성이 있는 '경향성'으로 평가하는 것이 타당하다고 보고 개발하였다.

게임중독 행동 특성 문항	전혀 그렇지 않다	때때로 그렇다	자주 그렇다	항상 그렇다
1.우리 아이는 친구들과 만나는 것보다 집에서 게임하는 것을 더 좋아한다.	1	2	3	4
2.우리 아이는 또래와 놀 때에도 주로 게임을 한다.	1	2	3	4
3.우리 아이는 가족이나 친지의 모임에서도 게임만 하려고 한다.	1	2	3	4
4.우리 아이는 외출을 할 경우(게임을 하고 싶어서) 집에 빨리 돌아오려고 한다.	1	2	3	4
5.우리 아이는 게임아이템을 사달라고 하거나 캐시 충전을 해달라고 조르는 경우가 있다.	1	2	3	4
6.우리 아이의 놀이와 대화 내용은 주로 게임과 관련된 것이다.	1	2	3	4
7.우리 아이는 게임 이외의 다른 활동에는 별다른 흥미가 없다.	1	2	3	4
8.우리 아이는 일상생활 중에도 게임에 대한 생각을 많이 한다.	1	2	3	4
9.우리 아이는 밖에서 놀기보다 게임하기를 원한다.	1	2	3	4

10.우리 아이는 게임을 못 하게 하면 불안해 하거나 다른 일에 의욕을 보이지 않는다.	1	2	3	4
11.우리 아이는 게임을 하지 못한 날에는 괜한 심술을 부리거나 사소한 일에 화를 낸다.	1	2	3	4
12.우리 아이는 게임을 할 때 자기도 모르게 욕을 하거나 흥분된 모습을 보인다.	1	2	3	4
13.우리 아이는 게임을 할 때 컴퓨터가 느리거나 게임 사이트에 문제가 생기면 안절부절 못하며, 과격하게 행동한다.	1	2	3	4
14.우리 아이는 폭력적이거나 잔인한 게임장면에 아무렇지도 않게 반응한다.	1	2	3	4
	총점		/56	

게임 중독 환경 특성 문항	전혀 그렇지 않다	때때로 그렇다	자주 그렇다	항상 그렇다
1.부모의 형편상(직장 생활, 질병 등)집에서 아이의 하루 생활을 관찰하는 데 어려움이 있다.	1	2	3	4
2.우리 아이는 혼자서 시간을 보내는 경우가 많다.	1	2	3	4
3.우리 아이가 게임을 하는데 보내는 시간이 얼마나 되는지 알고 있다.	1	2	3	4
4.아이가 하는 게임의 종류나 시간에 대해 일관된 양육 기준을 가지고 관리한다.	1	2	3	4
	총점		/16	

유아의 게임 중독 경향성 분류 기준

게임 중독 환경 특성 / 게임 중독 행동 특성	부적절(9점 이상)	적절(8점 이하)
부적절(22점 이상)	위험군	환경 개선군
적 절(21점 이하)	잠재군	일반군

※출처- 이경옥 외(2006), 유아동 및 청소년의 인터넷 게임 중독 척도 개발연구

척도에 따른 경향성 진단 결과에 대한 해석은 다음과 같다. 분류기준은 두 요건이 동시 만족 된 상태이다. 예를 들어, 위험군은 행동특성이 22점 이상이면서 환경특성이 9점 이상인 군을 말한다.

유 형	분류기준	특 성	비 고
위험군	행동특성 22점 이상 환경특성 9점 이상	현실세계보다는 가상의 게임세계에 대한 흥미가 높아 게임에 몰입하고 있으며 게임을 중단하는 경우 부정적인 행동이나 정서반응을 보인다. 부모와 가정 환경적 특성이 자녀의 부정적 게임행동을 조장하는 경향이 크기 때문에 앞으로 게임중독으로 발전할 경향성을 지닌 집단이다.	아동의 행동 문제 전문상담 및 부모 교육 요망
잠재군	행동특성 22점 이상 환경특성 8점 이하	현실세계보다는 가상의 게임세계에 대한 흥미가 높아 게임에 몰입하고 있으며 게임을 중단하는 경우 부정적인 행동이나 정서반응을 보인다. 그러나 부모와 가정환경적 특성이 자녀의 게임행동에 비교적 적절한 대처를 하고 있으나 유아의 게임 행동을 보다 적절히 조절해 주지 않는다면 앞으로 게임중독의 위험성이 높은 집단이다.	아동의 게임행동 문제 상담 및 관리 요망
환경개선군	행동특성 21점 이하 환경특성 9점 이상	현재 나타내고 있는 게임중독 행동의 문제는 적으나 부모와 가정 환경적 특성이 적절한 지도와 대처를 하지 못하기 때문에 환경적 문제의 개선이 이루어지지 않으면 앞으로 아동의 게임중독 행동의 문제가 나타날 가능성이 있는 집단이다.	게임행동에 대한 지속적 관리 및 부모교육 요망
일반군	행동특성 21점 이하 환경특성 8점 이하	게임행동과 이에 대한 부모 및 가정 환경적 대처가 적절하므로 게임중독의 경향성은 상대적으로 낮은 집단이다. 지속적이 관심과 지도가 필요하다.	일반적인 관리 요망

위의 분류 유형에서 '위험군과 잠재군'에 해당하는 유아는 집중된 게임 중독 예방 프로그램을 제공하여 조기 중재할 수 있도록 도와야함을 제안하고 있다. '게임 중독 환경 개선군'은 게임 중독과 관련한 환경적 문제 개선이 시급히 요구되는 집단으로 유아의 게임이용 조절을 위한 부모 교육을 포함한 집단 상담 및 지원 프로그램을 제공하여 게임중독과 관련한 환경적인 문제를 개선해 나갈 수 있도록 지원해야 함을 제안하고 있다.

3) 유아의 게임 중독의 예방

유아의 게임 중독은 신체적 · 정신적인 건강한 발달을 저해하여 가족이나 또래 관계 그리고 유치원 생활 등에 어려움을 가져오게 된다. 그러므로 게임과다 사용이나 중독으로 인해 고통받기 전에 게임 사용 초기부터 자신을 조절할 수 있도록 교사나 부모의 사전 예방적인 적절한 지도가 필요하다. 유아교육기관과 가정이 연계하여 유아의 게임행동에 대해 일관성 있는 기준으로 지도해야 하며 강압적인 방법보다는 유아의 자발적 조절이 이루어지도록 해야 한다. 또한 앞서 설명한 유아의 게임중독 환경요인을 살펴볼 때, 유아가 방임되는 일이 없도록 유의해야 한다.

먼저 유아교육기관과 가정이 함께 유아의 게임중독을 예방하기 위한 일관성 있는 기준을 정할 필요가 있다. 유아들이 유아교육기관과 가정에서 지킬 수 있는 인터넷 게임 중독 예방 약속을 예로 제시하면 다음과 같다. 이러한 예방 약속은 주니어네이버의 인터넷 윤리시간과 한국정보문화진흥원(2007)의 바른 인터넷 첫걸음 지도서에서 제시한 게임중독 예방수칙을 일부 수정하여 구성하였다.

유아의 게임 중독 예방 수칙

- 하루에 30분 이내로 한다.
- 저녁 9시 이후에는 게임을 하지 않는다.
- 식사 시간과 잠자는 시간을 꼭 지킨다.
- 해야할 일을 먼저 하고 게임을 한다.
- 낮에 30분 이상 햇볕을 쬔다.
- 사람과 동물을 때리고 죽이는 게임을 하지 않는다.
- 컴퓨터 안 켜는 날을 일주일에 2번 이상 정한다.
- 가족이나 친구들과 함께 지내는 시간을 보낸다.

게임 중독 예방을 위한 컴퓨터사용의 약속을 정해 자발적으로 지킬 수 있도록 지도하는 것과 동시에, 유아의 게임 중독을 예방하기 위한 교육활동이 이루어져야 한다. 교육 활동은 사전 예방적인 접근으로 계획할 수 있으며 유아가 자발적으로 자신의 인터넷 게임사용을 조절할 수 있도록 유도해 가야 한다. 행정안전부와 한국정보문화진흥원(2008)은 유아의 인터넷 중독 예방을 목적으로 유아의 인터넷 사용 초기부터 건강한 인터넷 사용습관을 기를 수 있도록 지도하는 '인터넷! 건강한 내 친구'인 인터넷 중독 생애주기 상담프로그램(유아)을 개발하였다. 이를 간단히 소개하면 총 6회기로 회기마다 약 80분 정도가 소요된다.

회기	제 목	목 표	내 용
1	문제 제기	▪ 인터넷 관련 문제 인식하기 ▪ 프로그램 참여 동기 유발	▪ 컴퓨터에 대한 이야기 나누기 ▪ 인터넷으로 인한 생활의 변화 찾기 ▪ 인터넷의 좋은 점과 나쁜 점 ▪ 인터넷 장단점 게임
2	나의 인터넷 습관	▪ 자신의 인터넷 습관 이해하기 ▪ 올바른 인터넷 습관 배우기	▪ 나의 인터넷 사용 습관 그래프 ▪ 유해사이트가 싫어요 ▪ 인터넷습관에 대한 빙고게임 ▪ 인터넷 건강 체조
3	인터넷 사용예절	▪ 개인정보 의미와 중요성 이해 ▪ 인터넷 사용예절 이해하기	▪ 내 정보는 소중해요 ▪ 인터넷 사용에 대한 예절 소개 ▪ 인터넷을 사용할 때는~
4	무서운 인터넷	▪ 인터넷 과다사용의 위험성 인식하기 ▪ 인터넷중독 예방 방법 생각하기	▪ 동화 '망아지가 된 피노키오' ▪ 그 후에 피노키오는 어떻게 되었을까? ▪ 피노키오에게 그림편지쓰기
5	이제는 바꿔요	▪ 인터넷하고 싶은 욕구 참아보기 ▪ 인터넷 사용에 계획표 만들기	▪ 건강한 인터넷 나무 ▪ 두 얼굴의 나 ▪ 그대로 멈춰라 ▪ 인터넷 사용 계획표 만들기
6	나도 할 수 있어	▪ 인터넷 이외의 놀이에 흥미갖기 ▪ 올바른 인터넷 사용 다짐하기	▪ 우리들의 인터넷 사용규칙 ▪ 인터넷 대신에 할 수 있는 것은? ▪ 도전 골든벨 ▪ 나는야 인터넷 사용 지킴이 ▪ 표어 만들기

이 프로그램의 내용구성을 살펴보면, 유아들이 초기 인터넷 사용시작부터 올바르게 사용할 수 있도록 체계적으로 안내하고 있다. 유아교육현장에서 유아의 게임중독 예방을 위한 교육을 계획할 때 기초 안내 자료로 활용하기에 유용하다. 이 프로그램에서 제시한 교육활동 중 4회기의 '그 후 피노키오는 어떻게 되었을까?'를 예시로 소개하면 다음과 같다.

4-2. 그후 피노키오는 어떻게 되었을까?

주제	무서운 인터넷 (과다, 중독)	활동형태	책만들기	활동수준	Ⅰ·Ⅱ 수준
집단크기	소집단	소요시간	20분	대상	만 4·5세
활동목표	인터넷 과다 사용을 예방하는 방법에 대한 자신의 생각을 자유롭게 표현할 수 있다.				

■ 활동자료

책만들기 도안

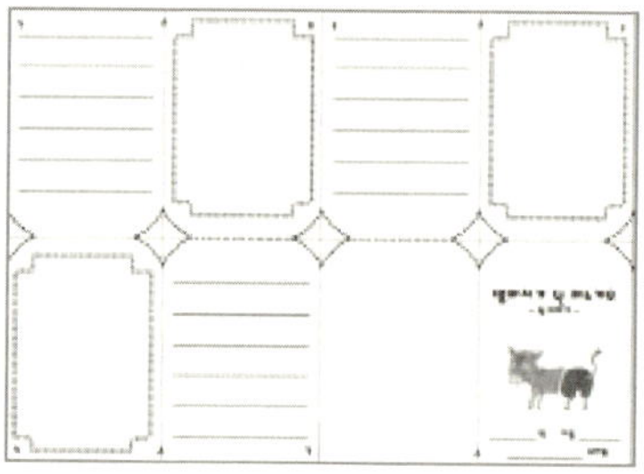

■ 활동방법

1. 동화의 내용을 회상하여 본다
   -피노키오가 어떻게 망아지가 되었나?
2. '망아지가 된 피노키오'의 뒷 이야기를 상상해 본다.
   -만약 피노키오가 아저씨랄 따라가지 않고 학교에 갔었다면 어떻게 되었을까?
   -인터넷을 오랫동안 사용해서 망아지가 되어버린 피노키오가 어떻게 되었을지 생각해보자.
   -너희들이 생각한 것을 이야기해줄래?
3. 이야기 그림책을 만들어 본다.
   -너희들이 상상한 피노키오의 뒷 이야기를 책에 적어서 이야기 그림책을 만들어보자.
   *Ⅱ수준 유아들의 경우, 왼쪽 면에는 상상한 내용의 그림을 그리고 오른쪽 면에는 글로 써 보게 한다.
4. 유아가 만든 그림책을 친구들에게 소개해 본다.
   -친구들에게 너희들이 꾸민 이야기를 들려줄래?
5. 언어 영역에 제시하여 다른 유아들이 만든 책을 읽어보거나 그림책을 다시 만들 수 있도록 한다.
   -너희들이 꾸민 그림책은 언어영역에 놓을테니 자유 선택 활동시간에 친구들이 만든 책을 읽어보거나 다른 내용의 그림책을 다시 만들어봐도 좋단다.
   *뒷 이야기를 지어보는 활동이 다소 어려운 Ⅰ수준 유아들의 경우 동화를 듣고 가장 재미있었던 부분의 그림을 그리거나 피노키오가 망아지가 된 이유 등을 그릴 수 있는 활동을 한다.

■ 활동평가

1. 유아들이 동화 내용을 잘 이해하였는가?
2. 인터넷 과다 사용을 예방하는 방법을 아는가?

※출처 - 행정안전부, 한국정보문화진흥원(2008). 인터넷 중독 생애주기 프로그램(유아))

다음의 인터넷 게임 중독 예방 교육활동은 한국정보문화진흥원(2007)에서 '유아를 위한 바른 인터넷 첫걸음 지도서'에 있는 활동 중 한 가지이다. 이 교육활동 역시 유아가 컴퓨터 게임에 대해 스스로 생각해 보고 자신의 행동을 조절할 수 있도록 지도하고 있다.

인터넷 게임을 하면 내 모습이 어떻게 변할까요?

•활동목표 : 컴퓨터 게임을 오래할 때 나타나는 자신의 변화에 대해 알 수 있다.

•활동형태 : 동화, 이야기 나누기

•준비물 : 동화자료, 종이(전지크기)

•활동방법:

1) 창작 동화 '헨젤과 그레텔'을 유아들에게 들려준다.

『숲 속을 헤매던 헨젤과 그레텔은 예쁜 과자집을 발견하고 과자집 안으로 들어갔어요. 집 앞에는 마녀의 집이라는 팻말과 함께 '출입금지'라고 적혀 있었어요. 너무 춥고 배가 고팠던 헨젤과 그레텔은 과자를 조금만 먹고 나오려고 과자집 안으로 들어갔어요. 그러나 헨젤과 그레텔은 과자집 안에 놓인 컴퓨터를 보자 게임이 몹시 하고 싶어졌어요. 헨젤과 그레텔은 "게임 한판만 하고 나가야지." 하고 게임을 시작했어요. "마녀가 들어오기 전에만 나가면 될 거야. 우리 딱 한판만 하고 빨리 이곳을 빠져 나가자." 그러나 헨젤과 그레텔은 한 판에서 멈추지 않고 게임을 계속해서 하였어요. 헨젤과 그레텔은 얼굴이 빨갛게 변하고, 팔이 길어지고, 손과 발이 저려 왔지만 게임을 그만둘 수가 없었어요. 어느덧 해가 지고 어둑어둑해지기 시작했어요. 날이 어두어지자 마녀는 집으로 돌아왔어요. 마녀가 돌아온 줄도 모르고 게임을 하고 있던 헨젤과 그레텔은 그만 마녀에게 붙잡혀 과자집 창고에 갇히고 말았답니다.』

2) 동화의 내용을 떠올리며 이야기를 나눈다.
   - 과자를 먹으려고 과자집에 들어간 헨젤과 그레텔은 무엇을 했니?
   - 헨젤과 그레텔의 기분은 어떨까?

3) 게임을 많이 하면 어떻게 되는지 이야기를 나눈다.
   -헨젤과 그레텔처럼 오랫동안 게임만 하면 어떻게 될까?
   -헨젤과 그레텔이 계속 게임을 하자 얼굴이 어떻게 되었니?
   -게임을 오래 할 때 친구들의 얼굴은 어떻게 변했니?

4) 교사는 유아들이 이야기하는 내용을 모두 다 볼 수 있도록 종이(전지)에 적어 준다.

5) 게임을 오래 했을 때 나타나는 변화(예, 얼굴이 빨개져요, 팔이 아파요, 눈물이 나요, 화가 나요, 짜증이 나요)를 종이(전지)에 적은 다음, 유아가 경험한 내용에 스티커를 붙이게 한다.

6) 컴퓨터 게임을 오래 했을 때 나타나는 좋지않은 점에 대해 정리하여 이야기 한 후, 오늘 활동을 평가하면서 마무리 한다.

•확장활동

- 오랫동안 게임을 하고 난 후의 자신의 모습을 그려본다.

출처- 한국정보문화진흥원(2007). 유아를 위한 바른 인터넷 첫걸음 지도서

유아기의 컴퓨터 사용이 에듀테인먼트로서의 교육 효과를 얻기 위해서는 게임 중독의 위험성을 알고 이에 대한 사전 예방을 해가야 한다. 지금까지 소개된 내용을 정리하면 먼저 게임 중독을 가져올 수 있는 유아의 환경적인 요인을 알고 이를 개선해야 한다. 유아가 혼자 지내는 시간이 많으면 게임사용 조절을 도와줄 수 있는 성인의 도움을 받기 어려워 위험에 노출될 가능성이 크다. 유아교육기관과 가정에서 일관성 있는 기준으로 인터넷 게임 사용습관을 지도해야 하며 유아교육기관에서는 유아가 스스로 인터넷 게임을 많이 하면 왜 해로운지에 대해 이해하고 자발적으로 지킬 수 있도록 돕는 예방교육을 해야 한다.

04 유해 사이트 차단 프로그램 소개

이제 인터넷은 점점 성인의 도움 없이도 유아가 손쉽게 접할 수 있는 것이 되어 가고 있다. 유아들은 인터넷에 접속하여 게임도 하고 음악도 듣고 동화를 듣는 등 여러 온라인 학습활동을 즐기고 있다. 그러나 유아들은 아직 자신에게 도움이 되거나 오히려 해를 줄 수 있는 정보를 판단할 수 있는 능력은 부족하다. 교사나 부모가 유아에게 직접 소개한 교육용 사이트가 아닌 자신들이 무분별하게 접근하게 된 사이트들 중에는 음란성과 폭력성이 짙은 유해한 사이트들이 있을 수 있다. 이러한 유해한 사이트는 선정적이고 강한 충동성을 유발하는 특징들을 가지고 있어 유아들에게 매우 해로운 정신적 손상을 입힐 수 있다.

특히 유아가 혼자 방치되어 인터넷을 사용하는 시간이 많은 유아일수록 이러한

유해사이트 접근의 위험이 커진다. 그렇지 않은 유아도 우연히 몇 번의 클릭으로 쉽게 접근할 수 있는 가능성이 있다. 그러므로 교사나 부모는 유아가 사용하는 컴퓨터에 반드시 유해 사이트를 차단해 주는 프로그램을 설치해야 한다.

유해사이트는 일단 선정성이 높은 음란성 및 지나친 폭력성, 범죄성 등 불건전한 내용들을 다루는 사이트라고 볼 수 있다. 이러한 유해 사이트는 유아나 청소년, 성인 모두에게 해로울 수 있으나 특히 유아들은 그 정도가 약하다 해도 반드시 인터넷내용등급서비스나 유용한 차단 및 내용선별 소프트웨어를 이용하여 접근을 막아주어야 한다.

먼저 인터넷내용등급서비스는 국내의 방송통신심의위원회가 한국적 문화가치 및 국제 호환성 등을 고려해 개발하여 2001년 9월부터 시행하고 있다. 인터넷내용등급서비스(www.safenet.ne.kr)란 정보제공자가 자신의 정보내용을 객관적 평가를 거친 등급기준으로 분류하여 이용 가능한 등급정보를 표시하면, 정보이용자 및 청소년 보호자가 해당 정보내용을 필터링 또는 블록킹(선별 또는 차단) 소프트웨어를 사용하여 해당 정보내용을 기존의 영화등급이나 도서관의 분류된 자료처럼 참고할 수 있도록 하는 서비스이다. 즉, 정보제공자가 정보내용을 일정기준에 따라 등급을 표시해 두면 인터넷 사용자가 자신의 연령이나 수준에 맞게 정보를 선택할 수 있는 방식이다.

방송통신심의위원회는 인터넷내용등급서비스를 위한 등급기준으로 'SafeNet'을 제안하고 있다. 'SafeNet'은 국제적인 기준을 기반으로 우리의 실정에 맞게 만들어졌고 이는 현재 5개 범주에 5등급(0등급에서 4등급)을 분류기준으로 하고 있다. 'SafeNet'은 현재 국제적으로 시행되고 있는 RSACi, ICRA, ENC의 등급기준과의 호환성도 고려하여 설정되어 인터넷내용등급서비스의 내용선별 소프트웨어를 이용할 경우 이런 호환성을 보장받을 수 있다. SafeNet 등급기준과 그 기준에 따라 권장하는 연령별 사용등급은 다음과 같다.

방송통신심의위원회 SafeNet 등급기준

	노출	성행위	폭력	언어	기타
4등급	성기노출	성범죄 또는 노골적인 성행위	잔인한 살해	노골적이고 외설적인 비속어	1. -마약사용조장 -무기사용조장 -도박 2. -음주조장 -흡연조장
3등급	전신노출	노골적이지 않은 성행위	살해	심한 비속어	
2등급	부분노출	착의 상태의 성적접촉	상해	거친 비속어	
1등급	노출복장	격렬한 키스	격투	일상 비속어	
0등급	노출없음	성행위없음	폭력없음	비속어없음	

연령별 권장사항

구분	노출	성행위	폭력	언어
전체가 (초등학생가)	1등급	0등급	1등급	0등급
12세 이상 (중학생가)	2등급	2등급	2등급	1등급
15세 이상 (고등학생가)	2등급	2등급	3등급	2등급
18세 이상 (성인가)	3등급	3등급	4등급	4등급

출처 : 인터넷내용등급서비스 www.safenet.ne.kr

인터넷내용등급서비스는 크게 두 가지 형태로, 하나는 자율등급표시서비스제로서 정보제공자가 공시된 등급기준을 참조하여 자신의 사이트에 자발적으로 등급을 매기는 방식이다. 다른 하나는 제3자등급서비스로서 정보내용 자체에 등급을 부여하여 목록을 구축하면 음란·폭력 정보 등의 선별·차단을 원하는 이용자가 내용선별 소프트웨어를 이용하여 자신의 수준에 맞는 정보만을 수용하도록 하는 방법이 있다. 이 서비스를 통해 유아나 청소년의 연령이나 지적 수준에 따라 정보 수용을 조절할 수 있어 학부모 및 교사들에게 교육적인 수단을 제공할 수 있다.

다음은 유해사이트를 차단해 줄 수 있는 소프트웨어 및 감시사이트와 유아의 인터넷 중독 및 게임 중독 예방을 위해 교사나 학부모가 유용하게 활용할 수 있는 사이트들이다.

유해사이트 차단 소프트웨어

자녀사랑 : www.xn--260bv3j1pit7g.kr/
수호천사 I+: www.plustech.co.kr
안심서비스 : www.ahnlab.com
엑스키퍼 : www.xkeeper.com
컴지기 pc용 : www.icomjigi.com
텔레키퍼 : www.telekeeper.co.kr
broad & 우리아이 : woori-i.hanafos.com
e클린2.0 : www.secusoft.co.kr
H-플래닝 : www.hplanning.co.kr
iSafe : www.isafe.co.kr
U-ever : www.comznet.com
넷피아웹클린 : www.webclean.org

유해사이트 감시 사이트

방송통신심의위원회: www.kocsc.or.kr
학부모정보감시단: www.cyberparents.or.kr
청소년유해환경감시단: www.youthcb.net
음란사이트 우린 손으로 없애자 연합: www.netstune.com
안전한 인터넷을 위한 네트워크: www.kmsi.net
사이버엔젤: www.cyberangels.org.
한국사이버감시단 : www.cyberparents.or.kr
안전한 가정지킴이 : www.safefamily.co.kr
불법스탬대응센터 : www.spamcop.or.kr
인천e클린센터 : www.e-cleanînincheon.or.kr
맘아이 : www.momi.co.kr
지키미 : www.jikimi.net
NetNanny: www.netnanny.com

인터넷 중독 및 게임 중독 예방 관련 사이트

인터넷중독 예방상담센터 : www.iapc.or.kr
네이버자녀 pc 관리 : safepc.naver.com
깨인미소: www.cleanmiso.org
U클린 : uclean.moneytoday.co.kr
놀이미디어교육센터 : www.gamemedia.or.kr

이 중 '한국정보인증/자녀사랑' 사이트에서는 유해 사이트 차단 프로그램을 무료로 다운받아 사용할 수 있도록 제공하고 있다. 자녀사랑 유해 사이트 차단 프로그램에서는 '유해정보 필터링기능, 사용시간 제한 설정기능, 프로그램 차단기능, 이용등급선택 기능, 사용기록 조회 기능'을 제공하여 자녀의 안전한 인터넷 사용을 돕는다.

자녀사랑 유해 사이트 차단 무료 프로그램

출처 : 자녀사랑 www.xn--260bv3j1pit7g.kr

유아의 인터넷 사용은 지금까지 말해온 게임중독이나 유해사이트와 같은 위험요소들이 있으나 에듀테인먼트로서의 교육효과도 가지고 있다. 즉 얼마나 유용하게 활용하느냐는 인터넷 사용의 위험요소를 줄여주는 예방교육과 온라인 교육효과를 높일 수 있는 교육활동 마련에 달려있을 것이다. 이 두 가지 교육은 유아의 컴퓨터활용 교육에서 모두 행해져야하므로 교사와 학부모 모두 관심을 가지고 유아를 도와야 한다.

참고문헌

강성단(2005). 만 5세 유아의 온라인 게임 이용 실태 및 게임의 적절성 평가. 덕성여자대학교 석사학위논문.

김경철(2002). **유아와 컴퓨터**. 서울: 교육과학사.

김승옥, 이정수, 이경옥(2008). 인터넷 안전교육에 대한 유아교사의 인식 및 인터넷 안전교육 실태, **한국교원교육연구**, 25(1), 191-208.

김지혜(2007). 유아를 위한 미디어 교육 프로그램의 실제. **한국어린이미디어학회** 2007**년도 추계학술대회 자료집**. pp. 51-76.

이은경(2007). 유아 컴퓨터 게임중독 실제. **한국어린이미디어학회** 2007**년도 추계학술대회 자료집**. pp. 77-86.

정보통신부, 한국인터넷진흥원(2006). 2006년 상반기 정보화 실태 조사.

정아란(2007). 유아의 컴퓨터게임 과몰입 예방교육 프로그램. **한국어린이미디어학회** 2007**년도 추계학술대회 자료집**. pp. 25-50.

정아란(2007). 유아의 컴퓨터게임 과몰입 예방교육프로그램 개발 및 적용연구. 공주대학교 대학원 박사학위 청구논문.

한국정보문화진흥원(2006). 인터넷 중독 예방 가이드북.

한국정보문화진흥원(2007). 유아를 위한 바른 인터넷 첫걸음 지도서.

행정안전부, 한국정보문화진흥원(2008). 인터넷 중독 생애주기 상담프로그램(유아): 인터넷! 건강한 내 친구.

네이버주니어 인터넷윤리시간 : jr.naver.com/safe

놀이미디어교육센터 : www.gamemedia.or.kr

방송통신심의위원회 인터넷내용등급서비스 : www.safenet.ne.kr

자녀사랑 : www.xn--260bv3j1pit7g.kr

제 II 부

실제편

제8장

유아 컴퓨터 활동의 실제

01 유치원과 친구

◎ 생활주제중심 활동망

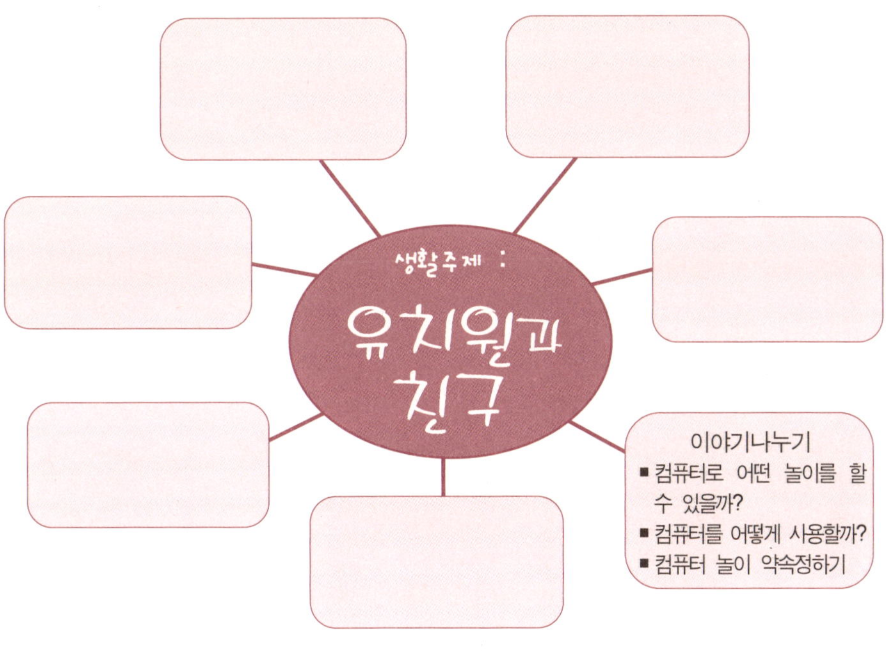

컴퓨터 활동 1

컴퓨터로 어떤 놀이를 할 수 있을까

…이야기 나누기

1. 활동목표

1) 컴퓨터와 주변기기에 관심을 갖는다.
2) 컴퓨터로 할 수 있는 놀이에 대해 알아본다.

2. 활동자료

컴퓨터(모니터, 본체), 프린터, 마우스, 키보드, CD, 스피커, 헤드폰 등

3. 교육과정관련요소

1) 자연탐구 - 과학적 탐구하기 : 간단한 도구와 기계활용하기

4. 활동방법

1) 컴퓨터 영역에 둘러앉는다.
2) 컴퓨터 영역에 있는 사물들의 이름을 알아본다.
   – 이것의 이름은 무엇일까?
   – 한 가지씩 알아볼 때마다 사물이름표를 붙여준다.
3) 컴퓨터를 통해 할 수 있는 놀이를 알아본다.
   – 우리는 컴퓨터로 어떤 놀이를 할 수 있을까?
   – 컴퓨터로 할 수 있는 놀이를 그림으로 또는 직접 보여준다. (CD, 음악듣기, 동화듣기, 편지보내기, 검색하기, 게임하기, 동영상보기, 녹음하기 등)
4) 키보드와 마우스, 스피커, 프린터가 하는 일들도 소개한다.
5) 컴퓨터가 두 대 이상일 때는 컴퓨터에 친근한 이름을 붙여 구분해 준다.
   – 우리 두 대의 컴퓨터에 이름을 하나씩 붙여줄까?

5. 기타

1) 본 활동의 주안점은 유아들이 컴퓨터에 관련한 정확한 지식을 획득하기보다는

컴퓨터에 대한 두려움을 갖지 않도록 하는 것이다.

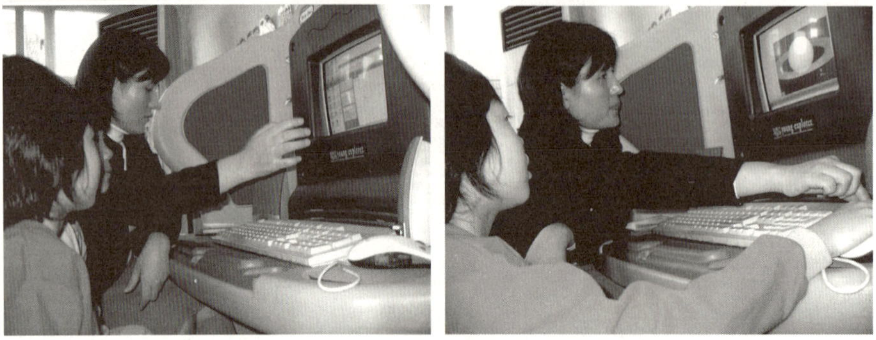

컴퓨터 탐색하기

컴퓨터 활동
2

컴퓨터는 어떻게 사용하는 걸까

…이야기 나누기

1. 활동목표

1) 컴퓨터와 주변기기의 사용법에 대해 알아본다.

2. 활동자료

컴퓨터(모니터, 본체), 프린터, 마우스, 키보드, CD, 스피커

3. 교육과정관련요소

1) 자연탐구 - 과학적 탐구하기 : 간단한 도구와 기계활용하기

4. 활동방법

1) 소그룹으로 컴퓨터 영역에 둘러앉는다.

컴퓨터와 마우스 사용법

1) 컴퓨터를 켜고 끄는 사용법에 대해 알아본다.

- 컴퓨터를 켤 때는 본체의 '전원버튼'과 모니터의 '전원버튼'을 한번 누른다.
- 윈도우 화면이 나타날 때 까지 기다린다.
- 컴퓨터를 끌 때는 마우스로 '시작'→컴퓨터 끄기→끄기'를 차례대로 클릭한다.
- 컴퓨터가 꺼지면 모니터의 '전원버튼'만 한 번 누른다. 본체의 전원버튼을 누르지 않도록 조심한다.

2) 마우스의 클릭과 더블클릭에 대해 알아본다.

– 마우스의 두 버튼 중 '왼쪽버튼'에만 스티커를 붙여준다.
– 마우스의 '클릭'은 '스티커가 붙어있는 버튼'을 한 번 누른다.
– 마우스의 '더블클릭'은 '스티커가 붙어있는 버튼'을 두 번 빠르게 누른다.
– 바탕화면의 아이콘 중에서 하고 싶은 것을 시작할 때만 '더블클릭'을 하고, 나머지는 '클릭'을 하여 하고 싶은 것을 시작한다.

스피커와 프린터 사용법

1) 스피커의 사용방법에 대해 알아본다.
– 스피커의 '전원버튼'을 한 번 누르면 켜지고 다시 한 번 누르면 꺼진다.
– 소리조절버튼에 빨간색 점과 파란색 점을 표시해 준다. '빨간색 점'쪽으로 돌리면 소리가 작아지고, '파란색 점'쪽으로 돌리면 소리가 커진다.
– 보통은 소리크기를 중간 정도에 두고, 잘 들리지 않을 때는 다른 사람에게 너무 시끄럽지 않도록 하여 소리를 조절한다.
– 컴퓨터 본체에 따라 스피커 잭이 앞쪽으로 나와 있는 경우, 유아가 스피커와 헤드폰 중 원하는 것을 선택하여 꼽을 수 있다.

2) 프린터의 사용방법에 대해 알아본다.
– '전원버튼'을 한 번 누르면 켜지고 다시 한 번 누르면 꺼진다(전원램프 확인).
– 프린트가 되기 위해서는 잉크가 있어야 하고 종이가 바르게 껴져있어야 한다.
– 프린트를 하다가 종이가 걸리면 선생님에게 도움을 요청한다.

키보드와 CD-ROM 사용방법

1) 키보드의 사용방법에 대해 알아본다.
– 한글프로그램을 실행한 후, 숫자, 한글, 한/영, 방향키, backspace, space를 눌러본다.
– 한글을 입력할 때의 원리를 간단히 소개한다. 방향키로 이동하고,

backspace를 눌러 삭제한다.

－숫자키를 눌러 숫자를 입력하고 space를 눌러 띄어쓰기 한다.

－한글을 입력하다가 영어가 나오게 되면 한/영키를 한 번 눌러준다.

－키보드를 사용할 때 주먹이나 손바닥으로 키보드를 두들기지 않도록 한다.

2) CD-ROM의 사용방법과 CD 잡는 법에 대해 알아본다.

－CD-ROM에 있는 버튼을 눌러 연다. CD를 넣은 후 버튼을 다시 한 번 눌러 닫는다.

－CD를 잡을 때는 엄지로 가장자리를 잡고 가운데 구멍에 손가락을 넣어 잡는다. 손으로 뒷면을 잡지 않도록 조심한다.

－CD를 키보드나 책상 위에 그냥 놓아두면 CD 뒷면이 손상되어 고장 날 수 있으므로 반드시 케이스에 넣어 보관한다.

－교사의 설명을 들은 후 유아들이 직접 CD를 바르게 잡아본다.

5. 기타

1) 컴퓨터 조작방법을 완전히 익히기 위해서는 시간이 걸리므로 처음소개 할 때 컴퓨터 켜고 끄는 법과 마우스사용 정도만 간단히 소개하고, 후에 계속 알아본다.

2) 사용방법 그림 자료를 컴퓨터영역에 게시하여 유아들이 수시로 확인할 수 있게 한다.

1.켜기

컴퓨터 켜기

본체의 전원버튼을 누른다.

모니터 켜기

모니터의 전원버튼을 누른다.

2.끄기

컴퓨터 끄기 1

화면 왼쪽 밑의 시작 버튼을 누른다.

컴퓨터 끄기 2

컴퓨터 끄기라는 상자를 누른다.

컴퓨터 끄기 3

끄기 버튼을 누른 후 꺼질 때까지 기다린다.

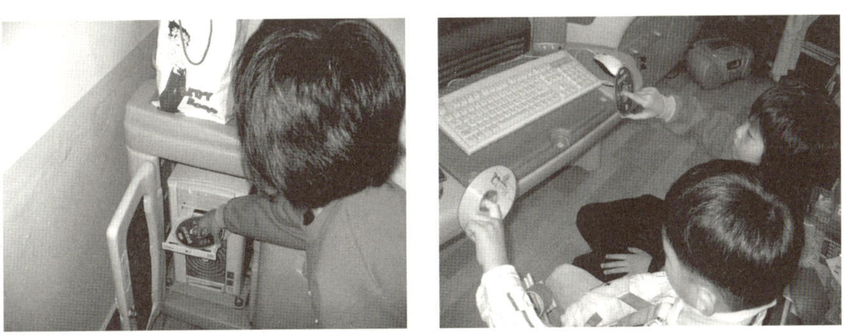

컴퓨터 영역에서 컴퓨터 다루는 법 배우기

컴퓨터 활동 3

컴퓨터 놀이 약속정하기

…이야기 나누기

1. 활동목표

1) 컴퓨터 영역의 놀이약속 정하기에 참여한다.
2) 다른 유아의 생각을 듣고 자신의 의견을 말해본다.

2. 활동자료

보드마카, 화이트칠판 등

3. 교육과정관련요소

1) 사회관계 - 다른 사람과 더불어 생활하기 : 사회적 가치를 알고 지키기
2) 의사소통 - 말하기 : 느낌, 생각, 경험말하기

4. 활동방법

1) 컴퓨터놀이에 필요한 약속 정하기를 한다.
  –우리가 컴퓨터 놀이를 재미있게 하기 위해 어떤 약속들을 지키면 좋을까?
  –유아들의 의견을 칠판에 적고 유사한 의견은 하나로 묶는다.

2) 유아들이 제시한 의견 외에 교사가 예측되는 문제 상황을 제시해 본다.
  –만약 ○○한다면 어떻게 될까?
  (예, 우유나 간식을 컴퓨터영역에서 먹으면 어떻게 될까 등)

3) '컴퓨터 놀이 약속'이란 제목으로 약속판을 만들어 컴퓨터영역에 게시한다.
  –약속판은 오래 동안 게시해야 하므로 잘 찢어지거나 손상되지 않도록 제작한다. 또한 약속 내용은 바뀔 수 있다는 점을 고려하여 제작한다.

※ 그러나 초기의 약속 정하기는 되도록이면 유아들이 제시한 의견을 그대로 수용하고 기본적인 사항만 정한다. 추후 불편한 문제가 발생했을 때 유아들이 새로운 약속이나 수정이 필요함을 인식하여 변형해 보는 경험을 할 수 있도록 한다. 특히, 발생한 문제의 해결 방안 모색은 유아들이 안을 제시하고 의견을 교환해 보고 그 중 선택해 볼 수 있는 자발적인 토의 과정으로 진행한다.

5. 컴퓨터 놀이에서 주로 발생하는 문제

1) 한 유아가 컴퓨터 활동을 너무 오래하는 경우

－컴퓨터 활동 하는 시간을 정한다. 한 유아가 약 15분에서 20분정도로 활동하며, 시간경과를 알 수 있도록 타이머를 활용한다. 유아가 컴퓨터 활동을 시작하기 전에 타이머를 스스로 돌려 맞출 수 있도록 스티커를 이용해 표시해 준다.

2) 몇몇 유아가 컴퓨터 활동을 독점하는 경우

－모든 유아들이 컴퓨터 활동에 참여할 수 있도록 기회를 정한다. 유아들을 요일마다 일정하게 나누어 정하고(유아들이 하고 싶은 요일을 정한다), 각 요일에서 그날의 차례를 정한다. 단, 일주일 중 하루는 비워두어, 결석이나 원행사, 공휴일 등으로 컴퓨터 활동을 못한 유아가 할 수 있도록 한다.

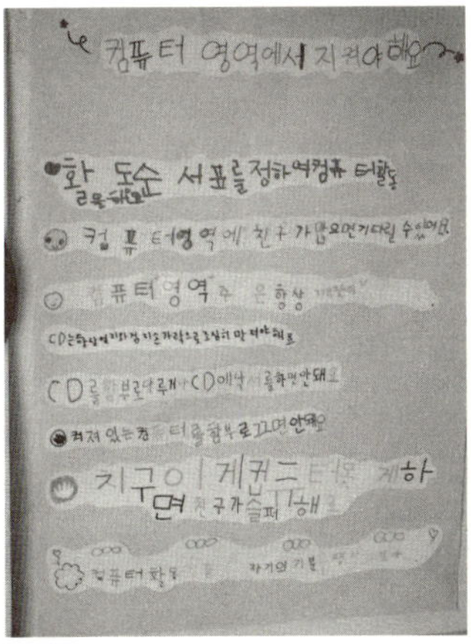

컴퓨터영역에서 지켜야 할 약속판

02 | 봄

◎ 생활주제중심 활동망

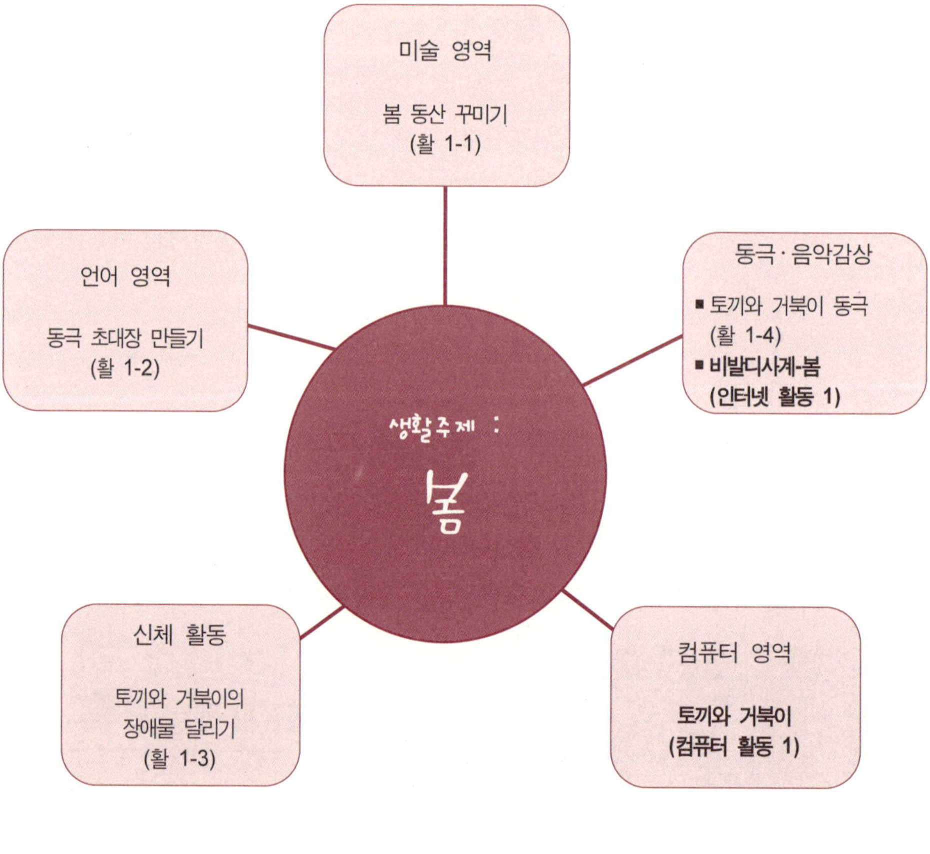

* 「컴퓨터 활동」은 컴퓨터 영역에서 CD를 이용한 활동을 말한다.
* 「인터넷 활동」은 인터넷을 통해 사이트에 접속하여 하는 활동을 말한다.
* 「활」은 컴퓨터 및 인터넷활동에 대한 확장 및 연관 활동을 말한다.

컴퓨터 활동 1 토끼와 거북이

…컴퓨터 영역

1. 활동목표

1) 컴퓨터를 이용하여 토끼와 거북이 동화를 들어본다.
2) 동화를 듣고 줄거리를 이해한다.
3) 토끼와 거북이의 특징을 이해한다.

2. 활동자료

「토끼와 거북이」 시디롬 타이틀 (아리수 미디어)

3. 교육과정관련요소

1) 자연탐구 - 과학적 탐구하기 : 간단한 도구와 기계 활용하기
2) 의사소통 - 듣기 : 이야기 듣고 이해하기
3) 자연탐구 - 과학적 탐구하기 : 생명체와 자연환경 알아보기

4. 활동방법

1) 메뉴소개

① 읽어주세요

까마귀 사이먼이 들려주는 이야기를 들을 수 있다. 한글과 영어를 선택하여 이야기듣기가 가능하다.

② 내가 할래요

동화 장면의 「내가 할래요」 부분을 지정하여 클릭하면 다양한 애니메이션을 볼 수 있다. 토끼와 거북이의 다양한 동작을 볼 수도 있다.

③ 찾아가기

원하는 그림을 장면이 넘어가는 중에 클릭하여 찾을 수 있다.

2) 컴퓨터 영역에서 각 메뉴에 따라 활동한다.

확장 및 연관활동 1-1

봄 동산 꾸미기

…미술 영역

1. 「토끼와 거북이」 시디롬 타이틀 관련부분

봄 동산에서 경주를 한 토끼와 거북이의 이야기를 들어 본 후 봄 동산의 모습을 물감 찍기를 통해 꾸며본다.

2. 활동목표

1) 물감을 찍어 봄 동산을 꾸며본다.

2) 봄 동산의 특징을 표현해 본다.

3) 재료에 따라 다르게 찍히는 모양에 관심을 갖는다.

3. 활동자료

전지, 물감, 다양한 찍기 도구(용기류, 뚜껑류, 스폰지, 종이류, 실 등)

4. 교육과정관련요소

1) 예술경험 - 아름다움 찾아보기 : 미술적 요소 탐색하기

2) 예술경험 - 예술적 표현하기 : 미술 활동으로 표현하기

3) 자연탐구 - 과학적 탐구하기 : 생명체와 자연환경 알아보기

5. 활동방법

1) 책상 위에 비닐을 깔고 전지를 올린다.

2) 전지 위에 종이류, 스펀지 등을 물감에 찍어 동산 모양을 꾸민다.

3) 다양한 뚜껑, 용기류 등을 물감에 찍어 꽃 모양 등을 표현한다.

4) 손가락, 손바닥 등을 물감에 찍어 풀, 나무 등을 표현해 본다.

5) 완성된 봄 동산을 게시해 주거나 동극활동 배경으로 사용할 수 있다.

찍기활동으로 봄동산 꾸미기

확장 및 연관활동 1-2

동극 초대장 만들기

…언어영역

1. 「토끼와 거북이」 시디롬 타이틀 관련부분

토끼와 거북이가 달리기 경주에 동물 친구들을 초대한 것 같이 토끼와 거북이 동극 활동에 가족을 초대하기 위해 초대장을 만들어 본다.

2. 활동목표

1) 여러 가지 재료를 활용하여 동극 초대장을 만들어 본다.

2) 그림이나 글자 등을 활용하여 초대장을 써본다.

3. 활동자료

색지, 색종이, 꾸미기 자료, 쓰기도구

4. 교육과정관련요소

1) 예술경험 - 예술적 표현하기 : 미술 활동으로 표현하기

2) 의사소통 - 쓰기 : 쓰기에 관심 가지기, 쓰기 도구 사용하기

5. 활동방법

1) 어떤 모양의 초대장을 만들어 볼지 이야기 나눈다.

2) 봄 운동회에 초대하기 위해서 어떤 내용을 적어야 할지 알아본다.

3) 색지에 색종이와 꾸미기 자료를 이용하여 창의적으로 꾸며본다.

4) 초대장의 내용을 적어본다(일시, 장소, 초대의 글 등).

봄 운동회 초대장

확장 및 연관활동 1-3

토끼와 거북이의 장애물 달리기

…신체활동

1. 「토끼와 거북이」 시디롬 타이틀 관련부분

동화를 통해 토끼와 거북이가 달리는 모습을 관찰한 후 토끼와 거북이 팀으로 나누어 장애물 달리기를 해본다.

2. 활동목표

1) 장애물 달리기 경주에 즐겁게 참여한다..

3. 활동자료

토끼와 거북이 머리띠, 풍선, 평균대, 매트, 반환점

4. 교육과정관련요소

1) 신체운동·건강 - 신체활동에 참여하기 : 기구를 이용해서 신체활동하기
2) 사회관계 - 다른 사람들과 더불어 생활하기 : 사회적 가치를 알고 지키기

5. 활동방법

1) 장애물 달리기의 방법과 규칙에 대하여 이야기를 나눈다.
2) 토끼팀과 거북이 팀으로 나누어 줄을 선다.
3) 한명씩 앞으로 나와 출발신호가 울리면 출발한다.

4) 처음에는 장애물 없이 달리다 평균대 위를 건너고 다시 달린다.
5) 다음 장애물인 매트에서는 한 바퀴를 구른 후 풍선을 터뜨린다.
6) 반환점을 돌아 출발선으로 돌아온다.

토끼와 거북이 장애물 경주

확장활동 1-4 토끼와 거북이 동극

…동극

1. 「토끼와 거북이」 시디롬 타이틀 관련부분

동화에 나온 토끼와 거북이의 내용을 듣고 그 내용을 동극으로 꾸며 본다.

2. 활동목표

1) 동화의 내용을 동극으로 창의적으로 표현해 본다.
2) 다른 사람의 표현을 존중하는 태도를 기른다.

3. 활동자료

유아가 만든 동극용 머리띠나 가면, 응원도구, 출발선, 나무 등

4. 교육과정관련요소

1) 의사소통 - 듣기 : 동요, 동시, 동화 듣고 이해하기
2) 예술경험 - 예술적 표현하기 : 극놀이로 표현하기
3) 예술경험 - 예술 감상하기 : 다양한 예술 감상하기

5. 활동방법

1) 동화에 나왔던 주인공과 주변인물들에 대하여 회상해 본다.

2) 각자 배역을 정한다.

3) 필요한 준비물을 만들어 본다.

4) 맡은 배역에 맞게 무대에 올라가 동극을 한다.

5) 배역을 바꾸어 다시 해본다.

6) 동극에 대한 평가를 한다.

토기와 거북이 동극

인터넷을 이용한 활동 1

비발디의 사계

…음악감상

1. 인터넷 사이트명 : 쿠키의 뮤직세계 http://user.chollian.net/~chun4270/main.html

2. 활동목표

1) 봄에 관련된 음악을 감상해 본다.

2) 봄 음악을 감상 후 생각과 느낌을 이야기해 본다.

3. 교육과정관련요소

1) 예술경험 - 예술 감상하기 : 다양한 예술 감상하기

2) 의사소통 - 말하기 : 느낌, 생각, 경험 말하기

4. 활동방법

1) 쿠키의 뮤직세계 http://user.chollian.net/~chun4270/main.html에 접속한 후 [비발디의 4계]-[봄]을 클릭한다.

2) <봄 악장> 중 교사는 각 단락의 주제를 이야기 해 준 후 단락별로 음악을 들려준다.

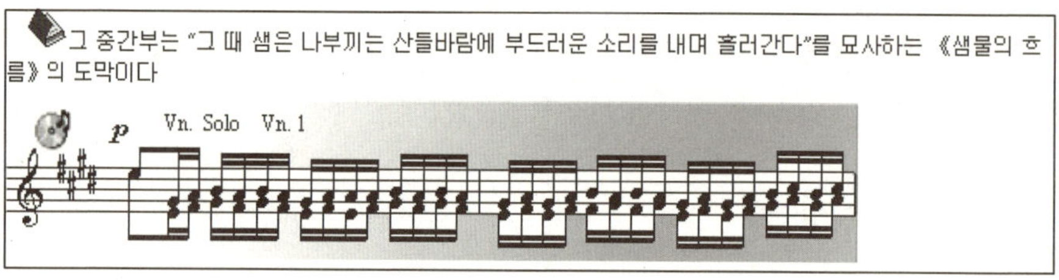

3) 단락별로 음악을 들어본 후 봄 악장 전체를 감상해 본다.

4) 음악을 감상하고 난 후 생각과 느낌을 이야기 해 본다.

5. 확장활동

1) 비발디의 사계 중 <봄 악장>을 감상하며 느낌을 그림으로 표현해 본다.

2) 비발디의 사계 중 <봄 악장>에 맞추어 신체표현을 해본다.

03 | 나와 가족·우리동네

◎ 생활주제중심 활동망

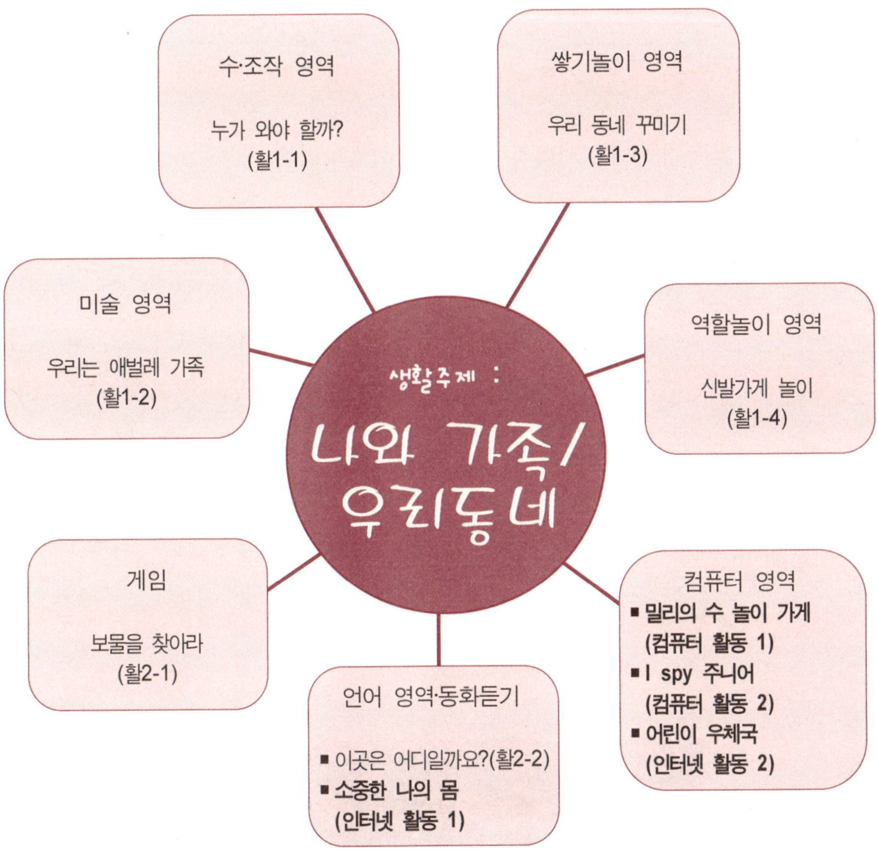

* 「컴퓨터 활동」은 컴퓨터 영역에서 CD를 이용한 활동을 말한다.
* 「인터넷 활동」은 인터넷을 통해 사이트에 접속하여 하는 활동을 말한다.
* 「활」은 컴퓨터 및 인터넷활동에 대한 확장 및 연관 활동을 말한다.

컴퓨터 활동 1 밀리의 수 놀이 가게

…컴퓨터영역

1. 활동목표

1) 「밀리의 수 놀이 가게」를 통하여 다양한 수학적 경험을 해본다.

2. 활동자료

「밀리의 수 놀이 가게」 시디롬 타이틀(아리수미디어)

3. 교육과정관련요소

1) 자연탐구 - 수학적 탐구하기 : 수와 연산의 기초 개념 알아보기, 공간과 도형의 기초개념 알아보기, 기초적인 측정하기, 규칙성 이해하기, 기초적인 자료 수집과 결과 나타내기

2) 자연탐구 - 과학적 탐구하기 : 간단한 도구와 기계 활용하기

4. 활동방법

1) 메뉴소개

① 

키가 다른 세 등장인물에게 크기가 각각 다른 세 개의 신 즉, 큰 신, 중간 크기의 신, 그리고 작은 신을 신겨 주는 활동이다.

② 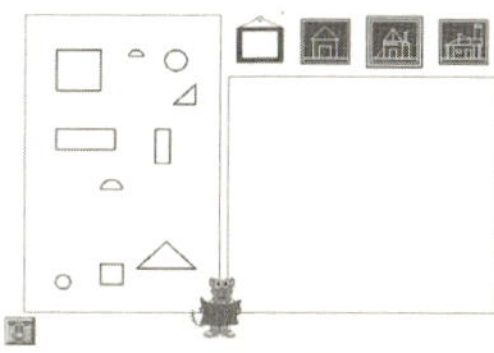

기하학의 기초가 되는 3가지 혹은 5가지 도형(원, 세모, 네모 등)을 가지고 자유롭게 구성하거나 밀리가 원하는 대로 구성한다.

③ 

밀리가 오른쪽 무대에 숫자를 제시하면, 유아가 왼쪽무대에 연출인물이나 물건을 수만큼 만드는 활동이다.

④ 

유아로 하여금 일정한 순서의 패턴활동을 하도록 한다. "돼지, 동그라미, 강아지, 돼지, 동그라미 그렇다면 다음에는 누구?" 등 같은 질문에 따라 패턴 활동을 한다.

⑤ 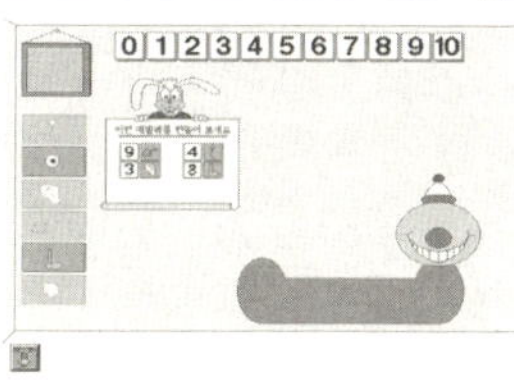

애벌레의 몸에 눈, 코, 다리, 점을 0~10까지의 수로 조합해서 창의적인 애벌레를 만들어 본다.

⑥ 

1~10의 수만큼 과자를 장식하는 활동으로써 과자 만드는 기계를 순서에 따라 작동한 후 밀리가 원하는 수만큼 장식을 놓으면 먹게 된다.

⑦ 

계산기에 있는 숫자 0~10을 누르면 숫자에 해당하는 양만큼의 동물이 나온다. 계산기의 숫자를 10, 20, 30진법 등 임의대로 바꾸어 조작할 수도 있다.

2) 컴퓨터 영역에서 각 메뉴에 따라 활동한다.

확장 및 연관활동 1-1

누가 와야 할까?

…수·조작 영역

1. 「밀리의 수 놀이 가게」 시디롬 타이틀 관련부분

밀리의 수 놀이 가게의 패턴활동과 같이 유아들이 가족의 얼굴이나 사진 등을 이용하여 패턴활동을 해 본다.

2. 활동목표

1) 단순한 규칙성을 찾아보고 다음을 예상해 본다.
2) 다양한 가족의 구성원에 대하여 이해한다.

3. 활동자료

가족 얼굴 사진이나 그림 자료 , 패턴 판

4. 교육과정관련요소

1) 자연탐구 - 수학적 탐구하기 : 기초적인 자료수집과 결과 나타내기
2) 사회관계 - 가족을 소중히 여기기 : 가족과 협력하기

5. 활동방법

1) 아기, 나, 엄마, 아빠, 할머니, 할아버지 등의 다양한 가족 그림카드를 살펴본다.
2) 가족 얼굴이 담긴 다양한 패턴 판을 제시하고 규칙성을 찾아본다.

3) 빈칸에 무엇이 들어가야 할지 예상해 보고 찍찍이가 붙은 가족 그림 자료를 붙여본다.

4) 활동이 익숙해지면 유아 스스로 빈 판에 패턴을 만들어 볼 수 있다.

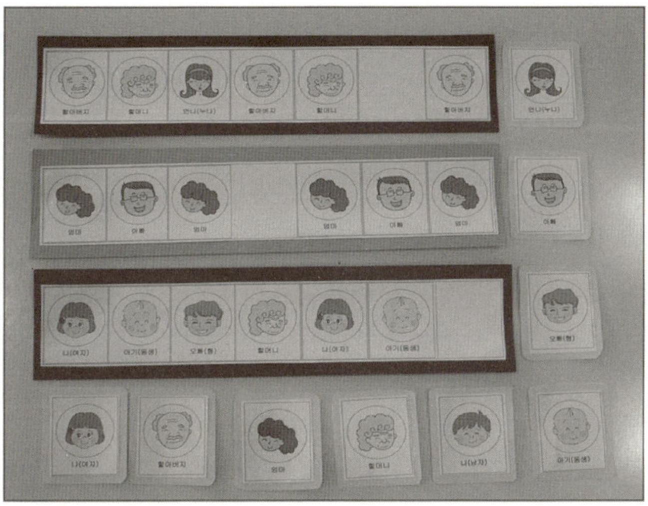

가족 패턴 놀이

확장 및 연관활동 1-2

우리는 애벌레 가족

…미술영역

1. 「밀리의 수놀이 가게」 시디롬 타이틀 관련부분

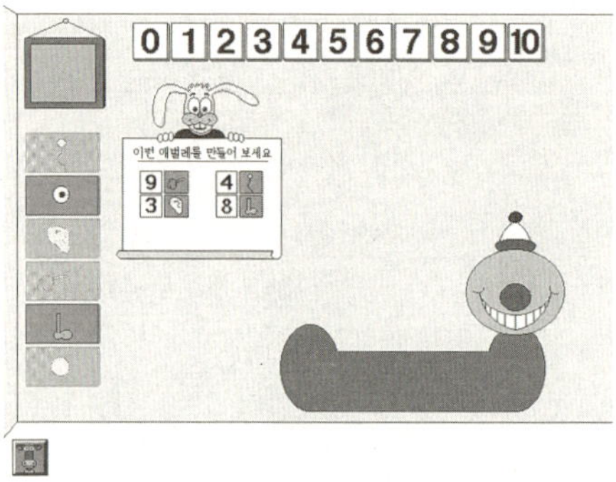

밀리의 수놀이 가게에 있는 애벌레와 같이 다양한 재료와 도구를 활용하여 애벌레 가족을 꾸며본다.

2. 활동목표

1) 애벌레의 다리, 눈, 더듬이 등을 붙여보며 수의 기초 개념을 이해한다.
2) 여러 가지 재료와 도구를 사용하여 자유롭게 만들고 꾸며본다.

3. 활동자료

애벌레 모양의 점토, 눈 · 더듬이 · 신발 · 꼬리를 만들 수 있는 다양한 폐품(이쑤시개, 단추, 철사, 뽕뽕이, 스티로폼, 병뚜껑), 다양한 지시카드, 주머니

4. 교육과정관련요소

1) 자연탐구 - 수학적 탐구하기 : 수와 연산의 기초개념 알아보기
2) 예술경험 - 예술적 표현하기 : 미술 활동으로 표현하기

5. 활동방법

1) 재료를 소개한 후 무엇을 만들 수 있을지 이야기 나눈다.

2) 점토를 이용하여 애벌레의 몸통을 만들어 본다.

3) 지시카드가 담긴 주머니에 손을 넣어 카드를 한 개씩 뽑는다.

4) 카드에 써 있는 숫자대로 폐품을 이용하여 눈, 코, 신발, 꼬리를 붙여본다.

(예: 꼬리 2개, 눈 5개, 더듬이 4개)

5) 여러 개의 애벌레를 만들어 애벌레 가족을 만들어 본다.

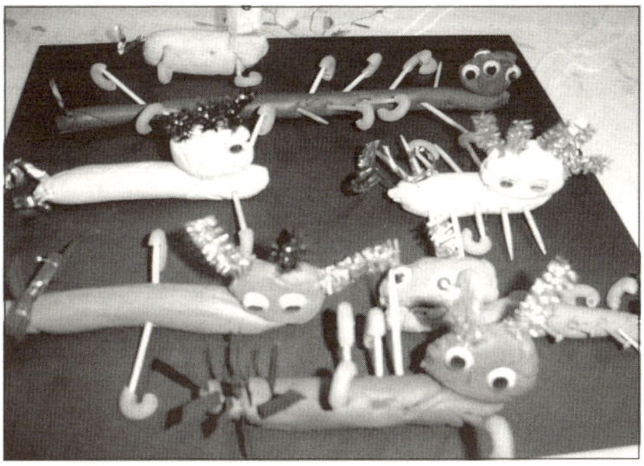

애벌레 가족사진

확장 및 연관활동 1-3

우리 동네 꾸미기

…쌓기놀이 영역

1. 「밀리의 수놀이 가게」 시디롬 타이틀 관련부분

여러 가지 모양의 도형을 이용하여 다양한 구조물을 만든 것처럼 다양한 모양의 구성물을 보고 유니트 블록을 활용하여 실제로 만들어 본다.

2. 활동목표

1) 블록을 이용하여 다양한 구조물을 만들어 본다.
2) 우리 동네에 있는 다양한 구조물들의 모양을 꾸며본다.

3. 활동자료

프린터, 다양한 블록

4. 교육과정관련요소

1) 자연탐구 - 수학적 탐구하기 : 공간과 도형의 기초개념 알아보기, 기초적인 자료수집과 결과 나타내기
2) 사회관계 - 사회에 관심 갖기 : 지역사회에 관심 갖고 이해하기

5. 활동방법

1) 밀리의 수 놀이 가게의 모양 구성하기에서 다양한 모양 구성물들을 프린트한다.
2) 프린트 한 모양 구성 자료를 쌓기 영역에 제시해 준다.
3) 유니트 블록 혹은 다양한 블록을 이용하여 입체적으로 구성해 본다.
4) 탱그램을 이용하여 다양한 모양을 구성해 볼 수도 있다.

블록으로 우리 동네를 꾸미는 모습

확장 및 연관활동 1-4

신발가게 놀이

…역할놀이 영역

1. 「밀리의 수 놀이 가게」시디롬 타이틀 관련부분

밀리의 수 놀이 가게에서 신발가게에 온 요정들에게 크기에 맞는 신발을 신겨주듯 유치원에 다양한 크기의 가족 신발을 모아 놓고 신발가게 놀이를 해 본다.

2. 활동목표

1) 큰 것, 중간 것, 작은 것 등을 분류하고 서열화하는 경험을 해 본다.

2) 다양한 방법으로 신발가게 놀이를 해보며 신발가게의 역할을 이해한다

3. 활동자료

다양한 종류와 크기의 신발, 간판, 돈 만들기 재료

4. 교육과정관련요소

1) 자연탐구 - 수학적 탐구하기 : 기초적인 자료 수집과 결과 나타내기

2) 예술적 표현하기 : 극놀이로 표현하기

3) 사회관계 - 사회에 관심 갖기 : 지역사회에 관심 갖고 이해하기

5. 활동방법

1) 신발가게에 가보았던 경험에 대하여 이야기 나누어 본다.
2) 신발가게 놀이를 위해 필요한 것들에 대하여 이야기 나누어 본다. (예: 간판, 돈 등)
3) 필요한 준비물을 직접 만들어 본다.
4) 다양한 신발(아기 신발, 유아 신발, 성인 신발)들을 수집하여 크기별로 분류해 놓는다.
5) 주인과 손님 역할을 정하고 신발가게 놀이를 해 본다.

신발가게 놀이하는 모습

컴퓨터 활동 2

I Spy 주니어

…컴퓨터영역

1. 활동목표

1) 「I Spy 주니어」를 활용하여 분류하기와 순서짓기의 경험을 해 본다.
2) 다양한 낱말과 문장을 듣고 그 내용을 이해할 수 있다.

2. 활동자료

「I Spy 주니어」 시디롬타이틀((주)케이 유니버스)

3. 교육과정관련요소

1) 자연탐구 - 수학적 탐구하기 : 기초적인 자료 수집과 결과 나타내기
2) 의사소통 - 듣기 : 낱말과 문장 듣고 이해하기, 아야기 듣고 이해하기

4. 활동방법

1) 메뉴소개

①
②
③
④
⑤
⑥

① 

화면 아래의 수수께끼를 잘 보고 들은 후 수수께끼에 적혀 있는 물건을 찾아 클릭한다. 찾은 물건과 단어에는 파란색이 칠해진다.
물건을 찾는 커서가 돋보기로 변하면 돋보기를 이용하여 찾아본다.

② 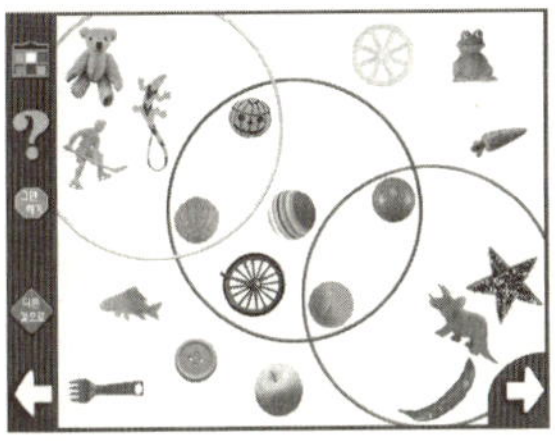

훌라후프 밖에 있는 물건을 같은 종류의 물건이 있는 훌라후프 안으로 옮겨 놓는 활동이다.

③ 

화면 아래의 수수께끼에 적혀 있는 물건을 찾아 클릭하면 수수께끼에 있는 물건과 단어에 파란색이 칠해진다. 물건을 옮겨야 할 경우, 손모양의 커서를 사용한다.

④ 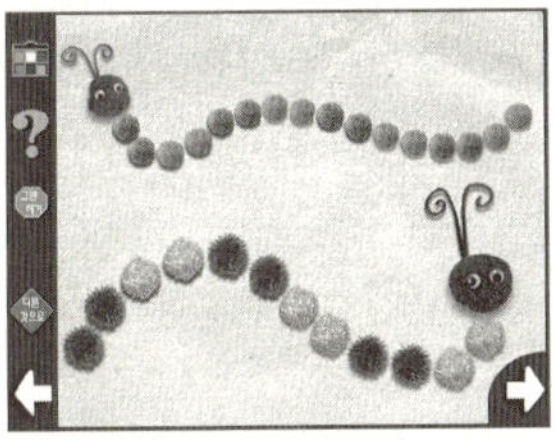

패턴게임을 완성시키는 것으로 먼저 어떤 패턴을 만들어야 할지 잘 보고 소리를 들은 후 손모양의 커서를 사용하여 물건을 집어 패턴을 만든다.

⑤ 

화면 아래의 수수께끼에 적혀 있는 물건을 찾아 클릭하면 수수께끼에 있는 물건과 단어에 파란색이 칠해진다. 물건을 옮겨야
할 경우, 손모양의 커서를 사용한다.

⑥ 

원하는 배경을 선택하고 아래에 있는 물건을 골라 클릭하고 그림 위로 옮겨 놓는다. 노란 화살표를 사용하여 많은 물건들을 불러올 수 있다.

2) 컴퓨터 영역에서 각 메뉴에 따라 활동한다.

확장 및 연관활동 **2-1**

보물을 찾아라

…게임

1. 「I Spy 주니어」시디롬 타이틀 관련부분

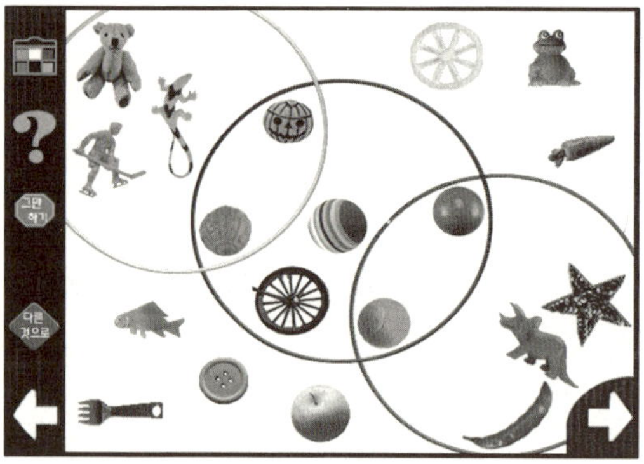

I Spy 주니어에서 색깔이나 각 특징에 따라 물건들을 분류해 놓은 것을 응용하여 유치원에 있는 물건들을 게임 형식으로 훌라후프 안에 분류하여 모아본다.

2. 활동목표

1) 여러 가지 물건을 제시된 준거에 따라 분류한다.

2) 다양한 낱말과 문장을 듣고 그 내용을 이해한다.

3. 활동자료

훌라후프, 호루라기

4. 교육과정관련요소

1) 자연탐구 - 수학적 탐구하기 : 기초적인 자료 수집과 결과 나타내기

2) 의사소통 - 듣기 : 낱말과 문장 듣고 이해하기

5. 활동방법

1) 교실의 다양한 물건들을 보물이라고 약속하고 보물을 찾아보는 게임

을 해보기로 한다.

2) 두 팀으로 나누어 각 팀 앞에 훌라후프를 한 개 씩 놓아둔다.

3) 교사는 "동그랗고 파란색 보물을 찾아오세요" 등의 준거를 제시한다.

4) 호루라기를 불어 시작을 알린다.

5) 유아들은 교실에서 제시된 준거에 맞는 보물을 찾아서 자신의 팀의 훌라후프에 넣는다.

6) 제한된 시간이 되면 찾는 것을 멈추고 찾아온 보물들을 살펴본다.

7) 더 정확히 더 많은 보물을 찾은 팀이 승리한다.

보물을 찾아 훌라후프 안에 넣는 모습

확장 및 연관활동 2-2

가게 간판 만들기

…언어영역

1. 「I Spy 주니어」 시디롬 타이틀 관련부분

나만의 아이 스파이 만들기에서 놓을 수 있는 물건들을 종류별로 모아서 인쇄한 것을 활용하여 가게와 간판을 꾸며본다.

2. 활동목표

1) 우리 동네에 있는 여러 가게에 관심을 가진다.
2) 다양한 물건을 종류별로 분류해본다.
3) 컴퓨터로 그림을 인쇄하여 가게 간판을 꾸며본다.

3. 활동자료

I Spy 주니어 시디롬 타이틀, 프린터, 집모양의 틀, 간판을 꾸밀 종이, 쓰기도구

4. 교육과정관련요소

1) 사회관계 - 사회에 관심갖기 : 지역사회에 관심갖고 이해하기
2) 자연탐구 - 수학적 탐구하기 : 기초적인 자료수집과 결과 나타내기
3) 의사소통 - 읽기 : 읽기에 흥미 가지기
4) 예술경험 - 예술적 표현하기 : 미술 활동으로 표현하기

5. 활동방법

1) 나만의 아이스파이 주니어의 하단에 있는 물건들을 종류별로 분류하여 놓는다.

2) 분류한 그림을 인쇄한다.

3) 집 모양의 틀 중앙에 인쇄한 그림을 붙여 가게를 꾸민다.

4) 빈 종이를 크기에 맞도록 잘라 가게 물건에 맞는 가게 간판을 적는다.
(과자가게, 인형가게, 꽃가게, 장난감 가게, 곤충가게, 운동기구 가게 등)

5) 가게 위에 간판을 붙인다.

완성된 가게 간판 사진

인터넷을 이용한 활동 1

소중한 나의 몸

…동화

1. 인터넷 사이트명 : 키드키즈 http://www.kidkids.net/

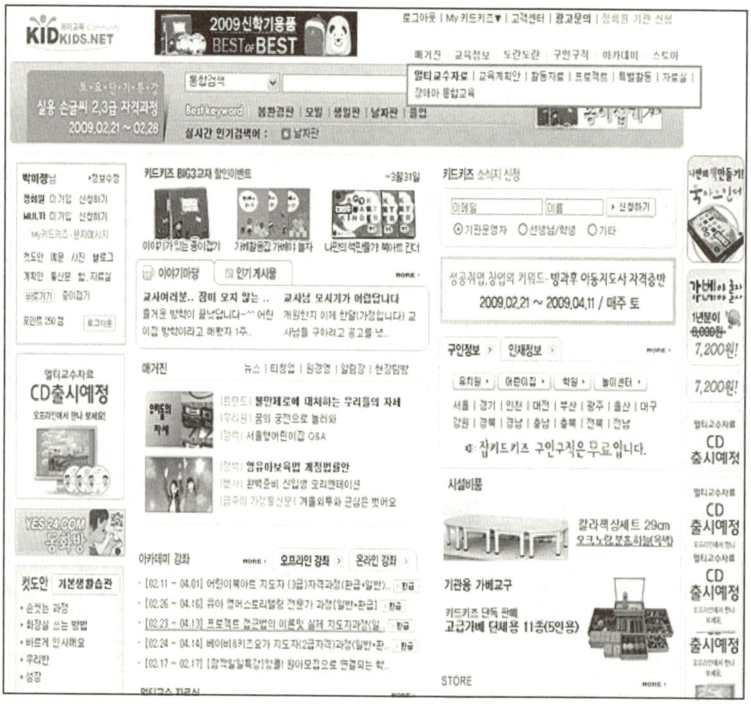

2. 활동목표

1) 나의 몸을 소중하게 생각한다.

2) 상황에 따라 나의 몸을 지킬 수 있는 방법을 안다.

3. 교육과정관련요소

1) 신체운동 · 건강 - 안전하게 생활하기 : 비상 시 적절히 대처하기

2) 사회관계 - 나를 알고 존중하기 : 나를 알고, 소중히 여기기

4. 활동방법

1) 키드키즈(http://www.kidkids.net/)에 접속하여 회원가입 후 로그인한다.

2) [함께하는 자료실]을 클릭한 후 검색창에 '소중한 나의 몸'을 검색한다.

3) '소중한 나의 몸' ppt 동화를 다운로드 받는다.

4) ppt동화를 감상한다.

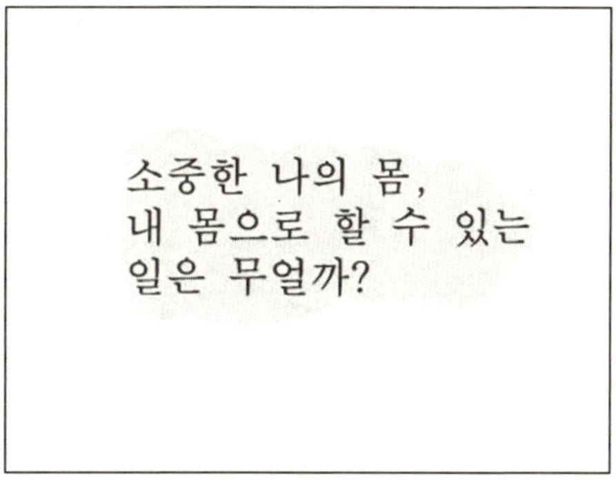

5) 동화를 듣고 난 느낌에 대하여 이야기 나누어 본다.

인터넷을 이용한 활동 2

어린이 우체국

…컴퓨터 영역

1. 인터넷 사이트명 : 어린이 우체국 마당 http://www.koreapost.go.kr/child/

2. 활동목표

1) 편지가 보내지는 과정에 대하여 알아본다.
2) 인터넷을 통해서도 편지를 보낼 수 있음을 안다.
3) 부모님과 친구에게 이메일을 보내본다.

3. 교육과정관련요소

1) 사회관계 - 사회에 관심 갖기 : 지역사회에 관심 갖고 이해하기
2) 의사소통 - 쓰기 : 쓰기에 관심 가지기

4. 활동방법

1) 어린이 우체국 마당(http://www.koreapost.go.kr/child/)에 접속한다.
2) [우정이의 우편이야기]를 클릭하여 편지가 보내지는 과정에 대하여 알아본다.

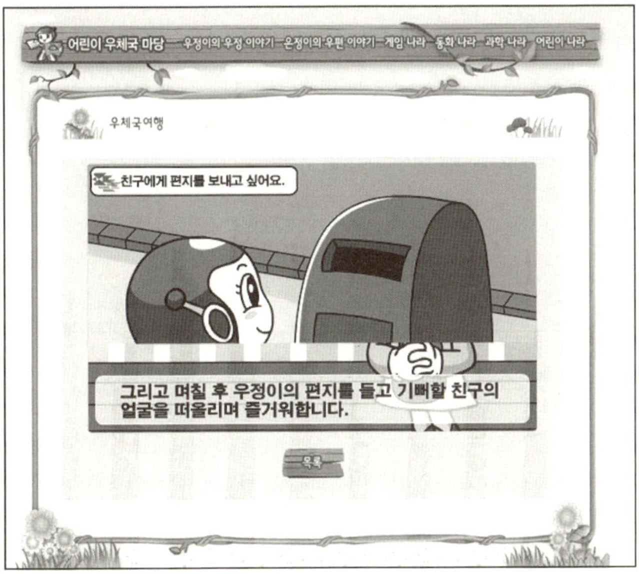

3) 우체국을 통하지 않고 편지를 보내는 방법에 대하여 이야기 나누어 본다.

4) [어린이 나라]-[카드 보내기]를 클릭하여 이메일을 보내본다.
(교사는 사전에 부모님이나 친구들의 이메일 주소를 알아오도록 한다.)

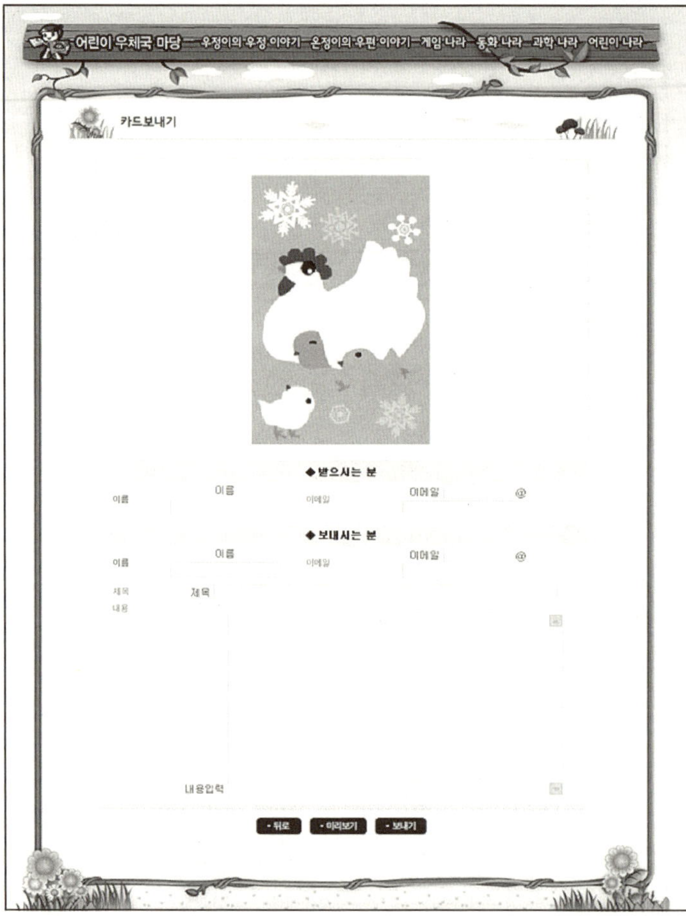

5. 확장활동

1) [동화나라]를 클릭하여 우체국과 관련된 동화를 들어본다.

2) [우정이의 우정이야기]를 클릭하여 다양한 우표에 대하여 알아본다.

04 | 동식물과 자연

◎ 생활주제중심 활동망

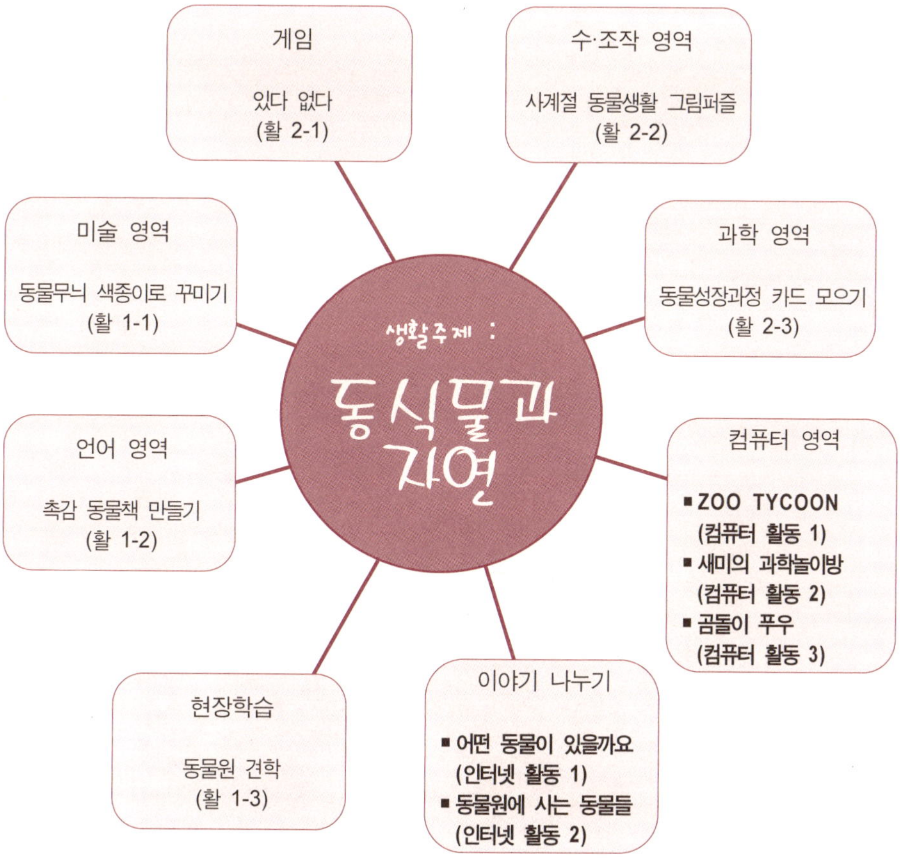

* 「컴퓨터 활동」은 컴퓨터 영역에서 CD를 이용한 활동을 말한다.
* 「인터넷 활동」은 인터넷을 통해 사이트에 접속하여 하는 활동을 말한다.
* 「활」은 컴퓨터 및 인터넷활동에 대한 확장 및 연관 활동을 말한다.

컴퓨터 활동 1

ZOO TYCOON

…컴퓨터 영역

1. 활동목표

1) 동물들의 생태에 대해 알아본다.

2) 동물원 운영을 위한 여러 가지 필요한 것들에 대해 탐색해 본다.

2. 활동자료 : 「ZOO TYCOON」 시디롬 타이틀(블루팡 게임즈)

3. 교육과정관련요소

1) 자연탐구 - 과학적 탐구하기 : 생명체와 자연 환경 알아보기

4. 활동방법

1)메뉴소개

시작 메뉴

① 버튼 메뉴

왼쪽에 있는 버튼들은 '건설, 동물사육, 구조물, 직원고용, 마지막 동작취소, 개체 제거, 메시지 입력, 게임옵션'의 기능을 가지고 있다. 하단에 있는 버튼들은 '동물원 현황, 동물목록, 관람객 목록, 우리목록, 직원목록'을 알려주는 기능을 가지고 있다.

② 건설버튼 기능

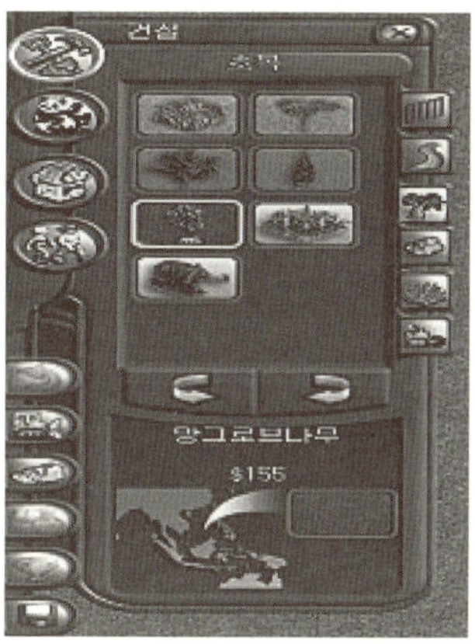

동물 사육장소를 건설하기 위해 '울타리, 길, 초목, 바위, 지형종류, 지형높이'메뉴에 따라 각각의 아이템을 선택하여 구성할 수 있다. 그러나 이러한 아이템을 설치할 때는 경비와 각 동물들의 생태를 고려해야 한다. 먼저 설치한 후, 문제가 발생하면 다시 조정할 수 있다.

③ 동물사육 버튼 기능

사육할 동물을 선택하고, 동물들의 우리와 좋아하는 장난감 등을 선택할 수 있다. 가운데 느낌표 버튼을 누르면 각 동물이 좋아하고 싫어하는 것 그리고 공생 가능한 동물에 대한 정보를 얻을 수 있다. 이곳에서도 동물을 구입하고 우리를 설치하는데 경비가 소요된다.

④ 구조물 버튼 기능

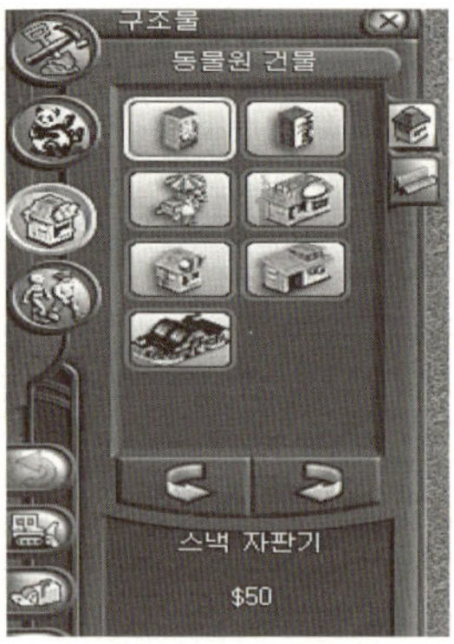

동물원 건물과 동물원 조경물로 나누어 아이템을 선택할 수 있다. 먼저 동물원 건물에서는 '화장실, 매점, 매표소, 스낵자판기 등'을 선택할 수 있고, 동물원 조경에서는 '벤치, 휴식 공간, 쓰레기통 등'을 선택할 수 있다. 이곳에서도 구조물을 설치하는데 경비가 소요된다.

⑤ 직원고용 버튼 기능

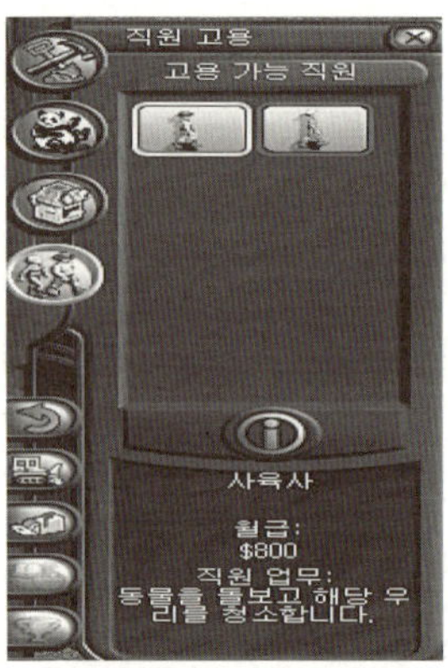

동물을 돌봐주는 사육사와 청소 및 수리 등을 담당하는 관리사를 선택할 수 있다. 사육사와 관리사를 고용하게 되면 이들에 대한 월급이 소요된다. 사육하는 동물의 수를 고려하여 사육사를 고용하고, 동물원 규모에 따라 관리사의 수를 조정해야 한다. 직원의 수가 부족하면 나중에 문제가 발생하게 되어 해결해 주어야 한다.

⑥ 게임옵션 버튼 기능

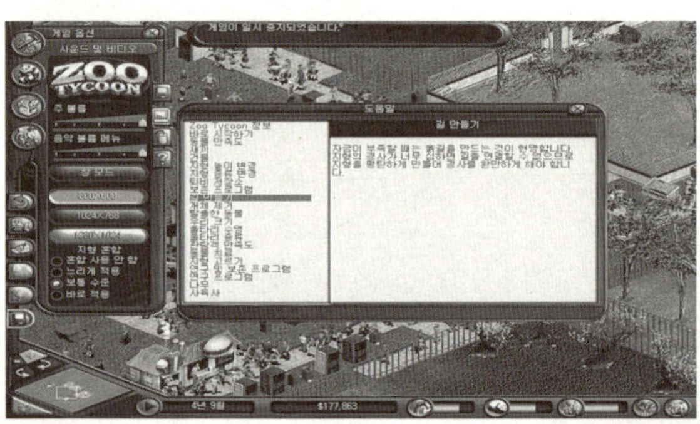

이곳에서는 지금까지 게임한 내용을 저장하기, 저장해 놓은 게임을 불러오기, 사운드, 비디오 등 관련 옵션들을 실행할 수 있다.

⑦ 동물원 현황 목록

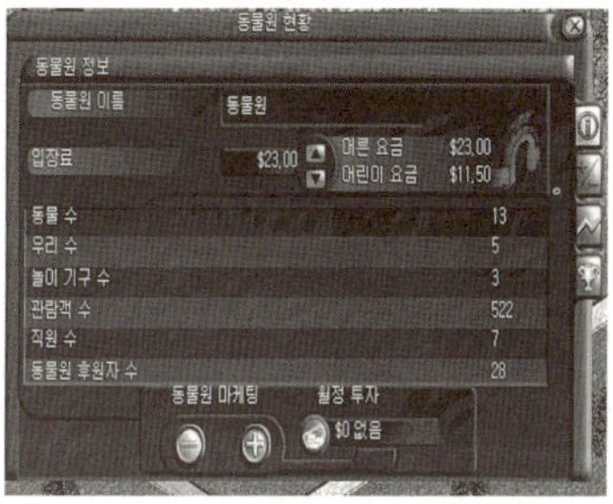

동물원 현황 목록은 현재 사육하고 있는 동물 수, 우리 수, 놀이기구 수, 입장료, 직원 수 등에 관한 현황을 볼 수 있다.

⑧ 관람객 목록과 동물목록

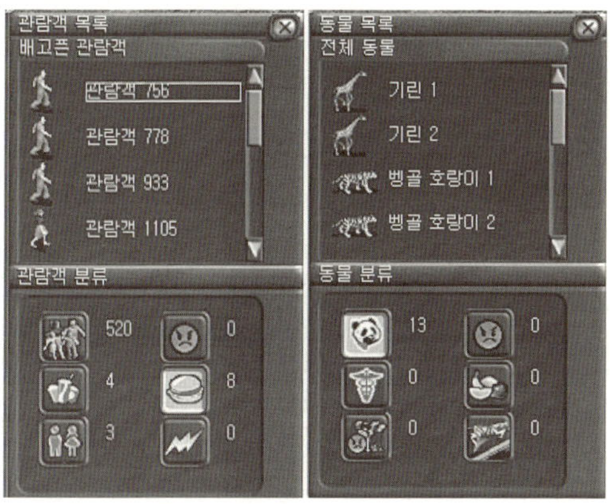

관람객 목록에서는 관람객들의 상태를 확인할 수 있다. 관람객의 불만과 하고 있는 일 등을 알아보고, 불만이 있는 관람객이 있는 경우, 그 관람객을 찾아가 불만을 들어주고 해결해 주어 만족도를 높여주어야 한다.
동물목록에서는 현재 사육하고 있는 동물의 종류와 수가 나타나고 동물의 불만을 확인할 수 있다. 불만이 있을 경우, 그 동물을 찾아가 해결해 주어야 한다.

⑨ 우리 목록과 직원목록

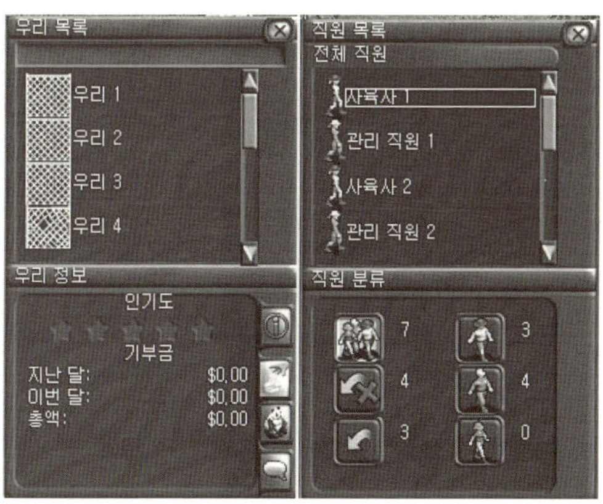

우리 목록에서는 설치한 우리를 볼 수 있다. 우리에 문제가 생길 경우 그 우리를 찾아가 해결해야 하고, 어떤 우리 즉, 동물이 인기도가 있는지 확인할 수 있고, 지금까지 벌어들인 돈을 확인할 수 있다.
직원 목록에서는 현재 고용한 직원의 수를 확인할 수 있다. 고용한 직원들의 업무종류에 따라 분류되어 있다.

2) 유아들은 컴퓨터 영역에서 'ZOO TYCOON' 시디롬 타이틀을 가지고 활동한다.

확장 및 연관활동 1-1

동물무늬 색종이로 꾸미기

…미술영역

1. 「ZOO TYCOON」 시디롬 타이틀 관련부분

동물원 구성하기 활동을 하면서 본 여러 동물의 몸 색깔과 무늬에 관련하여 동물들의 무늬를 이용한 사물 꾸미기를 한다.

2. 활동목표

1) 동물무늬에 관심을 가진다.
2) 동물무늬를 이용하여 사물을 꾸며본다.

3. 활동자료

동물무늬 색종이(종이나라 5번), 사물만 그려져 있는 종이(자동차, 구두, 옷, 가방 등), 가위, 풀, 그리기 도구

4. 교육과정관련요소

1) 자연탐구 - 과학적 탐구하기 : 생명체와 자연환경 알아보기
2) 예술경험 - 예술적 표현하기 : 미술활동으로 표현하기

5. 활동방법

1) 여러 가지 사물그림 중에서 한 가지를 고른다.
2) 동물무늬 색종이를 오려 사물그림에 붙인다.
3) 사물에 동물무늬 색종이를 붙인 후, 이를 이용하여 관련된 그림을 그린다.
(예, 가방을 들고 가는 나, 가방 가게 등).

6. 기타

1) 각 동물무늬에 해당하는 동물그림이나 색종이 접기는 피한다.
   (예, 얼룩말무늬를 얼룩말동물에 사용)

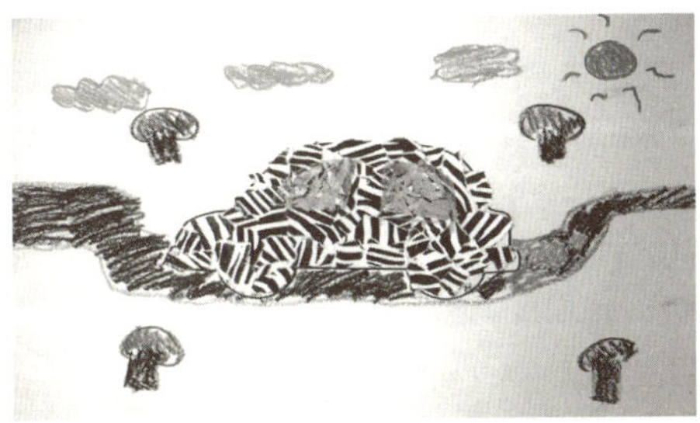

동물무늬 색종이로 꾸미기

확장 및 연관활동 1-2

촉감 동물책 만들기

…언어영역

1. 「ZOO TYCOON」 시디롬 타이틀 관련부분

동물의 몸에 털이 있거나 없거나 또는 비늘, 딱딱한 껍질로 되어 있는 등의 다양함에 관련하여 다른 느낌이 나는 재질을 가지고 동물의 몸을 꾸며보고 동물이 좋아하는 먹이를 적어 책으로 만든다.

2. 활동목표

1) 재질에 따른 다른 느낌들을 탐색해 본다.
2) 각 동물이 좋아하는 먹이에 대해 알아본다.

3. 활동자료

여러 가지 촉감이 나는 것들(수건, 비닐가죽, 사포, 주름종이 등), 접착제, 쓰기도구, 빈종이 또는 동물그림이 그려진 종이

4. 교육과정관련요소

1) 신체운동 · 건강 - 신체인식하기 : 감각능력 기르고 활용하기
2) 자연탐구 - 과학적 탐구하기 : 생명체와 자연환경 알아보기

5. 활동방법

1) 빈 종이에 동물그림을 직접 그리거나 동물그림이 인쇄된 종이를 선택한다.
2) 여러 촉감 자료들을 가지고 각 동물들 몸에 붙인다.
3) 주로 몸통을 위주로 붙이나 다른 부분에도 붙일 수 있다.
4) 꾸미기가 끝나면 각각의 동물들의 이름과 좋아하는 먹이 등을 조사하여 옆에 써본다.

5) 완성한 동물들을 모아 책으로 만든다.

여러 가지 느낌의 물질을 가지고 동물책 만들기

확장 및 연관활동 1-3

동물원 견학하기

…현장학습

1. 「ZOO TYCOON」 시디롬 타이틀 관련부분

동물원 운영을 위해 필요한 여러 가지 제반 사항과 동물과 관련된 지식을 알아보았던 것과 관련하여 실제로 동물원을 견학하여 동물원의 환경을 탐색해 본다.

2. 활동목표

1) 동물원 운영에 필요한 여러 가지 것들에 대해 탐색해본다.
2) 동물과 우리 환경을 관찰하여 동물사육에 필요한 것들을 알아본다.

3. 활동자료

기록할 수 있는 매체들

4. 교육과정관련요소

1) 자연탐구 - 과학적 탐구하기 : 생명체와 자연환경 알아보기

5. 활동방법

1) 사전 활동으로 '동물원에는 무엇이 있을까?' 라는 주제로 이야기를 나누어 본다.
2) ZOOTYCOON에서 동물원 운영에 필요했던 여러 가지 것들을 회상시켜 본다.
3) 하나의 사항이 원활히 운영되지 않을 때 발생할 수 있는 문제점에 대해 이야기해본다.
4) 실제 동물원을 견학한다.

동물원 견학하기

컴퓨터 활동 2 – 새미의 과학놀이방

…컴퓨터 영역

1. 활동목표

1) 시간의 흐름에 따른 현상의 변화를 알아본다.
2) 기준에 따라 사물을 분류해 본다.
3) 계절과 날씨에 관련한 자연현상에 대해 탐색한다.
4) 사물의 부분과 전체를 탐색한다.

2. 활동자료

「새미의 과학놀이방」 시디롬 타이틀(아리수미디어)

3. 교육과정관련요소

1) 자연탐구 - 수학적 탐구하기: 기초적인 측정하기, 규칙성 이해하기
2) 자연탐구 - 과학적 탐구하기: 생명체와 자연환경 알아보기, 자연현상 알아보기

4. 활동방법

1) 메뉴소개

시작 화면

① 영화를 만들자

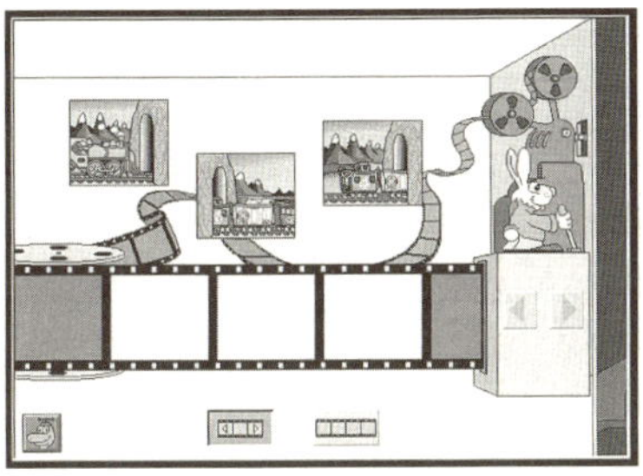

시간의 흐름에 따른 현상의 변화를 알아본다. 변화순서는 3단계와 4단계로 나누어져 있고 유아가 선택할 수 있다. 제시된 그림들을 변화순서에 맞게 놓은 후, 영화상영 버튼을 선택하면 애니메이션으로 상영된다.

② 친구끼리 모여라

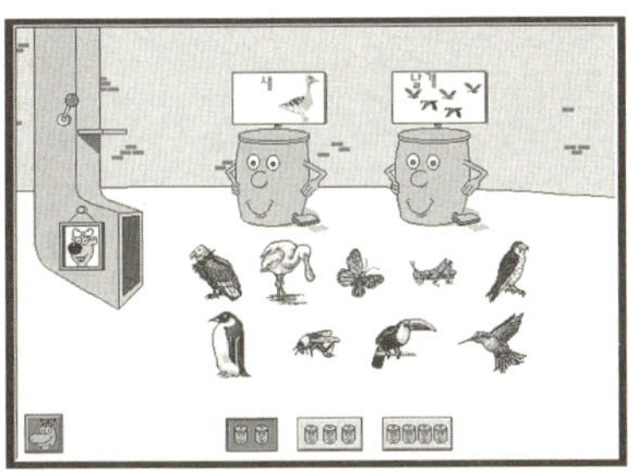

여러 가지 사물과 동물을 제시된 기준에 알맞게 분류하는 활동이다. 분류기준은 2개, 3개, 4개가 있어 원하는 단계를 선택할 수 있다. 먼저, 사물 및 동물, 식물을 나오게 하는 버튼을 누른 후, 기준에 알맞은 대상을 드래그 하여 통그림 위에 놓는다. 맞았으면, 통속으로 들어가지만 틀렸으면 처음에 있던 자리로 돌아간다.

③ 작업실에서 만들기를 할 수 있어요

사물의 설계도를 보며 부품을 조립하듯 각 사물의 부분 그림을 적절하게 배치하여 전체 사물로 완성해 본다. 여러 가지 사물 설계도가 있고 유아들은 원하는 것을 선택할 수 있으며, 난이도 조절도 가능하다. 보드에 제시된 부분 그림을 드래그하여 전체 맞추기를 한다.

④ 도토리 연못으로 소풍가요

사계절의 변화에 따라 동물과 식물, 날씨가 달라지는 모습을 탐색한다. 동물들이 사는 서식지를 클릭하면 해당 동물들이 나타나고 각 동물을 클릭하면 동물에 대한 설명이 나온다.

⑤ 오늘의 날씨

'비, 바람, 온도' 이 세 가지 조건을 조작하여 날씨를 나타낸다. 조건을 설정한 후, 시작버튼을 누르면 텔레비전에서 일기예보가 방영된다. 비에 대한 조건은 '적게, 많게, 천둥번개 동반'이 있고, 바람은 '약하게, 보통, 세게' 조건이 있고, 온도는 '추운, 따뜻한, 더운'의 세 가지 조건이 있다.

2) 유아들은 컴퓨터 영역에서 '새미의 과학놀이방' 시디롬 타이틀을 가지고 활동한다.

확장 및 연관활동 2-1

있다 없다

…게임

1. 「새미의 과학놀이방」 시디롬 타이틀 관련부분

여러 사물 및 동물을 어떤 하나 또는 두 가지 기준에 따라 분류해 보는 활동과 관련하여 여러 동물을 한 가지 기준에 따라 분류해 보는 활동을 한다.

2. 활동목표

1) 여러 동물의 모습을 관찰해 본다.
2) 제시하는 기준에 따라 동물그림을 알맞게 분류해 본다.

3. 활동자료

기준글자카드(날개, 더듬이, 꼬리, 뿔, 털, 다리), 동물그림 2벌(뱀, 메뚜기, 나비, 사슴, 황소, 코뿔소, 염소, 새우, 메기, 지렁이, 꽃게, 달팽이), '있다와 없다'로 나누어진 융판 2개

4. 교육과정관련요소

1) 자연탐구 - 수학적 탐구하기 : 규칙성 이해하기
2) 자연탐구 - 과학적 탐구하기 : 생명체와 자연환경 알아보기

5. 활동방법

1) '있다 없다' 융판 게시판에 여러 동물그림을 붙여놓는다.
2) 두 명을 1팀으로 구성한 후 교사는 '기준글자카드'를 제시한다.

3) '있다'칸과 '없다'칸으로 구분된 융판에 두 명의 유아가 서로 의논해 가며 분류 한다.

4) 정해진 시간 안에 기준에 맞게 구분한 팀에게 점수를 준다.

6. 기타

1) 동물그림은 유아들이 다른 활동들에서 다루어 보았던 동물로 정한다.

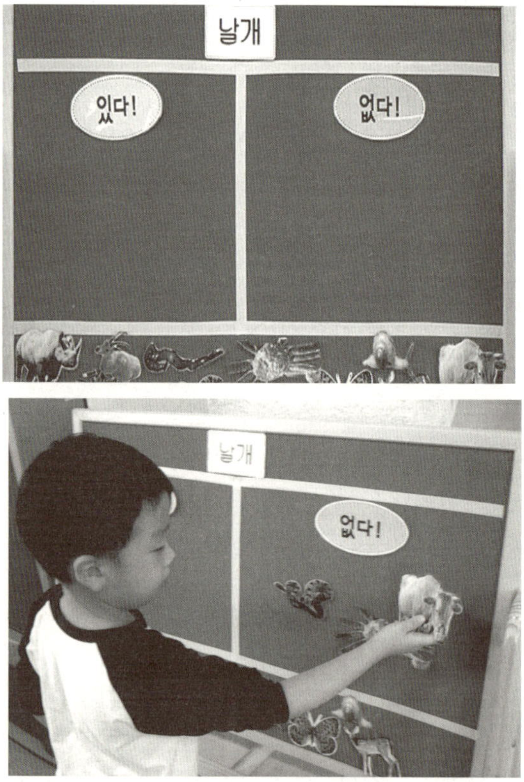

융판에서'있다 없다'게임하기

확장 및 연관활동 **2-2**

사계절 동물생활 그림퍼즐

…조작영역

1. 「새미의 과학놀이방」 시디롬 타이틀 관련부분

봄, 여름, 가을, 겨울에 따라 숲 속의 모습이 변화되고 그에 따라 동물의 생활모습이 달라지는 장면을 본다. 이에 관련하여 사계절에 따른 동물의 모습을 그림으로 프린트하여 퍼즐 맞추기를 한다.

2. 활동목표

1) 사계절에 따른 동물의 생활을 알아본다.
2) 부분 그림들을 보고 연결하여 전체 그림을 완성해 본다.

3. 활동자료

빈 종이퍼즐판, 유성매직.

4. 교육과정관련요소

1) 자연탐구 - 수학적 탐구하기 : 수와 연산의 기초개념 알아보기
2) 자연탐구 - 과학적 탐구하기 : 생명체와 자연환경 알아보기, 자연현상 알아보기

5. 활동방법

1) 퍼즐 조각 개수가 다른 빈 종이 퍼즐판 중 한 가지를 고른다.
2) 계절의 모습을 생각해 보고 연필로 퍼즐판 위에 밑그림을 그린다.
3) 유성매직으로 색칠하여 퍼즐그림을 완성한 후 퍼즐 맞추기 놀이를 한다.

빈 종이퍼즐판

확장 및 연관활동 2-3

동물 성장과정 카드 모으기

…과학영역

1. 「새미의 과학놀이방」 시디롬 타이틀 관련부분

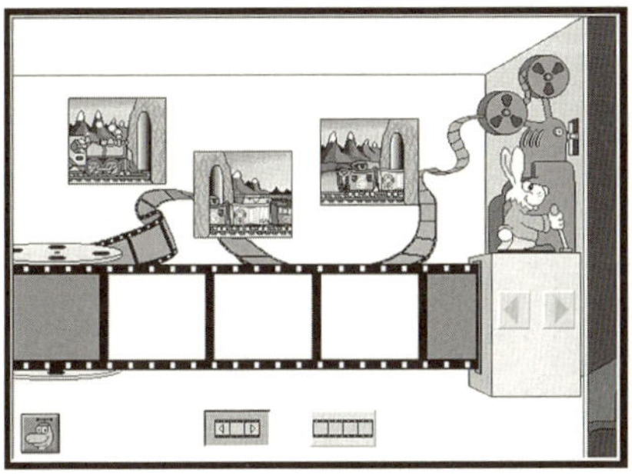

영화 만들기에서 시간의 흐름에 따라 현상이 변하거나 동물이 성장하는 그림을 순서대로 놓아보는 것과 관련하여 몇 가지 동물의 성장과정을 담은 카드를 알맞게 모아보는 활동을 한다.

2. 활동목표

1) 동물의 성장과정에 대해 알아본다.
2) 게임규칙을 지켜 전략을 세우는 경험을 해 본다.

3. 활동자료

각 동물의 3단계 성장순서 카드(나비, 개구리, 닭), 성장과정 안내카드

4. 교육과정관련요소

1) 자연탐구 - 과학적 탐구하기 : 생명체와 자연환경 알아보기
2) 자연탐구 - 수학적 탐구하기 : 규칙성 이해하기

5. 활동방법

1) 나비와 개구리, 닭의 성장카드를 골고루 섞은 후 한 유아가 3장씩 나눠 갖는다.
2) 처음 시작하는 유아가 가지고 있는 카드 3장 중 1장을 뒤집어 바닥에 내려놓는다.

3) 다음 순서인 유아가 바닥에 있는 카드를 가져가고 대신 1장을 바닥에 내려놓는다.

4) 이런 방법으로 진행하며 한 종류의 동물카드(예, 알, 병아리, 닭)를 3장 다 모으면 끝난다.

6. 기타

1) 한 종류의 동물성장 그림카드를 알 수 있도록 '성장과정 안내카드'를 제시해 준다.

성장카드 과정안내 예시

'성장카드 모으기'게임하기

인터넷을 이용한 활동 1

어떤 동물이 있을까요?

…이야기 나누기

1. 인터넷 사이트명 : 동물그림창고 http://www.animalpicturesarchive.com

2. 활동목표

 1) 여러 동물들의 모습을 알아본다.
 2) 동물들의 소리를 들어 보고 움직임을 살펴본다.

3. 교육과정관련요소

 1) 자연탐구 - 과학적 탐구하기 : 생명체와 자연환경 알아보기

4. 활동방법

 1) '동물그림 창고' 싸이트에 접속해 [animated GIF]를 클릭한다.
 2) 애니메이트하는 동물을 보며 동물에 관심을 가진다.
 3) [animal movies]를 클릭한 후 목록에 있는 동물이름을 선택해 동영상을 본다.

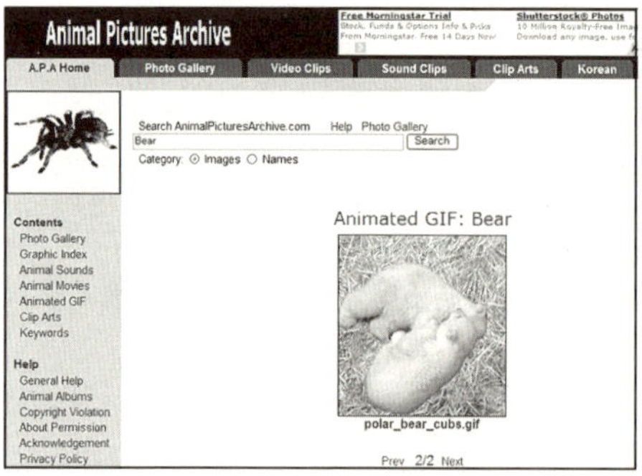

Animated Gif-bear(곰)

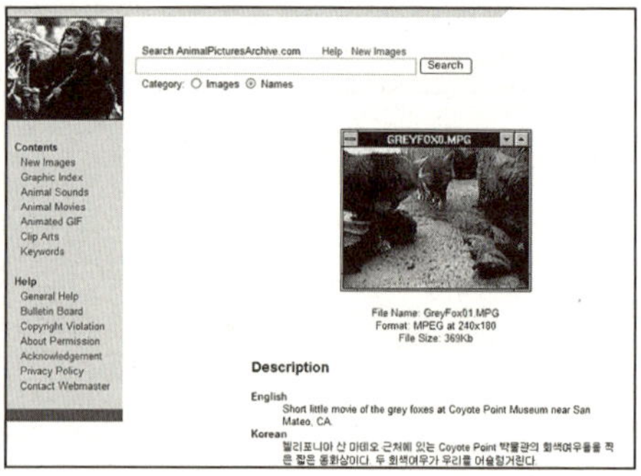

Animal movies-fox(여우)

 4) [animal sounds]를 클릭하여 목록에 있는 동물이름을 선택해 동물 소리를 듣는다.
 5) [APA animal index]를 클릭하여 동물사진들을 본다.

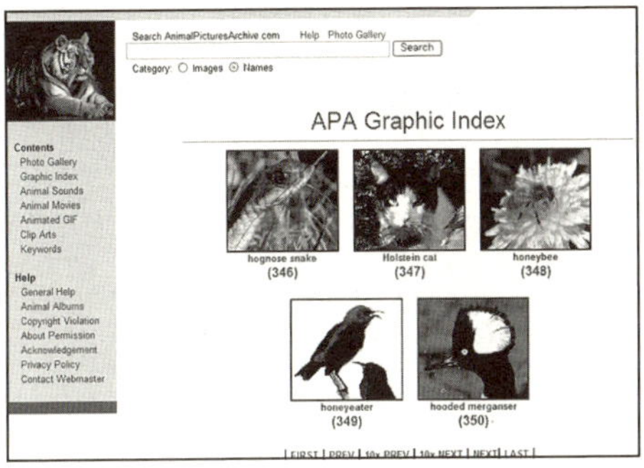

APA graphic index

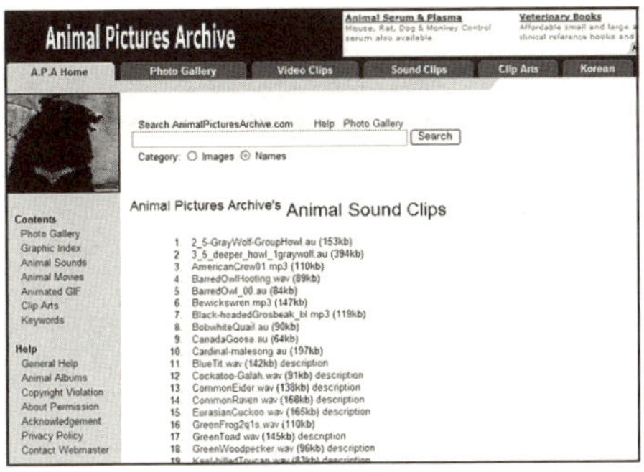

animal sounds(동물소리)

5. 확장활동

1) 사이트에서 찾아본 동물의 움직임을 흉내내기 해 본다.

인터넷을 이용한 활동

2 동물원에 사는 동물들

…이야기 나누기

1. 인터넷 사이트명 : 덴버 동물원 http://www.denverzoo.org

2. 활동목표

1) 동물원에 살고 있는 동물에 대해 알아본다.

2) 동물을 사랑하는 마음을 가진다.

3. 교육과정관련요소

1) 자연탐구 - 과학적 탐구하기 : 생명체와 자연환경 알아보기

4. 활동방법

1) 'devenver zoo(덴버 동물원)' 싸이트에 접속해 [kids]를 클릭한다.

2) 왼쪽의 'wallpaper'를 선택하고 보고 싶은 동물그림을 클릭한다.

Kids-wallpaper에서 보고 싶은 동물선택하기

3) 상단의 [Animal & Plants]를 클릭하여 동물의 종류에서 보고 싶은 것을 선택한다.

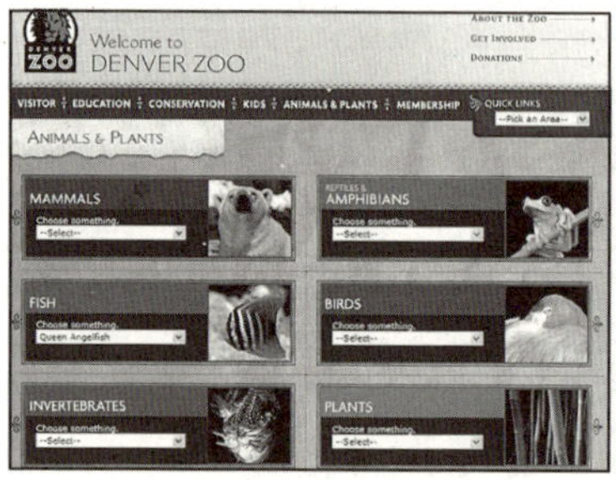

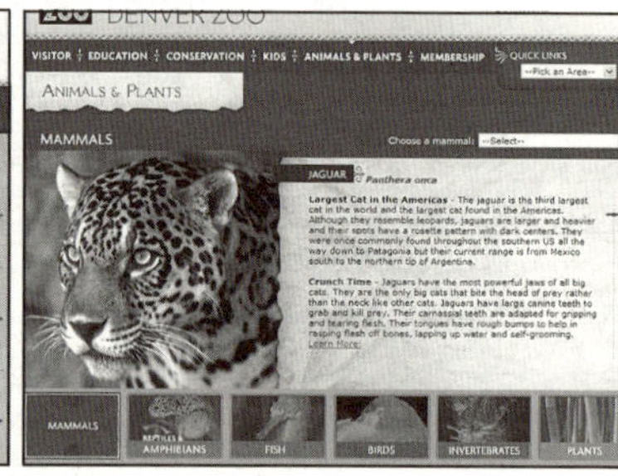

5. 확장활동

1) 동물원 동물에 대해 알아본 후 동물원 견학을 다녀온다.

05 | 건강과 안전

◎ 생활주제중심 활동망

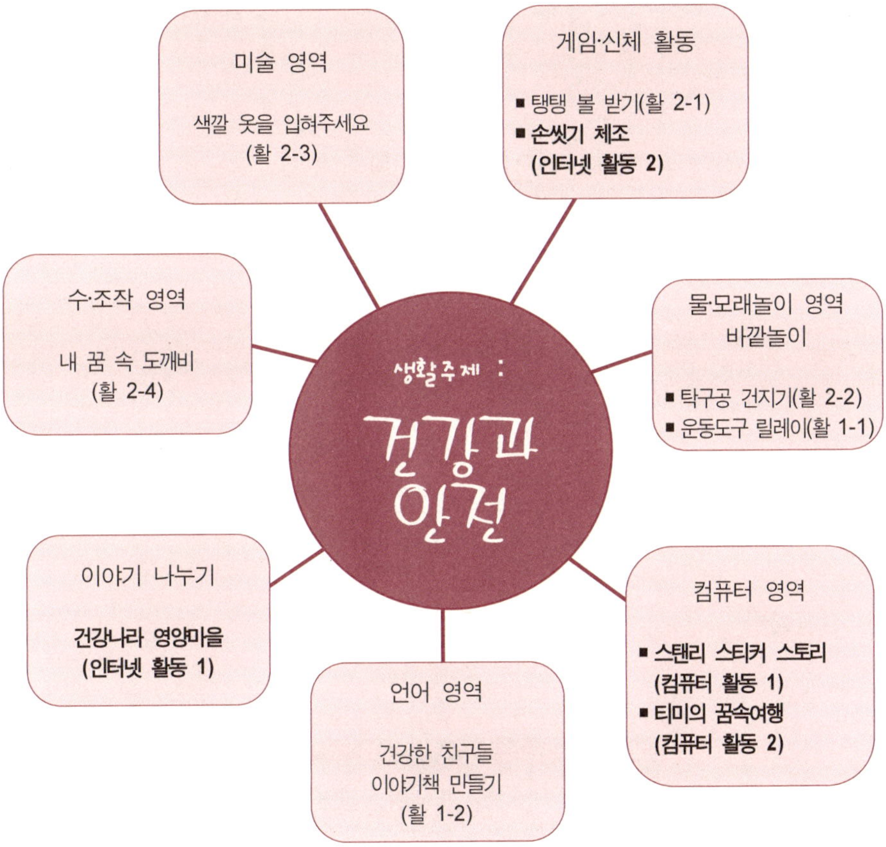

* 「컴퓨터 활동」은 컴퓨터 영역에서 CD를 이용한 활동을 말한다.
* 「인터넷 활동」은 인터넷을 통해 사이트에 접속하여 하는 활동을 말한다.
* 「활」은 컴퓨터 및 인터넷활동에 대한 확장 및 연관 활동을 말한다.

컴퓨터 활동 1

스탠리 스티커 스토리

…컴퓨터영역

1. 활동목표

1) 「스탠리 스티커 스토리」를 이용하여 이야기를 만들어 본다.
2) 목소리를 녹음하거나 음향, 소리 등을 첨가하여 이야기를 들어본다.

2. 활동자료

「스탠리 스티커 스토리」 시디롬 타이틀(Edmark사)

3. 교육과정관련요소

1) 의사소통 - 말하기 : 느낌, 생각, 경험말하기
읽기 : 읽기에 흥미 가지기
쓰기 : 쓰기에 관심가지기

2) 자연탐구 - 과학적 탐구하기 : 간단한 도구와 기계 활용하기

4. 활동방법

1) 메뉴소개

① 새 이야기 만들기

이야기의 배경, 등장인물, 음향과 글자를 넣어 이야기를 꾸밀 수 있으며 직접 목소리로 녹음할 수도 있다. 스티커의 인물들은 움직이도록 조절할 수 있으며 저장과 인쇄가 가능하다.

② 이야기 불러오기

이전에 만든 이야기의 배경, 소리, 음악 등을 다시 불러오거나 편집할 수 있다.

③ 이야기 만드는 방법

이야기의 배경을 불러오는 방법, 등장인물, 소리 등을 첨가하는 방법 등이 자세히 설명된다.

④ 견본이야기

견본으로 만들어진 이야기를 들어볼 수 있다.

2) 컴퓨터 영역에서 스탠리 스티커 스토리의 각 메뉴에 따라 활동한다.

확장 및 연관활동 1-1

운동 도구 릴레이

…바깥놀이

1. 「스탠리 스티커 스토리」 시디롬 타이틀 관련부분

스탠리 스티커 스토리에 나오는 여러 주인공들의 집이나 학교, 수영장, 놀이터, 슈퍼마켓, 사탕가게 등이 제시된 것과 같이 다양한 곳을 거치며 그곳에 맞는 도구를 활용한 릴레이 경주를 해본다.

2. 활동목표

1) 다양한 도구를 활용한 신체활동에 즐겁게 참여한다.

2) 규칙을 지켜 신체활동을 해본다.

3. 활동자료

오리발, 훌라후프, 책가방, 장바구니, 사탕, 밀가루, 쟁반, 각 지점의 표지판

4. 교육과정관련요소

1) 신체운동 · 건강 - 신체 활동에 참여하기 : 기구를 이용하여 신체 활동하기

2) 자연탐구 - 과학적 탐구하기 : 간단한 도구와 기계 활용하기

3) 사회관계- 다른 사람과 더불어 생활하기 : 사회적 가치를 알고 지키기

5. 활동방법

1) 릴레이 경주의 각 지점을 정한다 (학교, 수영장, 놀이터, 슈퍼마켓, 사탕가게).
2) 두 편으로 나누어 한사람씩 나온다.
3) 출발 신호가 울리면 출발하여 각 지점에 알맞은 지시를 따른다.
(학교 : 책가방 메고 다음으로 이동하기, 수영장 : 오리발로 다음으로 이동하기, 놀이터: 훌라후프 통과하기, 슈퍼마켓: 장바구니에 물건을 담아 다음으로 이동하기)
4) 각 지점의 지령을 완수하고 돌아오면 다음 사람이 출발한다.

6. 유의점

－도우미는 이동된 도구를 다음 유아가 출발하기 전 제자리에 가져다 놓는다.

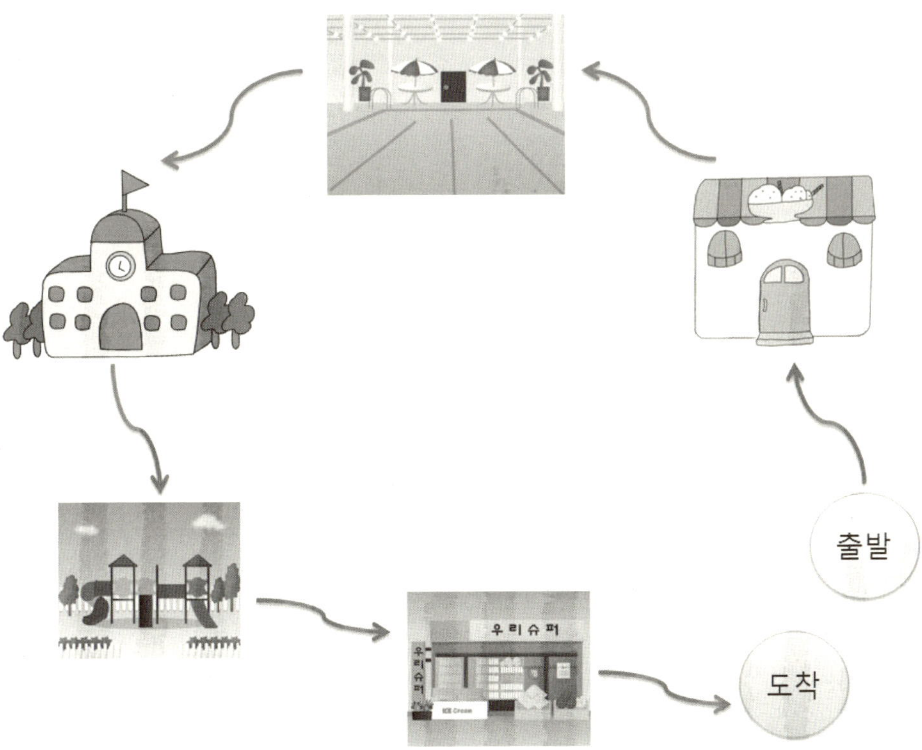

확장 및 연관활동 1-2

건강한 친구들 이야기책 만들기

…언어영역

1.「스탠리 스티커 스토리」 시디롬 타이틀 관련부분

스탠리 스티커 스토리에 나오는 주인공들의 운동하는 모습, 음식을 먹는 모습 등을 이용하여 '건강한 친구들'이라는 주제로 이야기를 꾸미고 책을 만들어 본다.

2. 활동목표

1) 건강하게 지내려면 어떻게 해야 할지에 대하여 관심을 가진다.
2) 주제에 알맞게 이야기를 꾸며본다.

3. 활동자료

스탠리 스티커 스토리 시디롬 타이틀, 프린터

4. 교육과정관련요소

1) 신체운동 · 건강 – 건강하게 생활하기 : 바른 식생활하기, 건강한 일상생활하기
2) 의사소통 – 말하기 : 느낌, 생각, 경험 말하기

5. 활동방법

1) 스탠리 스티커 스토리의 여러 배경 중 건강, 운동 등과 관련 있는 배경을 선택

한다.

2) 선택한 배경에 운동기구를 타고 있거나 운동을 하고 있는 모습, 혹은 음식을 먹고 있는 주인공들을 선택하여 배경에 넣는다.

3) '건강하게 지내려면'이라는 주제로 짧은 이야기를 배경에 삽입한다.

4) 프린트하여 이야기책으로 만든다.

스탠리스티커를 이용한'건강하게 지내려면'책 만들기

컴퓨터 활동
2

티미의 꿈속 여행

…컴퓨터 영역

1. 활동목표

1) 컴퓨터를 이용하여 티미의 꿈속 여행 이야기를 들어본다.
2) 「티미의 꿈속 여행 이야기」 속에 있는 다양한 게임을 경험한다.

2. 활동자료

「티미의 꿈속 여행」 ((주)오르다)

3. 교육과정관련요소

1) 의사소통 - 듣기 : 동요, 동시, 동화 듣고 이해하기
2) 자연탐구 - 과학적 탐구하기 : 간단한 도구와 기계 활용하기

4. 활동방법

1) 메뉴소개

① 올빼미가 읽어주는 동화

메뉴 화면에 있는 올빼미를 클릭하면 올빼미가 동화의 내용을 처음부터 끝까지 읽어준다.

② 티미의 이야기

메뉴 화면에 있는 티미를 클릭할 경우 티미 이야기가 전개되는 가운데 화면에 숨어 있는 게임을 하며 이야기를 들을 수 있다.

③ 원하는 페이지로

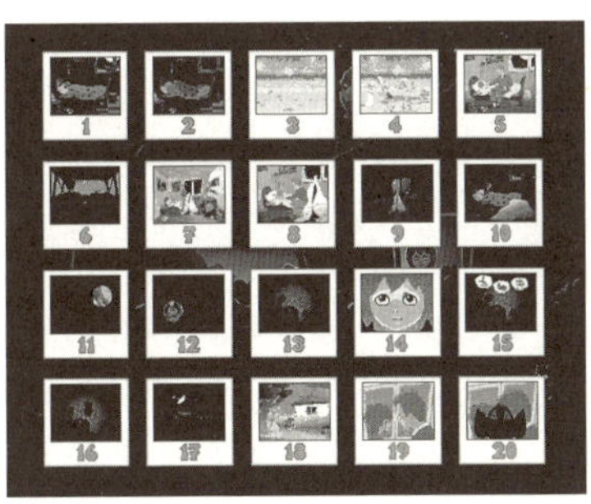

메뉴 화면의 우체통을 클릭하면 이야기의 전체 페이지 중 원하는 페이지로 바로 이동할 수 있다.

④ 점 이어가기(게임)

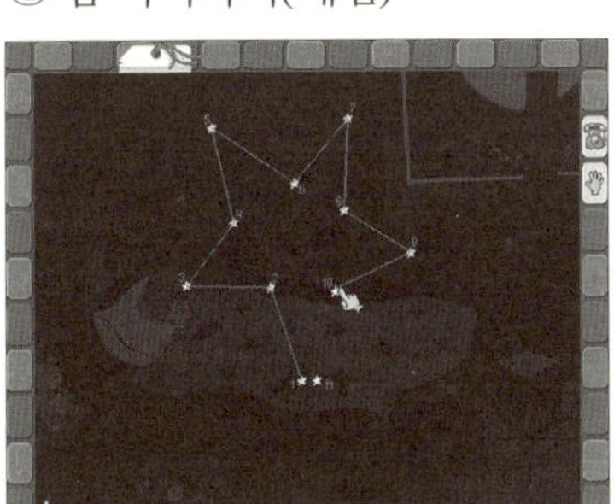

숫자가 적힌 점들을 마우스로 클릭하여 순서대로 연결하여 완성하면 모양이 나타나고 다음 단계로 넘어간다.

⑤ 진주 받기 (게임)

조개 속에 있던 진주가 나와서 하늘 위로 튕겨가는 것을 마우스를 클릭하여 조개껍데기를 열어 받아야 한다. 조개를 받은 횟수만큼 표지판에 숫자가 써진다.

⑥ 조각 맞추기 (게임)

돛대 위에 있는 여러 모양의 조각들을 같은 모양의 빈 칸의 알맞은 곳에 맞추는 게임이다.

⑦ 도깨비 그림자를 맞춰요 (게임)

도깨비와 그림자를 비교하여 다른 부분을 클릭한 후 도깨비와 그림자가 일치하면 도깨비를 클릭한다.

⑧ 숨겨진 그림 찾기

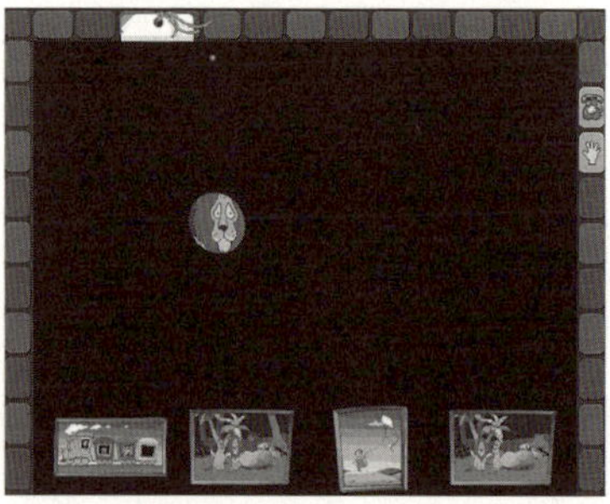

아래의 제시된 네 가지 그림 중 하나가 숨겨져 있다. 손전등으로 비추어 보여진 그림의 부분을 보고 어떤 그림인지 알아 맞춘다.

⑨ 괴물 꾸미기

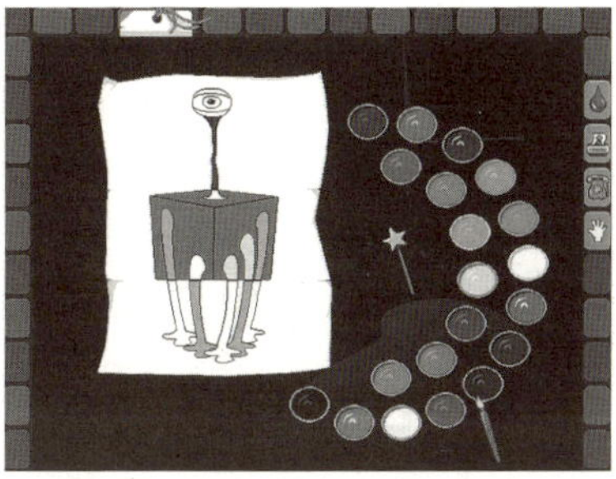

여러 가지 모습의 괴물에 요술봉으로 색을 입혀준다. 오른쪽에 있는 물방울을 누르면 다시 색이 없어진다. 그림을 프린트하여 사용할 수도 있다.

⑩ 텐트 속 도깨비 짝맞추기

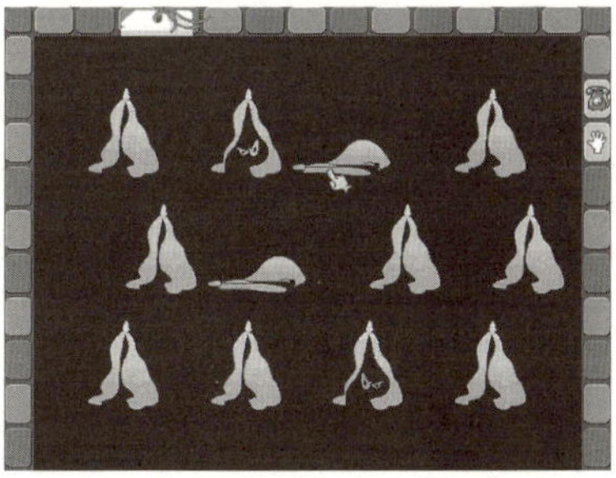

마우스를 클릭하여 텐트에 숨어있는 도깨비의 눈의 색깔과 모양을 본 후 같은 모양의 도깨비를 찾는다.

⑪ 동물 짝 찾아주기

동물원에 있는 동물 중 같은 동물을 우리에 넣어 짝을 찾아주고 알맞은 색을 입혀주는 게임이다.

⑫ 불을 꺼주세요

창틀의 색깔에 따라 같은 색의 물감을 소화기에 채워 불을 끈다.만일 같은 색이 없을 경우 물감을 혼합하여 색을 만든 후 불을 끈다.

⑬ 수퍼마켓 장보기

수퍼마켓에서 오른쪽에 제시된 물건을 장바구니에 받는 게임이다. 다른 물건을 받거나 썩은 생선을 받을 경우 오른쪽에 있는 돈이 줄어든다.

⑭ 그림 조각 맞추기

제시된 그림이 여러 조각으로 나뉘어 섞여 있다. 이것을 원래 그림대로 조각을 맞추는 게임이다.

⑮ 티미네 집 색칠하기

티미네 집을 여러 가지 색깔로 색칠해 본다. 오른쪽 물방울을 누르면 다시 처음으로 돌아간다. 그림을 프린트하여 색칠할 수도 있다.

2) 컴퓨터 영역에서 티미의 꿈속여행 시디롬 타이틀을 활용하여 각 메뉴에 따라 활동한다.

확장 및 연관활동 **2-1**

탱탱 볼 받기

…게임

1. 「티미의 꿈 속 여행」 시디롬 타이틀 관련부분

조개 속에 있는 진주를 조개껍데기를 열어서 받는 것과 같이 물풍선을 지렛대를 이용하여 받는 게임을 해본다.

2. 활동목표

1) 공을 이용한 신체활동에 즐겁게 참여한다.
2) 지렛대의 원리를 이용하여 게임을 해 본다.

3. 활동자료

간이 널뛰기, 탱탱 볼, 공을 담을 바구니

4. 교육과정관련요소

1) 신체운동· 건강 - 신체 활동에 참여하기 : 기구를 이용하여 신체 활동하기, 바깥에서 신체 활동하기
2) 자연탐구 - 과학적 탐구하기 : 간단한 도구와 기계 활용하기

5. 활동방법

1) 널뛰기나 지렛대 모양의 간이 널뛰기를 준비하고 한쪽에 용기를 고정시킨다.
2) 고정시킨 용기.속에 탱탱볼을 넣는다.

3) 다른 쪽에서 발로 널뛰기판을 밟아 탱탱 볼이 반대편 위로 올라가도록 한다.

4) 한명의 유아가 널뛰기를 밟고 다른 유아가 탱탱 볼을 받아보는 게임을 해본다.

5) 탱탱 볼을 땅에 떨어뜨리지 않고 받아보도록 한다.

탱탱볼 받기

확장 및 연관활동 2-2

탁구공 건지기

…물모래놀이 영역

1. 「티미의 꿈 속 여행」 시디롬 타이틀 관련부분

티미가 꿈속에서 갔던 바닷가에서 주변 사람들이 물과 모래로 재미있게 놀고 있는 것과 같이 물과 공을 이용하여 게임을 해본다.

2. 활동목표

1) 물에 떠 있는 탁구공을 건지며 눈과 손의 협응력을 기른다.
2) 물에 뜨는 물체에 관심을 가진다.

3. 활동자료

물을 담을 수 있는 커다란 통(간이 풀장), 탁구공, 탁구공을 담을 용기, 탁구공을 집을 수 있는 도구 (나무젓가락, 숟가락, 국자 등), 부채

4. 교육과정관련요소

1) 신체운동·건강 - 신체 활동에 참여하기 : 기구를 이용하여 신체 활동하기
2) 자연탐구 - 과학적 탐구하기 : 물체와 물질 알아보기

5. 활동방법

1) 간이 풀장과 같은 커다란 통에 물을 $\frac{2}{3}$정도 채우고 탁구공을 여러 개 넣는다.
2) 두 팀으로 나누어 양 팀에서 한 사람씩 나와 어떤 도구로 탁구공을 건질지 선택한다.

3) 각 팀에서 한 사람씩 부채로 탁구공이 가까이 올 수 있도록 도와 줄 사람을 정한다.
4) 신호가 울리면 한 사람은 부채로 탁구공을 몰고 한사람은 탁구공을 건져 올린다.
5) 주어진 시간까지 탁구공을 더 많이 건져 올린 팀이 승리한다.

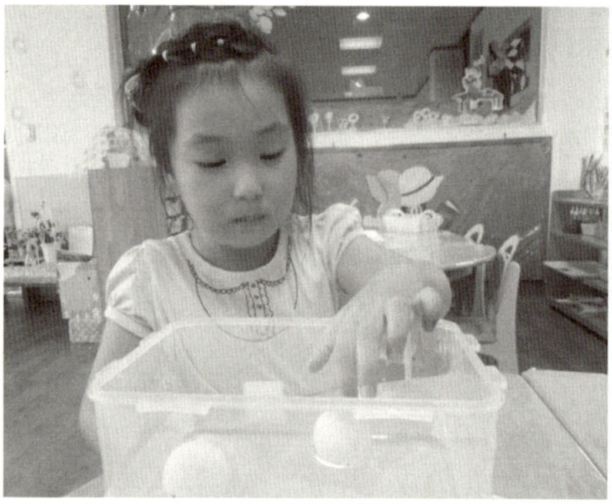

탁구공 건지기

확장 및 연관활동 2-3

색깔 옷을 입혀주세요

…미술 영역

1. 「티미의 꿈 속 여행」 시디롬 타이틀 관련부분

창틀의 색깔을 물감을 혼합하여 만들어 보는 것과 같이 제시된 옷의 색깔을 주어진 물감을 활용하여 색을 만들어 옷에 칠해준다.

2. 활동목표

1) 날씨와 상황에 알맞은 옷에 색깔을 칠해본다.
2) 여러 가지 색깔을 혼합하여 다른 색을 만들어 본다.

3. 활동자료

색깔이 칠해진 옷을 입은 사람 그림과 색깔이 칠해지지 않은 옷을 입은 그림, 물감, 붓

4. 교육과정관련요소

1) 신체운동·건강 - 건강하게 생활하기 : 질병 예방하기
2) 예술경험 - 예술적 표현하기 : 미술 활동으로 표현하기

5. 활동방법

1) 다양한 날씨와 상황에 따른 여러 가지 색깔의 옷을 입은 사람의 그림을 보여준

후 1개를 선택한다.

2) 똑같은 그림이나 옷에 색깔이 칠해지지 않은 그림을 제공한다.

3) 주어진 그림의 옷의 색깔을 만들기 위해 여러 가지 물감의 색을 혼합해 본다.

4) 원하는 색이 만들어지면 색이 없는 옷에 칠해본다.

5) 색깔 만들기가 익숙해지면 색깔이 칠해진 그림을 제시하지 않고 보라, 주황, 초록 등의 단어를 제시하여 칠해보도록 한다.

옷색깔 만들기

확장 및 연관활동 2-4

내 꿈 속 도깨비

…수조작 영역

1. 「티미의 꿈 속 여행」 시디롬 타이틀 관련부분

티미가 보았던 꿈 속 도깨비의 모습처럼 유아들이 꿈 속에서 보았던 도깨비의 모습을 떠올리며 어떤 모습이었는지 신체 부분을 조합하여 꾸며 본다.

2. 활동목표

1) 꿈 속에서 보았던 도깨비의 모습을 회상하여 도깨비를 꾸며본다.
2) 도깨비의 신체 각 부분 자료를 활용하여 창의적으로 꾸며본다.

3. 활동자료

함석판, 자석, 도깨비의 다양한 신체 부분(예: 얼굴- 길쭉한 얼굴, 동그란 얼굴, 네모난 얼굴, 눈- 찢어진 눈, 동그란 눈, 붉은 눈 등), 질문 카드

4. 교육과정관련요소

1) 예술경험 - 예술적 표현하기 : 미술 활동으로 표현하기

5. 활동방법

1) 함석판을 시트지로 싸서 모서리를 다듬고 도깨비를 꾸밀 각 부분의 뒷면에 자석을 붙인다.

2) 꿈 속에서 보았던 도깨비의 모습을 회상하여 주어진 질문 카드에 따라 도깨비를 꾸며본다. (예: 눈은 어떤 모양이었나요?, 코는 어떤 모양이었나요?, 몸통은 어떤 모양이었나요?)

3) 완성된 도깨비 모습을 '내 꿈 속 도깨비'란 제목으로 친구들에게 소개해 본다.

내 꿈 속 도깨비 꾸미기

인터넷을 이용한 활동 1

건강나라 영양마을

…이야기 나누기

1. 인터넷 사이트명 : 건강나라 영양마을
   http://www.cwslp.co.kr/kor/sub_01.html

2. 활동목표

   1) 건강하기 위해서는 여러 가지 음식을 골고루 먹어야 함을 안다.
   2) 5가지 식품군에 대해 관심을 가진다.

3. 교육과정관련요소

   1) 신체운동·건강 - 건강하게 생활하기 : 바른 식생활하기, 질병 예방하기
   2) 자연탐구 - 수학적 탐구하기 : 기초적인 자료 수집과 결과 나타내기

4. 활동방법

   1) 건강나라 영양마을(http://www.cwslp.co.kr/kor/sub_01.html)에 접속한다.
   2) [식품 구성 탑]-[식품구성탑 소개], [각층 식품 이야기]를 클릭하여 식품 구성 탑이 무엇이며 각 식품군의 종류와 하는 일에 대하여 이야기 나누어 본다.

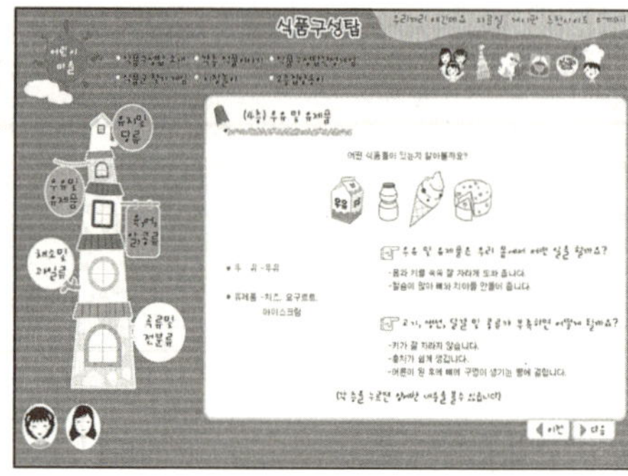

3) 이야기 나누기 후에는 개별 혹은 소집단으로 [식품군 찾기 게임], [시장놀이]를 클릭하여 같은 종류의 식품군을 찾아 분류해 보는 게임을 해볼 수 있다.

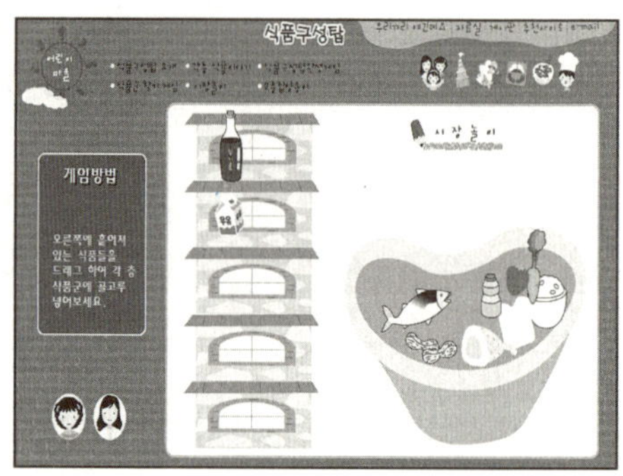

인터넷을 이용한 활동 **2**

손 씻기 체조

…신체 활동

1. 인터넷 사이트명 : 재미나라 http://www.jaeminara.co.kr

2. 활동목표

1) 건강하게 지내기 위해서는 신체활동이 필요함을 안다.
2) 손 씻기 체조를 따라하며 몸을 움직여 본다.
3) 깨끗이 손을 씻는 방법에 대하여 안다.

3. 교육과정관련요소

1) 신체운동·건강 - 신체 조절과 기본 운동하기 : 기본 운동하기
- 건강하게 생활하기 : 몸과 주변을 깨끗이 하기

4. 활동방법

1) 재미나라(http://www.jaeminara.co.kr)에 접속한 후 [무료체험]을 클릭한다.
2) [리듬 고고]를 클릭한 후 손 씻기 체조를 클릭한다.

3) 손 씻기 체조 노래를 부르며 제시된 율동에 따라 신체를 움직여 본다.

06 | 여름

◎ 생활주제중심 활동망

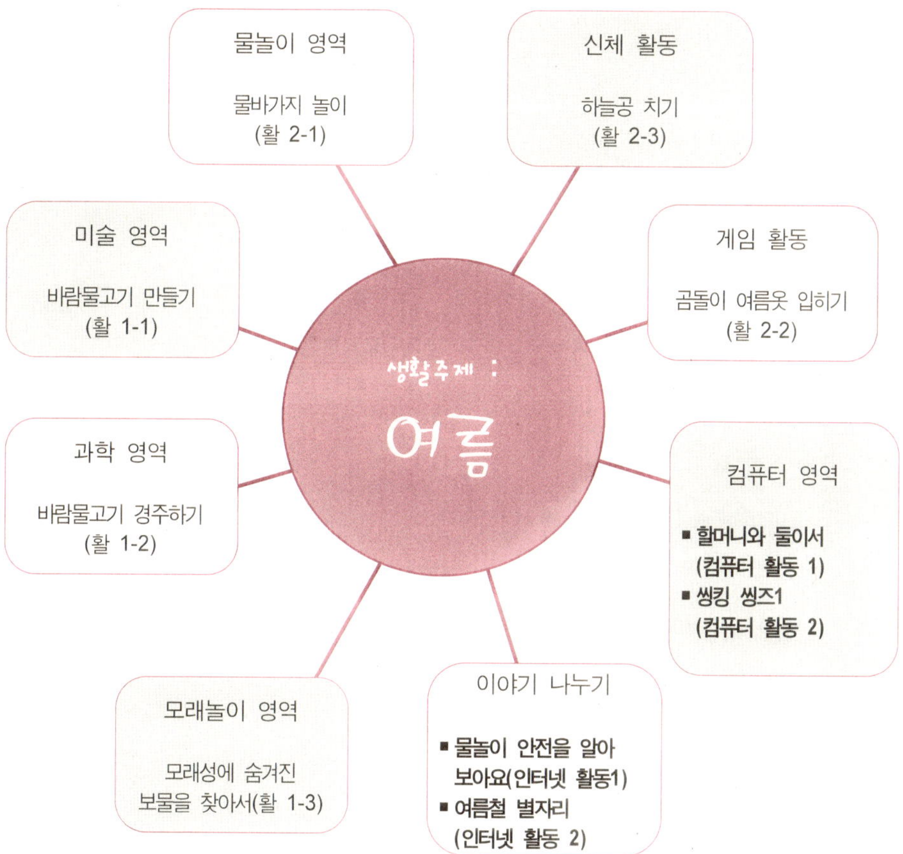

* 「컴퓨터 활동」은 컴퓨터 영역에서 CD를 이용한 활동을 말한다.
* 「인터넷 활동」은 인터넷을 통해 사이트에 접속하여 하는 활동을 말한다.
* 「활」은 컴퓨터 및 인터넷활동에 대한 확장 및 연관 활동을 말한다.

컴퓨터 활동 1

할머니와 둘이서

…컴퓨터영역

1. 활동목표

1) 여름 날씨에 따른 사람들의 생활을 알아본다.
2) 읽어주는 글을 듣고 말과 글의 관계를 알며 이야기를 이해한다.
3) 모래성 만들기를 하며 위치와 방향에 대해 탐색한다.

2. 활동자료

「할머니와 둘이서」 시디롬 타이틀(아리수미디어)

3. 교육과정관련요소

1) 의사소통 - 듣기 : 동요, 동시, 동화 듣고 이해하기
- 읽기 : 읽기에 흥미 가지기

2) 자연탐구 - 과학적 탐구하기 : 자연현상 알아보기
- 수학적 탐구하기 : 공간과 도형의 기초개념 알아보기

4. 활동방법

1) 메뉴소개

① 읽어 주세요

유아는 나레이터가 읽어주는 동화를 듣는다. 이야기 내용에 따라 등장인물들이 움직이고 한 페이지의 이야기가 끝나면 자동으로 다음페이지로가 진행된다. 이야기를 중간에 그만 듣고 싶을 때 정지할 수 있는 아이콘이나 처음 전체 메뉴로 이동하는 아이콘이 없어 조금 불편하다.

② 찾아가기

전체 이야기 속에서 가고 싶은 이야기 장면으로 바로 이동할 수 있다. 이야기를 들려주고 등장인물들이 움직이는 진행방식은 다른 메뉴들과 유사하다. 처음 전체 메뉴로 이동하는 아이콘이 없어 조금 불편하다.

③ 내가 할래요

이야기를 읽어주는 것은 같으나 장면이 자동으로 넘어 가지 않고 유아가 직접 페이지 이동을 선택한다. 하단에 [스티커]아이콘을 선택하면 여러 모양의 스티커 붙이기 놀이를 할 수 있고, [프린터]아이콘을 선택하면 현재 그림을 프린트 할 수 있다. 그러나 처음 전체 메뉴로 이동하는 아이콘이 없어 다른 메뉴로의 이동이 조금 불편하다.

④ 모래성 만들기

바닷가 배경에서 모래성 만들기를 한다. 제시된 모양그릇들로 성벽을 쌓고, 조개껍질, 깃발 등으로 장식을 할 수 있다. 모래성책을 선택하여 여러 모래성그림 중에 한 가지를 선택한 후, 그 위에 다시 모래성을 쌓을 수도 있다. 모래성 만들기가 끝나면 프린트를 할 수 있고, 파도그림을 선택하면 만든 모래성을 지우고 다시 시작할 수 있다.

2) 유아들은 컴퓨터 영역에서 '할머니와 둘이서' 시디롬 타이틀을 가지고 활동한다.

확장 및 연관활동 1-1

바람 물고기 만들기

…미술영역

1. 「할머니와 둘이서」 시디롬 타이틀 관련부분

주인공이 튜브에 공기를 넣는 부분과 관련지어 바람 물고기 만들기 활동에서도 아트 풍선에 공기를 넣어 물고기를 만들어 보는 경험을 해 본다.

2. 활동목표

1) 여러 가지 재료를 가지고 풍선을 이용한 물고기를 꾸며본다.
2) 풍선을 이용한 만들기를 하며 공기의 속성을 탐색해 본다.

3. 활동자료

기다란 아트 풍선(투명 또는 옅은 색), 풍선펌프, 눈알, 양면테이프, 유성매직, 색털공, 셀로판지, 가위, 빨래집게 큰 것

4. 교육과정관련요소

1) 예술경험 - 예술적 표현 하기 : 미술활동으로 표현하기
2) 자연탐구 - 과학적 탐구하기 : 물체와 물질 알아보기

5. 활동방법

1) 기다란 아트 풍선 겉에 눈알, 유성매직, 셀로판지, 색털공을 이용하여 꾸민다.
2) 풍선 속에 짙은 색 색털공 몇 개를 집어넣는다.
3) 꾸미기가 끝나면 풍선펌프를 이용하여 풍선에 공기를 넣는다.
4) 과학영역에서 바람 물고기 경주를 하기 위해 풍선 끝을 묶지 말고 빨래집게로 집는다.

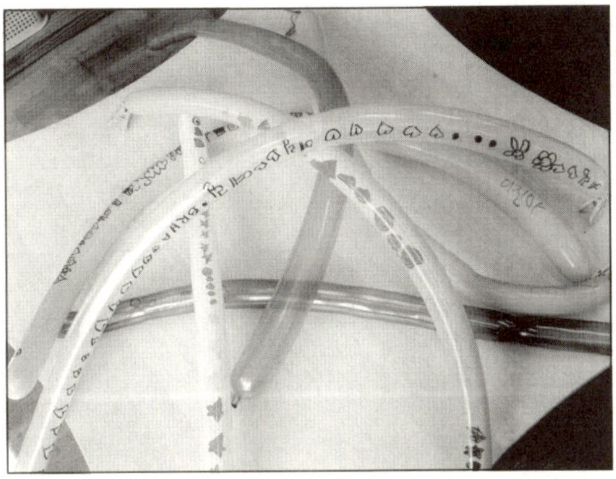

풍선으로 만든 바람 물고기

확장 및 연관활동 1-2

바람 물고기 경주하기

…과학영역

1. 「할머니와 둘이서」 시디롬 타이틀 관련부분

주인공이 튜브에 공기를 넣는 것과 공기가 빠졌던 것을 관련지어 바람 물고기 경주하기 활동에서도 아트풍선에 공기를 넣고 공기를 빠지게 하는 경험을 해 본다.

2. 활동목표

1) 풍선에 공기를 넣고 빼는 것을 반복하며 공기의 속성을 탐색한다.
2) 풍선을 빠르게 이동시키는 바람의 힘을 알아본다.
3) 경주를 하며 풍선이 이동한 속도와 거리를 비교해 본다.

3. 활동자료

미술영역에서 만든 바람 물고기(개인), 직선 모양의 경주트랙

4. 교육과정관련요소

1) 자연탐구 - 과학적 탐구하기 : 물체와 물질 알아보기
- 수학적 탐구하기 : 기초적인 측정하기

5. 활동방법

1) 미술영역에서 만든 바람 물고기를 경주 트랙 출발선에 놓는다.
2) 빨래집게를 빼고 손으로 잡는다. 출발 신호에 맞춰 손을 놓는다.
3) 누구의 바람 물고기가 더 빨리 또는 더 멀리 가는 지 확인한다.
4) 다시 풍선 펌프로 원하는 만큼 바람을 넣고 손으로 잡아 고정시킨다.
5) 경주를 한다.

6. 기타

1) 바람 물고기가 경주 트랙을 벗어나지 않도록 어느 정도 높이가 있는 것으로 준비한다.
(예, 벽돌 블럭을 세운 후, 쓰러지지 않도록 연결하여 직선 트랙을 만든다)

바람물고기 경주하기

확장 및 연관활동 1-3

모래성에 숨겨진 보물을 찾아서

…모래놀이영역

1. 「할머니와 둘이서」 시디롬 타이틀 관련부분

이야기 속에 나오는 바다 모래와 모래성 만들기 메뉴에서 모래를 가지고 성 만들기를 했던 것과 관련지어 모래성 만들기 활동에서는 실제 모래를 가지고 모래성을 만들어 보는 경험을 해본다.

2. 활동목표

1) 모래성 만들기를 하며 모래의 속성을 탐색한다.
2) 모래성 만들기를 하며 공간을 적절히 이용해 보는 경험을 한다.
3) 보물찾기 주제에 대한 이야기를 만들며 놀이해 본다.

3. 활동자료

모래, 물, 보물, 모형인형(사람, 물고기, 배 등), 깃발, 조개껍질, 긴 나무판자, 병뚜껑, 속이 빈 플라스틱 파이프, 숟가락, 삽, 양동이 등

4. 교육과정관련요소

1) 자연탐구 - 과학적 탐구하기 : 물체와 물질 알아보기
- 수학적 탐구하기 : 공간과 도형의 기초개념 알아보기
2) 의사소통 - 말하기 : 느낌, 생각, 경험 말하기

5. 활동방법

1) 모래에 물을 뿌려 젖은 모래를 만든다.
2) 모래를 쌓아 성을 만들고 나무판자를 이용해 다리, 길, 계단 등을 만들어 본다.
3) 속이 빈 플라스틱 파이프 등을 이용해 터널, 동굴, 지하통로 등을 만들어 본다.

4) 깃발, 병뚜껑, 조개껍질 등을 이용해 창문, 문, 장식 등을 달아 본다.

5) 모래성을 다 만들고 나면 보물을 모래성에 숨긴다.

6) 모형 인형들을 이용해 보물찾기 이야기를 만들어 가며 놀이해 본다.

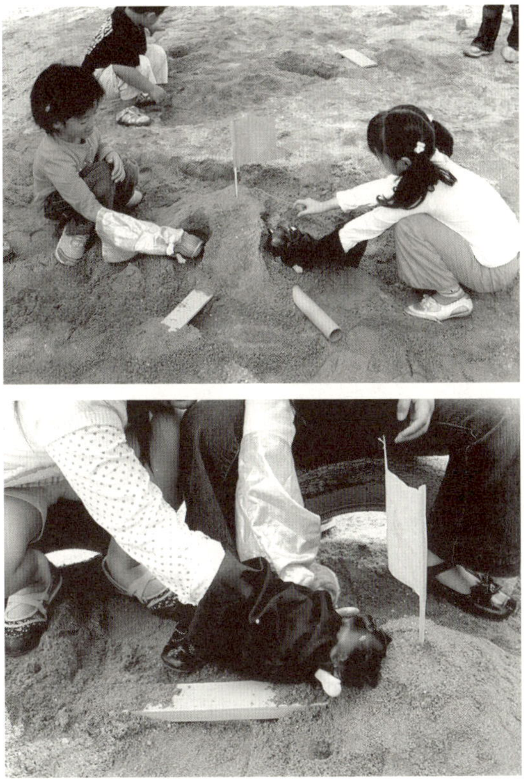

모래성에 숨겨진 보물찾기

컴퓨터 활동 2

씽킹 씽즈 1

…컴퓨터영역

1. 활동목표

1) 여러 종류의 타악기를 연주해 보고 타악기의 소리를 구별해 본다.
2) 실로폰을 연주해 보고 멜로디를 만들어 보거나 정확한 음을 찾아본다.
3) 색깔, 형태, 무늬, 크기, 길이를 비교해 보고 조건에 따라 알맞은 것을 찾아본다.
4) 여러 도형들의 움직임을 보고 공간개념을 이해한다.

2. 활동자료

「씽킹 씽즈1」 시디롬 타이틀(아리수미디어)

3. 교육과정관련요소

1) 예술경험 - 아름다움 찾아보기 : 음악적 요소 탐색하기
- 예술적 표현 하기 : 음악으로 표현하기
2) 자연탐구 - 수학적 탐구하기- 공간과 도형의 기초개념 알아보기

4. 활동방법

1) 메뉴소개

메뉴 화면

① 오랑가방가 음악대

여덟 가지 타악기(차임, 카우벨, 트라이앵글, 징, 심벌즈, 베이스드럼, 사이드드럼, 블록)의 소리를 들을 수 있다. [create]를 선택하면 유아가 자유롭게 음악을 만들고, [play]를 선택하면 오랑가방가가 유아가 만든 음악을 연주한다. [Q & A]를 선택하여 오랑가방가가 연주한 악기의 소리를 듣고 유아가 따라해 볼 수 있다. 화면을 어둡게 해서 소리만 들을 수도 있다.

② 하늘을 나는 공

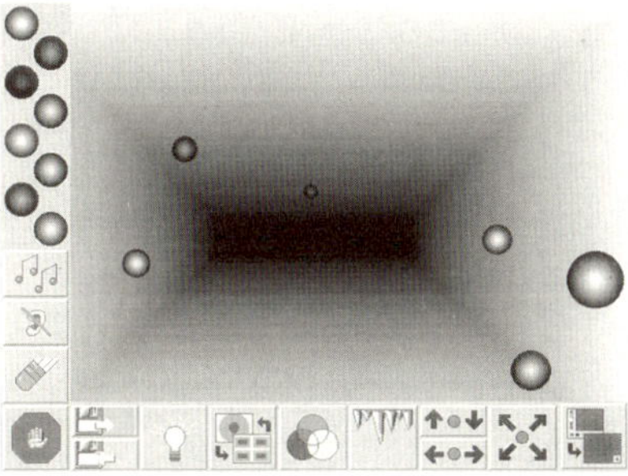

깊이나 원근을 느낄 수 있는 바탕화면 속에서 공의 움직임을 만들어 본다. '하늘을 나는 모양'과 메뉴의 구성이 비슷하며, 아이콘을 클릭하여 공의 움직임, 방향, 바탕색, 속도를 조절할 수 있다.

③ 투니 룬

유아가 다양한 종류의 실로폰을 연주한다. [new]를 눌러 실로폰의 다섯 가지 종류를 선택하여 연주할 수 있다(유리컵, 통나무,고무줄, 닭소리, 보통 실로폰). [create]를 선택하여 유아가 멜로디를 연주하고 [play]를 선택하면 투니가 그대로 멜로디를 들려준다. [Q&A]를 선택하여 화면의 밝기를 조절할 수 있고 난이도 조절도 가능하다.

④ 친구를 만들어 주세요

아기새가 나와 친구를 만들어 달라고 말한다. 유아는 아기 새의 특징에 맞게 몸의 색, 모자의 종류, 신발의 종류, 옷의 무늬를 선택하여 같은 모양을 만들어 낸다. [Q&A]를 선택하면 패턴 만들기 문제가 제시된다.

⑤ 트리플 상점

유아가 상점 주인이 되어 손님이 주문한 물건의 색, 무늬, 형태를 듣고 알맞은 물건을 선택한다. 손님은 직접 방문 또는 팩스, 전화를 통해서 주문할 수 있고, 유아가 원하는 방식을 선택할 수 있다. 난이도 조절이 가능하며 주문과 다른 물건을 선택하면 물건의 개수가 점점 줄어들게 된다.

⑥ 하늘을 나는 모양들

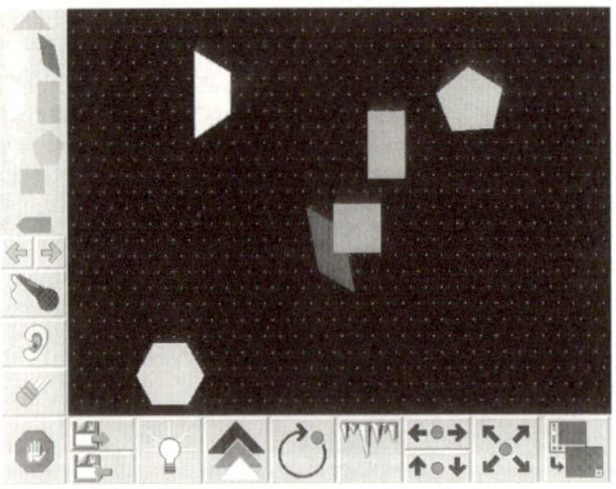

삼각형, 사각형, 오각형의 다양한 모양들이 공간 속에서 여러 방향과 속도를 가지고 움직인다. 여러 아이콘 메뉴들을 이용하여 도형선택, 소리선택, 크기선택, 회전유무, 정지, 방향조절을 할 수 있다.

2) 유아들은 컴퓨터 영역에서 씽킹 씽즈1 시디롬 타이틀을 가지고 활동한다.

확장 및 연관활동 2-1

물바가지 놀이

…물놀이영역

1. 「씽킹 씽즈 1」 시디롬 타이틀 관련부분

실로폰 놀이메뉴에서 한 물건이 크기와 길이, 양이 달라짐에 따라 다른 음이 연주되었던 것을 관련지어 물바가지 놀이에서도 경험해 본다.

2. 활동목표

1) 다양한 크기의 물바가지를 두들겨 음을 만들어 본다.
2) 같은 크기의 바가지에 다른 양의 물을 담고 음을 만들어 본다.

3. 활동자료

물을 담을 수 있는 넓고 큰 통, 크기가 다른 플라스틱 바가지 여러 개, 같은 크기의 플라스틱 바가지 여러 개, 물, 계량컵, 플라스틱 막대

4. 교육과정관련요소

1) 자연탐구 - 수학적 탐구하기 : 기초적인 측정하기, 규칙성 이해하기
2) 예술경험 - 아름다움 찾아보기 : 음악적 요소 탐색하기

5. 활동방법

[첫 번째 물바가지 놀이]

1) 넓고 커다란 통에 물을 ⅔정도 담는다.
2) 다양한 크기의 플라스틱 바가지를 뒤 짚어 물 위에 살짝 잠기도록 올려놓는다.
3) 물위에 뒤 짚어져 떠 있는 플라스틱 바가지를 손바닥으로 두들긴다.
4) 플라스틱 바가지의 크기에 따라 어떤 음이 나는 지 탐색해 본다.

[두 번째 물바가지 놀이]

1) 같은 크기의 물바가지를 나란히 놓고 물의 양을 다르게 담는다.

2) 플라스틱 막대로 두들겨 어떤 음이 나는 지 탐색해 본다.

6. 기타

1) 물바가지 외에 다른 재료를 가지고 해 볼 수 있다.

물바가지로 소리 만들어 보기

확장 및 연관활동 2-2

곰돌이 여름 옷 입히기

…게임

1. 「씽킹 씽즈 1」 시디롬 타이틀 관련부분

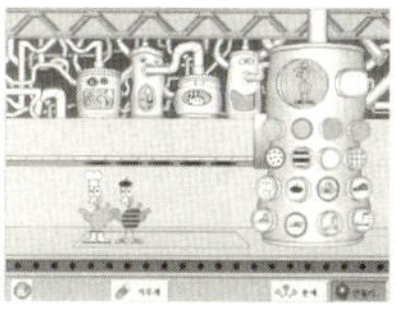

친구 만들기 메뉴에서 한 친구의 모습을 보고 그 친구와 같은 몸색깔, 무늬, 모자, 신발을 갖춘 또 한명의 친구를 만들어 보았던 것을 관련지어 곰돌이 여름 옷 입히기 활동에서도 경험해 본다.

2. 활동목표

1) 지시카드를 보고 알맞은 여름 옷을 찾아 곰돌이에게 입혀 본다.

2) 옷 입히기를 통해 소근육 조작 운동을 해 본다.

3. 활동자료

곰 인형 2개, 곰 인형에게 입힐 여러 가지 여름 옷, 옷 바구니 2개, 지시카드

4. 교육과정관련요소

1) 자연탐구 - 수학적 탐구하기 : 규칙성 이해하기

2) 신체운동·건강 - 신체 활동에 참여하기 : 자발적으로 신체활동에 참여하기

5. 활동방법

1) 유아 1명 앞에 곰 인형 1개씩을 놓고 시작 준비를 한다.

2) 교사는 곰 인형에게 입힐 지시카드를 유아 각자에게 1장씩 제시한다.

3) 유아는 지시카드를 보고 옷 바구니에서 알맞은 것을 찾아 입힌다.

4) 지시카드에 맞게 여름옷을 다 입힌 유아는 곰돌이를 머리 위로 올린다.

6. 기타

1) 곰돌이 옷은 부직포와 찍찍이, 스템플러를 이용해 간단히 만들 수 있다.

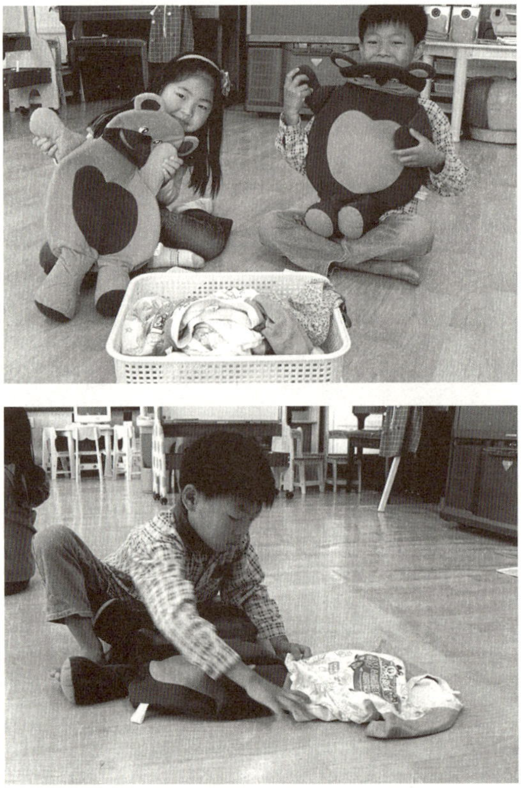

곰돌이 옷 입히기' 게임하기

확장 및 연관활동 2-3

하늘공 치기

…신체 활동

1. 「씽킹 씽즈 1」 시디롬 타이틀 관련부분

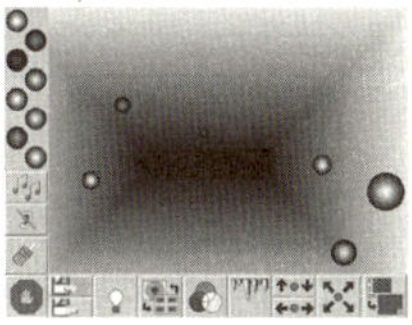

하늘을 나는 공 메뉴에서 원(동그라미)이 가깝게 또는 멀게, 위로 또는 아래로, 왼쪽 또는 오른쪽 등으로 공간 이동시켜 본 것을 관련지어 하늘공 치기 활동을 해 본다.

2. 활동목표

1) 천장에 매달린 공을 흔들어 공이 움직이는 방향과 위치를 탐색한다.
2) 손바닥 또는 신문지 막대를 이용하여 공치기를 한다.

3. 활동자료

고무공 여러 개(지름 약 8-10cm), 고무공을 천장에 매달기 위한 끈, 긴 고무줄, 고무공과 끈을 연결할 접착테이프.

4. 교육과정관련요소

1) 자연탐구 - 수학적 탐구하기 : 공간과 도형의 기초개념 알아보기
2) 신체운동 · 건강 - 신체 활동에 참여하기 : 기구를 이용하여 신체활동하기

5. 활동방법

1) 일반 끈과 고무줄을 이용하여 천장에 고무공을 적당한 간격으로 여러 개 매단다. 이 때 끈의 길이를 서로 다르게 한다.
2) 유아가 손으로 공을 잡고 진자처럼 움직여 그 움직임을 탐색한다.
3) 고무줄로 매단 공은 아래로 끌어내린 후 놓아서 위로 튀어 오르는 움직임을 탐색한다.

4) 끈 길이가 다른 공들을 손바닥으로 하나씩 쳐서 각각의 움직임을 탐색한다.

5) 공 하나의 움직임뿐만 아니라 동시에 여러 공이 움직이는 모습도 탐색한다.

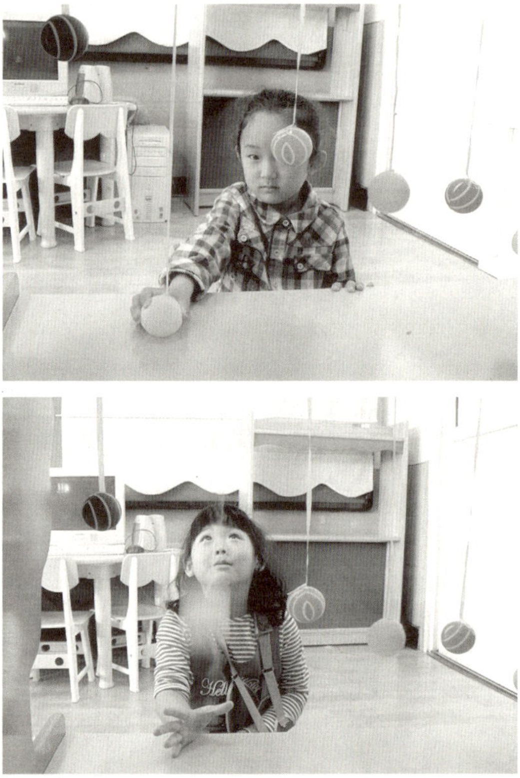

하늘 공 놀이하기

6. 주의점

1) 공들이 움직일 때 서로 끈이 엉키지 않도록 적당한 간격을 두고 매단다.

인터넷을 이용한 활동 1

물놀이 안전을 알아보아요

…이야기 나누기

1. 인터넷 사이트명 : 세이프키즈코리아 http://www.safekids.or.kr

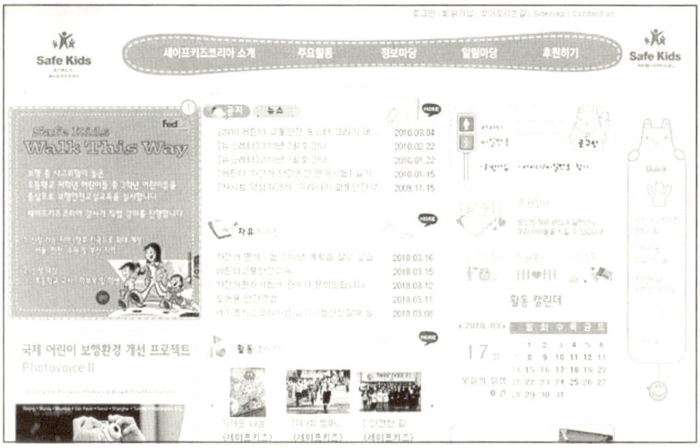

2. 활동목표

1) 여름철 물놀이 안전의 중요성을 안다.
2) 물놀이 시 안전한 놀이방법에 대해 알아본다.

3. 교육과정관련요소

1) 신체운동·건강 - 안전하게 생활하기 : 안전하게 놀이하기

4. 활동방법

1) '세이프키즈코리아' 사이트에 접속해 [어린이 안전나라]를 클릭한다.
2) '안전나라 안전지킴이-애니메이션'에서 '제 4화 물놀이 안전편'을 클릭한다.
3) 물놀이 안전 '신나는 물놀이, 안전하게 즐겨요' 플래시 동화를 들은 후 물놀이 안전에 대해 이야기를 나눈다.

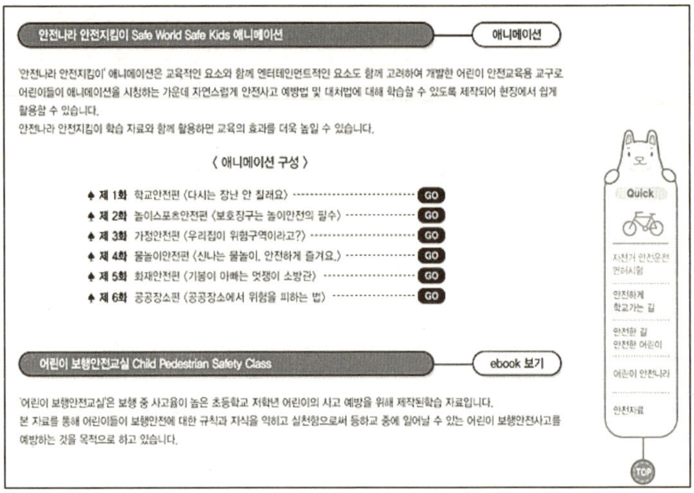

어린이 안전나라

5. 확장 활동

1) 물놀이를 하기 전에 할 수 있는 준비 체조를 해 본다.

인터넷을 이용한 활동 2

여름철 별자리

…이야기 나누기

1. 인터넷 사이트명 : 국립중앙과학관 http://www.science.go.kr

2. 활동목표

1) 여름철 밤하늘의 별자리를 알아본다.
2) 계절에 따른 자연 현상에 관심을 가진다.

3. 교육과정관련요소

1) 자연탐구 - 과학적 탐구하기 : 자연현상 알아보기

4. 활동방법

1) 별자리에 대한 동화를 들려준다.
2) 계절에 따라 볼 수 있는 별자리가 달라지는 것에 대해 이야기 나눈다.
3) '국립중앙과학관' 싸이트에 접속하여 여름철에 볼 수 있는 별자리를 알아본다.
4) [사이버 교육관]을 클릭한 후 '별자리 학습-사계절의 별자리'를 선택한다.
5) '여름철 별자리'를 선택한 후 별자리모양에 대해 이야기를 나눈다.

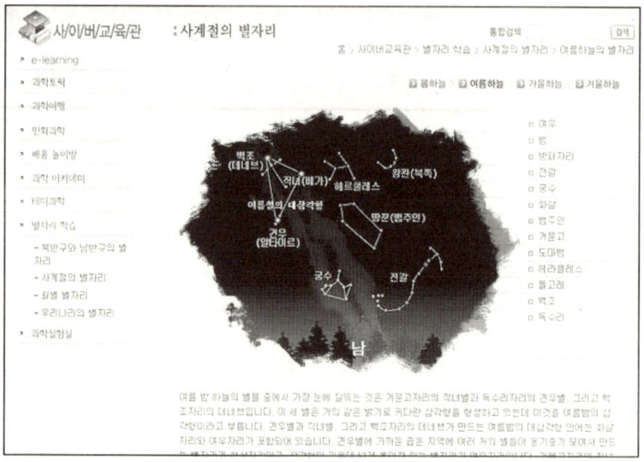

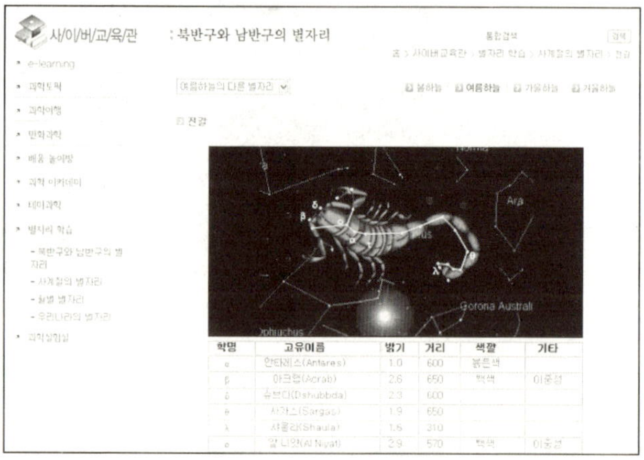

여름철 별자리 - 전갈자리

5. 확장활동

1) 여름철 별자리 모양을 오려 여름의 밤하늘 꾸미기 미술활동을 해 본다.

07 | 교통기관

◎ 생활주제중심 활동망

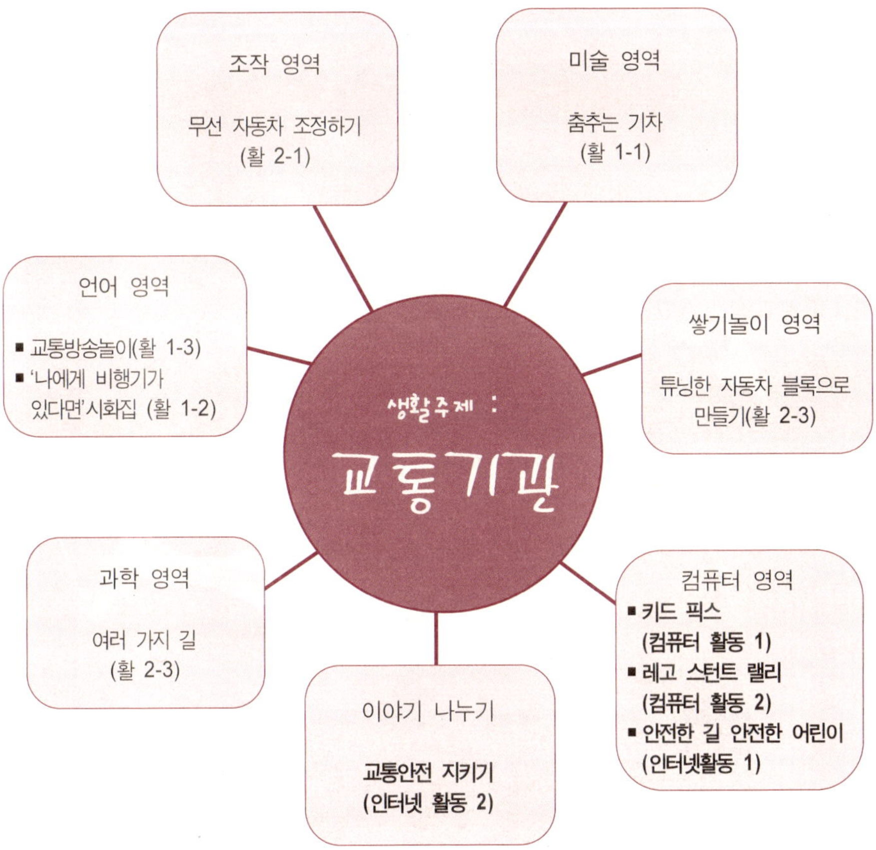

* 「컴퓨터 활동」은 컴퓨터 영역에서 CD를 이용한 활동을 말한다.
* 「인터넷 활동」은 인터넷을 통해 사이트에 접속하여 하는 활동을 말한다.
* 「활」은 컴퓨터 및 인터넷활동에 대한 확장 및 연관 활동을 말한다.

컴퓨터 활동 1

키드 픽스

…컴퓨터영역

1. 활동목표

1) 여러 가지 색깔과 모양들을 이용하여 그림을 그려본다.

2) 다양한 움직임에 대해 탐색하고 패턴을 만들어 본다.

2. 활동자료

「키드 픽스」 시디롬 타이틀(아리수미디어)

3. 교육과정관련요소

1) 예술경험- 아름다움 찾아보기 : 미술적 요소 탐색하기

2) 예술경험- 예술적 표현 하기 : 미술활동으로 표현하기

4. 활동방법

1) 메뉴소개

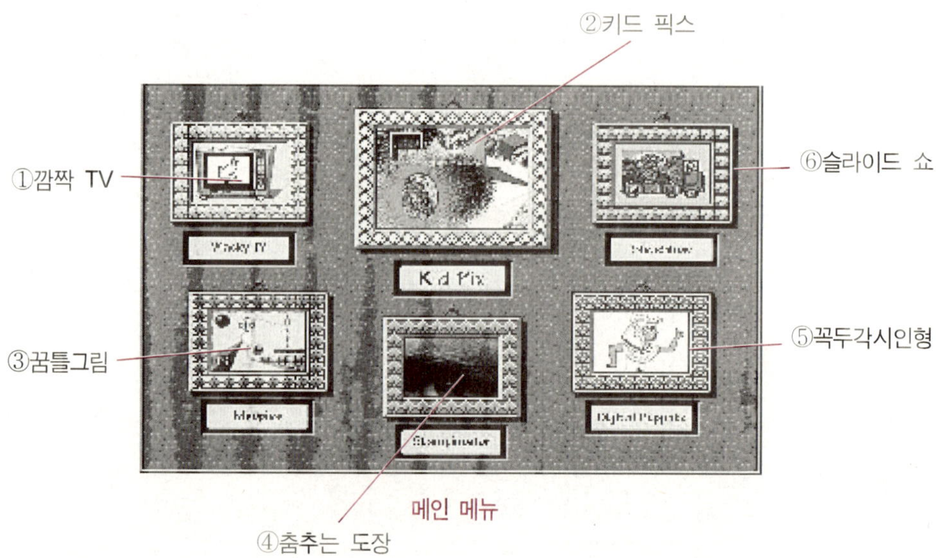

메인 메뉴

① 깜짝 TV

이 메뉴를 선택하면 '보고 싶은 것을 선택하세요'라는 안내가 나온다. 원하는 파일을 찾아 선택하면 텔레비전 화면에 동영상이 나타난다. 오른쪽 단추들은 동영상 재생하기, 나가기, 소리조절 등의 기능을 갖고 있다.

② 키드 픽스

이 메뉴를 선택하면 '그림나라 키드픽스예요'라는 안내가 나온다. 왼쪽의 그림도구를 이용하여 그림그리기, 지우기, 색칠하기, 도장찍기, 글자넣기 등을 할 수 있다. 하단의 도구들은 그리기도구와 지우개의 모양과 크기 등을 조절하는 기능을 가지고 있다.

③ 꿈틀 그림

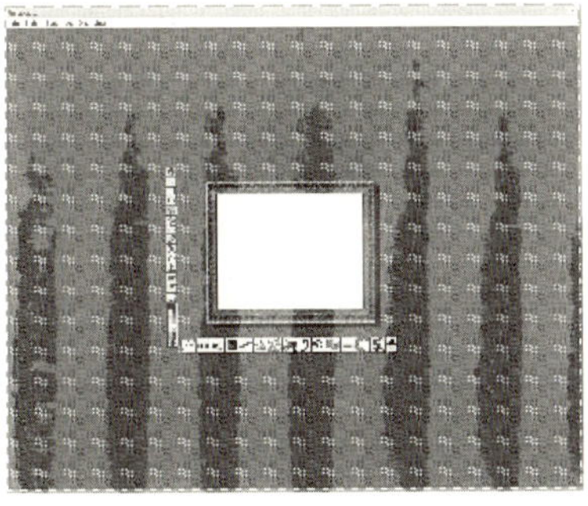

이 메뉴를 선택하면 '요술 붓을 사용해서 움직이는 그림을 그리세요'라는 안내가 나온다. 키드픽스가 정지된 그림을 그린다면, 꿈틀 그림은 움직이는 그림을 그리는 것이다. 스스로 제자리에서 움직이는 모양도장, 글자 등을 이용하여 그림을 구성한다.

④ 춤추는 도장

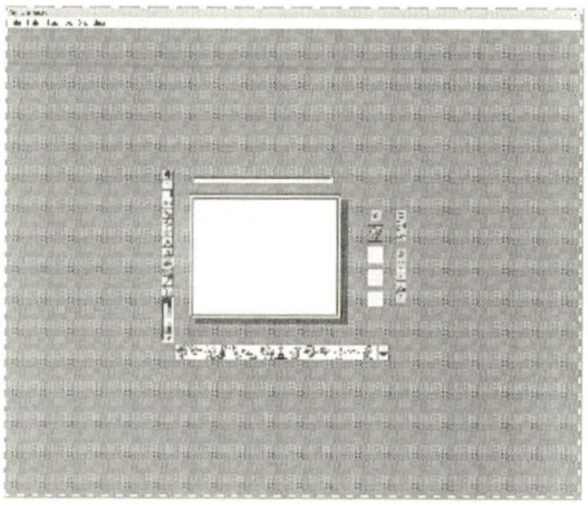

이 메뉴를 선택하면 '우와, 그림도장이 춤을 추네요'라는 안내가 나온다. 그림판의 배경화면과 배경음악을 '자료창고'에서 선택하여 삽입할 수 있다. '도장 모음 고르기'에서 원하는 도장모음 세트를 선택할 수 있다. 그림도장을 선택하고, 그 그림의 이동경로를 지정해 주면 그림들이 이동경로에 따라 움직인다. 제작한 슬라이드를 저장하여 나중에 슬라이드 쇼로 감상할 수 있다.

⑤ 꼭두각시 인형

이 메뉴를 선택하면 '키보드를 쳐보세요. 인형에게 어떤 일이 생길까요?'라는 안내가 나온다. 키보드를 치면 인형의 신체가 각각 움직인다. 하단의 빨간 단추를 누르고 키보드를 치면 인형의 움직임을 녹화할 수 있고, 재생단추를 누르면 녹화한 것을 볼 수 있다. '자료창고'에서 인형과 배경을 고를 수 있다.

⑥ 슬라이드 쇼

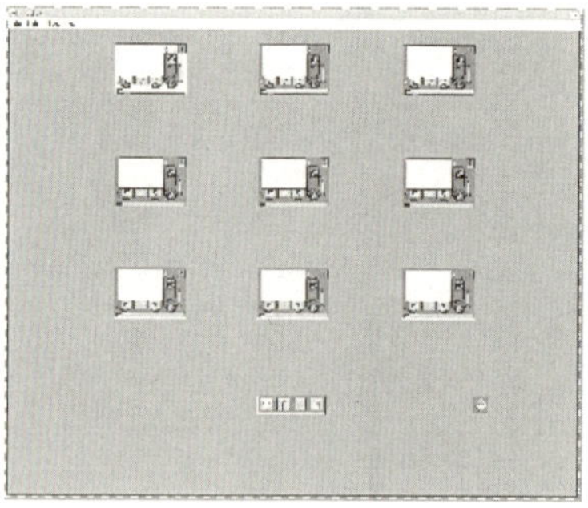

각각의 트럭에 그림, 애니메이션 등을 넣고 음향효과를 삽입하여 슬라이드 쇼를 볼 수 있다. 키드 픽스나 꿈틀 그림, 춤추는 도장 활동에서 저장한 것을 불러와 슬라이드 쇼로 볼 수 있다. 하단의 단추들은 쇼 재생과 멈춤, 다음 장면으로 전환, 음향효과 등을 조절하는 기능을 가지고 있다.

2) 유아들은 컴퓨터 영역에서 '키드 픽스' 시디롬 타이틀을 가지고 활동한다.

확장 및 연관활동 1-1 춤추는 기차

…미술 영역

1. 「키드 픽스」 시디롬 타이틀 관련부분

키보드를 조작하여 인형들의 신체를 각각 움직이는 것과 관련하여 기차에 줄을 달아 각각의 칸을 움직일 수 있는 줄 인형을 만든다.

2. 활동목표

1) 줄을 조작하여 기차를 움직여 본다.
2) 폐품을 이용하여 만들기를 한다.

3. 활동자료

빈 우유곽, 줄, 검정 고무즐, 색종이, 풀, 가위, 네임펜, 나무막대, 눈알, 모루

4. 교육과정관련요소

1) 예술경험 - 아름다움 찾아보기 : 미술적 요소 탐색하기
- 예술적 표현하기 : 미술활동으로 표현하기

5. 활동방법

1) 우유곽 4개를 기차의 각 칸으로 꾸민다.
2) 4개의 우유곽을 한 줄로 연결할 때 각 사이를 검정 고무줄로 연결한다.
3) 기차의 맨 앞 칸에는 눈알을 붙이고 각 칸에는 모루를 이용하여 팔을 만들어 붙인다.
4) 기차 만들기가 완성되면 기차의 각 칸 마다 줄을 위로 달아 나무막대 2개에 연결한다.

– 기차 두 칸을 나무 막대 1개에 연결한다.

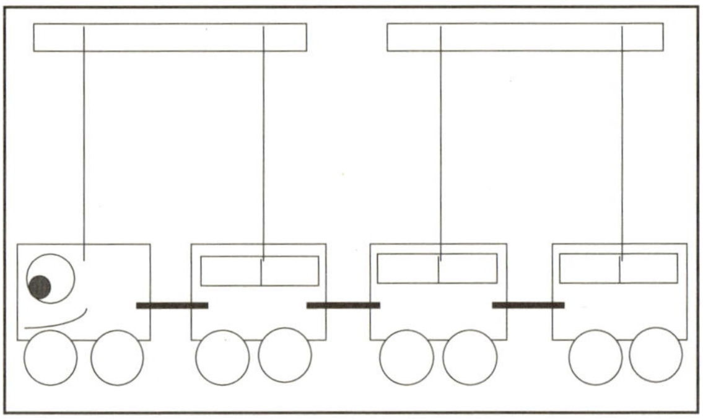

춤추는 기차 교구제작(예)

확장 및 연관활동 1-2 나에게 비행기가 있다면

…언어 영역

1. 「키드 픽스」 시디롬 타이틀 관련부분

키드 픽스에서 다양한 색깔, 모양, 그림도장을 이용하여 그림을 그리는 것과 관련하여 언어영역에서 동지 짓기를 먼저 한 후, 키드픽스에서 그에 맞는 그림을 그린다.

2. 활동목표

1) 주제에 맞는 동시를 지어본다.
2) 동시 내용에 알맞은 장면을 구상하여 그림으로 표현해 본다.

3. 활동자료

쓰기 도구와 종이, 키드 픽스, 프린터

4. 교육과정관련요소

1) 의사소통 - 쓰기 : 쓰기에 관심가지기, 쓰기 도구 사용하기
2) 예술경험 - 예술적 표현하기 : 미술활동으로 표현하기

5. 활동방법

1) '나에게 비행기가 있다면'이라는 주제를 가지고 동시 짓기를 한다.
2) 동시 짓기 활동이 끝나면, 키드 픽스를 이용하여 동시에 알맞은 그림을 그린다.
3) 그림이 완성되면 프린트한다.
4) 동시와 그림을 한 곳에 붙여 시화집을 만든다.
5) 시화집을 언어영역에 비치하여 다른 유아들의 작품도 감상한다.

6. 기타

1) 비행기 대신 유아들 각자가 다른 탈 것을 선택하여 동시 짓기를 할 수 있다.

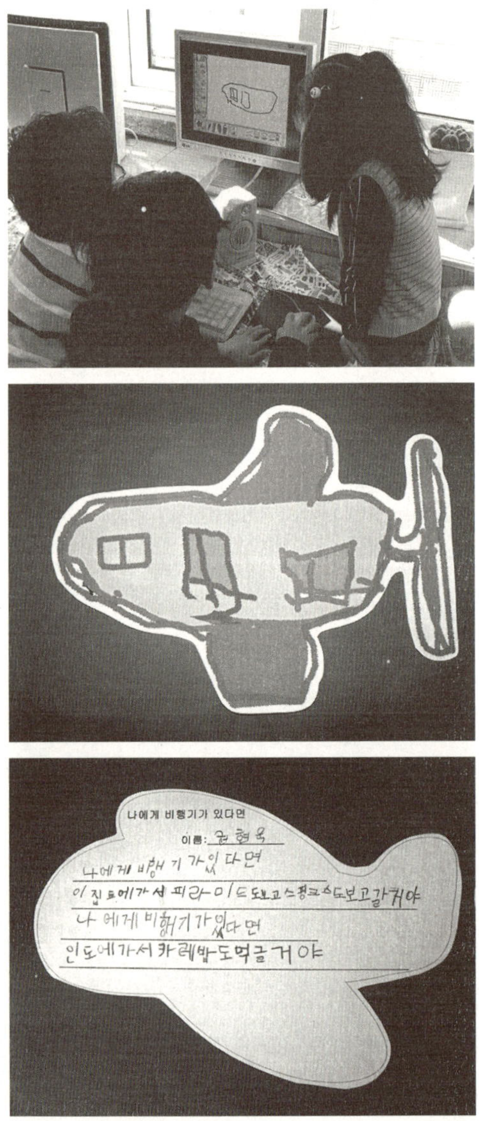

'나에게 비행기가 있다면' 동시 짓기

확장 및 연관활동 1-3

교통 방송 놀이

…언어영역

1. 「키드 픽스」 시디롬 타이틀 관련부분

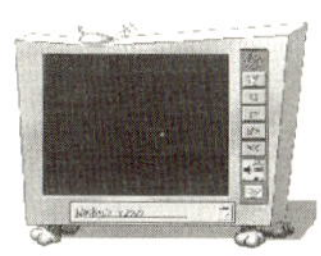

텔레비전을 통해 여러 동영상을 감상했던 것과 관련하여 텔레비전 매체가 주는 정보 전달 기능을 놀이를 통해 경험해 본다.

2. 활동목표

1) 텔레비전 매체가 가진 정보전달 기능을 알아본다.
2) 상황에 알맞은 내용을 바르게 말해본다.

3. 활동자료

텔레비전 틀, 교통상황 그림(눈길, 비오는 길, 빙판길, 자동차로 길이 막힌 길, 소통이 원활한 길, 마라톤 행사하는 길, 119차가 지나가는 길, 안개 낀 길 등), 마이크, 상황설명 카드

4. 교육과정관련요소

1) 의사소통 - 말하기 : 낱말과 문장으로 말하기, 느낌, 생각, 경험 말하기
2) 자연탐구 - 과학적 탐구하기 : 간단한 도구와 기계 활용하기

5. 활동방법

1) 교통 상황을 나타내는 그림을 텔레비전 틀에 끼우거나 삼각대에 세운다.
2) 그림을 하나씩 돌려가며 그에 알맞은 교통상황을 말해 본다.
3) 유아가 상황그림을 보고 바로 말하거나, 상황설명 카드를 참고하여 말할 수 있다.

교통상황 교구제작(예)

컴퓨터 활동 2

레고 스턴트 랠리

…컴퓨터 영역

1. 활동목표

1) 방향과 속도에 대한 개념을 이해한다.

2) 다양한 길을 통과하는 자동차를 보고 원인과 결과를 탐색해 본다.

3) 자동차 트랙을 구성하며 공간개념을 이해한다.

2. 활동자료

「레고 스턴트 랠리」 시디롬 타이틀(그래픽 스테이트 게임즈)

3. 교육과정관련요소

1) 자연탐구 - 수학적 탐구하기: 공간과 도형의 기초개념 알아보기

- 과학적 탐구하기: 간단한 도구와 기계 활용하기

4. 활동방법

1) 메뉴소개

시작 화면

① 경주 선택

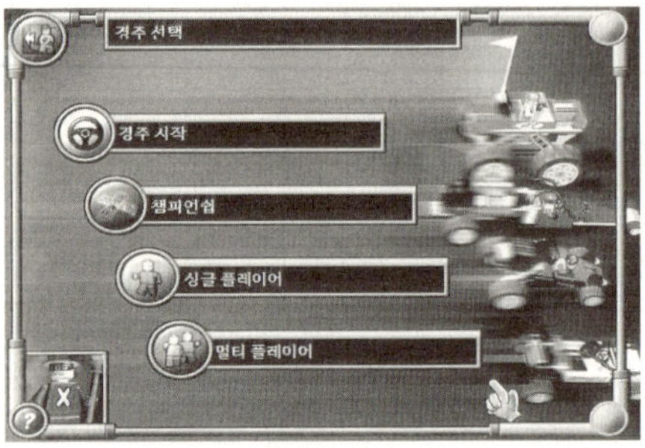

시작메뉴에서 경주 버튼을 클릭하면 4가지의 메뉴가 나타난다. 각 메뉴는 '경주 시작', '챔피언쉽', '싱글 플레이어', '멀티 플레이어'이다. 정해진 순서는 없고 원하는 것을 선택할 수 있다.

② 경주선택-경주시작(트랙선택)

챔피언쉽 랠리를 하기 전에 연습하기 위한 경주이다. 레이싱카를 조종하여 트랙을 3바퀴 돌아 승부를 가린다. 유아는 속도조절만 하면 되고 좌우 조종은 컴퓨터가 해준다. 경주를 시작하기 전에 트랙을 먼저 선택해야하지만 레이서와 자동차는 선택할 수 없다. 경주가 끝나고 1위를 한 레이서의 레이싱 모습을 다시 한 번 감상할 수 있다. 감상하지 않으려면 ESC 버튼을 누르면 된다.

③ 챔피언십

이 메뉴에서는 진흙길, 빙판길, 모래길, 숲길을 통과하여 마지막에 미스터와 만나게 되는 활동이다. 각 길을 지날 때 마다 알맞은 타이어로 변경해야 하며 상황에 따라 기어 단수를 변경해야 한다.

④ 싱글 플레이어

이 메뉴에서는 사용할 자동차를 튜닝한다. 색깔, 모양, 바퀴를 원하는 것으로 선택할 수 있다. 선택하는 것이 어려울 경우 자동으로 튜닝해 주는 기능을 이용할 수 있다.

⑤ 멀티 플레이어

둘이서 플레이를 할 경우, 선수를 정하는 곳이다. 각 선수에 대한 간략한 이름과 소개를 들려준다. 선택이 끝나면 경주하기로 이동한다.

⑥ 건설하기-트랙 만들기

트랙만들기 메뉴는 오른쪽에 있는 옵션을 가지고 평평한 길과 언덕 등을 이어 트랙을 만든다. 만일 트랙이 연결될 수 없는 곳에 길을 만들 경우 경고가 나오게 되고 트랙은 만들어 지지 않는다. 장소를 변경하여 건설할 수 있다. 만든 트랙을 저장할 수 있다.

⑦ 게임 옵션 선택

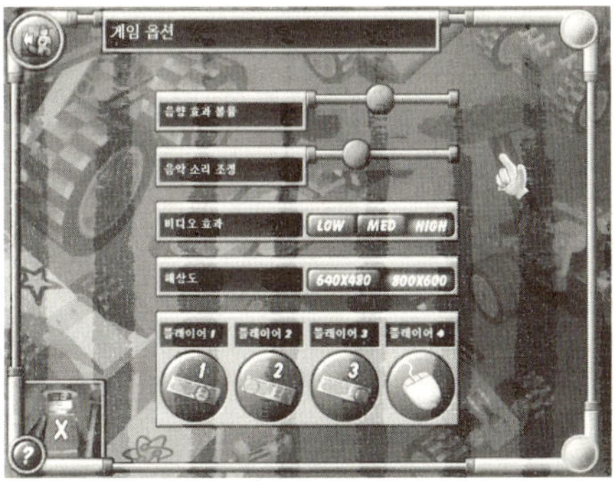

이 메뉴는 소리크기, 해상도, 키보드 선택키 등에 관한 옵션을 변경할 수 있다.

2) 유아들은 컴퓨터 영역에서 '레고 스턴트 랠리' 시디롬 타이틀을 가지고 활동한다.

확장 및 연관활동 2-1

무선 자동차 조종하기

…수·조작 영역

1. 「레고 스턴트 랠리」 시디롬 타이틀 관련부분

키보드의 방향키를 이용하여 트랙에서 자동차를 조종하는 것과 관련하여 무선 리모콘으로 자동차를 조종해 여러 종류의 길을 탐색해 본다.

2. 활동목표

1) 자동차를 조종해 보며 속도와 방향 개념을 익힌다.
2) 여러 종류의 길과 자동차 움직임과의 관계성을 탐색한다.

3. 활동자료

무선 리모콘, 무선 자동차, 유원장

4. 교육과정관련요소

1) 자연탐구 - 수학적 탐구하기 : 공간과 도형의 기초개념 알아보기
2) 자연탐구 - 과학적 탐구하기 : 간단한 도구와 기계 활용하기

5. 활동방법

1) 유원장(바깥놀이터)에서 무선 리모콘으로 자동차를 조종한다.
2) 위험한 장소나 화단, 다른 유아들의 놀이에 방해가 되는 공간을 피해 여러 종류의 길 위에서 자동차를 움직여 본다.
3) 활동이 끝나고 나면 자동차 조종에서 어려웠던 점과 쉬웠던 점을 말해 본다.

여러 가지 길에서 무선 자동차 조종해 보기

확장 및 연관활동
2-2

여러 가지 길

…과학영역

1. 「레고 스턴트 랠리」 시디롬 타이틀 관련부분

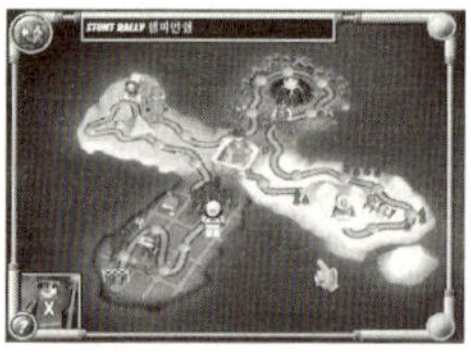

모래 길, 빙판길, 진흙탕 길 등 여러 길을 통과하면서 자동차의 움직임을 조종했던 것과 관련하여 미니자동차 장난감을 가지고 여러 종류의 길에서 굴려보며 관계성을 탐색해 본다.

2. 활동목표

1) 여러 종류의 길이 가진 특징들을 탐색해 보고 비교해 본다.
2) 자동차와 길과의 관계성을 추론해 본다.

3. 활동자료

여러 종류의 길(올록볼록 비닐길, 스폰지 길, 비닐장판 길, 나무길, 빨래판 길), 미니 자동차, 지지대(예, 종이벽돌 블록)

4. 교육과정관련요소

1) 자연탐구 - 과학적 탐구하기 : 물체와 물질 알아보기, 간단한 도구와 기계 활용하기

5. 활동방법

1) 지지대를 이용해 여러 가지 길들을 경사로로 만든다.
2) 미니 자동차를 각 길에서 굴려본다.
3) 미니 자동차의 움직임을 보고 각 길들의 특징을 찾아보고 비교해 본다.

6. 기타

1) 여러 종류의 길을 하나의 트랙으로 연결하여 놀이할 수 있다. 여러 종류의 길은 경사로로 만들고 나머지는 평평한 길로 연결한다.

여러 가지 길에서 미니자동차 굴려보기

확장 및 연관활동 2-3

튜닝한 자동차 블록으로 만들기

…쌓기놀이 영역

1. 「레고 스턴트 랠리」 시디롬 타이틀 관련부분

싱글 플레이어 메뉴에서 유아는 자신들의 자동차 종류, 색상, 타이어를 선택하여 튜닝할 수 있고 이를 프린트할 수 있다. 이와 관련하여 프린트한 자동차 그림을 보고 쌓기영역에서 여러 블록으로 자동차를 만들어 본다.

2. 활동목표

1) 그림으로 표현된 대상을 다른 종류의 매체로 표현해 본다.

3. 활동자료

유아 각자가 튜닝한 자동차 그림, 블록(레고블럭, 끼우기블럭, 목공블럭 등)

4. 교육과정관련요소

1) 자연탐구 - 수학적 탐구하기 : 공간과 도형의 기초 개념 알아보기

2) 예술경험 - 예술적 표현 하기 : 미술 활동으로 표현하기

5. 활동방법

1) 싱글 플레이어 메뉴에서 자동차의 종류, 색깔, 타이어 등을 선택하고 프린트한다.

2) 프린트한 자동차 그림을 보고 블록으로 만들어 본다.

3) 한 종류의 블록으로 만들고 난 후 다른 종류의 블록으로도 만들어 본다.

여러 가지 블록으로 경주용 자동차 만들기

인터넷을 이용한 활동 **1**

안전한 길 안전한 어린이

…컴퓨터 영역

1. 인터넷 사이트명 : 안전한 길 안전한 어린이
   http://www.saferoad-safekids.com/2007/

2. 활동목표

   1) 플래시 동화를 보며 교통 안전에 대해 알아본다.
   2) 교통 안전 게임을 하며 안전의 중요성에 대해 안다.

3. 교육과정관련요소

   1) 신체운동 · 건강 - 안전하게 생활하기 : 교통안전 규칙 지키기

4. 활동방법

   1) '안전한 길 안전한 어린이' 사이트에 접속해 [친구야 놀자]를 클릭한다.
   2) '교통안전 동화' 듣기를 선택한 후 목록에 있는 동화를 듣는다.

3) [친구야 놀자]에서 '게임'을 클릭하여 원하는 교통안전 게임을 해 본다.

인터넷을 이용한 활동 2

교통안전 지키기

…이야기 나누기

1. 인터넷 사이트명 : 대경어린이교통안전교육원 http://www.ktse.org

2. 활동목표

1) 교통안전의 중요성을 알고 이를 지킨다.
2) 교통안전 약속에 대해 알아본다.

3. 교육과정관련요소

1) 신체운동·건강 - 안전하게 생활하기 : 교통안전 규칙 지키기

4. 활동방법

1) '대경어린이교통안전교육원' 사이트에 접속한다.
2) [교통안전 학습 프로그램]을 클릭한 후 목록에 있는 자료를 선택한다.
3) 플래시 자료를 보며 각각의 교통안전 약속에 대해 이야기를 나눈다.

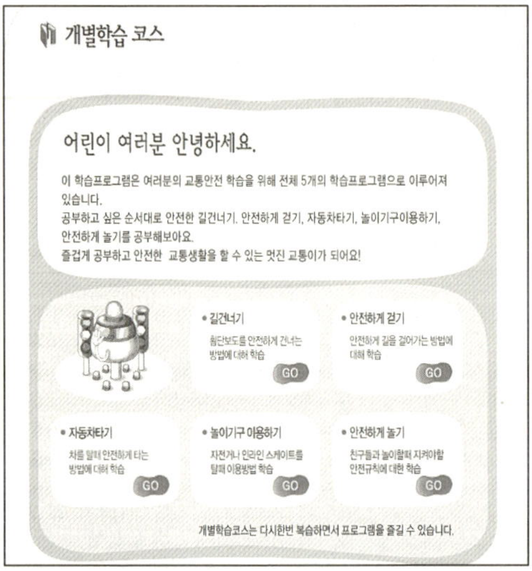

교통안전 학습프로그램 - 길 건너기

5. 확장활동

1) 신호등이 있는 횡단보도에서 길 건너기 방법을 연습해 본다.

08 | 생활도구

◎ 생활주제중심 활동망

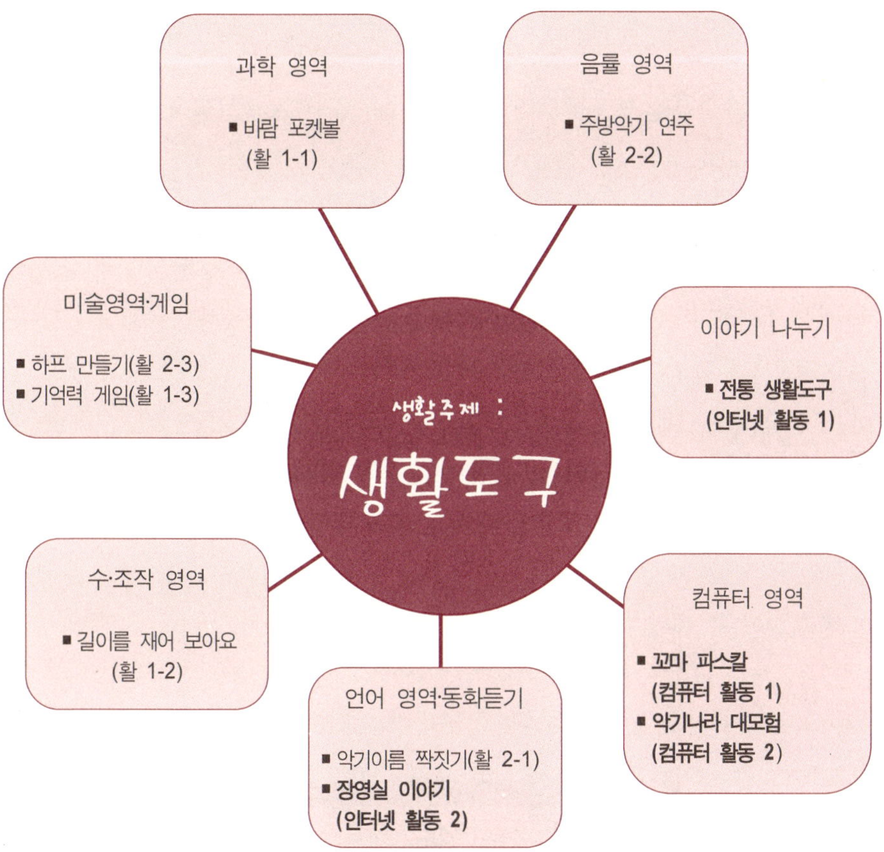

* 「컴퓨터 활동」은 컴퓨터 영역에서 CD를 이용한 활동을 말한다.
* 「인터넷 활동」은 인터넷을 통해 사이트에 접속하여 하는 활동을 말한다.
* 「활」은 컴퓨터 및 인터넷활동에 대한 확장 및 연관 활동을 말한다.

컴퓨터 활동 1

꼬마 파스칼

…컴퓨터영역

1. 활동목표

1) 「꼬마 파스칼」 시디롬 타이틀을 이용하여 다양한 수학적 경험을 해 본다.
2) 컴퓨터를 이용한 다양한 활동에 관심을 가진다.

2. 활동자료

「꼬마 파스칼」 시디롬 타이틀(파스텔)

3. 교육과정관련요소

1) 자연탐구 - 과학적 탐구하기 : 자연 현상 알아보기, 간단한 도구와 기계 활용하기
- 수학적 탐구하기 : 수와 연산의 기초개념 알아보기, 공간과 도형의 기초개념, 기초적인 측정하기

4. 활동방법

1) 메뉴소개

① 거미줄 놀이

번호의 순서대로 점들을 이어가는 놀이이다. 순서에 맞게 점을 모두 이으면 재미있는 그림이 나타난다.

② 치즈 놀이

찍찍이가 숫자를 찾아 맛있는 치즈를 먹도록 하는 놀이이다. 빨리 하지 않으면 고양이가 쫓아와서 괴롭힌다.

③ 사과나무 놀이

사계절 동안 사과나무에게 어떤 일들이 일어나는지 자연의 변화를 보여주는 동화를 통해 수 개념을 알 수 있다.

④ 틀린 그림 찾기

두 그림을 보고 다른 부분을 찾는 놀이이다. 틀린 그림을 모두 찾으면 그 수효만큼의 선물을 받는다.

⑤ 날씨 맞히기

계절, 해와 구름, 바람을 조정하여 날씨를 맞히는 놀이이다. 컴퓨터가 보여주는 날씨를 맞히기도 한다.

⑥ 과자 나누기

친구들이 모여서 과자를 먹는 과정에서 아주 기초적인 곱셈과 나눗셈을 배우도록 하는 놀이이다.

⑦ 과일 사기

과일가게에 심부름을 보내면서 수를 세어보고, 덧셈과 합계를 배운다.

⑧ 짝 맞히기

같은 숫자를 가지고 있는 코끼리를 찾는 놀이이다. 기억력 게임을 할 수 있으며 숫자를 인식하는 능력과 숫자와 개수를 연결하도록 할 수 있다.

⑨ 공놀이(덧셈과 뺄셈)

제로와 투투가 공놀이를 하는 것을 보면서 덧셈과 뺄셈을 해본다. 화면 아래에 표시되는 공은 덧셈을 위한 힌트로 사용할 수 있으며 계산한 결과를 키보드를 이용하여 직접 입력해 본다.

⑩ 도형 맞추기(도형 찾기, 도형 맞추기)

제시된 모양을 보고 똑같은 모양을 맞추는 놀이이다. 도형 찾기, 도형 맞추기의 놀이를 해볼 수 있다.

⑪ 키재기(크기 비교하기, 덧셈 배우기)

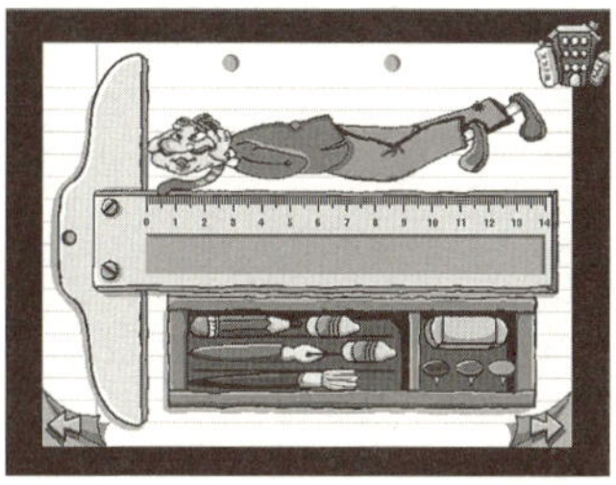

제시된 인물이나 동물의 키가 얼마나 되는지 제시된 연필, 지우개, 붓 등을 이용하여 재어보는 놀이이다.

⑫ 시계 보기(시계 보는 법 배우기)

아날로그 시계와 전자시계가 일치하도록 맞추는 놀이이다. 시계 보기 놀이로 시계 보는 방법을 알아갈 수 있다.

2) 컴퓨터 영역에서 꼬마 파스칼을 가지고 각 메뉴에 따라 활동한다.

확장 및 연관활동 1-1

바람 포켓볼

…과학영역

1. 「꼬마 파스칼」 시디롬 타이틀 관련부분

꼬마 파스칼의 공놀이와 같이 네모난 판 위에서 공을 이용하여 빨대로 바람을 불어 구멍에 넣는 게임을 해본다.

2. 활동목표

1) 빨대와 상자 등의 도구를 활용하여 게임을 해본다.

2) 바람의 힘을 이용하여 공을 움직여 본다.

3. 활동자료

모서리에 구멍이 뚫린 네모난 종이상자, 구멍 난 상자 보다 조금 더 큰 상자, 빨대, 1~5숫자가 적힌 두 가지 색의 스티로폼 공

4. 교육과정관련요소

1) 자연탐구 - 과학적 탐구하기 : 간단한 도구와 기계 활용하기, 물체와 물질 알아보기

- 수학적 탐구하기 : 수와 연산의 기초개념 알아보기

5. 활동방법

1) 두 팀으로 나누어 각 팀의 공의 색깔을 정한다.

2) 상자 위에 각 팀의 공을 펼쳐 놓는다.

3) 순서를 정한다.

4) 한사람씩 빨대로 불어 자기 팀의 공을 구멍 안으로 넣는다

5) 공을 구멍에 넣는 것이 성공하면 한번 더 불 수 있는 기회를 준다.

6) 먼저 1~5번까지의 공이 구멍 안으로 들어가는 팀이 승리한다.

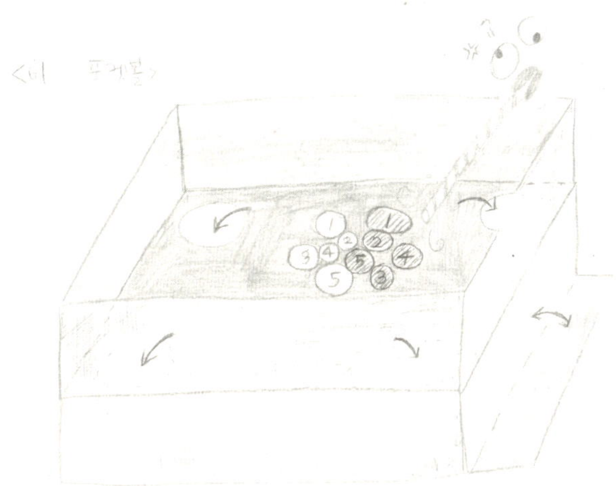

바람 포켓볼 교구

확장 및 연관활동 1-2

길이를 재어 보아요

…수조작 영역

1. 「꼬마 파스칼」 시디롬 타이틀 관련부분

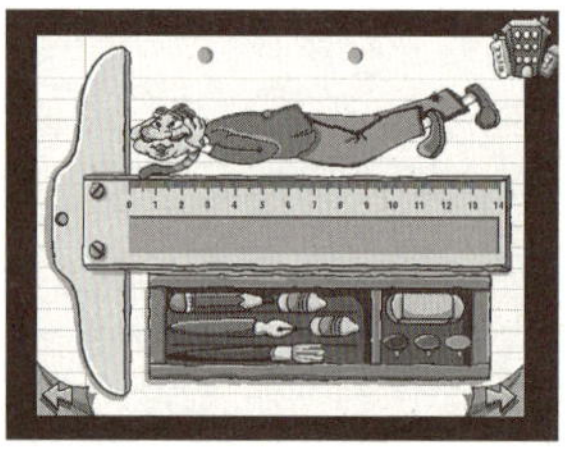

「꼬마 파스칼」에서 사람, 동물 등의 길이를 자와 임의의 단위를 사용하여 재고 있는 것처럼 임의의 단위를 사용하여 길이를 재어 보며 그래프를 만들어 본다.

2. 활동목표

1) 여러 가지 도구를 이용하여 길이를 재어본다.
2) 여러 명이 함께 하는 활동에 즐겁게 참여한다.

3. 활동자료

그래프 판, 각종 잴 수 있는 도구(연필, 손, 실내화 등), 필기도구

4. 교육과정관련요소

1) 자연탐구 - 과학적 탐구하기 : 간단한 도구와 기계 활용하기
- 수학적 탐구하기 : 기초적인 측정하기

5. 활동방법

1) 길이를 재어 보고 싶은 물건이나 사람을 선정한다.
2) 어떤 것으로 길이를 재어볼지 이야기 나눈 후 그래프를 그린다.
3) 다양한 임의의 도구(연필, 실내화, 손바닥 등)를 이용하여 길이를 재어본다.
4) 연필로 몇 번, 손바닥으로 몇 번 인지를 그래프에 색칠하거나 스티커를 붙인다.

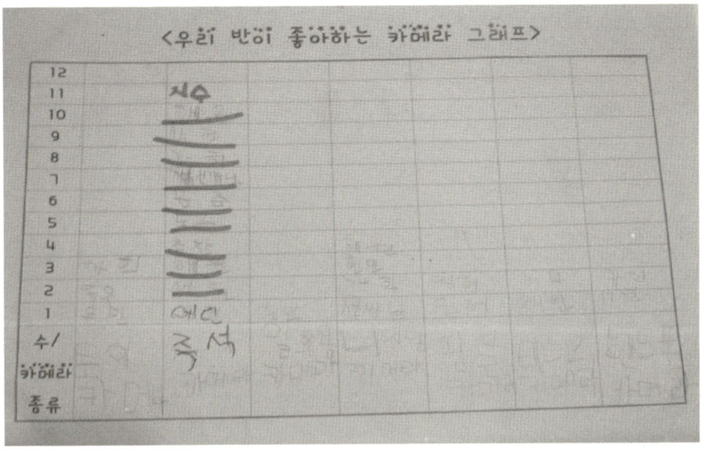

다양한 길이를 측정한 그래프

확장 및 연관활동 1-3

기억력 게임

…게임

1. 「꼬마 파스칼」 시디롬 타이틀 관련부분

코끼리 등에 감추어진 같은 숫자를 찾아내는 것과 같이 유아들이 감추어진 같은 도구의 그림의 자리를 기억해 두었다가 찾아내는 게임을 해 본다.

2. 활동목표

1) 다양한 종류의 도구와 기계에 관심을 가진다.
2) 같은 모양의 도구와 기계를 찾아본다.
3) 같은 모양의 도구와 기계를 짝지어 본다.

3. 활동자료

다양한 종류의 도구와 기계 그림 각 2장, 옷핀

4. 교육과정관련요소

1) 자연탐구 - 과학적 탐구하기 : 간단한 도구와 기계 활용하기
- 수학적 탐구하기 : 기초적인 자료수집과 결과 나타내기

5. 활동방법

1) 8명 정도의 유아가 나와 2장씩 같은 그림이 있는 각종 도구 그림을 등에 붙인다.
2) 다른 유아들에게 그림이 보이지 않도록 앞을 향해 선다.
3) 그림을 등에 붙인 유아들을 두 명씩 선택하여 이름을 부르면 뒤를 돌아 그림을 보여준다.

4) 선택된 유아의 그림이 같을 경우 그 자리에 앉고 다를 경우 다시 뒤로 돈다.

5) 4쌍의 그림을 모두 맞추면 게임이 끝난다.

기억력 게임 활동 모습

컴퓨터 활동 2

악기나라 대모험

…컴퓨터 영역

1. 활동목표

1) 악기나라 대모험을 통해 다양한 종류의 악기를 경험해본다.
2) 다양한 악기의 소리를 탐색해 본다.
3) 이야기의 줄거리를 듣고 이해한다.

2. 활동자료

「악기나라 대모험」 시디롬 타이틀(삼성 영상 사업단)

3. 교육과정관련요소

1) 자연탐구 - 과학적 탐구하기 : 간단한 도구와 기계 활용하기
2) 예술경험 - 아름다움 찾아보기 : 음악적 요소 탐색하기
3) 의사소통 - 듣기 : 이야기 듣고 이해하기

4. 활동방법

1) 메뉴소개

① 공주를 구해라

요요는 마왕에게 잡혀간 공주를 구하고 마법에 걸린 악기나라를 구하기 위해 바이올린과 함께 6개의 크리스탈을 찾아 떠난다.

② 단서가 담긴 구멍

요요와 바이올린은 길을 떠나던 중 구멍 속에서 단서를 발견한다.

③ 현자의 도움

요요와 바이올린은 공주를 구하려면 크리스탈 6개를 찾아야 한다는 이야기를 듣는다.

④ 소리를 잃어버린 목관악기

소리를 잃어버린 목관악기들을 만나 소리를 찾아주고 다시 길을 떠난다.

⑤ 쉼표를 찾음

길을 가던 중 요요와 바이올린은 쉼표를 얻는다.

⑥ 구두 신은 할머니

빨간 구두를 신은 할머니를 만나 구두를 얻은 후 다시 길을 떠난다.

⑦ 타악기들과 만남

타악기가 있는 동굴에서 채가 없어 연주할 수 없는 큰 북을 만나고 채를 구해 준다.

⑧ 꽃을 피워요

꽃이 피지 않는 정원에서 삐에로를 만나 꽃을 선물하자 북채를 선물로 받는다.

⑨ 거미줄에서 구해주기

거미줄에 걸린 친구를 가위로 잘라 구해준 후 지휘봉을 선물로 받는다.

⑩ 지휘자 아저씨

지휘봉이 없어 지휘를 하지 못하는 지휘자에게 지휘봉을 선물하고 크리스탈을 선물로 받는다.

⑪ 거북이와 만남

거북이를 도와준 후 뚫는 도구를 선물로 받는다.

⑫ 이상한 소리가 나는 오르간

오르간의 이상한 음을 찾아낸 후 그 음의 파이프를 확인하여 크리스탈을 얻는다.

⑬ 악기를 찾아라

검은 화면에 그림자로 나타난 악기를 본 후 소리를 듣고 악기를 맞추는 게임이다.

⑭ 새총 맞추기

움직이는 새총을 이용하여 방해물인 귀신들을 피해 악기를 맞추는 게임이다.

2) 컴퓨터 영역에서 「악기나라 대모험」 시디롬 타이틀을 가지고 순서에 따라 활동한다.

확장 및 연관활동 2-1

악기 이름 짝짓기

…언어영역

1. 「악기나라 대모험」 시디롬 타이틀 관련부분

숨겨진 악기들을 소리를 듣고 찾아보는 것과 같이 폐품 악기의 소리를 듣고 같은 소리를 찾아 글자를 맞춰 보는 활동이다.

2. 활동목표

1) 한 글자가 모여져 단어가 됨을 안다.

2) 비슷한 소리를 찾아 분류해 보는 경험을 한다.

3. 활동자료

떠먹는 요쿠르트 용기, 콩, 쌀, 방울, 종이조각, 악기 단어낱자

4. 교육과정관련요소

1) 자연탐구 - 과학적 탐구하기 : 간단한 도구와 기계 활용하기

2) 의사소통 - 읽기 : 읽기에 흥미 가지기

3) 예술경험 - 아름다움 찾아보기 : 음악적 요소 탐색하기

5. 활동방법

1) 떠먹는 요쿠르트 용기에 콩, 쌀, 방울, 종이조각 등을 각 1쌍씩 넣는다.

2) 안이 보이지 않고 내용물이 나오지 않게 고정시켜 막는다.

3) 같은 내용물을 넣은 용기의 아래 부분에 악기 단어를 한자씩 붙인다.

4) 단어를 보지 않고 요쿠르트 병을 흔들어 같은 소리가 나는 용기를 골라 뒤집어 단어를 조합해 본다.

단어 조합하기 게임

확장 및 연관활동 **2-2**

주방 악기 연주

…음률영역

1. 「악기나라 대모험」 시디롬 타이틀 관련부분

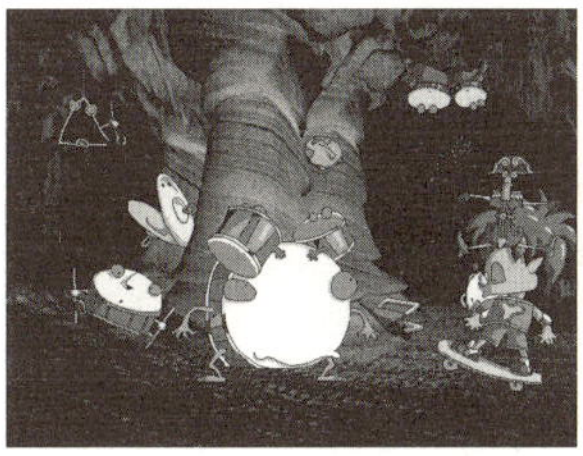

악기나라 대모험에서 나온 여러 가지 리듬악기처럼 주방에서 사용하는 다양한 도구를 이용하여 소리를 만들고 연주해 보는 경험을 가진다.

2. 활동목표

1) 여러 가지 도구를 이용하여 다양한 소리를 만들어 본다.

2) 주변의 다양한 도구에 관심을 가진다.

3. 활동자료

주변에서 볼 수 있는 다양한 도구들(깡통, 냄비, 빨래판, 주걱)

4. 교육과정관련요소

1) 자연탐구 - 과학적 탐구하기 : 간단한 도구와 기계 활용하기

2) 예술경험 - 예술적 표현하기 : 음악으로 표현하기

5. 활동방법

1) 준비된 도구들을 살펴보며 소리를 탐색해 본다.

2) 도구들을 이용해서 다양한 방법으로 소리를 내어 본다.

3) 유아에게 도구들 중 하나를 선택하도록 한다.

4) 익숙한 노래를 불러 본 후 노래에 맞춰 도구 악기를 연주해 본다.

주방악기 연주하는 모습

확장 및 연관활동 **2-3**

하프 만들기

…미술영역

1. 「악기나라 대모험」 시디롬 타이틀 관련부분

악기나라 대모험에 나온 악기 중 하프의 모습을 본 후 유아들이 하프를 만들어 연주해본다.

2. 활동목표

1) 하프의 모양과 소리에 관심을 가진다.
2) 크레파스를 이용하여 하프의 모양을 그려본다.
3) 만들어진 하프의 소리를 탐색한다.

3. 활동자료

나무판, 크레파스, 못, 고무줄

4. 교육과정관련요소

1) 자연탐구 - 과학적 탐구하기 : 간단한 도구와 기계 활용하기
2) 예술경험 - 예술적 표현하기 : 미술 활동으로 표현하기

5. 활동방법

1) 나무판에 크레파스를 이용하여 하프의 모양을 그리고 색칠해 본다.
2) 그려진 하프의 테두리에 교사가 고무줄을 못으로 고정시켜 준다.
3) 만들어진 하프의 고무줄을 튕기며 연주해 본다.

6. 유의점

고무줄이 끊어지지 않도록 못으로 고정하고 못에 찔리지 않도록 마무리한다.

인터넷을 이용한 활동 1

전통 생활도구

…이야기 나누기

1. 인터넷 사이트명 : 전주 한옥마을 http://hanok.jeonju.go.kr/

2. 활동목표

1) 우리나라의 전통 생활도구에 관심을 가진다.
2) 다양한 생활도구의 쓰임새에 대하여 안다.

3. 교육과정관련요소

1) 자연탐구 - 과학적 탐구하기 : 간단한 도구와 기계 활용하기
2) 사회관계 - 사회에 관심 갖기 : 우리나라에 관심 갖고 이해하기

4. 활동방법

1) 전주 한옥마을 http://hanok.jeonju.go.kr/에 접속한 후 [꾸러기 정보]를 클릭한다.
2) [백과사전 서비스]-[민속]-[생활도구]를 클릭한 후 원하는 종류의 생활도구를 검색한다.
3) 원하는 생활도구를 클릭하여 이 물건이 어디에 쓰이는 물건이며 오늘날의 생활도구와 어떻게 다른지에 대하여 이야기 나누어 본다.

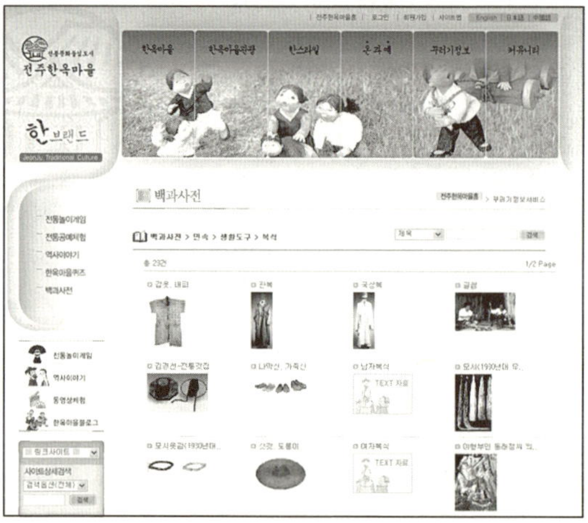

전주한옥 마을 사이트 - 생활도구

인터넷을 이용한 활동 2

장영실 이야기

…동화

1. 인터넷 사이트명 : 깨비키즈 http://www.kebikids.com/

2. 활동목표

1) 우리나라에서 발명된 도구와 기계에 관심을 가진다.
2) 우리나라의 발명가인 장영실에 대하여 관심을 가진다.

3. 교육과정관련요소

1) 자연탐구 - 과학적 탐구하기 : 간단한 도구와 기계 활용하기
2) 사회관계 - 사회에 관심 갖기 : 우리나라에 관심 갖고 이해하기

4. 활동방법

1) 깨비키즈 http:www.kebikids.com에 접속한 후 [동화깨비]를 클릭한다.
2) 다양한 종류의 동화 중 [위인 동화]를 클릭한다.

위인동화

3) "장영실 이야기"를 검색하여 측우기와 천문 관측기구를 만든 장영실 이야기를 플래시 동화를 통해 감상해 본다.

장영실 이야기

4) 동화를 듣고 난 느낌에 대하여 이야기 나누어 본다.

5. 확장활동

1) 장영실과 같이 우리 생활을 편리하게 해 줄 수 있는 발명품을 만든다면 무엇이 있을지 다양한 생각을 이야기해 본다.
2) "내가 만든 발명품"이라는 주제로 미술 활동을 해 본다.

09 우리나라 세계 여러 나라

◎ 생활주제중심 활동망

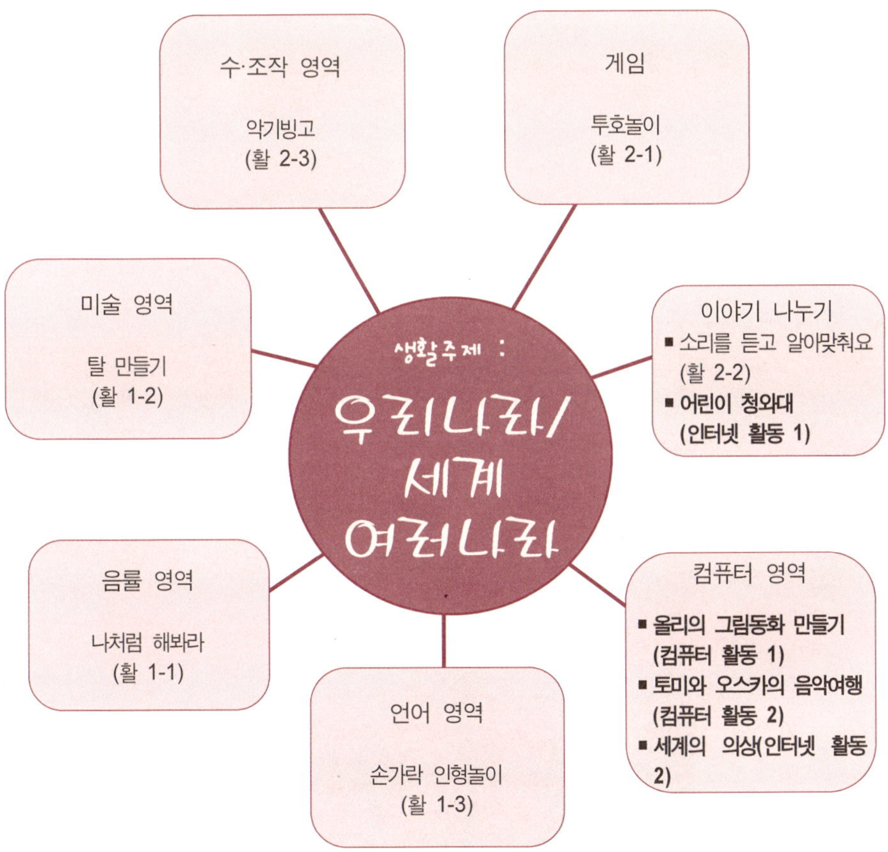

＊ 「컴퓨터 활동」은 컴퓨터 영역에서 CD를 이용한 활동을 말한다.
＊ 「인터넷 활동」은 인터넷을 통해 사이트에 접속하여 하는 활동을 말한다.
＊ 「활」은 컴퓨터 및 인터넷활동에 대한 확장 및 연관 활동을 말한다.

컴퓨터 활동 1

올리의 그림동화 만들기

…컴퓨터영역

1. 활동목표

1) 「올리의 그림동화 만들기」 시디롬 타이틀을 이용하여 동화를 들어본다.
2) 그림을 그리고 이야기를 직접 만들어 본다.
3) 자신이 만든 동화를 감상해 본다.

2. 활동자료

「올리의 그림동화 만들기」 시디롬 타이틀(아리수 미디어)

3. 교육과정관련요소

1) 의사소통 - 듣기 : 이야기 듣고 이해하기, 동요 · 동시 · 동화 듣고 이해하기
- 쓰기 : 쓰기에 관심가지기
2) 자연탐구 - 과학적 탐구하기 : 간단한 도구와 기계 활용하기

4. 활동방법

1) 메뉴소개

① 올리의 이야기 구성

올리의 이야기가 4가지로 구성되어 있다. 이야기가 진행되는 중 유아들이 그림을 그려보고 다양한 도구를 이용하여 자신의 생각을 표현할 수 있으며 기본 그림을 그림방으로 옮겨 색칠하여 사용할 수도 있다.

② 멋대로 그림방

유아가 그리고 싶은 그림을 그리거나 아이디어 창고에 있는 그림의 도움을 얻어 그릴 수도 있다. 밑그림을 그리고 색을 칠하며 지우개나 스펀지로 수정도 가능하다. 완성된 그림은 저장하여 야외극장에서 감상할 수도 있다.

③ 내가 만드는 그림동화책

직접 이야기를 만들고 이야기에 어울리는 그림과 음악효과를 넣을 수 있다. 오른쪽에는 글을 쓰고 왼쪽에는 그림을 그릴 수 있다. 그림은 배경그림과 유아가 그리는 그림이 합해져 완성되며 동화는 15쪽까지 만들 수 있다.

④ 야외극장

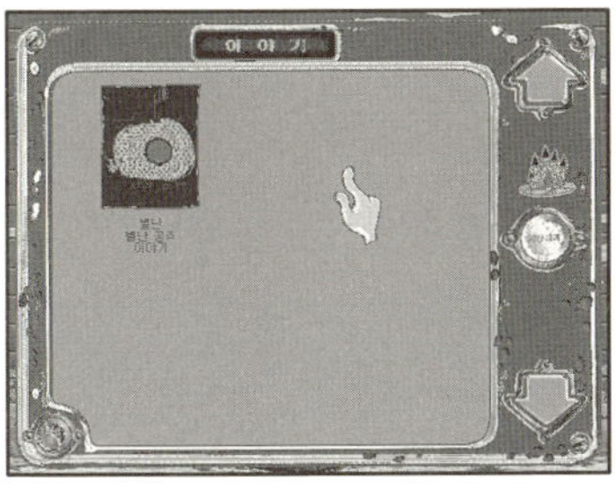

올리의 이야기나 내가 만든 그림 동화책을 저장한 후 화면의 야외극장을 선택하면 동화를 감상할 수 있다.

2) 컴퓨터 영역에서 올리의 그림동화 만들기를 가지고 각 메뉴에 따라 활동한다.

확장 및 연관활동 1-1

나처럼 해봐라

…신체표현

1. 「올리의 그림동화 만들기」 시디롬 타이틀 관련부분

올리와 같은 다른 나라 사람들은 어떤 춤을 출지 생각해보고 신체표현을 해본다.

2. 활동목표

1) 세계 여러 나라의 민속의상과 춤에 관심을 가진다.
2) 음악에 맞추어 다양한 춤을 표현해 본다.

3. 활동자료

민속 춤을 추는 사진카드(부채춤, 북춤, 훌라춤, 인디언 춤, 훌라밍고 등)

4. 교육과정관련요소

1) 사회관계 - 사회에 관심가지기 : 세계와 여러 문화에 관심가지기
2) 예술경험 - 예술적 표현하기 : 움직임과 춤으로 표현하기
- 예술 감상하기 : 다양한 예술 감상하기

5. 활동방법

1) 다양한 나라의 민속춤을 추는 사진을 보여준 후 어떻게 출 수 있을지 이야기 나눈다.
2) 춤 동작이 그려진 사진자료를 보며 동작을 따라해 본다.
3) '나처럼 해봐라' 노래에 맞추어 교사가 제시하는 사진의 춤을 춰본다.
4) 유아가 한 사람씩 나와서 '나처럼 해봐라' 노래에 맞추어 제시된 춤을 추면 나머지 유아들은 따라 해 본다.

나처럼 해봐라 활동

확장 및 연관활동 1-2

탈 만들기

…미술영역

1. 「올리의 그림동화 만들기」 시디롬 타이틀 관련부분

올리의 그림동화 만들기에 나오는 다양한 주인공의 다양한 모습들처럼 다양한 사람들의 모습이 담긴 탈을 만들어 본다.

2. 활동목표

1) 다른 나라의 탈에 관심을 가진다.
2) 여러 가지 재료를 활용하여 탈을 만들어 본다.

3. 활동자료

다른 나라의 탈 모습이 담긴 사진, 도화지, 가위, 고무줄, 그리기 도구, 펀치, 털실, 모루, 수수깡, 종이 죽 등

4. 교육과정관련요소

1) 사회관계 - 사회에 관심 갖기 : 세계와 여러 문화에 관심 가지기
2) 예술경험 - 예술적 표현하기 : 미술 활동으로 표현하기

5. 활동방법

1) 다른 나라의 탈 모습이 담긴 사진을 게시하여 감상해 보도록 한다.
2) 다른 나라 탈을 만들기 위해 도화지를 가면 크기로 잘라 유아에게 제공한다.
3) 도화지에 다양한 탈 모습을 그리고 여러 가지 꾸미기 재료(털실, 모루, 수수깡, 종이죽 등)를 활용하여 뿔, 머리카락, 얼굴 모습 등을 꾸며본다.

4) 눈 부위를 교사가 뚫어 주고 고무줄을 달아 유아들이 써볼 수 있도록 한다.

6. 확장활동

- 탈을 쓰고 다른 나라의 민속 음악을 틀어주어 신체활동을 해 본다.

탈을 쓰고 신체활동

확장 및 연관활동 1-3

손가락 인형놀이

…언어영역

1. 「올리의 그림동화 만들기」 시디롬 타이틀 관련부분

올리의 그림동화 만들기에 나오는 여러 주인공들을 캡처하여 오려서 코팅한 후 손가락에 끼워 인형놀이를 해본다.

2. 활동목표

1) 다양한 모습의 세계 여러 나라 사람들에게 관심을 가진다.
2) 캡처된 그림을 이용하여 손가락 인형놀이를 해본다.

3. 활동자료

캡처된 등장인물 그림, 손가락에 끼울 수 있는 종이 고리, 찍찍이나 접착제

4. 교육과정관련요소

1) 사회관계 - 사회에 관심 갖기 : 세계와 여러 문화에 관심 가지기
2) 의사소통 - 듣기 : 동요 · 동시 · 동화 듣고 이해하기
3) 의사소통 - 말하기 : 낱말과 문장으로 말하기

5. 활동방법

1) 올리의 그림동화에 나오는 여러 주인공의 모습을 캡처한다.
2) 주인공 모습을 프린트하여 코팅한 후 손가락에 끼울 수 있는 종이에 부착한다.

3) 언어영역에서 친구들과 함께 이야기를 꾸며 손가락 인형놀이를 해본다.

4) 스토리를 만들어 친구들에게 손가락 인형극을 들려줄 수 있다.

손가락 인형극

컴퓨터 활동 2 토미와 오스카의 음악여행

…컴퓨터 영역

1. 활동목표

1) 다양한 악기의 종류와 소리에 관심을 가진다.
2) 토미와 오스카의 음악여행 이야기를 들어본다.
3) 토미와 오스카의 음악여행에 있는 게임을 해본다.

2. 활동자료

「토미와 오스카의 음악여행」 시디롬 타이틀(Rainbow Animation)

3. 교육과정관련요소

1) 예술경험 - 아름다움 찾아보기 : 음악적 요소 탐색하기
2) 의사소통 - 듣기 : 동요 · 동시 · 동화 듣고 이해하기
3) 자연탐구 - 과학적 탐구하기 :간단한 도구와 기계 활용하기

4. 활동방법

1) 메뉴소개

① 숨은 그림을 찾아라

이야기를 들으며 곳곳에 숨겨진 그림들을 찾아 애니메이션과 게임을 함께 즐길 수 있다.

② 이야기 속으로의 여행

토미와 외계에서 온 오스카와 함께 음악여행의 이야기를 듣는다.

③-1 박자를 배워봅시다

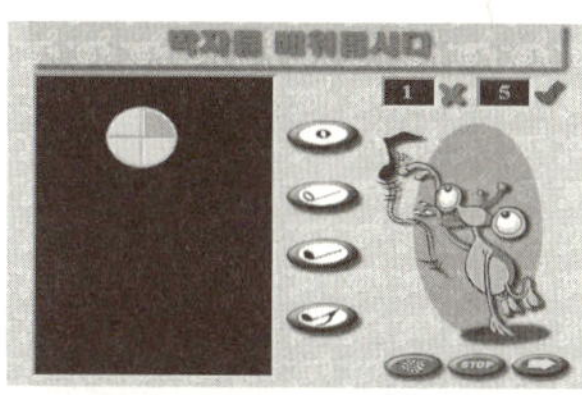

먼저 4박자, 2박자, 1박자, 반박자의 박자를 들어본 후 박자를 듣고 그에 알맞은 음표를 고른다. 맞고 틀린 수만큼 숫자가 적힌다.

③-2 알아맞혀 보세요

소리에 관한 퀴즈를 1, 2, 3 세 개의 보기를 듣고 알맞은 답을 맞히는 게임이다.

③-3 노래방

마이크를 이용하여 음악에 맞추어 화면에 제시된 노래를 따라 불러 본다.

③-4 잃어버린 악보찾기

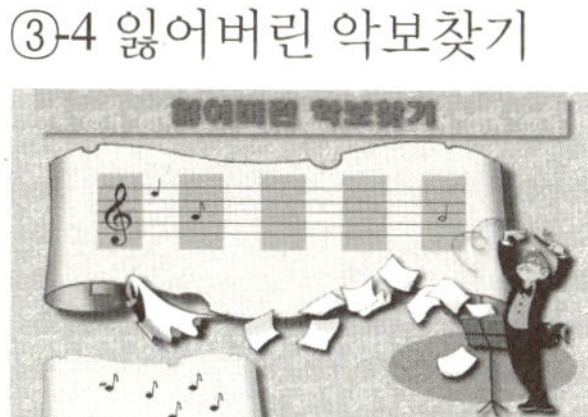

악보에 그려진 음의 연주를 들은 후 종이 위에 떨어진 음표를 이용하여 빈 악보에 같은 악보를 만들어 본다.

③-5 악기 연주하기

건반위에 있는 악기 그림을 클릭하면 악기가 바뀌고 위에 있는 주인공이 그 악기를 연주한다.
첫 번째 빨간점에 숨겨진 그림을 클릭하면 박자를 들을 수 있고 두 번째 그림을 클릭하면 멜로디를 들을 수 있다.

③-6 DJ가 되어보세요

연주되는 음악을 들은 후 레코드판의 색깔별로 어떤 음악인지 알아맞히는 게임이다.

③-7 그림맞추기

감추어져 있는 12개의 악기 그림 중 같은 그림을 클릭하여 맞추어 보는 게임이다.

③-8 미로찾기

토미 앞의 음표를 트렘펫까지 마우스를 움직여 미로를 찾아가는 게임이다. 바른 길로 갈 경우 음악소리가 나고 잘못 가면 시끄러운 소리가 난다.

③-9 악기 알아맞추기

오케스트라 단원들이 각 악기의 소리를 들려준 후 악기가 나타내는 소리를 듣고 어떤 악기인지 맞춰보는 게임이다.

2) 컴퓨터 영역에서 토미와 오스카의 음악여행을 이용하여 각 메뉴에 따라 활동한다.

확장 및 연관활동 2-1

도레미 투호놀이

…게임

1. 「토미와 오스카의 음악여행」 시디롬 타이틀 관련부분

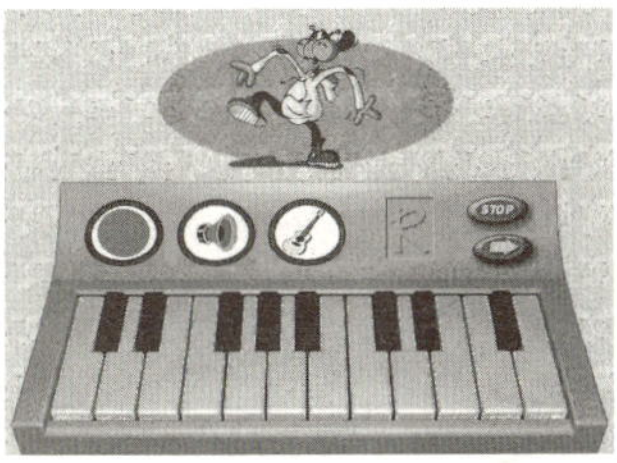

토미와 오스카의 음악여행의 건반을 응용하여 투호놀이를 해 본다.

2. 활동목표

1) 우리 나라 전통놀이에 관심을 가진다.
2) 도구를 활용한 신체활동에 참여해 본다.
3) 투호놀이 후 들어간 개수를 세어보는 경험을 해본다.

3. 활동자료

얇은 대나무 등의 투호놀이를 할 수 있는 나무, 원기둥 모양의 통(흰색, 검정색), 점수판, 말

4. 교육과정관련요소

1) 사회관계 - 사회에 관심 갖기 : 우리나라에 관심 갖고 이해하기
2) 신체운동 · 건강 - 신체조절과 기본 운동하기 : 기본 운동하기
3) 자연탐구 - 수학적 탐구하기 : 수와 연산의 기초 개념 알아보기

5. 활동방법

1) 6~7개의 원기둥 모양의 통을 흰색은 앞, 검정색은 흰색 통 뒤편 사이에 배치하

도록 하여 건반 모양으로 배열한다.

2) 두 팀으로 나누어 각 팀에서 한 사람씩 나온다.

3) 각 팀의 나무 끝에 다른 색의 끈으로 표시한다.

4) 한 사람당 10개 정도의 투호를 던질 수 있도록 한다.

5) 흰 통에 들어간 투호는 1점, 검정 통에 들어간 투호는 2점으로 점수판에 말을 놓는다.

6) 각 팀의 놀이가 끝난 후 말의 개수를 세어본다.

투호놀이

확장 및 연관활동 2-2

소리를 듣고 알아 맞혀요

…이야기 나누기

1. 「토미와 오스카의 음악여행」 시디롬 타이틀 관련부분

토미와 오스카의 음악여행에서 다양한 악기의 소리를 듣고 악기를 알아맞히는 것과 같이 우리나라 악기를 탐색해 본 후 소리를 듣고 어떤 악기인지 알아 맞혀 본다.

2. 활동목표

1) 우리나라의 악기에 관심을 가진다.

2) 소리를 듣고 악기를 알아 맞혀 본다.

3. 활동자료

우리나라 악기(꽹과리, 북, 징, 장구, 소고 등)나 그림 자료

4. 교육과정관련요소

1) 사회관계 - 사회에 관심 갖기 : 우리나라에 관심 갖고 이해하기

2) 예술경험 - 아름다움 찾아보기 : 음악적 요소 탐색하기

5. 활동방법

1) 우리나라 악기에 관해 이야기를 나눈다. (이름, 종류 등)

2) 교사는 우리나라 악기의 이름과 소리를 들려준다.

3) 유아가 직접 우리나라 악기 소리를 탐색해 볼 수 있도록 한다.

4) 교사는 책상 밑이나 보이지 않는 곳에 악기를 숨긴 후 소리를 들려준다.

5) 소리를 듣고 유아는 우리나라 악기 중 어떤 악기의 소리인지 알아 맞혀 본다.

전통악기 연주

확장 활동 2-3

전통 악기 빙고

…수조작 영역

1. 「토미와 오스카의 음악여행」 시디롬 타이틀 관련부분

같은 악기 그림을 맞추어 보는 것처럼 전통 악기 그림을 이용하여 빙고게임을 해 본다.

2. 활동목표

1) 우리나라의 전통악기에 관심을 가진다.
2) 전통 악기 그림을 이용하여 빙고게임을 해 본다.

3. 활동자료

전통악기 그림카드 18장, 비밀상자, 악기 이름 글자카드, 빙고 게임판 2개

4. 교육과정관련요소

1) 사회관계 - 사회에 관심 갖기 : 우리나라에 관심갖고 이해하기
2) 의사소통 - 읽기 : 읽기에 흥미가지기

5. 활동방법

1) 두 명의 유아가 빙고 게임판과 전통 악기가 그려진 그림카드를 9장씩 나누어 갖는다.
2) 비밀상자 안에 악기 이름이 쓰인 글자 카드 18개를 넣어둔다.
3) 두 명의 유아가 번갈아 가며 글자 카드를 뽑는다.

4) 글자 카드의 악기 카드가 있는 유아는 게임판에 악기 그림 카드를 올려 놓는다.

5) 게임판에 먼저 9개의 그림카드를 채우는 사람은 '빙고'라고 외친다.

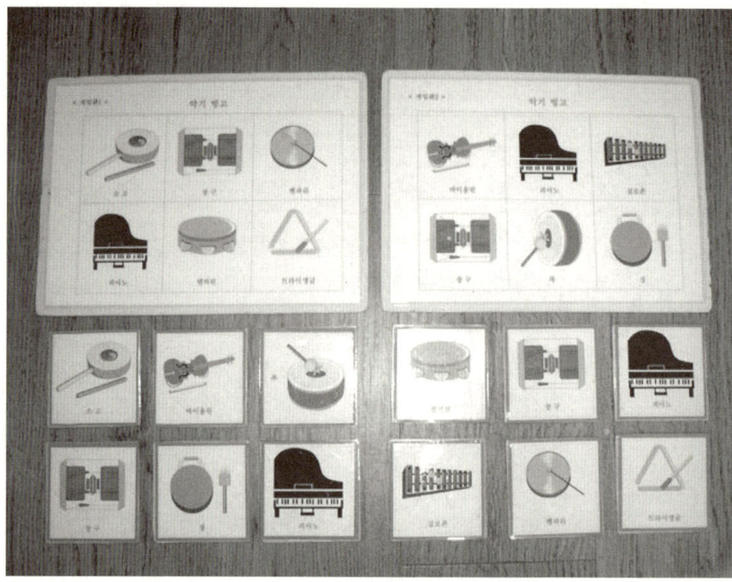

빙고 게임판

인터넷을 이용한 활동 1

어린이 청와대

…이야기 나누기

1. 인터넷 사이트명 : 어린이 청와대 http://children.president.go.kr/index.php

2. 활동목표

   1) 우리나라의 상징에 대하여 알아본다.
   2) 우리나라의 전통문화에 대하여 관심을 가진다.

3. 교육과정관련요소

   1) 사회관계 - 사회에 관심 갖기 : 우리나라에 관심 갖고 이해하기
   2) 자연탐구 - 탐구하는 태도 기르기 : 호기심을 유지하고 확장하기

4. 활동방법

   1) 어린이 청와대 http://children.president.go.kr/index.php에 접속한다.
   2) [척척 정보센터]-[자랑스런 우리나라]를 클릭한다.
   3) 독도, 태극기, 애국가, 무궁화, 태권도, 호랑이 등 우리나라를 상징하는 것들을 클릭한다.
   4) 우리나라의 상징하는 것에 대하여 이야기 나누어 본다.

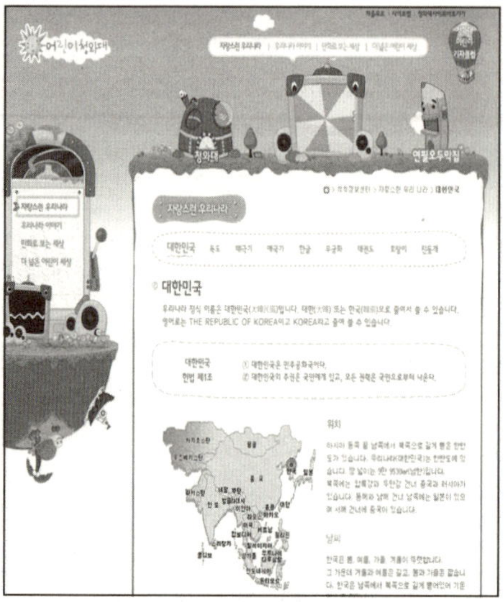

우리나라 상징

인터넷을 이용한 활동 **2**

세계의 의상

…컴퓨터 영역

1. 인터넷 사이트명 : 쥬니어 네이버 http://jr.naver.com/

2. 활동목표

1) 세계 여러 나라의 의상에 관심을 가진다.

2) 게임을 통해 각 나라의 전통 의상을 아바타에게 입혀 본다.

3. 교육과정관련요소

1) 사회관계 - 사회에 관심 갖기 : 세계와 여러 문화에 관심 가지기

2) 자연탐구 - 탐구하는 태도 기르기 : 호기심을 유지하고 확장하기

4. 활동방법

1) 쥬니어 네이버 http://jr.naver.com/에 접속한 후 [테마 이야기] 클릭한다.

2) [우리나라 다른나라]-[세계의 의상]을 클릭한다.

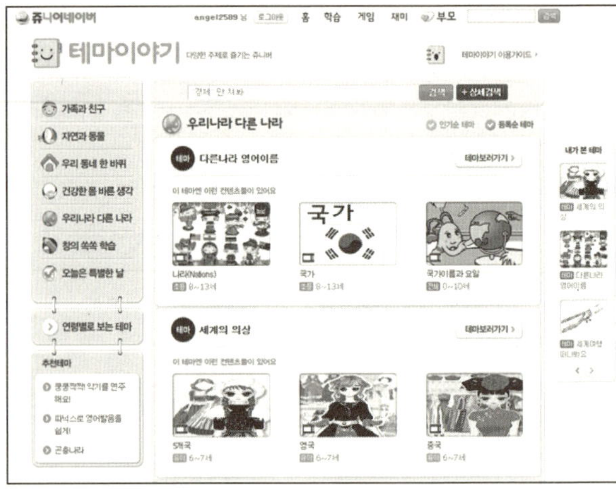

3) [5개국 의상]을 클릭하여 각 국가에 맞는 전통 의상을 입혀 본다.

4) 의상을 입혀본 후 [결과보기]를 클릭하여 프린트 한 후 세계의 의상 책을 꾸며 보거나 [색칠하기]를 클릭하여 원하는 색으로 색칠해 볼 수 있다.

10 가을

◎ 생활주제중심 활동망

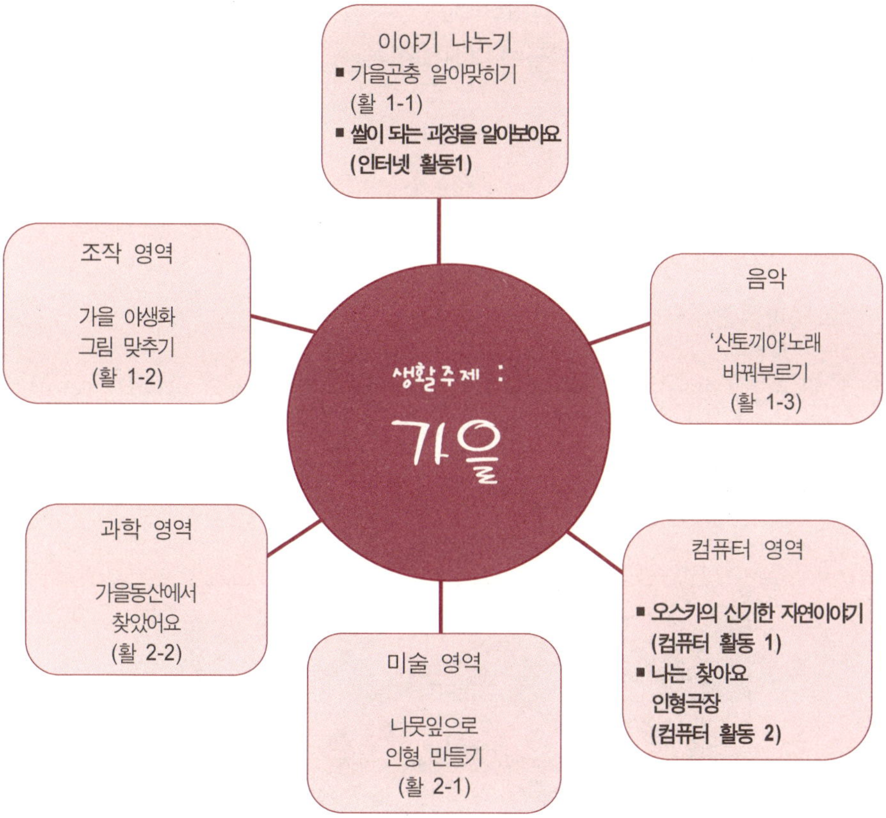

＊ 「컴퓨터 활동」은 컴퓨터 영역에서 CD를 이용한 활동을 말한다.
＊ 「인터넷 활동」은 인터넷을 통해 사이트에 접속하여 하는 활동을 말한다.
＊ 「활」은 컴퓨터 및 인터넷활동에 대한 확장 및 연관 활동을 말한다.

컴퓨터 활동 1

오스카의 신기한 자연이야기

…컴퓨터영역

1. 활동목표

1) 계절의 변화에 따른 동물들의 생활을 알아본다.
2) 자연의 먹이사슬에 대해 이해한다.
3) 우리 몸에 도움을 주는 식물에 대해 알아본다.

2. 활동자료

「오스카의 신기한 자연이야기」 시디롬 타이틀(티볼라)

3. 교육과정관련요소

1) 자연탐구 - 과학적 탐구하기 : 생명체와 자연환경 알아보기, 자연현상 알아보기

4. 활동방법

1) 메뉴소개

시작 화면

① 집 안으로

오스카와 동물박사님이 만나 이야기를 주고받는다. 동물박사님의 텐트에는 동물들 사진, 식물을 말릴 때 사용하는 도구들, 여러 가지 식물들 등 다양한 물건들이 있다. 이것들을 각각 클릭하면 설명을 들을 수 있다.

② 나는 누구일까요

들판에 있는 여러 가지 동물을 클릭하면 "나는 누구일까요"하고 그 동물에 대한 설명이 나온다. 올빼미, 나비, 두더지 도마뱀, 산토끼, 고슴도치, 노루 등 자연세계에 사는 동물들의 생김새, 특징, 먹이, 생활방식을 설명해 준다.

③ 게임 상자

게임 상자 안에는 5가지의 활동이 들어 있다. 게임을 한 번도 하지 않으면 색깔이 어둡게 나오고, 게임을 하고 나면 색깔이 밝아진다. 또한 앞서서 설명을 들었던 동물들만 색깔이 밝게 나타난다.

④ 게임1-동물 알아맞히기

돋보기를 통해 확대된 동물의 부분을 보고 알아맞힌다. 사진들이 연속적으로 빠르게 나타나며 악어, 산토끼, 두더지, 나비, 고슴도치, 노루, 올빼미 중에서 하나를 선택한다.

⑤ 게임2-먹이사슬 알아맞히기

나무 위에 걸린 동물의 사진을 가리키며 "누가 이 00동물을 두려워할까요?"하고 질문을 한다. 즉 나무 위에 걸린 동물이 잡아먹는 동물을 있는 대로 선택한다.

⑥ 게임3-허브차 마시기

건강이 좋지 않은 동물박사님을 위해 몸에 좋은 허브를 선택하여 허브차를 끓여준다. 주의할 것은 이 허브들 중에는 독이 있는 것도 있다. 허브의 종류에는 카모마일, 페파민트, 리보트, 민들레, 쐐기풀, 옐로우, 발레리안, 어팅, 크로커스, 은방울꽃, 폭스글러브 등이 있다.

⑦ 게임4-겨울잠 자는 동물들

추운 겨울이오면 겨울잠을 자는 동물을 선택한다. 동물을 선택하여 침대에 놓고 나면 눈사람을 클릭한다. 겨울잠을 자는 동물로는 고슴도치, 도마뱀, 나비가 있고, 겨울잠을 자지 않는 동물로는 노루, 토끼, 두더지, 올빼미가 있다.

⑧ 게임5-꽃다발 만들기

아름다운 꽃다발 만들기 활동이다. 쉬운 단계에서 어려운 단계로 선택할 수 있다. 꽃병에 있는 각각의 꽃 에 마우스를 갖다 대면 꽃 이름을 알 수 있다.

2) 유아들은 컴퓨터 영역에서 '오스카의 신기한 자연이야기' 시디롬 타이틀을 가지고 활동한다.

확장 및 연관활동 1-1

가을 곤충 알아맞히기

…이야기 나누기

1. 「오스카의 신기한 자연이야기」 시디롬 타이틀 관련부분

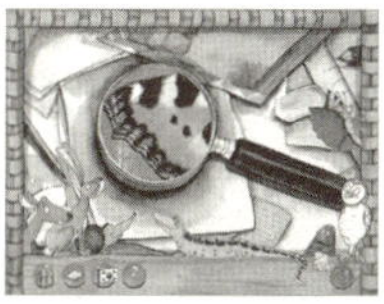

동물들의 부분 사진을 보고 동물 알아맞히기 한 것과 유사하게 파워포인트(또는 그림 자료)로 가을 곤충의 부분을 보여주고 알아맞히는 활동을 해 본다.

2. 활동목표

1) 여러 가지 가을 곤충의 모습에 대해 알아본다.
2) 부분을 보고 전체를 추측해 본다.

3. 활동자료

파워포인트 또는 그림으로 제작한 가을 곤충 그림 자료(귀뚜라미, 잠자리, 방아깨비, 메뚜기, 하늘소 등)

※ 자료제작 시 '보리 어린이 동물도감'에 있는 곤충그림들을 인쇄하여 사용할 수 있다.

4. 교육과정관련요소

1) 자연탐구 - 과학적 탐구하기 : 생명체와 자연환경 알아보기
2) 자연탐구 - 수학적 탐구하기 : 수와 연산의 기초개념 알아보기

5. 활동방법

1) 곤충의 모습을 6등분 이상으로 구분하여 가린다.
2) 클릭할 때 마다 1칸의 모습을 보여준다.
3) 나타난 모습을 보고 어떤 곤충인지 아래 제시한 가을 곤충들 중에서 골라본다.
4) 알아맞히기가 끝나면 전체 곤충모습 그림만 다시 보여준다.

파워포인트로 제작한 가을곤충 알아맞히기

확장 및 연관활동 **1-2**

가을 야생화 그림 맞히기

…조작 영역

1. 「오스카의 신기한 자연이야기」 시디롬 타이틀 관련부분

꽃다발 그림 맞추기와 유사하게 우리나라 가을 야생화를 가지고 그림 맞추기를 해 본다.

2. 활동목표

1) 우리나라 가을 야생화의 이름과 모습을 알아본다.
2) 윤곽선을 보고 알맞은 모양을 찾아본다.

3. 활동자료

가을 야생화판(윤곽선만), 가을 야생화 조각그림(쑥부쟁이, 수박풀, 백부자 등), 가을 야생화 사진

※ 자료제작 시 '보리 어린이 식물도감'에 있는 식물그림들을 인쇄하여 사용할 수 있다.

4. 교육과정관련요소

1) 자연탐구 - 과학적 탐구하기 : 생명체와 자연환경 알아보기
2) 자연탐구 - 수학적 탐구하기 : 공간과 도형의 기초개념 알아보기

5. 활동방법

1) 가을 야생화 꽃다발 그림판의 윤곽선 모양을 자세히 본다.
2) 윤곽선 모양에 알맞은 꽃그림 조각을 찾아 맞춘다.
3) 가을 야생화 사진을 보고 꽃의 이름을 알아본다.

가을 야생화 그림 맞추기

확장 및 연관활동 1-3

'산토끼야' 노래 부르기

…음악

1. 「오스카의 신기한 자연이야기」 시디롬 타이틀 관련부분

겨울잠을 자는 동물과 자지 않는 동물에 대해 알아본 것과 관련하여 동물의 겨울준비에 대해 알아본다. 여러 동물중 산토끼의 겨울준비를 담은 노래를 불러본다. 노래가 익숙해지면 다른 동물로 바꾸어 노래를 불러본다.

2. 활동목표

1) 동물의 겨울 준비에 대해 알아본다.
2) 노래를 불러보고 다른 동물로 가사를 바꾸어 불러본다.

3. 활동자료

노래 악보(산토끼야), 겨울준비를 하는 동물들 사진 또는 그림

4. 교육과정관련요소

1) 자연탐구 - 과학적 탐구하기 : 생명체와 자연환경 알아보기
2) 예술경험 - 예술적 표현하기 : 음악으로 표현하기

5. 활동방법

1) '산토끼야' 새 노래 부르기를 한다.
2) 산토끼 외의 다른 동물의 겨울 준비에 대해 이야기 해 본다.
3) 겨울을 준비하는 다른 동물을 넣어 가사를 바꾸어 본다.
4) 새롭게 바꾼 가사로 노래를 불러본다.

5) 노래에 맞는 간단한 율동을 만들어 해 본다.

산토끼야

토끼야 토끼야 산 속의 토끼야
겨울이 되면은 무얼 먹고 사느냐
흰 눈이 내리면은 무얼 먹고 사느냐
겨울이 되여도 걱정이 없단다
엄마가 아빠가 여름동안 모아 논
맛있는 먹이가 얼마든지 있단다
※ 다른 동물 -노루, 고슴도치, 나비 등

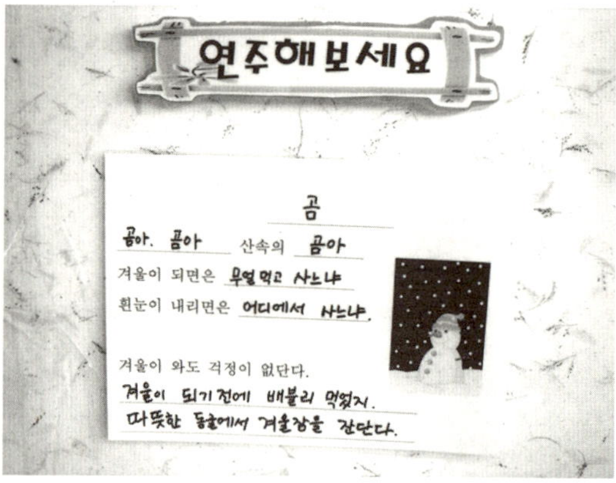

‘산토끼야’노래 가사를‘곰’으로 개사한 악보

컴퓨터 활동 2

나는 찾아요 인형극장

…컴퓨터 영역

1. 활동목표

1) 들려주는 동화를 듣는다.
2) 단어에 맞는 사물을 찾아본다.
3) 이야기를 만들고 그림을 구성해본다.
4) 지시문을 듣고 알맞게 행동한다.

2. 활동자료

「나는 찾아요 인형극장」 시디롬 타이틀(케이유니버스)

3. 교육과정관련요소

1)의사소통 - 듣기 : 동요 · 동시 · 동화 듣고 이해하기
- 읽기 : 읽기에 흥미 가지기

4. 활동방법

1) 메뉴소개

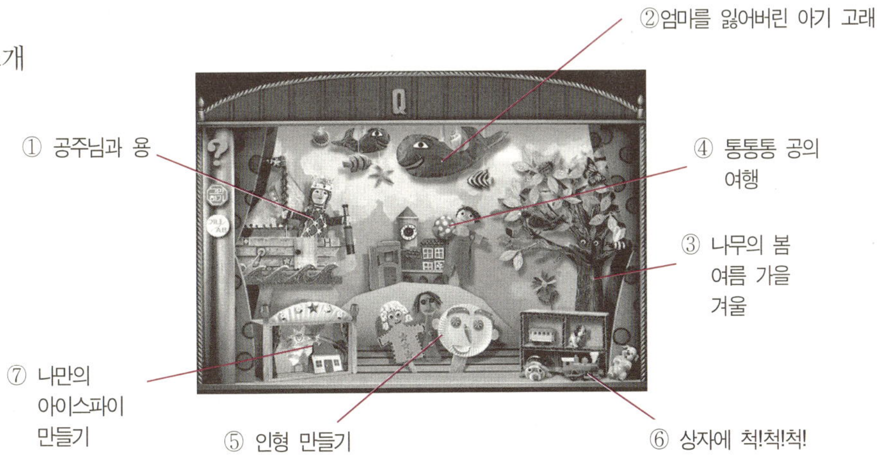

메뉴화면

① 공주님과 용

심술꾸러기 용이 공주의 왕관을 훔쳐가게 되어 공주가 왕관을 찾으러 가는 이야기를 담고 있다. 장면은 4개로 구성되어 있다. 그림 아래에 글과 그림을 이용하여 제시한 여러 사물들을 찾아본다. 화살표 아이콘은 다음 장면 또는 이전 장면으로의 이동을 나타낸다.

② 엄마를 잃어버린 아기 고래

아기 고래가 엄마를 잃어버려 다시 찾아가는 이야기를 담고 있다. 장면은 4개로 구성되어 있으며, '공주님과 용' 메뉴와 진행방식은 같다.

③ 나무의 봄 여름 가을 겨울

나무가 사계절 동안 변하는 모습의 이야기를 들려준다. 장면은 4개로 구성되어 있으며, 진행방식은 앞의 메뉴들과 같다.

④ 통통통 공의 여행

놀이터에서 아이들이 가지고 놀던 공이 다른 곳으로 날아갔다가 다시 되돌아오는 이야기를 담고 있다. 장면은 4개로 구성되어 있으며, 진행방식은 앞의 메뉴들과 같다.

⑤ 인형 만들기

지시문을 잘 듣고 그에 맞게 인형을 만들어 본다. 인형의 재료는 부직포, 양말, 숟가락, 쿠킹 호일, 종이접시, 잔디 등 모두 6가지 종류로 나누어져 있다.

⑥ 상자에 척! 척! 척!

상자 밖에 놓인 물건들을 상자 속으로 정리한다. 상자의 칸은 2칸, 4칸, 6칸이 있고, 같은 종류끼리 모아 놓는다.

⑦ 나만의 아이 스파이 만들기

상자 속에 있는 사물들을 이용하여 이야기 화면을 구성한다. 배경장면은 직접 사물들을 놓아 만들어 볼 수 있고, 미리 만들어져 있는 6개의 장면을 선택할 수도 있다.'지우개' 아이콘은 올려놓은 모든 사물을 한 번에 지우는 기능이므로 한 가지씩 지우고 싶을 때는 해당 사물을 다시 상자로 옮겨 놓는다.'모아놓기'를 선택하여 저장할 수 있고 인쇄할 수도 있다.

2) 유아는 컴퓨터 영역에서 '나는 찾아요 인형극장' 시디롬 타이틀을 가지고 활동한다.

확장 및 연관활동 2-1

나뭇잎 인형 만들기

…미술 영역

1. 「나는 찾아요 인형극장」 시디롬 타이틀 관련부분

'인형 만들기'에서 여러 가지 재료를 가지고 인형을 만들어 보았던 활동과 관련하여 가을에 쉽게 구할 수 있는 물든 나뭇잎을 가지고 인형을 만들어 본다.

2. 활동목표

1) 나뭇잎의 색깔 변화에 관심을 갖는다.
2) 나뭇잎을 이용하여 인형 만들기를 해 본다.

3. 활동자료

여러 가지 색깔과 모양의 나뭇잎(평평하게 말린 것), 색도화지, 접착제, 네임펜, 손코팅지(또는 일반 투명시트지)

4. 교육과정관련요소

1) 예술경험 - 예술적 표현하기 : 미술활동으로 표현하기
2) 자연탐구 - 과학적 탐구하기 : 자연현상 알아보기

5. 활동방법

1) 평평하게 말린 나뭇잎을 종류별로 담아 놓는다.
2) 색도화지 위에 나뭇잎들을 원하는 모양으로 놓아본 후, 접착제로 고정시킨다.
3) 네임펜으로 눈 코 입을 그린다.
4) 모양대로 오린 후 코팅 또는 투명시트지로 덮는다.

6. 기타

1) 나뭇잎만 가지고 만들 때는 꾸미기가 다 끝난 후 코팅을 하고, 다른 재료(예, 단추, 모루 등)를 추가하여 만들 경우는 나뭇잎을 먼저 코팅하고 꾸미기를 한다.

나뭇잎 인형 만들어 인형놀이하기

확장 및 연관활동
2-2 가을 동산에서 찾았어요

…과학 영역

1. 「나는 찾아요 인형극장」 시디롬 타이틀 관련부분

'나무의 봄 여름 가을 겨울' 이야기 듣기에서 '나는 찾아요' 활동과 관련하여 가을 동산견학 때 주워온 것들을 알아보는 활동을 해 본다.

2. 활동목표

1) 가을에 따른 동식물의 변화에 관심을 갖는다.
2) 동식물을 관찰하고 그 이름과 특징을 조사해 본다.

3. 활동자료

현장학습에서 주어온 여러 가지 것들, 여러 동식물을 찍은 사진들, 필기도구, 돋보기, 가을 동식물을 설명해 줄 수 있는 참고자료(인쇄물)

4. 교육과정관련요소

1) 자연탐구 - 과학적 탐구하기 : 자연 현상에 대해 알아보기, 물체와 물질에 대해 알아보기

5. 활동방법

1) 가을 동산에서 주워온 것들을 종류별로 나누어 담는다.
2) 주워온 것들의 색깔, 모양, 크기, 느낌 등을 탐색해 본다.
3) 교사가 준비해 놓은 책 또는 다른 인쇄물에서 주워온 것들의 이름을 찾는다.
4) 이름을 찾은 후 한 가지 또는 두 가지를 정하여 그 특징을 좀 더 조사해 본다.
5) 게시판을 마련하여 유아들이 알아낸 이름과 조사내용 등을 게시해 놓는다.

가을동산에서 주워온 것 관찰하기

인터넷을 이용한 활동 1

쌀이 되는 과정을 알아보아요

…이야기 나누기

1. 인터넷 사이트명 : 경산 한 장군쌀 http://www.hanjanggun.co.kr

2. 활동목표

1) 쌀이 재배되는 과정에 대해 알아본다.

2) 농부아저씨에게 감사하는 마음을 가진다.

3. 교육과정관련요소

1) 자연탐구 - 과학적 탐구하기 : 생명체와 자연환경 알아보기

4. 활동방법

1) '경산 한장군쌀' 사이트에 접속해 [쌀이 재배되는 과정]을 클릭한다.

2) 쌀이 재배되는 과정을 보여주는 사진을 보며 이야기를 나눈다.

쌀을 얻기까지의 과정 그림 및 추수 동영상

5. 확장 활동

1) 쌀로 만든 음식에 대해 알아보고 역할영역에서 상차림 놀이를 해 본다.

11 | 환경과 생활

◎ 생활주제중심 활동망

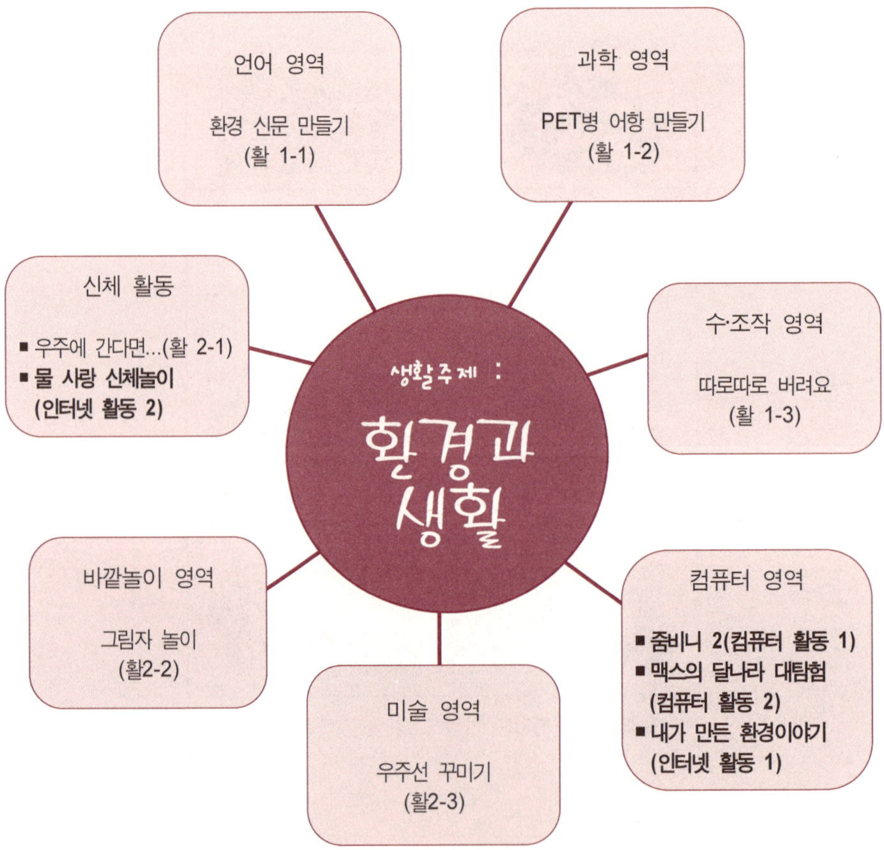

* 「컴퓨터 활동」은 컴퓨터 영역에서 CD를 이용한 활동을 말한다.
* 「인터넷 활동」은 인터넷을 통해 사이트에 접속하여 하는 활동을 말한다.
* 「활」은 컴퓨터 및 인터넷활동에 대한 확장 및 연관 활동을 말한다.

컴퓨터 활동 1

줌비니 2

…컴퓨터 영역

1. 활동목표

1) 소프트웨어를 활용한 다양한 게임을 경험한다.
2) 줌비니 2에 나오는 자연환경에 관심을 가진다.

2. 활동자료

「줌비니 2」 시디롬 타이틀(아리수 미디어)

3. 교육과정관련요소

1) 자연탐구 - 과학적 탐구하기 : 자연 현상 알아보기, 간단한 도구와 기계 활용하기

4. 활동방법

1) 메뉴소개

① 줌비니 꾸미기

구출에 나설 줌비니 16명을 꾸민다. 몸통에 눈, 머리, 코, 다리를 클릭하여 각기 다른 줌비니를 꾸며준다.

② 아기거북 징검다리

통나무 위에 있는 줌비니의 특징에 따라 그 순서로 그룹화하고 배열하여 새끼 거북이 등에 줌비니를 태운다.

③ 팔루 파이프 급류 타기

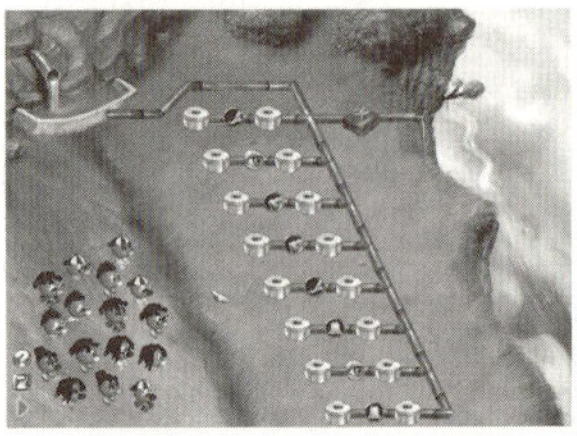

파이프 연결부위에 있는 힌트에 따라 줌비니의 자리를 찾은 후 벨브를 열어 절벽 아래로 이동시킨다.

④ 빛의 공간이동

투명한 유리관에 갇힌 줌비니들을 조종키를 사용하여 구해낼 수 있다. 각각의 조종키는 일정한 빛의 경로를 나타내고, 사용횟수는 제한되어 있다.

⑤ 거품의 미로

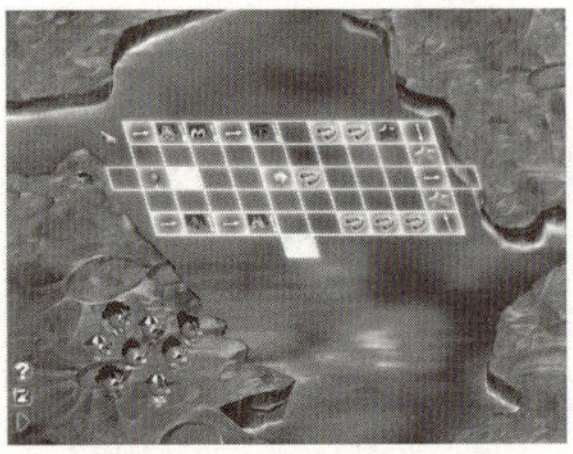

줌비니들은 소용돌이를 피해 신비한 늪을 통과할 길을 찾아야 한다. 화살표 방향과 줌비니의 신체적 특성에 따라 다리를 건널 수 있다. 즉, 흰색 화살표가 가리키는 방향으로 줌비니가 움직인다.

⑥ 딱정벌레의 집

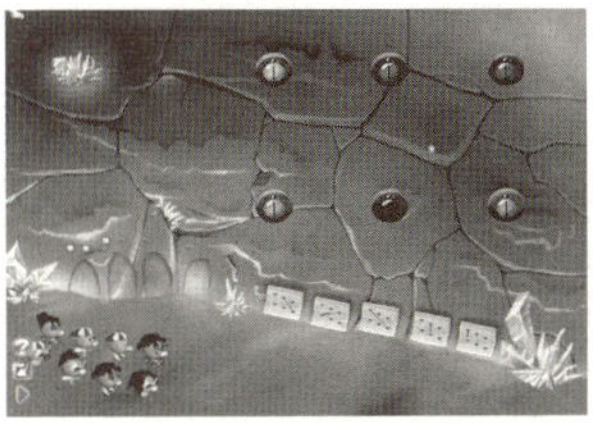

딱정벌레들은 문 옆에 보이는 4개의 돌판을 이용하여 색상에 맞는 자기 집을 찾아야 한다. 돌 문 위의 불이 다 켜지면 손잡이를 당겨 문을 연다. 한번에 4명씩, 두 번에 걸쳐 통과한다.

⑦ 까타리 식당

까타리 마을을 통과하려면, 그들이 좋아하는 음식을 제대로 차려서 갖다 주어야 한다. 까타리를 클릭하여 주문 내용을 잘 듣고 주문판에 기록해 둔다.

⑧ 가면의 거울

거울에 대포를 발사해서 6개의 거울에 있는 진짜 삐따기 한명씩을 찾아야 한다. 거울을 깨뜨릴 때마다 거울 왼쪽에는 진짜 삐따기와 같은 특징 개수가 표시된다. 6명의 삐따기를 다 찾아야 한다.

⑨ 스노우 보드

안내판의 특성에 따라 줌비니가 스노우 보드를 타고 무사히 언덕 아래로 내려 가도록 도와준다. 까타리와 충돌을 조심하도록 한다.

⑩ 기쁨의 구슬

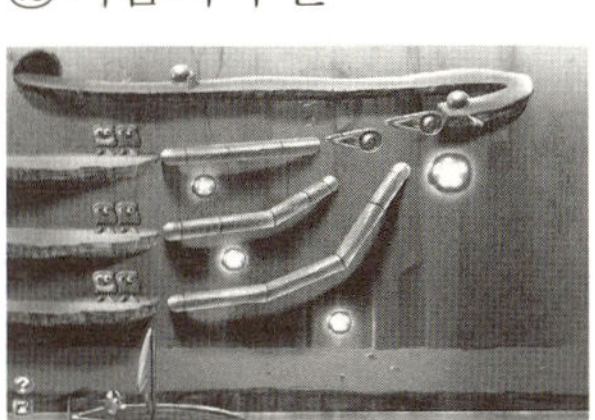

불리들을 클릭하면 대기 중이던 볼링공이 그들을 맞추기 위해 이동한다. 볼링공이 불리를 맞추면 표정이 변한다. 불리들을 모두 기쁜 얼굴로 만들어야 배에 태울 수 있다.

2) 컴퓨터 영역에서 줌비니 2의 각 메뉴에 따라 활동한다.

확장 및 연관활동 1-1

환경 신문 만들기

…언어 영역

1. 「줌비니 2」 시디롬 타이틀 관련부분

줌비니2에서 나오는 다양한 자연환경의 모습과 같이 깨끗한 자연환경과, 더러운 자연환경에 대한 자료를 모아 함께 신문을 만들어 본다.

2. 활동목표

1) 깨끗한 환경의 중요성에 관심을 가진다.
2) 다양한 자료를 이용하여 신문을 만들어 본다.
3) 신문의 기사를 직접 써본다.

3. 활동자료

깨끗한 자연환경과 더러운 자연환경 사진, 마닐라지, 가위, 풀, 필기도구 등

4. 교육과정관련요소

1) 자연탐구 - 과학적 탐구하기 : 생명체와 자연환경 알아보기
2) 의사소통 - 읽기 : 읽기에 흥미 가지기
　　　　　- 쓰기 : 쓰기에 관심 가지기

5. 활동방법

1) 교사가 유치원 주변에서 볼 수 있는 깨끗하고 더러운 환경 사진을 찍어 제공한다.
2) 사진을 보며 유아들과 어떤 모습인지 이야기를 나눈다.

3) 마닐라지에 신문의 이름을 정하여 쓰고 날짜를 적는다.

4) 사진을 붙이고 유아들이 직접 기사를 적어본다.

5) 완성된 신문을 함께 읽어본다.

6) 깨끗한 환경을 위해서 어떤 일을 할 수 있을지 이야기 나누어 본다.

6. 유의점

1) 유아의 가정에서 다양한 환경관련 사진 및 신문 기사를 수집해 온 후 신문을 꾸며 본다.

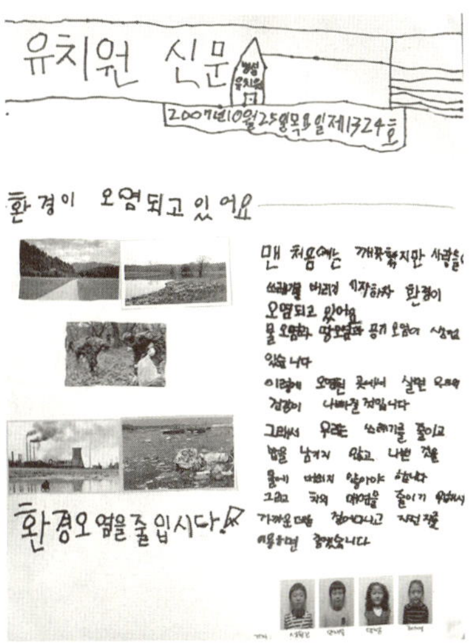

환경 관련 신문 만들기

확장 및 연관활동 1-2

PET병 어항 만들기

…과학영역

1. 「줌비니 2」 시디롬 타이틀 관련부분

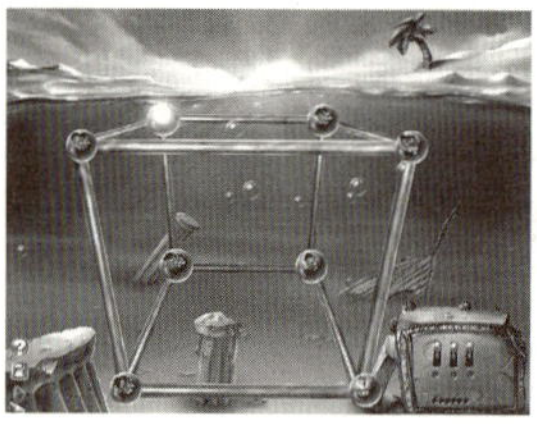

줌비니2에 나오는 물속에 있는 육면체 모양의 유리관처럼 유치원에서 PET병 어항에 금붕어를 직접 길러본다.

2. 활동목표

1) 깨끗한 환경의 소중함에 대하여 관심을 갖는다.

2) 생물을 아끼고 사랑하는 마음을 갖는다.

3) 재활용품을 이용하여 어항을 만들어 본다.

3. 활동자료

PET병, 자갈, 작은 돌, 어항을 꾸밀 수 있는 풀 등, 금붕어, 금붕어 먹이

4. 교육과정관련요소

1) 자연탐구 - 과학적 탐구하기 : 생물체에 자연환경 알아보기

2) 예술경험 - 예술적 표현하기 : 미술 활동으로 표현하기

5. 활동방법

1) PET병을 반으로 자른다.

2) PET병 안에 자갈, 돌, 물풀 등으로 꾸민다.

3) 물을 넣고 금붕어를 넣는다.

4) 유아들이 순서를 정하여 먹이를 준다.

5) 물이 더러워졌을 경우 물을 갈아준다.

PET병 어항의 모습

확장 및 연관활동 1-3

따로따로 버려요

…수조작 영역

1. 「줌비니 2」 시디롬 타이틀 관련부분

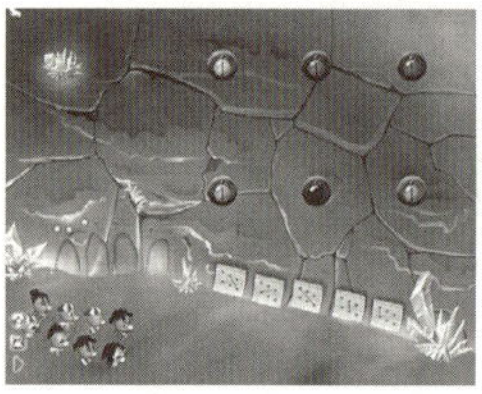

딱정벌레 집 색깔에 맞는 딱정벌레를 카드를 통해 찾아주는 것과 같이 분리수거 함에 각 특징에 맞는 쓰레기를 분리하는 게임을 해본다.

2. 활동목표

1) 쓰레기의 종류에 따라 분리하여 버려야 함을 이해한다.
2) 카드 게임을 통하여 같은 종류의 쓰레기를 분류할 수 있다.

3. 활동자료

종이류, 재활용품, 일반쓰레기 등의 종류가 적혀 있는 휴지통 모양의 게임판, 다양한 종류의 쓰레기(종이, 캔, 플라스틱, 휴지 등) 그림카드

4. 교육과정관련요소

1) 자연탐구 - 과학적 탐구하기 : 생명체와 자연환경 알아보기
- 수학적 탐구하기 : 기초적인 자료 수집과 결과 나타내기

5. 활동방법

1) 3~4명의 유아가 종이류, 재활용, 일반쓰레기 등이 써 있는 게임판을 나누어 갖는다.
2) 종이, 캔, 플라스틱, 휴지 등이 그려진 그림카드를 10장씩 나누어 갖는다.
3) 그림카드를 보지 않고 뒤집어 놓은 상태에서 각각 1장씩의 카드를 중앙에 놓는다.

4) 중앙에 놓은 카드 중 1개씩을 선택한다.
5) 선택한 카드가 자신의 게임판에 써 있는 쓰레기의 종류와 같으면 게임판에 붙인다.
6) 다른 종류의 카드를 선택한 경우 다시 카드를 뒤집어 놓는다.
7) 같은 종류의 카드를 선택한 유아는 카드를 한 장씩 더 꺼낸다.
8) 휴지통 모양의 게임판을 다 채우면 게임이 끝난다.

분리수거 게임

컴퓨터 활동 2

생각이 넓어지는 통통과학

…컴퓨터영역

1. 활동목표

1) 생각이 넓어지는 통통과학을 통해 과학적 정보를 경험한다.
2) 다양한 과학적 경험을 통해 기초적인 과학 개념을 형성한다.

2. 활동자료

「생각이 넓어지는 통통과학」 시디롬 타이틀(웅진미디어)

3. 교육과정관련요소

1) 자연탐구 - 과학적 탐구하기 : 물체와 물질 알아보기, 생명체와 자연환경 알아보기, 간단한 도구와 기계 활용하기
- 수학적 탐구하기 : 기초적인 자료수집과 결과 나타내기

4. 활동방법

1) 메뉴소개

① 동물의 분류

여러 가지 설명을 듣고 해당되는 동물을 고른다. 조류, 포유류, 파충류, 어류 등 각각의 특징을 알 수 있다.

②-1 씨 관찰하기

가로, 세로로 나뉘어진 열매의 속모양을 보고 어떤 것의 속인지 연결해 본다.

②-2 과일과 채소

화면에 있는 여러 가지 과일과 채소를 보고 과일은 과일 바구니에 채소는 채소 바구니에 구분해서 넣는다.

②-3 식물의 구조

씨앗에서 꽃이 필 때까지 성장과정을 통해 식물의 각 부분이 하는 일을 알아본다.

③-1 전기의 이용

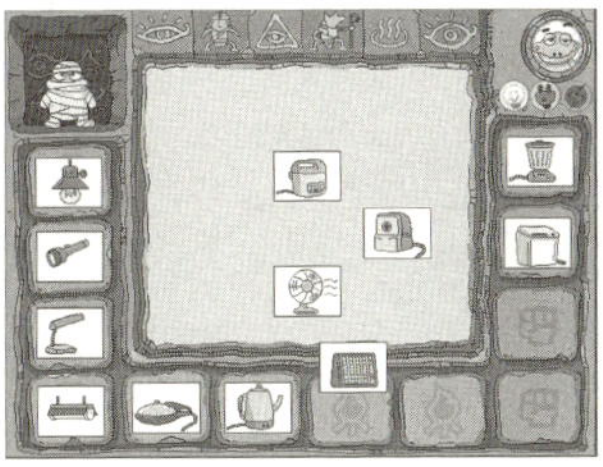

전기를 실생활에서 어떻게 사용하는지 분류하는 것으로 열로, 빛으로, 다른 힘으로 이용하는 것을 분류하여 오른쪽, 왼쪽, 아래에 각각 배치시킨다.

③-2 전기의 이동

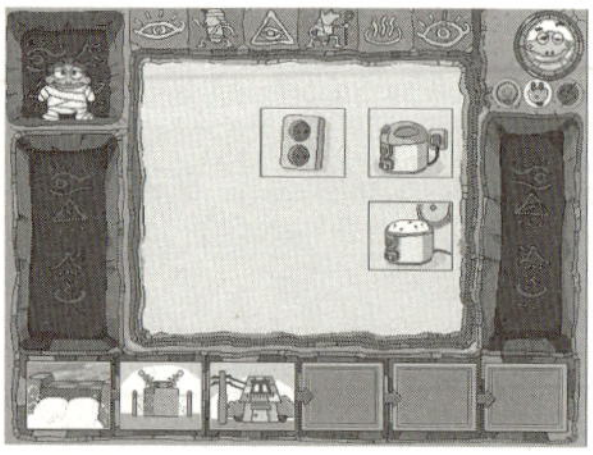

전기가 우리 일상 생활에서 어떤 경로를 거쳐 이용하게 되는지 그 과정을 순서대로 배치하여 본다.

③-3 도체 · 부도체

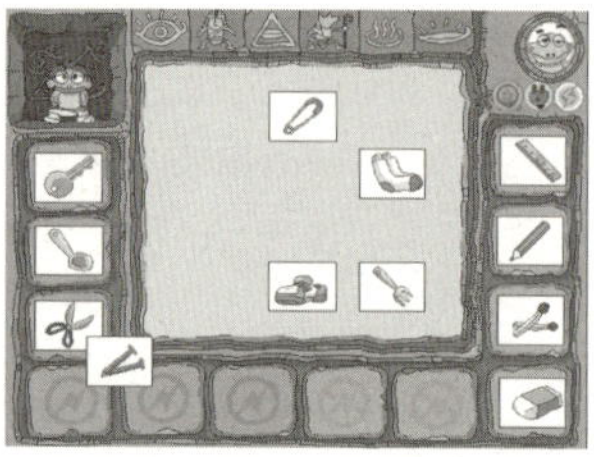

전기가 통하는 물체와 통하지 않는 물체를 분류하여 각각 오른쪽, 왼쪽에 배치한다.

④-1 물체의 성질(소리 들어보기)

여러 가지 재질(유리병, 플라스틱병, 깡통 등)로 된 용기 속에 여러 가지 재질(동전, 나무, 핀 등)의 물건을 넣고 흔들어서 나는 소리를 듣는다. 그리고 그 소리를 내는 물건을 고른다.

④-2 물체의 분류

화면 상단에서 제시하는 대로 물건을 고른다. 1단계에서는 한 가지 성질로 된 물체를 고르고 2단계에서는 두 가지 성질을 가진 물체를 고르면 된다.

⑤ 우리 몸

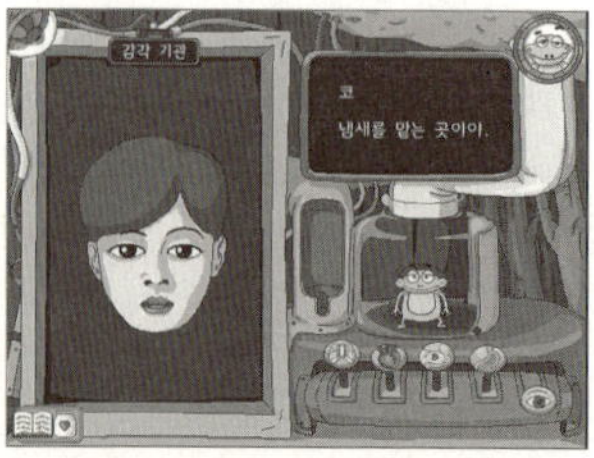

인체의 각 부분의 작용과 필요성을 근육, 핏줄, 뼈, 소화기관, 감각기관으로 나누어 설명해 준다.

⑥-1 무얼 먹고 살까?

각각의 동물들이 무엇을 먹고 사는지 동물과 먹이를 연결해 준다.

⑥-2 먹이사슬

동물들이 서로 어떻게 먹고 먹히며 살아가는지를 각 그림을 순서대로 배열하여 본다.

⑦-1 빛의 성질

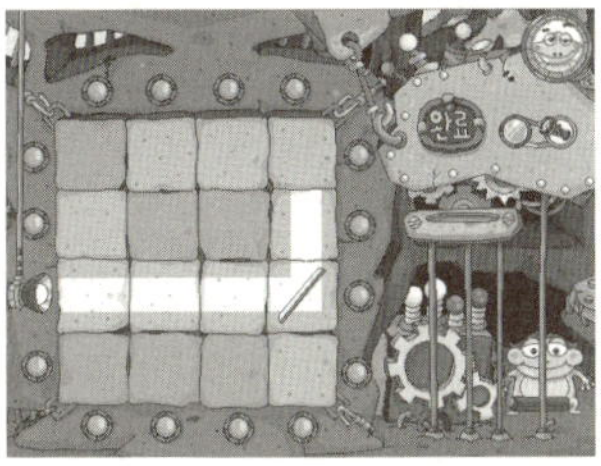

빛이 꺾이는 방향을 보고 빛을 굴절시키기 위해 거울을 클릭하여 알맞게 배치한다. 빛이 어떻게 굴절되는지 알 수 있다.

⑦-2 그림자 놀이

한 가지 이상의 그림자들이 커튼에 비춰진다. 그림자를 본 후 아래의 그림 중 해당 사물을 클릭하여 알아맞혀야 한다.

2) 컴퓨터 영역에서 생각이 넓어지는 통통과학의 각 메뉴에 따라 활동한다.

확장 및 연관활동 2-1

우주에 있는 것

…이야기 나누기

1. 「생각이 넓어지는 통통과학」 시디롬 타이틀 관련부분

과일과 채소를 분류해 보는 것과 같이 우주에 있는 것과 없는 것에 대하여 이야기 나누고 분류해 본다.

2. 활동목표

1) 우주에는 무엇이 있는지, 무엇이 없는지에 대하여 관심을 가진다.
2) 우주에 있는 것과 없는 것을 분류해 본다.

3. 활동자료

이야기 나누기 판(우주에 있는 것, 우주에 없는 것), 우주에 있는 것·없는 것 그림 자료(산소, 별, 달, 우주선, 집 등), 찍찍이(까슬이와 보슬이)

4. 교육과정관련요소

1) 자연탐구 - 과학적 탐구하기 : 자연현상 알아보기
- 수학적 탐구하기 : 기초적인 자료수집과 결과 나타내기

5. 활동방법

1) 우주에는 무엇이 있을지 자유롭게 상상하여 이야기를 나누어 본다.
2) 이야기판(우주에 있는 것, 없는 것)에 제시하여 무엇이 있을지 없을지 이야기 해 본다.
3) 여러 가지 그림 자료를 제시한 후 우주에 있는 것, 없는 것 중에 선택하여 붙인다.
4) 이야기판에 그림을 붙인 후 함께 읽어본다.

(예, 우주에는 반짝반짝 빛나는 □ 이 있어요. 우주에는 그리고 하늘을 나는 □ 도 있어요. 그렇지만 우주에는 □이 없어서 숨을 쉴 수 없어요.)

우주에 있는 것

우주에는 반짝이는 □이 있어요
우주에는 하늘을 나는 □도 있고,
토끼가 사는 □도 있어요
하지만,
우주에는 □이 없어서 숨을 쉴 수 없대요
또 잠을 잘 수 있는 □도 없대요
나는 우주에 꼭 가보고 싶어요

<집>

확장 및 연관활동 2-2

그림자 놀이

…바깥놀이

1. 「생각이 넓어지는 통통 과학」 시디롬 타이틀 관련부분

커튼 뒤 숨어있는 물체의 그림자를 보고 어떤 물체인지 알아맞히는 활동을 응용하여 유아들이 실외활동 시 자신의 그림자를 이용한 활동을 해보도록 한다.

2. 활동목표

1) 서 있는 위치와 동작에 따라 달라지는 그림자의 모양에 대하여 관심을 가진다.
2) 여러 가지 모양의 그림자를 만들어 보고 선으로 그려본다.

3. 활동자료

막대

4. 교육과정관련요소

1) 자연탐구 - 과학적 탐구하기 : 자연현상 알아보기
2) 예술경험 - 아름다움 찾아보기 : 미술적 요소 찾아보기

5. 활동방법

1) 바깥활동 시 햇빛 아래에 서서 몸을 움직여 달라지는 그림자의 모습을 관찰한다.
2) 두 명의 유아가 짝을 지어 한명이 동작을 취하면 한명이 막대로 그림자 모양을 그린다.
3) 모양을 그린 후 그려진 그림자의 모양을 관찰한다.

4) 친구들의 재미있는 모양의 그림자를 보고 그 모양대로 그림자 모양을 만들어 본다.

그림자 놀이

확장 및 연관활동 2-3

우주선 꾸미기

…미술 영역

1. 「생각이 넓어지는 통통과학」 시디롬 타이틀 관련부분

생각이 넓어지는 통통과학에서 다양한 재질을 가진 물체를 탐색해 본 것을 응용하여 다양한 재질의 폐품을 이용하여 우주선을 꾸며본다.

2. 활동목표

1) 우주선에 관심을 가지고 우주선의 형태를 살펴본다.
2) 여러 가지 재료와 도구를 이용하여 우주선을 꾸며본다.

3. 활동자료

다양한 모양의 우주선 사진, PET병, 두루마리 휴지 심, 캔, 다양한 크기의 상자, 색종이, 단추, 수수깡, 병뚜껑, 반짝이 풀, 매직 펜, 본드, 풀 등

4. 교육과정관련요소

1) 예술경험 - 예술적 표현하기 : 미술 활동으로 표현하기
2) 자연탐구 - 과학적 탐구하기 : 간단한 도구와 기계 활용하기

5. 활동방법

1) 사진 자료를 보면서 우주선의 모양을 탐색한다.
2) 캔, 두루마리 휴지 심, 상자, PET병 등을 몸체로 하고 단추, 수수깡, 색종이 등을 붙인다.

3) 다양한 재료로 우주선의 꼬리, 날개 등을 꾸민다.
4) 반짝이 풀, 매직 펜 등을 이용하여 그림을 그리거나 우주선의 이름을 지어 써 준다.
5) 완성된 우주선들을 전시해 준다.

우주선 만들기

인터넷을 이용한 활동

1

내가 만든 환경 이야기

…컴퓨터 영역

1. 인터넷 사이트명 : 꿈나무 푸른교실 http://www.e-gen.co.kr/

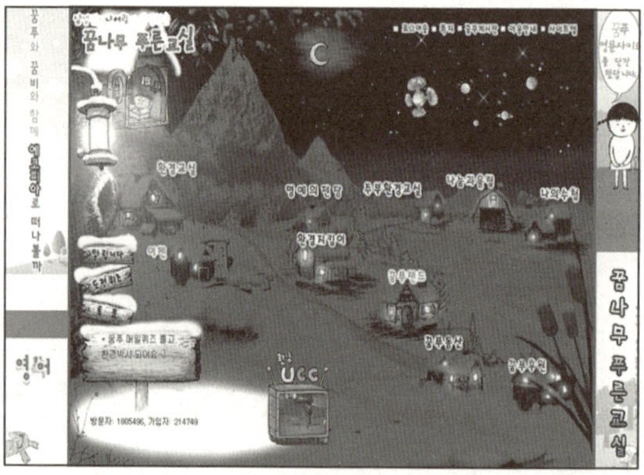

2. 활동목표

1) 깨끗한 환경의 중요성에 대하여 안다.
2) 주어진 그림을 보고 적절한 이야기를 만들어 본다.

3. 교육과정관련요소

1) 자연탐구 - 과학적 탐구하기 : 생명체와 자연환경 알아보기
2) 의사소통 - 말하기 : 낱말과 문장으로 말하기
   - 쓰기 : 쓰기에 관심 가지기

4. 활동방법

1) 꿈나무 푸른교실 http:www.e-gen.co.kr에 접속한 후 로그인 한다.
2) [꿈푸 동산]- [내가 만든 환경이야기]를 클릭한다.

3) [이야기 만들기]를 클릭하여 주어진 4장의 그림을 살펴본 후 이야기를 만들어 본다.

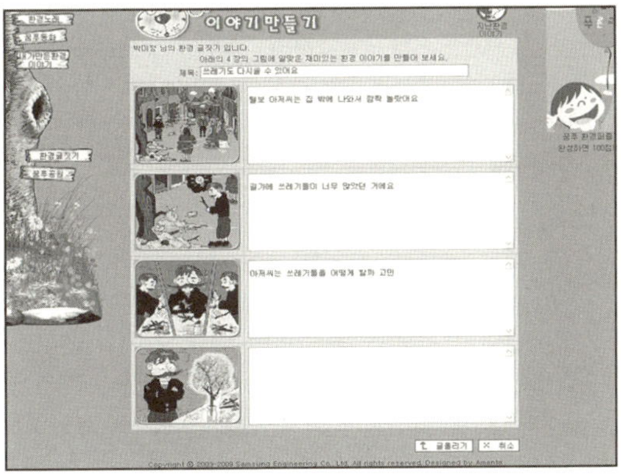

4) 이야기를 만든 후 친구들에게 소개해 주고 친구들이 만든 이야기를 함께 감상 해 볼 수 있다.

5. 확장활동

1) [환경 동화], [환경 노래], [게임] 등의 메뉴를 클릭하여 환경과 관련된 다양한 활동을 선택하여 해볼 수 있다.

인터넷을 이용한 활동 2

물 사랑 신체놀이

…컴퓨터 영역

1. 인터넷 사이트명 : 물사랑 http://www.ilovewater.or.kr/

2. 활동목표

1) 물은 소중하며 아껴서 사용해야 함을 안다.

2) 컴퓨터 게임 화면에 나타난 자신의 신체를 움직여 신체게임을 해본다.

3. 교육과정관련요소

1) 신체운동·건강 - 신체조절과 기본운동하기 : 기본운동하기

2) 사회관계 - 다른 사람과 더불어 생활하기 : 사회적 가치를 알고 표현하기

3) 자연탐구 - 과학적 탐구하기 : 생명체와 자연환경 알아보기

4. 활동방법

1) 물사랑 http://www.ilovewater.or.kr/에 접속한 후[물사랑 놀이터]를 클릭한다.

2) [게임]-[절수 대작전]을 클릭한다.

3) 컴퓨터에 웹캠을 설치한 후 게임을 시작한다.

절수 대작전 게임

4) 웹캠을 통해 자신의 모습이 모니터 화면에 비춰지면 손을 뻗어 움직이며 수도 꼭지를 잠그는 신체 게임을 해본다.

12 | 겨울

◎ 생활주제중심 활동망

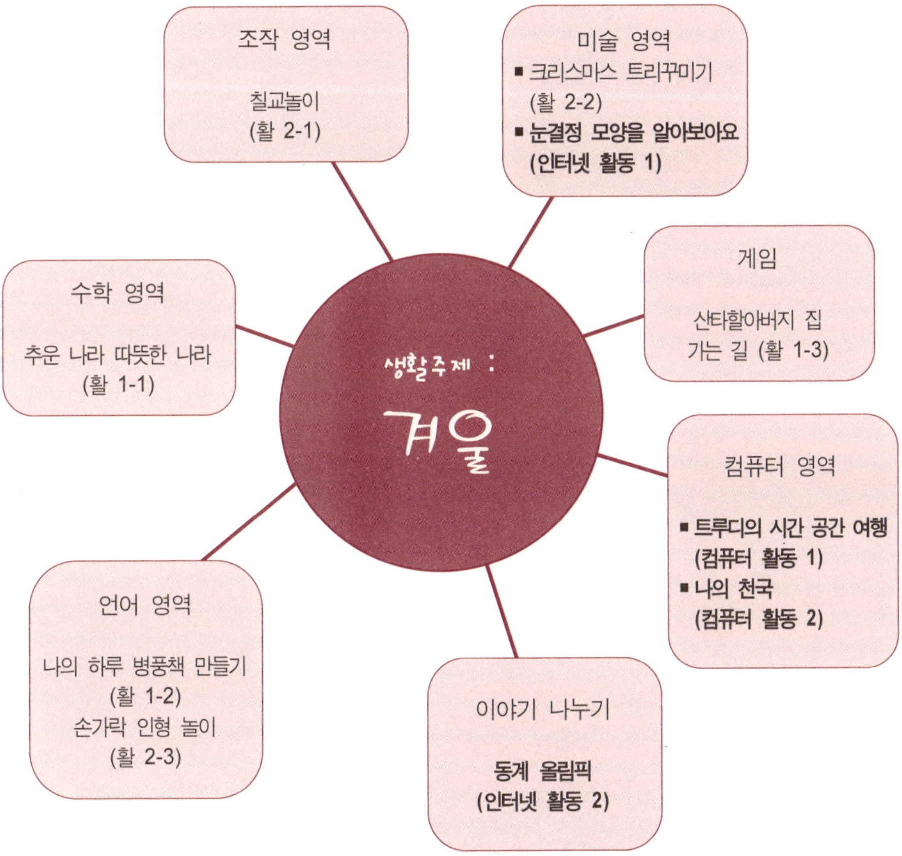

* 「컴퓨터 활동」은 컴퓨터 영역에서 CD를 이용한 활동을 말한다.
* 「인터넷 활동」은 인터넷을 통해 사이트에 접속하여 하는 활동을 말한다.
* 「활」은 컴퓨터 및 인터넷활동에 대한 확장 및 연관 활동을 말한다.

컴퓨터 활동 1

트루디의 시간 공간여행

…컴퓨터 영역

1. 활동목표

1) 시간의 흐름에 대해 이해한다.

2) 방향을 지시하는 언어를 이해하고 방향지시에 따른 알맞은 위치로 이동한다.

2. 활동자료

「트루디의 시간 공간여행」 시디롬 타이틀(아리수미디어)

3. 교육과정관련요소

1) 자연탐구 - 수학적 탐구하기 : 공간과 도형의 기초개념 알아보기
기초적인 측정하기, 규칙성 이해하기

4. 활동방법

1) 메뉴소개

시작메뉴

① 지구 수비대

지구와 지구본, 세계지도를 서로 비교하여 연관성을 발견하는 게임이다. 찾고 싶은 지역의 사진을 찍어 인쇄하고, 색깔을 칠해서 표시할 수 있다. 유아들은 로켓을 조정하여 가고 싶은 지역으로 이동한다.

② 달력시계

초, 분, 시, 날, 달 단위를 이용하여 애니메이션을 앞뒤로 이동시킨다. 시간의 흐름, 시계와 달력사이의 연관성, 그리고 시간을 계산하는 데 사용되는 단위를 이해하고 이를 이용해 조정해 본다.

③ 모래 상자

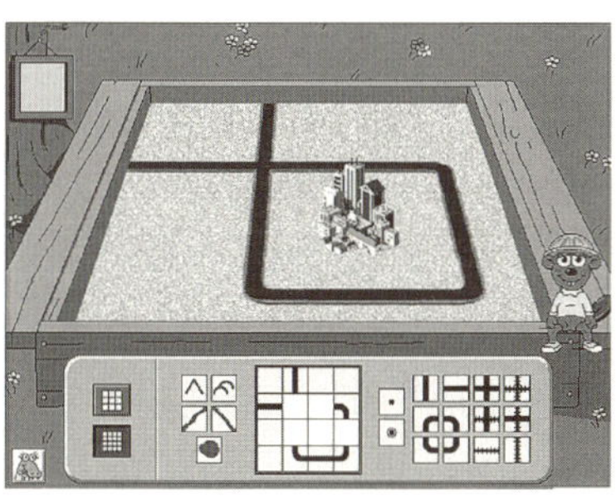

모래 상자 안에 지도를 직접 만들어 모래상자 지형을 만든다. 지도용 부호를 이용하여 공간 시각화 능력을 개발하도록 도와준다. 문답모드와 난이도를 조절을 통해 문제 해결을 도와준다.

④ 쌍둥이 시계 맞추기

쌍둥이 시계는 시간을 맞추면 몇 시인지 들려주며, 아날로그 앤과 디지털 댄을 실행시켜 언제든지 시간말하기를 연습할 수 있다. 시간 맞추기 학습은 숫자와 숫자의 순서, 분수 이해 과정을 포함하고 있다.

⑤ 젤리빈 찾기

젤리빈을 먹기 위해 두 종류의 방향키를 사용하여 배고픈 개미를 조정한다. 방향키는 '왼쪽, 오른쪽 앞'으로 된 것과, '동서남북'으로 된 두 종류가 있다. 오른쪽, 왼쪽의 상대적 방향기준과 기본 방위를 통해 공간개념을 이해한다.

2) 유아들은 컴퓨터 영역에서 '트루디의 시간 공간 여행' 시디롬 타이틀을 가지고 활동한다.

확장 및 연관활동 1-1

나의 하루 병풍책

…언어 영역

1. 「트루디의 시간 공간여행」 시디롬 타이틀 관련부분

시간 흐름의 변화에 관련지어 유아의 하루 생활을 '새벽, 아침, 점심, 저녁, 밤'으로 구분하여 각각에 알맞은 자신의 생활모습을 병풍책으로 만들어 본다.

2. 활동목표

1) 시간의 흐름에 따른 하루 생활의 변화에 대해 이해한다.
2) 때를 나타내는 말과 시계를 관련지어 본다.

3. 활동자료

시계가 그려진 6칸짜리 병풍책(새벽, 아침, 점심, 저녁, 밤), 그리기 도구

4. 교육과정관련요소

1) 자연탐구 - 수학적 탐구하기 : 규칙성 이해하기, 기초적인 측정하기
2) 예술경험 - 예술적 표현하기 : 미술활동으로 표현하기

5. 활동방법

1) 종이를 6칸이 나오게 병풍모양으로 접는다.
2) 병풍책 첫 페이지에는 제목과 이름을 쓴다.
3) 다음 페이지부터 순서대로 시간에 알맞은 자신의 생활을 그림 그린다.
4) 시간의 순서는 '새벽, 아침, 점심, 저녁, 밤'으로 위쪽에 교사가 미리 써 준다. 또한 그에 알맞은 시계를 그려준다.

6. 기타

1) 나의 하루생활 주제 이외에 다른 현상의 변화를 그려볼 수 있다.

'나의 하루'병풍책 만들기

확장 및 연관활동 **1-2**

산타할아버지 집 가는 길

…수학 영역

1. 「트루디의 시간 공간 여행」 시디롬 타이틀 관련부분

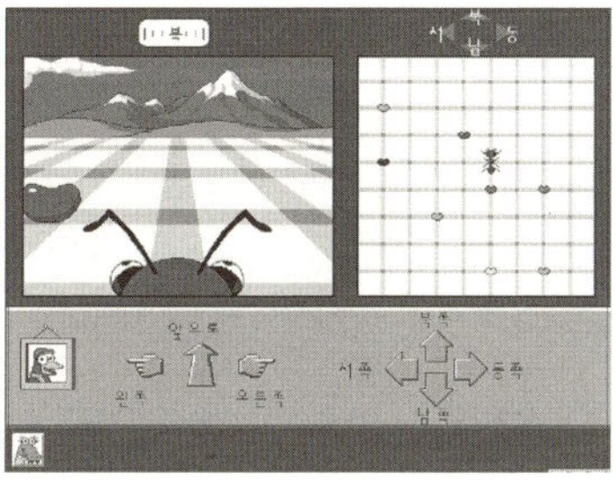

젤리 빈 찾기에서 개미가 움직이는 방향키 '왼쪽, 오른쪽'과 관련하여 유아들이 산타할아버지 집 가는 길에서 '왼쪽, 오른쪽'으로 방향을 선택해 보는 게임을 해 본다.

2. 활동목표

1) 방향을 나타내는 것 중 왼쪽 오른쪽 방향을 알아본다.
2) 게임 규칙을 자율적으로 지키는 경험을 해 본다.

3. 활동자료

산타할아버지 집 가는 길 모양(테이프로 바닥에 그린다), 왼쪽 오른쪽 글자가 써진 화살표방향 시트지

4. 교육과정관련요소

1) 자연탐구 - 수학적 탐구하기 : 공간과 도형의 기초개념 알아보기
2) 사회관계 - 다른 사람과 더불어 생활하기 : 사회적 가치를 알고 지키기

5. 활동방법

1) 바닥에 아래와 같은 대형을 그린다.
2) 6명의 유아를 뽑아 '왼쪽 오른쪽' 화살표를 양팔에 각각 붙인다.
3) 6명의 유아는 검은 점(●) 위치에 선다.

4) 다른 유아들은 출발점 위치에 선 후, 출발 신호에 따라 자신들이 원하는 길로 간다.

5) '방향 화살표를 가진 유아'를 만나면, 먼저 '갈 길'을 선택하고, 가위바위보를 한다.

- 방향 화살표 유아 "왼쪽 오른쪽 어느 길로 갈래?", 다른 유아 "왼쪽 길!"

6) 길을 선택하고 가위바위보를 이기면 원하는 길로 가고, 지면 있던 자리로 돌아간다.

7) 주의할 점은 '왼쪽 오른쪽 방향'은 두 유아가 서로 마주본 위치에서 결정된다. 따라서 마주한 위치에 따라 왼쪽 또는 오른쪽 길이 없을 수도 있고, 방향선택을 잘 못하면 오히려 출발점 쪽으로 길을 거슬러 갈 수도 있다.

6. 기타

1) 유아 수와 게임 시간에 따라 6칸을 4칸으로 줄여서 할 수 있다.

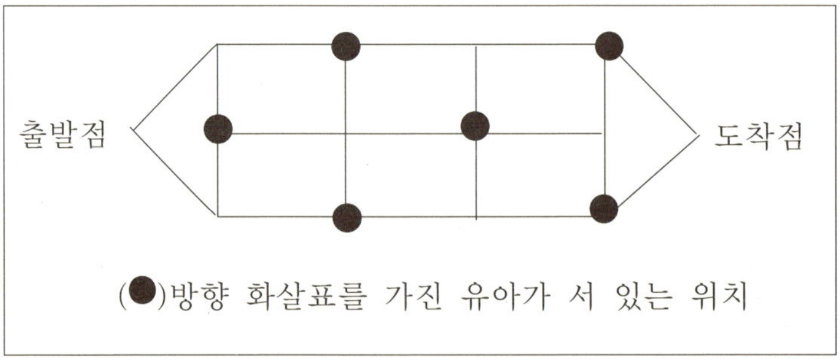

산타할아버지 집 가는 길 (대형)

확장 및 연관활동 1-3

추운 나라 따뜻한 나라

…수학 영역

1. 「트루디의 시간 공간 여행」 시디롬 타이틀 관련부분

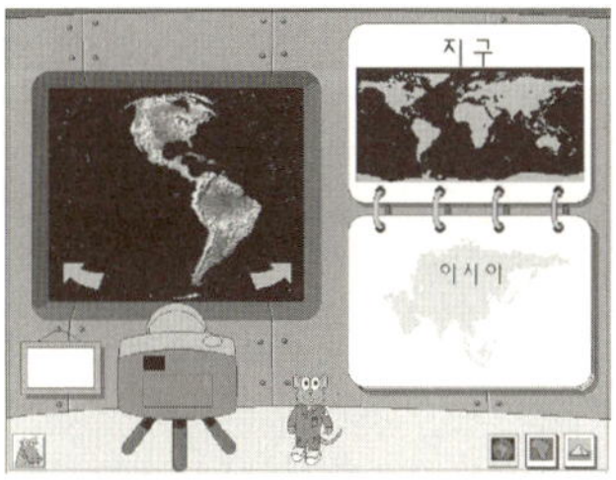

세계 여러 나라를 찾아가 보고 그 나라의 모습을 탐험해 보았던 놀이와 관련지어 본다. 세계 여러 나라 중 '추운 나라'와 '따뜻한 나라'를 찾아간다. 또한 젤리빈에서 동서남북 방향과 관련지어 '동서남북' 주사위로 방향을 결정한다.

2. 활동목표

1) 세계 여러 나라 중 추운날씨의 나라와 따뜻한 날씨의 나라를 알아본다.
2) 방향을 알려주는 지표로 동서남북 방위를 경험해 본다.

3. 활동목표

추운 나라 따뜻한 나라 게임판, 동서남북 상자주사위, 게임말

4. 교육과정관련요소

1) 사회관계 - 사회에 관심 갖기 : 세계와 여러 문화에 관심가지기
2) 자연탐구 - 수학적 탐구하기 : 공간과 도형의 기초개념 알아보기

5. 활동방법

1) 추운 나라와 따뜻한 나라 중 가고 싶은 나라를 결정한다.
2) 출발점 위치에 게임 말을 놓고 순서를 정한다.
3) 상자 주사위를 던져 '동 서 남 북' 에 해당하는 위치로 게임말을 움직인다.
- 상자 주사위는 뚜껑이 있는 상자 속에 '동서남북 방위표'를 만들어 바닥에

붙인다. 상자 속에 단추 1개를 넣고, 뚜껑을 닫은 후 흔든다. 뚜껑을 열어 방위를 확인한다.

4) 가고 싶은 나라에 먼저 도착한 유아가 이긴다.

6. 기타

1) 아래의 게임판은 예시이므로 교구제작 시, 나라와 경도 위도선은 변경할 수 있다.

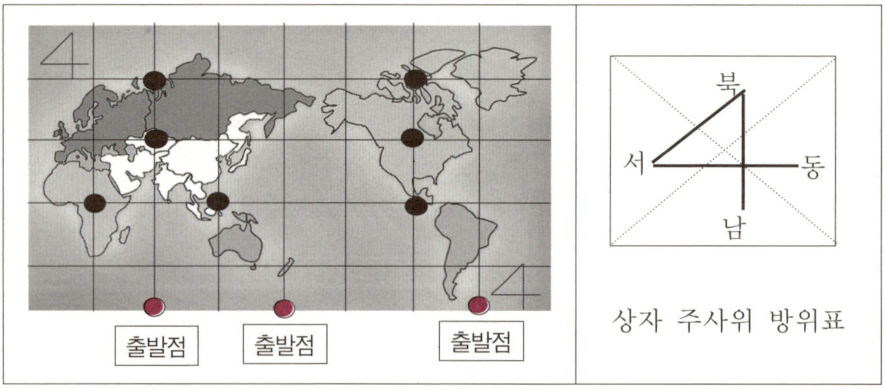

'추운 나라 따뜻한 나라'게임판과 상자 주사위 방위표 예

컴퓨터 활동 2

나의 천국

…컴퓨터영역

1. 활동목표

1) 도형의 크기와 모양을 비교하고 구별한다.
2) 들려주는 이야기를 듣고 이해한다.
3) 연속된 숫자 세기를 해 본다.

2. 활동자료

나의 천국 시디롬 타이틀(푸른 하늘을 여는 사람들)

3. 교육과정관련요소

1) 자연탐구 - 수학적 탐구하기 : 공간과 도형의 기초개념 알아보기
2) 의사소통 - 듣기 : 이야기 듣고 이해하기

4. 활동방법

1) 메뉴소개

시작 화면

① 도형 맞추기

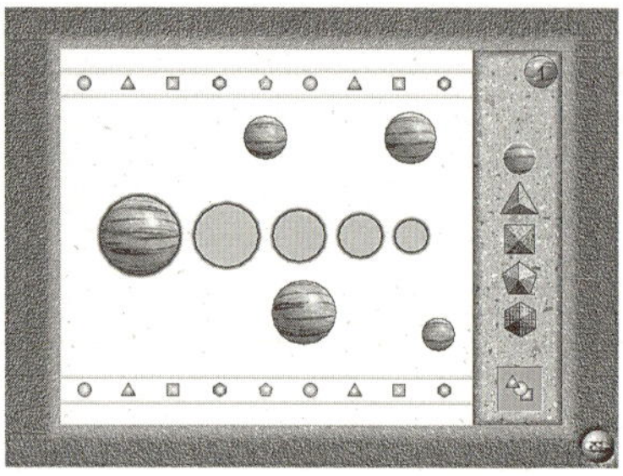

그림자 모양을 보고 알맞은 도형을 찾아 크기별로 놓아본다. 그림자 모양은 원, 삼각형, 사각형, 오각형, 육각형이고, 도형은 입체 형태를 가지고 있다.

② 점 잇기

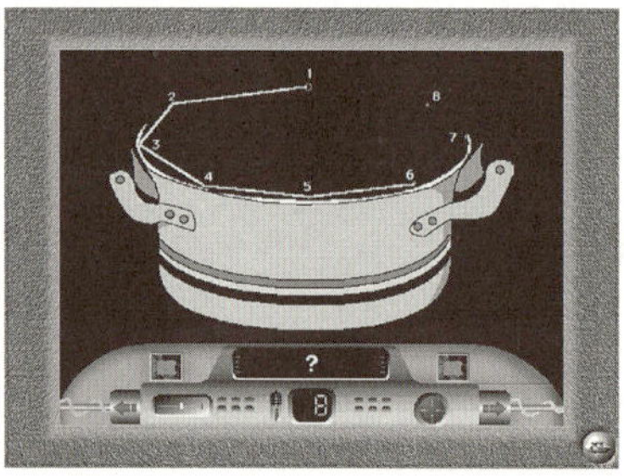

밤하늘에 그려진 숫자별을 숫자 순서대로 이어가며 그림을 완성시킨다. 그림이 완성되면 나타난 사물의 이름을 읽어준다. 빨간 버튼을 눌러 다른 그림을 선택한다.

③ 칠교놀이

그림자 또는 윤곽선으로 나타난 그림 위에 칠교를 올려놓는다. 먼저 가운데 있는 조절판에 칠교 1개를 올려놓고 원하는 모양으로 회전시킨다. 그 다음 칠교를 그림 위에 올려놓는다. 그림자모양과 윤곽선 모양은 사용자가 선택할 수 있다.

④ 미로 퍼즐

풍선 내부를 따라 가다보면 긴 복도가 나타난다. 복도 벽에는 몇 개의 그림이 걸려있다. 그 중 하나의 그림을 클릭하면 그림이 조각으로 변해 바닥으로 떨어지면서 퍼즐게임이 시작된다.

⑤ 뒤집어 짝 짓기

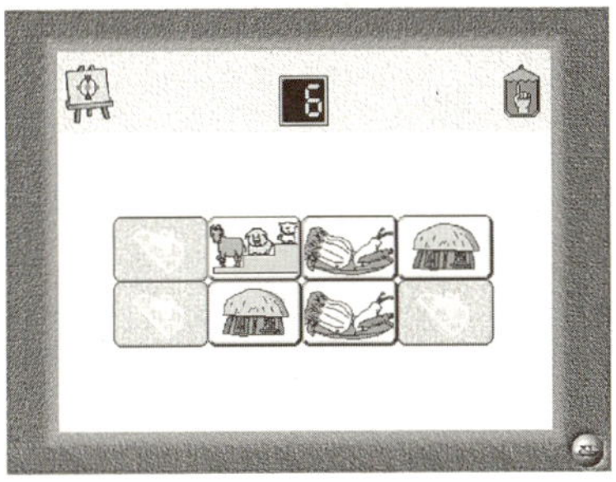

뒤집어 놓은 카드들 중에서 똑같은 그림 두 장을 찾아 뒤집는 활동이다. 뒤집었던 카드의 그림과 위치를 잘 기억하는 것이 필요하다.

⑥ 세 가지 동화

세 가지의 이야기를 듣는다. 이야기를 들으면서 숨겨져 있는 그림을 찾는 '숨은 그림 찾기'와 '그림 맞추기', '뒤집어 짝짓기' 등을 할 수 있다.

⑦ 색칠하기

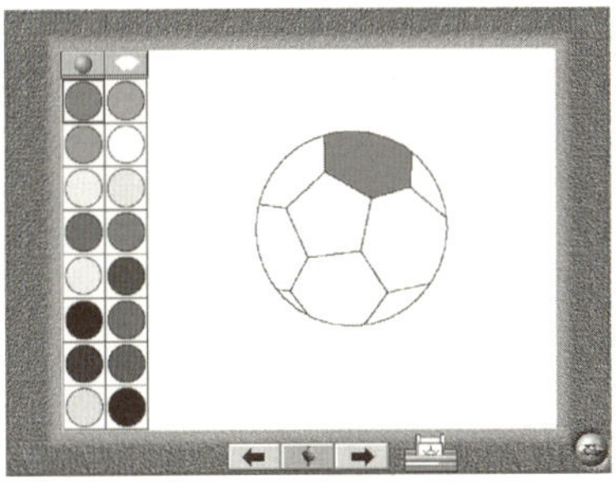

여러 가지 그림들 중 원하는 그림을 선택하여 왼쪽의 색 팔레트를 이용하여 색을 칠한다. 색을 모두 칠한 후 인쇄를 할 수 있다.

2) 유아들은 컴퓨터 영역에서 나의 천국 시디롬 타이틀을 가지고 활동한다.

확장 및 연관활동 **2-1**

칠교놀이

…수·조작 영역

1. 「나의 천국」 시디롬 타이틀 관련부분

컴퓨터로 했던 놀이를 실제 칠교를 가지고 놀이해 본다. 그림판 역시 그림자 모양과 윤곽선 모양 모두를 가지고 해 본다.

2. 활동목표

1) 칠교모양과 그림판 모양을 비교하여 적절하게 놓아 본다.
2) 칠교를 가지고 스스로 모양을 구성해 본다.

3. 활동자료

칠교, 그림판(그림자모양, 윤곽선모양)

4. 교육과정관련요소

1) 자연탐구 - 수학적 탐구하기 : 공간과 도형의 기초개념 알아보기

5. 활동방법

1) 원하는 그림판을 고른다.
2) 그림판을 보고 알맞게 모양을 만들어 본다.
 - 그림자모양보다 윤곽선모양이 좀 더 쉬운 난이도이므로 윤곽선모양을 먼저 해 본다.
3) 칠교놀이가 익숙해지면, 그림판 없이 자신이 모양을 만들어 이름을 붙여본다.

칠교로 만들어 보기

확장 및 연관활동 2-2

크리스마스트리 꾸미기

…미술 영역

1. 「나의 천국」 시디롬 타이틀 관련부분

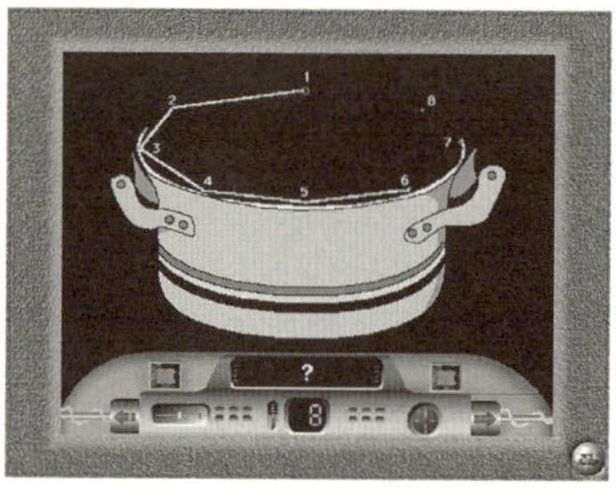

연속된 숫자를 이어가는 것과 관련하여 크리스마스트리 꾸미기에서도 연속된 숫자를 이어 '나무' 그림을 완성한다. 여러 가지 재료를 이용하여 크리스마스트리 꾸미기를 한다.

2. 활동목표

1) 연속된 수의 수 세기를 한다.
2) 여러 가지 재료를 이용하여 꾸미기를 한다.

3. 활동자료

점 잇기 크리스마스트리 종이, 여러 가지 꾸밀 자료들(스펑클, 솜, 반짝이 트리 재료, 반짝이 스티커 등), 색칠하기 도구들

4. 교육과정관련요소

1) 자연탐구 - 수학적 탐구하기 : 수와 연산의 기초개념 알아보기
2) 예술경험 - 예술적 표현하기 : 미술활동으로 표현하기

5. 활동방법

1) 종이에 써 있는 수를 세어가며 점을 이어간다.
2) 점 잇기가 끝나면 색칠도구와 여러 가지 재료를 이용하여 꾸미기를 한다.

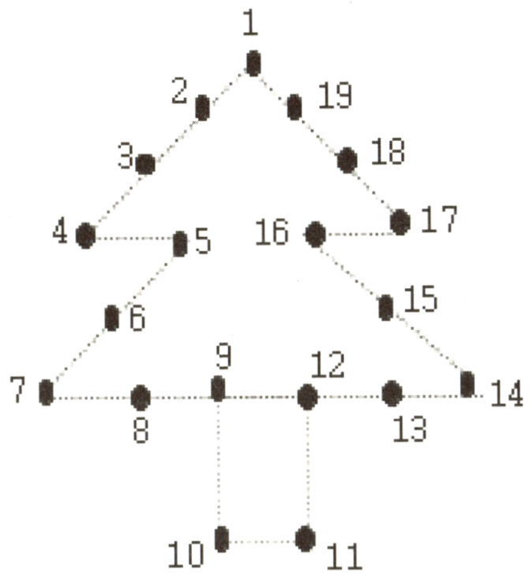

크리스마스트리 점 잇기 모양과 활동작품

확장 및 연관활동
2-3 손가락 인형놀이

…언어 영역

1. 「나의 천국」 시디롬 타이틀 관련부분

나의 천국에서 들은 이야기를 손가락 인형으로 놀이를 해본다.
손가락 인형은 유아가 미술영역에서 만들어 사용할 수 있고,
교사가 제작 또는 기성화 된 손가락 인형을 가지고도 할 수 있다.

2. 활동목표

1) 이야기 내용을 회상하여 인형극으로 표현해 본다.
2) 바르고 분명한 목소리로 말한다.

3. 활동자료

장갑을 이용한 손가락 인형, 인형극틀

4. 교육과정관련요소

1) 의사소통 - 말하기 : 낱말과 문장으로 말하기
2) 예술경험-예술적 표현하기 : 극놀이로 표현하기

5. 활동방법

1) 이야기의 내용을 회상해 본다.
2) 큰 소리로 대사를 또박또박 말해 본다.
3) 서로 하고 싶은 역할을 정하고, 손가락 인형극 놀이를 해 본다.

6. 기타

1) 유아들이 손가락 인형을 쉽게 조작하기 위해 장갑에 인형을 붙여서 사용할 수 있다.

손가락인형과 인형놀이하기

인터넷을 이용한 활동
1

눈결정모양을 알아보아요

…컴퓨터 영역미술 영역

1. 인터넷 사이트명 : 네이버 이미지 검색 http://www.naver.com

2. 활동목표

1) 눈 결정 모양에 대해 알아본다.
2) 종이를 오려 눈 결정모양을 만들어 본다.

3. 교육과정관련요소

1) 자연탐구 - 과학적 탐구하기 : 자연현상 알아보기

4. 활동방법

1) '눈'에 대한 노래 부르기를 한다.
2) '눈이 내린 풍경' 그림을 보여 주며 눈 결정체 모양에 대해 이야기를 나눈다.
3) 네이버 이미지 검색에서 '눈결정'을 검색하여 이미지를 열어 본다.
4) 미술영역에서 종이를 오려 눈결정 모양을 만들어 본다.

네이버 이미지 검색 - 눈결정

인터넷을 이용한 활동

2 동계 올림픽

…이야기 나누기

1. 인터넷 사이트명 : 네이버 동영상 검색 http://www.naver.com

2. 활동목표

1) 동계 올림픽에 대해 알아본다.

2) 여러 가지 겨울철 놀이와 운동에 대해 알아본다.

3. 교육과정관련요소

1) 사회관계 - 사회에 관심 갖기 : 세계와 여러 문화에 관심 가지기

2) 의사소통 - 말하기 : 상황에 맞게 바른 태도로 말하기

4. 활동방법

1) 동계 올림픽에 대해 이야기 나누기를 한다.

2) 동계 올림픽 운동종목 그림을 보며 올림픽과 동계 올림픽의 차이점을 생각해 본다.

3) 네이버에서 동계 올림픽 운동 동영상을 검색하여 감상한다.

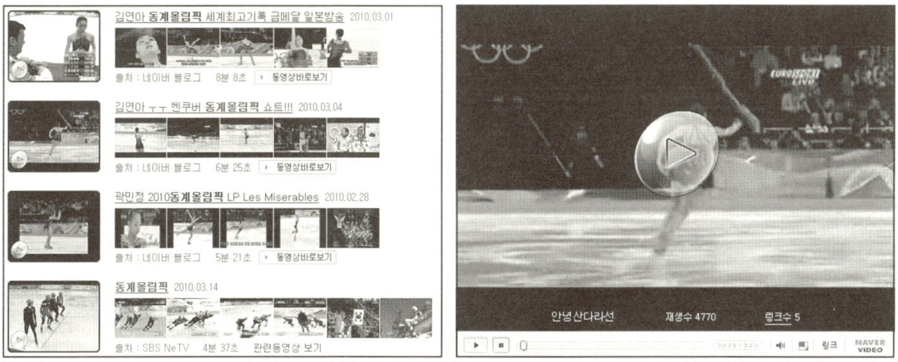

네이버 동영상 검색 - 동계 올림픽(피겨 스케이팅)

4) 동계 올림픽에 참가한 우리 나라 선수들에 대해 알아 본다.

네이버 이미지 검색 - 동계 올림픽

5. 확장 활동

1) 수 영역에서 내가 좋아하는 동계 올림픽 운동종목 그래프 활동을 해 본다.

제9장

유아와 함께 만드는 프레젠테이션

01 스탠리 스티커 스토리 시디롬 타이틀을 이용한 전자동화 만들기

1) 스탠리 스티커 스토리 시디롬 타이틀 소개

(1) 스탠리 스티커 스토리

「스탠리 스티커 스토리」 시디롬 타이틀은 1996년도에 Edmak사에서 출판되었으며 1997년 볼로냐 뉴미디어상의 창의성 부문 수상작이다. 이 소프트웨어는 자신이 꾸민 이야기를 스티커와 배경, 애니메이션, 음향효과, 음악 등을 통해 구성해 볼 수 있도록 되어 있다. 글을 모르는 유아라 할지라도 여러 가지 소재를 가지고 창의적으로 이야기를 만들어 보기가 가능하다는 특징을 가진다.

(2) 시디롬 타이틀의 실행 및 활용방법

시디롬 타이틀을 PC에 넣으면 자동으로 실행되는데, 만약 자동실행이 안될 경우에는 [내 컴퓨터]－[CD 드라이브]를 찾아 더블 클릭하여 실행하도록 한다.

시디롬 타이틀을 실행하면 아래 그림과 같은 메인 화면이 나오는데 메인 화면의 메뉴(Sample Story, Make a New Story, Get an old Story, See How to Make A Story)중 원하는 메뉴를 클릭하여 활동할 수 있다.

(3) 주요기능

① Make a New Story (새 이야기 만들기)

이야기의 배경, 등장인물, 음향과 글자를 넣어 이야기를 꾸밀 수 있으며 직접 목소리로 녹음할 수도 있다. 스티커의 인물들은 움직이도록 조절할 수 있으며 저장과 인쇄가 가능하다.

② Get an Old Story (이야기 불러오기)

이전에 만든 이야기의 배경, 소리, 음악 등을 다시 불러오거나 편집할 수 있다.

③ See How to Make A Story (이야기 만드는 방법)

이야기의 배경을 불러오는 방법, 등장인물, 소리 등을 첨가하는 방법 등이 자세히 설명된다.

④ Sample Story (견본 이야기)

견본으로 만들어진 이야기를 들어볼 수 있다

2) 스탠리 스티커 스토리 시디롬 타이틀을 이용한 전자동화 만들기

(1) 활동목표

① 스탠리 스티커 스토리를 이용하여 자신이 생각한 이이야기를 동화로 꾸며본다.
② 다양한 배경, 애니메이션, 음향효과 등을 이용하여 동화를 꾸며보는 경험을 해 본다.
③ 만들어진 동화를 저장하고, 불러와 다시 보는 경험을 해본다.

(2) 활동자료 : 스탠리 스티커 스토리 시디롬 타이틀

(3) 교육과정 관련 요소

① 의사소통 - 듣기 : 동요, 동시, 동화 듣고 이해하기
- 말하기 : 느낌, 생각, 경험말하기
- 읽기 : 읽기에 흥미 가지기
- 쓰기 : 쓰기에 관심 가지기

② 자연탐구 - 과학적 탐구하기 : 간단한 도구와 기계 활용하기

(4) 활동방법

① 시작하기 : 스탠리 스티커 스토리 시디롬 타이틀을 이용하여 전자동화를 만들기 위하여 먼저 시작 메뉴의 Make a New Story를 클릭 한다.

② 배경 만들기 : 제시된 스탠리 마을의 여러 장소 중 동화의 배경이 될 장소를 선택하고 OK를 클릭 한다.

③ 인물 삽입하기 : 화면 좌측의 여러 인물 및 소품 등을 선택한 후 마우스로 드래그하여 배경에 가져다 놓는다. 이 때 버튼을 이용하여 크기를 조절할 수 있고 움직임을 표현할 수 있다.

④ 문장 삽입하기 : 화면 하단의 키를 클릭하여 키보드로 문장을 작성하여 입력할 수 있다. 문장이 완성되면 OK 버튼을 클릭한다.

⑤ 음성 및 음악 삽입하기 : 화면 하단의 버튼을 클릭하면 아래와 같은 그림이 나오는데 를 이용하여 배경음을 삽입할 수 있고 버튼을 클릭하여 목소리를 녹음할 수 있다. 확인 후 OK를 클릭한다.

⑥ 재생하기 : 화면 하단의 를 클릭한 후 초록색 신호등을 클릭하면 현재 페이지부터 동화를 감상해 볼 수 있다. 처음부터 감상하고 싶을 경우 페이지를 1 페이지로 넘겨 재생하기를 클릭한다.

⑦ 저장하기 : 화면 하단의 를 클릭하면 만들어진 동화가 자동으로 저장되며 다음에 다시 불러올 수 있다.

⑧ 불러오기 : 만들어진 동화를 불러와 다시 보고 싶을 경우 시작 메뉴의 Get an Old Story를 클릭하여 만들어진 동화를 불러올 수 있다. 또한 이전에 만든 동화를 수정할 수도 있다.

02 무비 메이커로 전자동화 만들기

1) 무비 메이커 소개

(1) 무비 메이커란?

무비메이커는 비디오, 카메라로 기록한 영상을 편집하는 동영상 편집 프로그램이다. Windows XP/7/8에서 무료로 제공되며, 사용방법이 간단하여 디지털 카메라 혹은 휴대폰으로 담은 사진 및 동영상 편집에 용이하다.

(2) 무비 메이커의 설치 및 실행

무비 메이커는 Windows XP/7/8프로그램에 포함되어 있으나 만약 설치되어 있지 않다면 아래의 사이트에서 본인의 윈도우즈 버전에 알맞은 버전을 무료로 다운로드 받을 수 있다

http://windows.microspft.com/ko-kr/windows/get-movie-maker-download

무비 메이커를 실행시키려면 Windows 에서 [시작]메뉴를 누르고 [모든 프로그램]→ Windows Movie Maker 를 클릭하여 실행한다.

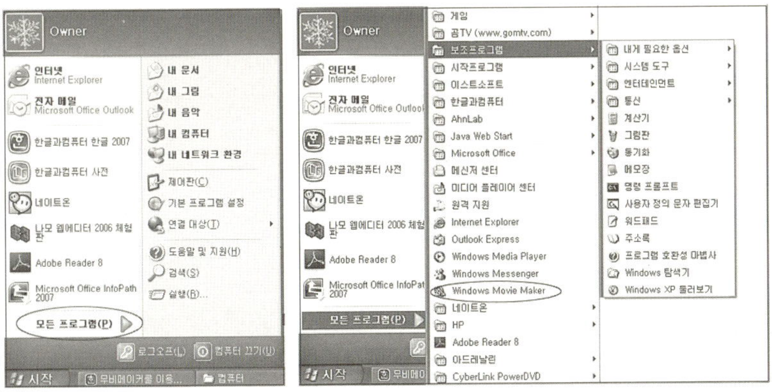

무비 메이커 실행화면

(3) 주요 기능

① 동영상 만들기 : Window Movie Maker를 활용하여 비디오, 사진, 그림과 음악을 삽입하여 손쉽게 동영상 제작을 할 수 있다.

② 전환과 효과 : Window Movie Maker의 각종 기능을 활용하면 TV나 영화에서 보았던 전환과 효과를 통해 자신만의 전문가의 작품과 같이 훌륭한 자신만의 동영상을 만들어 낼 수 있다.

③ 동영상 공유하기 : Widow Movie Maker로 만든 동영상을 전자메일로 전송하거나, 웹사이트에 게시할 수 있으며, CD 또는 DVD에 복사할 수 있다.

2) 무비 메이커를 이용한 전자동화 만들기

(1) 활동목표

① 친구들과 상의하여 공동으로 주제가 있는 이야기를 구성해 본다.

② 이야기의 흐름에 맞는 그림을 그려본다.

③ 그림과 목소리, 음악 등을 삽입하여 전자동화를 만들어 보는 경험을 해본다.

(2) 활동자료 : Windows Movie Maker

(3) 교육과정 관련 요소

①의사소통 - 말하기 : 느낌, 생각, 경험 말하기
- 듣기 : 이야기 듣고 이해하기

② 예술경험 - 예술적 표현하기 : 미술 활동으로 표현하기

③ 자연탐구 - 과학적 탐구하기 : 간단한 도구와 기계 활용하기

(4) 활동방법

① 전자동화의 주제 선정 및 구성 : 전자동화로 만들 주제를 선정한 후 스토리를 구성한다.

② 그림 그리기 및 디지털화 하기: 전자동화의 주제를 '동물 나라'로 정하고 스토리를 구성 하였다면 이에 대한 내용을 유아들이 그림으로 그려 스캔하여 저장한다.

③ 프로그램 실행하기 : Window 의[시작]-[프로그램]바를 눌러 'Windows Movie Maker'를 실행한다.

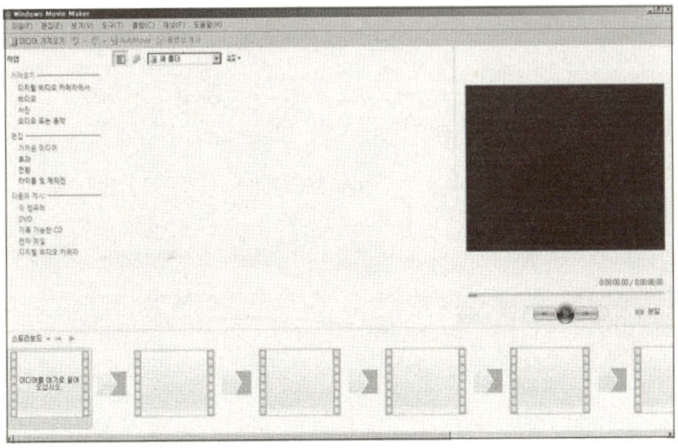

④ 그림 불러오기 : '동물나라'를 주제로 그린 그림을 불러오기 위하여 [가져오기]에서 사진을 클릭하고 원하는 이미지를 불러온다.

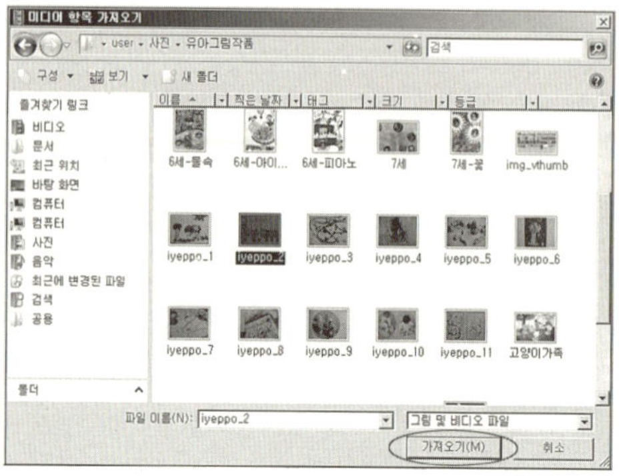

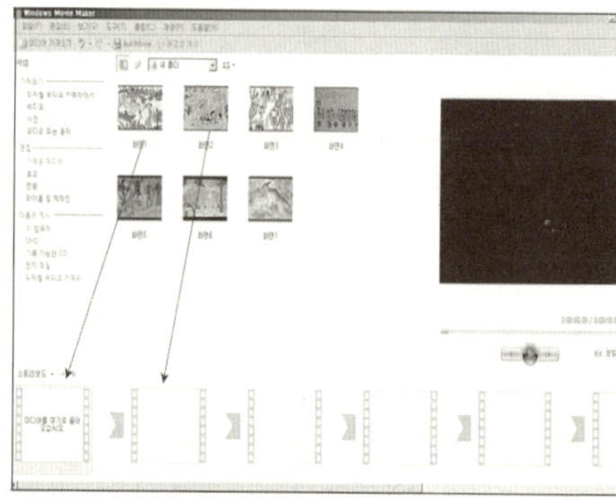

⑤ 스토리 보드에 추가하기 : 불러온 그림들을 먼저 나올 순서대로 마우스를 대고 오른쪽 버튼을 눌러 [스토리보드에 추가]를 클릭하거나 그림을 드래그 하여 스토리 보드에 추가할 수 있다.

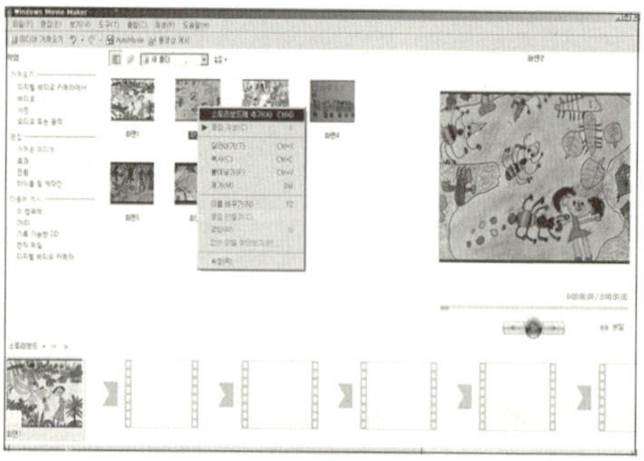

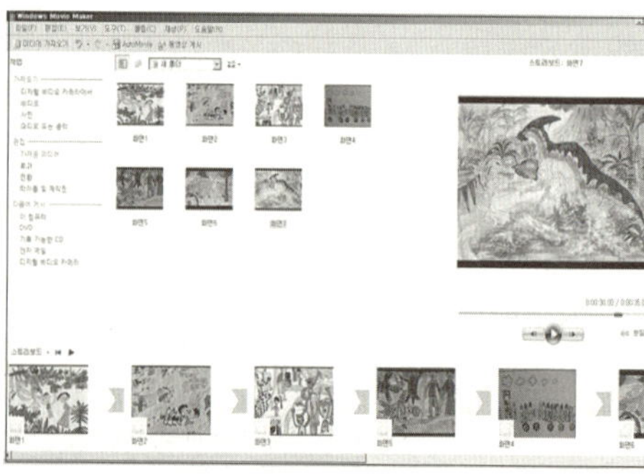

⑥ 배경음악 불러오기 : 전자동화에 넣을 배경음악을 삽입하기 위해[가져오기]－[오디오 또는 음악]을 클릭하고 원하는 음악을 가져온다.

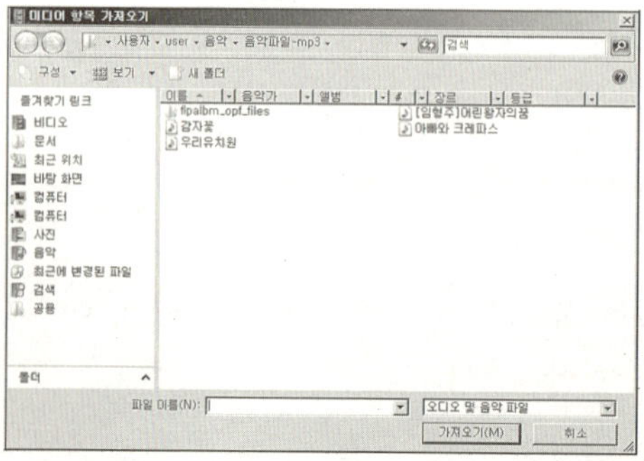

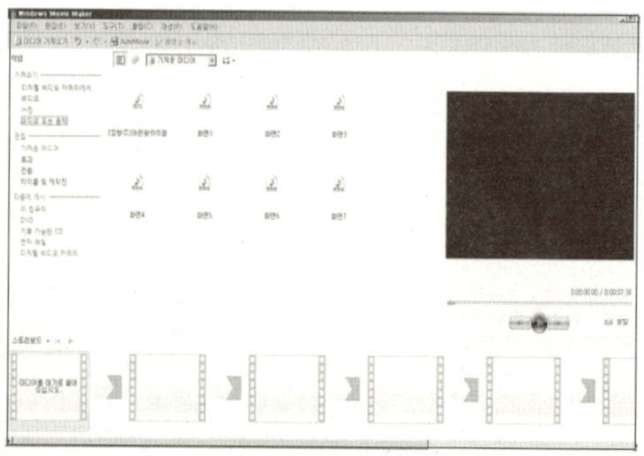

⑦ 내레이션 삽입하기 : [도구]–[시간 표시 막대 내레이션]을 클릭하여 음성을 녹음한다.

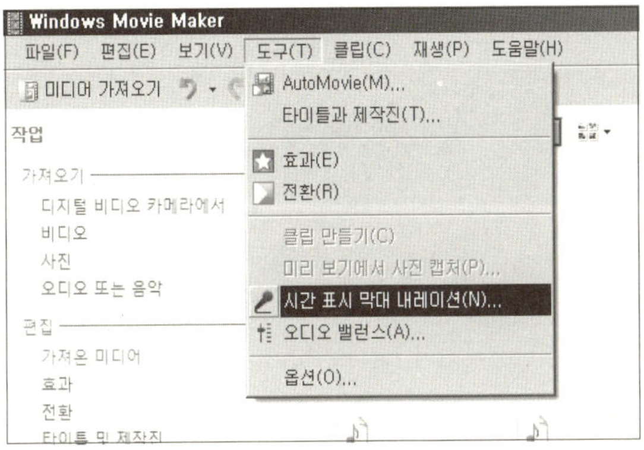

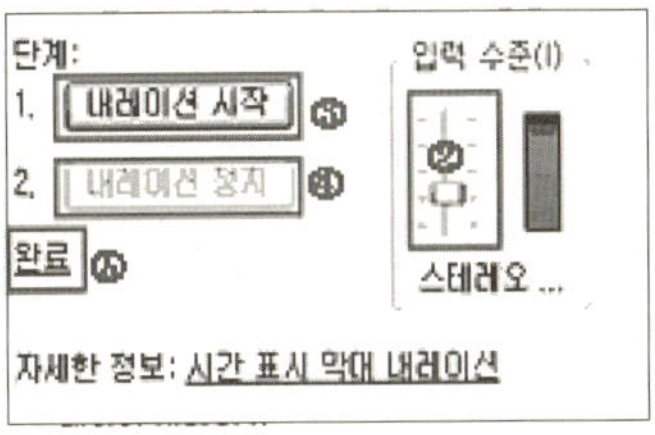

⑧ 내레이션 및 음악 삽입하기 : 그림에 대하여 녹음한 내레이션 및 음악을 삽입하기 위하여 불러온 파일에 마우스를 대고 오른쪽 버튼을 클릭한 후 [시간표시 막대에 추가]를 누른다.

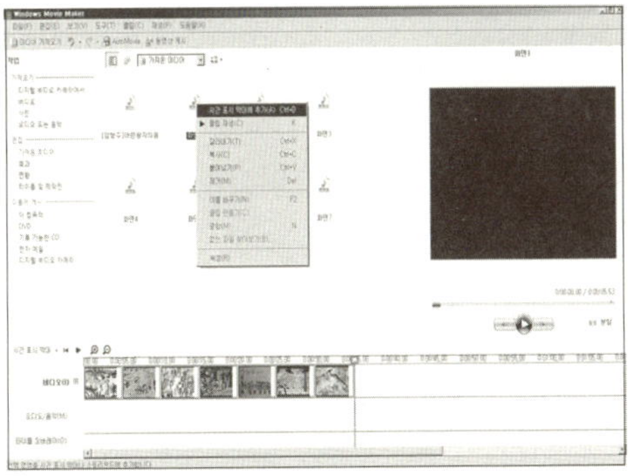

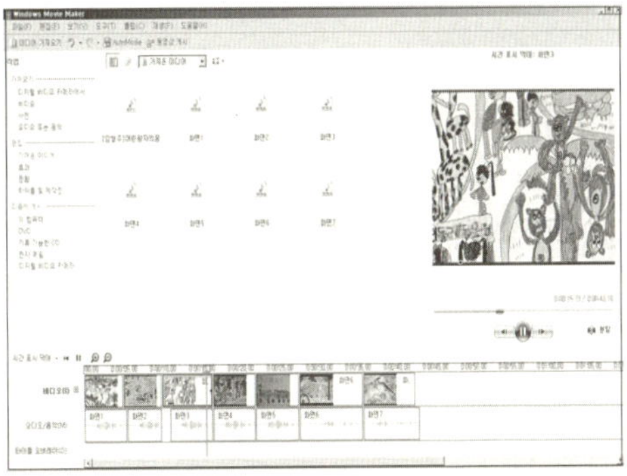

⑨ 타이틀 및 제작진 삽입하기 : 동화의 제목 및 제작진을 삽입하기 위해[편집]–[타이틀 제작진]을 클릭한 후 원하는 위치, 원하는 글꼴과 애니메이션을 설정한다.

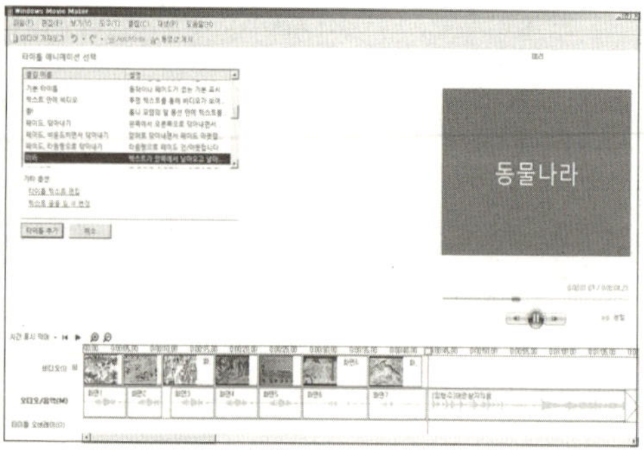

⑩ 기타 효과 넣기 : [편집]-[효과],[전환]을 클릭하여 화면에 원하는 효과를 줄 수 있고 화면의 전환 시에도 여러 가지 효과를 넣을 수 있다.

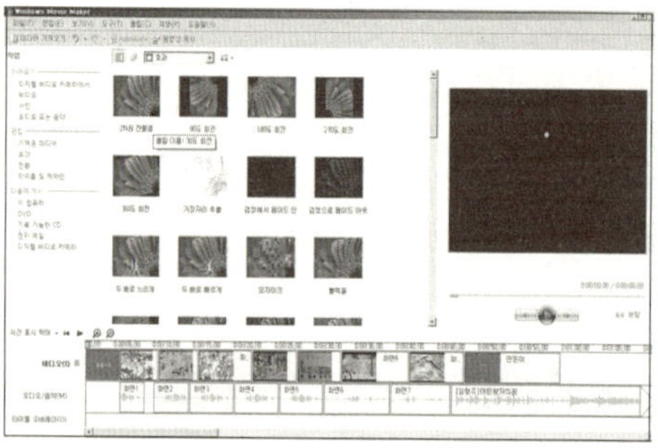

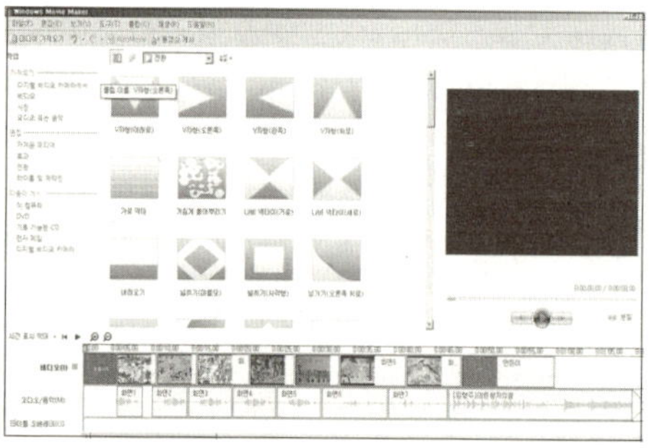

⑪ 저장하기 :[이 컴퓨터]를 클릭한 후 파일 이름을 입력하고 원하는 위치에 저장한다.

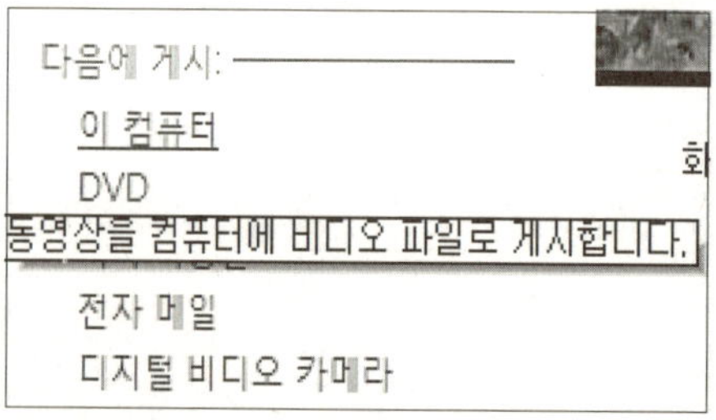

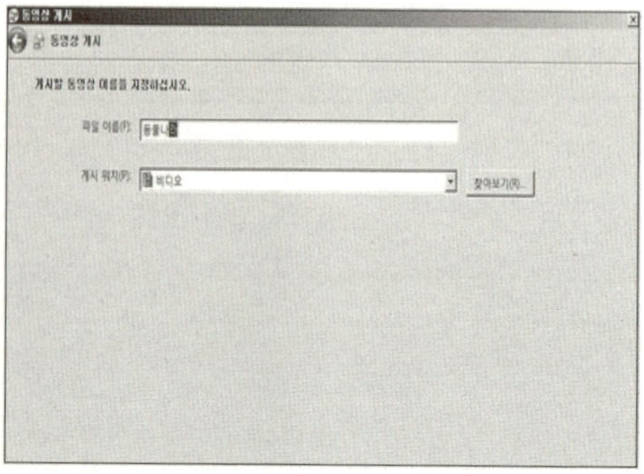

⑫ 동화 감상하기 : 만들어진 동화를 감상해 본다.

03 파워포인트로 이야기책 만들기

1) 파워포인트 프로그램 소개

(1) 파워포인트

Microsoft Office PowerPoint는 동적 프레젠테이션을 빠르게 만들 수 있고 워크플로에 통합하여 쉽게 공유할 수 있다. 사용자 인터페이스에서 새로운 그래픽 및 서식 지정 기능에 이르기까지 간편한 관리 기능을 사용하여 쉽게 프레젠테이션을 만들 수 있다.

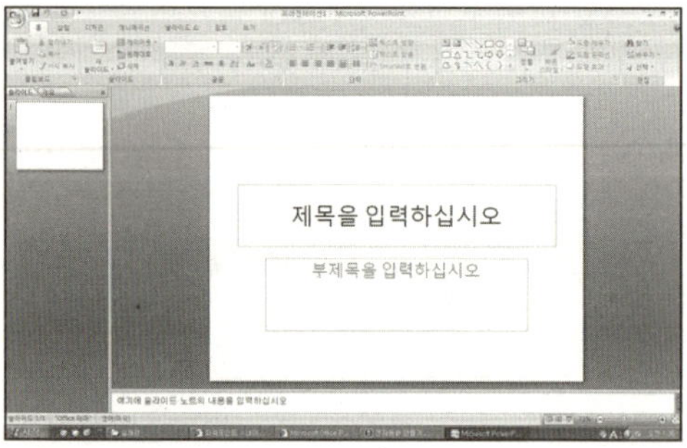

(2) 파워포인트의 실행 및 활용방법

파워포인트는 마이크로소프트사에서 개발한 유료 프로그램이다. 평가판을 제공하고 있어 프로그램 구입 전에 활용해 볼 수 있다. 평가판을 다운로드받을 수 있는 싸이트는 http://office.microsoft.com/ko-kr/powerpoint/FX010048776.aspx 이다.

(3) 주요기능

1) 동적 SmartArt 다이어그램을 작성할 수 있다.
 - 동적인 워크플로, 관계 또는 계층형 다이어그램을 만들 수 있으며, 글머리 기호 목록을 SmartArt 다이어그램으로 변환하거나 기존 다이어그램을 수정하고 업데이트할 수도 있다.
2) 모양, 텍스트 및 그래픽을 작성할 수 있다.
 - 텍스트, 표, 차트 및 기타 프레젠테이션 요소를 매우 다양한 방식으로 조작하여 작업할 수 있다.
3) 문서 테마를 통해 프레젠테이션에 일관성 있는 서식을 지정할 수 있다.
 - 문서 테마를 사용하여 프레젠테이션의 배경색뿐 아니라 다이어그램, 표, 차트, 도형 및 텍스트의 색, 스타일 및 글꼴까지 한 번에 바꾸어 준다.
4) 동적인 프레젠테이션을 작성할 수 있다.
 - 애니메이션 효과를 적용하여 동적인 표현을 구현할 수 있고 배경음악이나 소리, 동영상을 삽입할 수 있고 소리 녹음하기 기능도 제공된다.

2) 파워포인트를 이용한 전자 이야기책 만들기

(1) 활동목표

① 디지털 카메라로 찍은 사진들을 이용하여 이야기를 꾸며본다.
② 텍스트, 애니메이션, 배경음악, 내레이션 삽입 등을 이용하여 전자동화를 만들어본다.
③ 완성한 전자 이야기책을 감상해 본다.

(2) 활동자료 : 파워포인트 프로그램, 디지털 카메라로 찍은 사진, 마이크

(3) 교육과정관련요소

① 의사소통 - 듣기 : 동요, 동시, 동화 듣고 이해하기
- 말하기 : 느낌, 생각, 경험 말하기
- 읽기 : 읽기에 흥미 가지기
- 쓰기 : 쓰기에 관심 가지기

② 자연탐구 - 과학적 탐구하기 : 간단한 도구와 기계 활용하기

(4) 활동방법

① 새 프레젠테이션 만들기와 저장하기

㉠ 컴퓨터에서 파워포인트 프로그램을 실행시킨다. 상단의 '저장하기' 디스켓 그림을 클릭하고 원하는 곳에 저장한다.

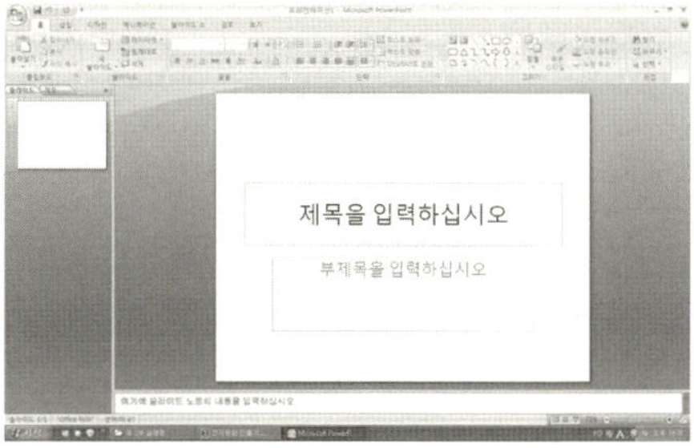

② 슬라이드 1 : 표지 만들기 - 봄꽃을 보았나요?

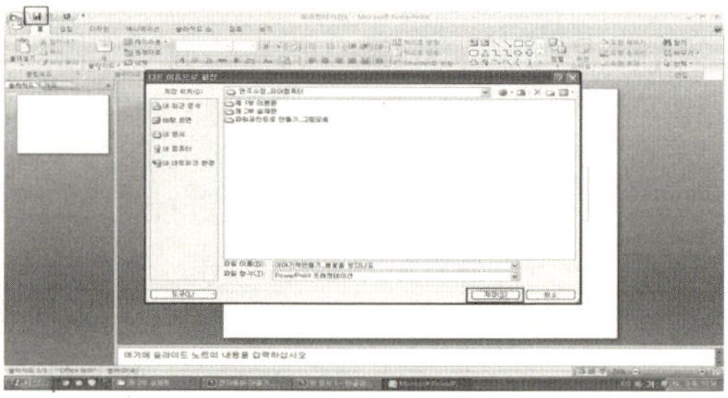

㉠ 제목 글자넣기와 글자색 바꾸기

빈 슬라이드 '제목쓰기'란에 '봄꽃을 보았나요'하고 제목을 쓴다. '부제목쓰기'란에 반명과 이름을 쓴다. 먼저 제목을 클릭하여 선택한 후, [홈]－[글자색 바꾸기]아이콘을 클릭하여 원하는 색을 선택한다. 부제목의 색깔도 바꾸어본다.

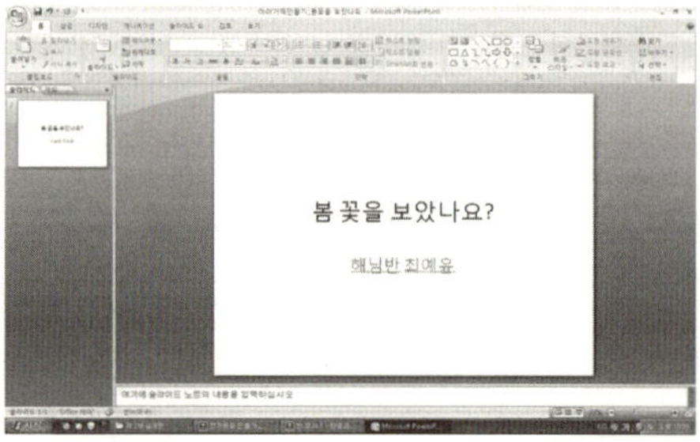

㉡ 글자 크기 키우기와 글자체 바꾸기

제목을 선택한 후, [홈]－[글자크기 바꾸기]아이콘을 선택하고 원하는 크기를 클릭한다. 비슷한 방법으로 [글자체 바꾸기]아이콘을 클릭하고 원하는 것을 선택한다.

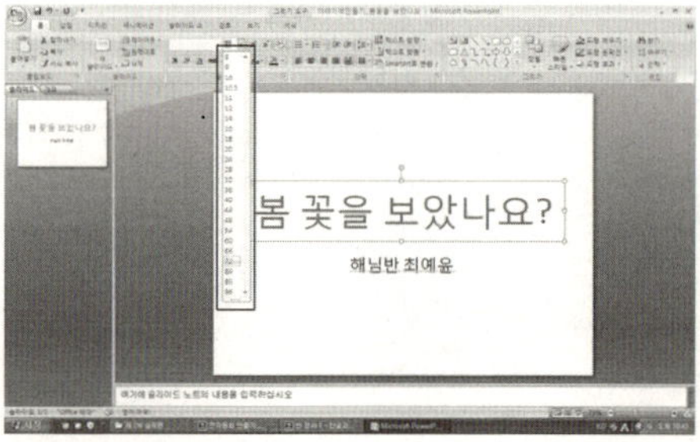

㉢ 배경색 바꾸기

슬라이드의 배경을 꾸미는 것은 몇 가지 방법이 있지만 여기서는 그라데이션으로 꾸미기를 해보자. 먼저 상단의 [디자인]－[배경스타일]－[배경서식]순으로 선택하고 '채우기'에서 '그라데이션 채우기'를 선택한다. 이때 '배경그래픽 숨기기'를 선택해야 표지슬라이드에만 지금의 배경색이 적용된다. 그렇지 않으면 앞으로 만들 모든 슬라이드에 지금의 배경색이 적용된다. 원하는 색깔, 방향 등에 대한 옵션을 선택한다.

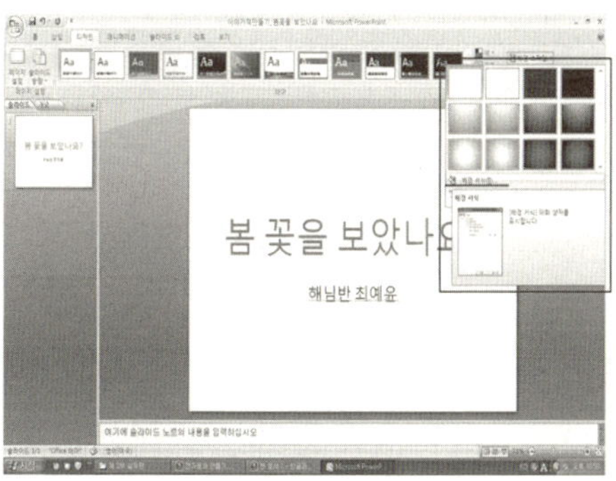

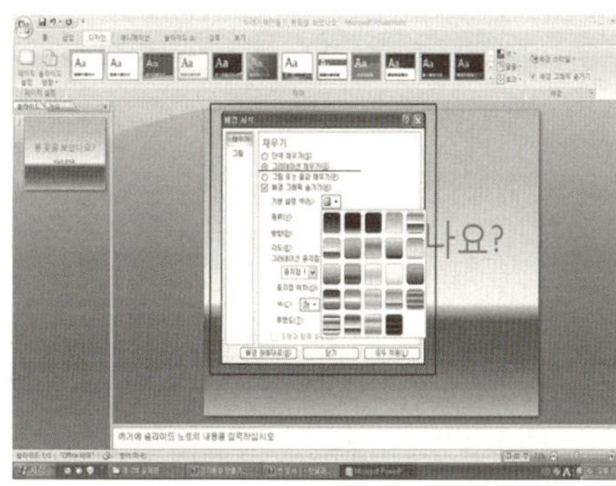

③ 슬라이드 2 : 봄꽃 꽃잔디 소개 장면

㉠ 새 슬라이드 삽입과 그림 불러오기

상단의 [홈]－[새 슬라이드]아이콘을 클릭하고 '빈 화면'을 선택한다. 이제부터는 두 번째 슬라이드에서 작업하게 된다. [삽입]－[그림]아이콘을 클릭하고 불러오려는 그림이 있는 파일로 이동해 그림을 불러온다.

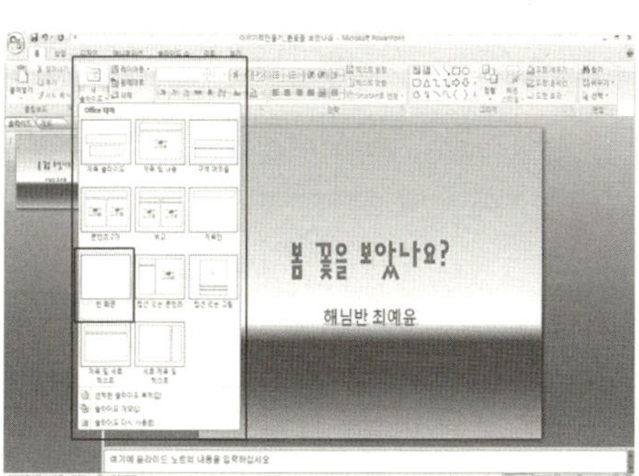

㉡ 설명선(풍선말) 넣기

상단의 [삽입]-[도형]아이콘을 클릭한 후 하단의 설명선 중 원하는 것을 클릭한다. 마우스 포인트를 원하는 곳으로 가져간 후, 드래그하여 크기를 키운다.

㉢ 풍선말에 글자넣기와 줄간격조정, 글자색변경

[삽입]-[텍스트상자]-[가로 텍스트 상자]를 차례대로 선택한다. 마우스 포인터를 풍선말 안쪽에 드래그하면 글자를 넣을 수 있는 빈상자가 나타난다. 그곳에 쓰고 싶은 말을 넣는다. 만약 줄간격을 조정하고 싶다면 [홈]-[줄간격]아이콘을 선택하고 간격크기를 선택한다. 이때 '사용자정의'를 선택하면 줄간격의 크기를 좀 더 자유롭게 넓힐 수 있다. [글자색 바꾸기]아이콘을 눌러 글자색도 바꾸어 보자.

④ 슬라이드 3 : 봄꽃 철쭉 소개 장면

㉠ 도형으로 나비 만들기와 몸색깔 바꾸기

[삽입]-[도형]을 선택하고 나비몸체를 만들 수 있는 '웃는 얼굴, 원' 모양을 차례대로 선택한다. 먼저, '웃는 얼굴'을 선택하고 마우스포인터를 원하는 곳

으로 가져가 드래그 한다. '원' 모양은 드래그하는 모양에 따라 타원이나 정원을 만들 수 있다. 나비 날개부분을 선택한 후, [홈]−[도형채우기]아이콘을 선택하여 도형들의 색깔을 노랑색으로 바꾸어본다. 이런 방식으로 색깔을 모두 바꾸어준다.

㉡ 자유곡선으로 더듬이 그리기와 더듬이 선두께 및 선 색깔 변경하기

[삽입]−[도형]에서 '자유곡선'을 선택하고 나비의 더듬이 한쪽을 그린다. 이 때 그리기연필을 한 번 떼고 나면 다시 '자유곡선'을 선택한 후 나머지 더듬이도 그려야 한다. 더듬이 양쪽을 모두 선택(shift + 클릭, 다중선택방법)하고 [홈]−[도형윤곽선]아이콘을 선택한 후, '선색'과 '두께'를 변경한다.

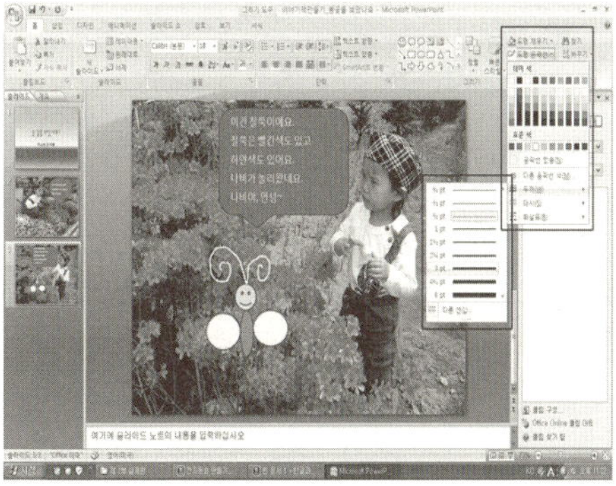

㉢ 나비 몸과 더듬이 하나로 묶기(개체 묶기)

나비를 완성하기는 했지만 나비를 이동하려들면 더듬이 따로 날개 따로 흩어지게 된다. 따라서 어떤 형태를 완성하고 나면 하나로 묶어주어야 한다. 먼저 마우스로 나비 둘레전체를 사각형 모양으로 크게 드래그 하면 모두 선택된

다(다중 선택). 이 상태에서 마우스 오른쪽 버튼을 눌러 [그룹]－[그룹]을 선택한다.

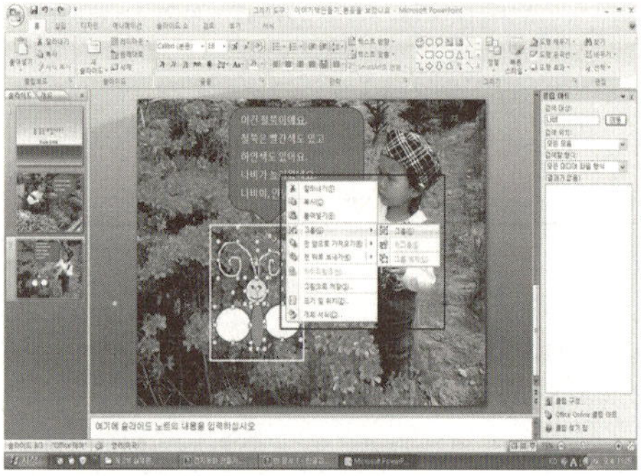

㉣ 나비 회전하기와 위치 옮기기

나비를 선택하면 더듬이 위쪽으로 연두색 원모양이 나온다. 이는 회전할 때의 중심점으로 이 원 위에 마우스를 가져가면 포인터가 회전모양으로 바뀐다. 이 때 원하는 방향으로 돌려주면 된다. 위치를 옮기는 것은 마우스로 나비를 선택하여 원하는 곳으로 드래그 하여 놓으면 된다.

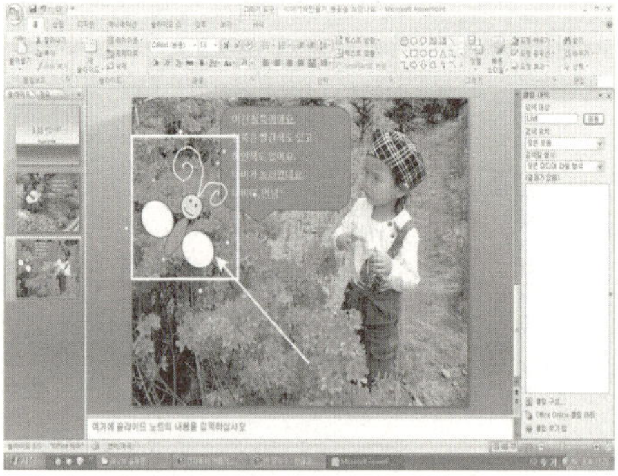

㉤ 나비 애니메이션주기

나비가 슬라이드 '오른쪽 아래에서 유아 얼굴 앞까지로 이동'하여 들어오는 애니메이션을 주어보자. 먼저 나비가 날아들어와 머물게 되는 '맨 마지막 위치'에 나비를 놓는다. 그 다음 상단의 [애니메이션]－[사용자 지정 애니메이션]을 누르면 오른쪽 작은 창이 나온다. 여기서 [효과적용]－[나타내기]－[날아오기]를 선택한다. 옵션창에서는 차례대로 '클릭할 때-오른쪽 아래에서-중간속도'를 선택한다. 하단의 '미리보기'를 체크하면 내가 지정한 애니메이션 효과를 미리 볼 수 있다.

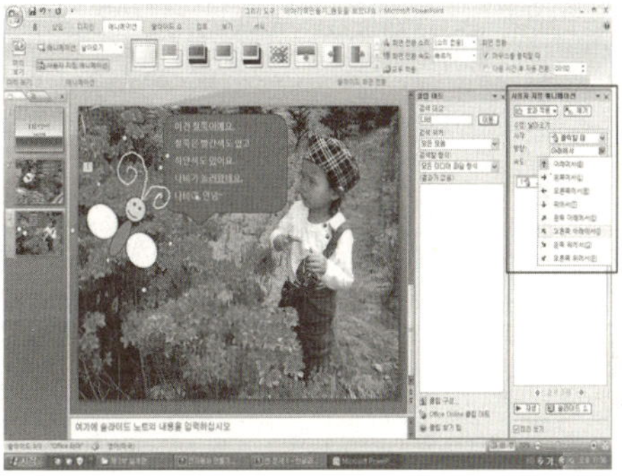

⑤ 슬라이드 4: 봄꽃 '여러분은 어떤 봄꽃을 좋아하시나요?' 장면

㉠ 하트모양 삽입과 내레이션 녹음하여 삽입하기

- [삽입]-[도형]에서 '하트'모양을 선택해 드래그하여 그린다(이는 꾸미기를 한 것이므로 내레이션 녹음과는 직접적인 관련은 없다}. 상단의 [삽입]-[소리]-[소리녹음]을 선택하면 녹음창이 나온다. 컴퓨터에 마이크가 연결되어 있다면 '이름'에 알맞은 파일명을 쓰고 '빨간색 녹음단추'를 눌러 말을 녹음한다.

- '듣기단추'로 녹음한 내용을 미리 들어보고 '확인'을 클릭한다. '스피커'그림은 소리파일을 나타내는 고정아이콘으로 이를 하트모양 위에 보기 좋게 올려놓는다.

⑥ 쇼 실행하기

㉠ 상단의 [슬라이드쇼]-[처음 부터]를 클릭하면 제목슬라이드부터 차례대로 쇼를 실행을 한다. 또는 하단의 '쇼 실행'아이콘을 클릭할 수도 있다.

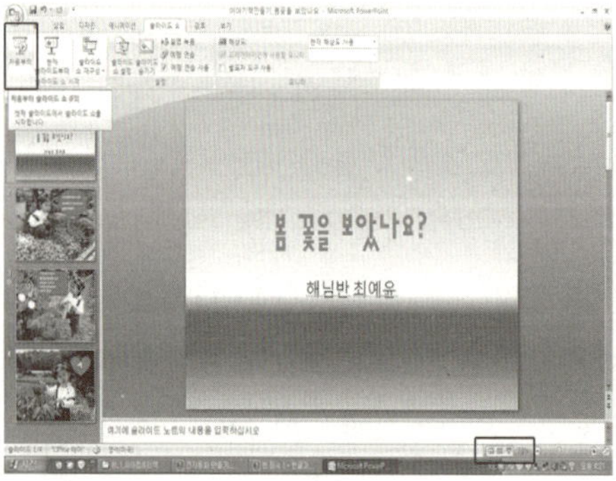

04 플립앨범을 활용한 전자앨범 만들기

1) 플립앨범 소개

(1) 플립앨범이란?

플립앨범은 (주)송화시스템 기술에서 제작한 프로그램으로 실제 책이나 앨범을 정리하는 것보다 더 쉽고 빠르며 편리하게 실제와 같은 책, 앨범을 제작할 수 있게 한다. 플립앨범은 3D 플리핑 기술을 통해 책과 앨범 등을 현실에서와 같이 실제로 넘겨볼 수 있으며, 한장 한장 페이지를 잡고 원하시는 페이지들을 비교해가며 볼 수도 있다. 사용방법도 매우 간단하여 앨범에 넣고 싶은 이미지들이 존재하는 폴더를 선택하기만 하면 앨범의 목차에서 색인, 앨범 구성까지 전 과정을 자동으로 처리한다.

(2) 플립앨범의 설치 및 실행

플립앨범 정품은 유료로 구입하여야 하나(제작사 홈페이지 http://www.flipalbum.co.kr/ 를 통해 구입 할 수 있음) 아래의 사이트에서 30일 체험판을 다운로드 받아 사용할 수 있다.

http://www.flipalbum.co.kr의 플립앨범소개 - 체험판

(3) 주요기능

① 실제 책/앨범과 같은 전자 책/앨범 제작 기능 (3D 플리핑 기술)
② 멀티미디어 객체 삽입 기능 (동영상 : MPEG, AVI / 음악파일 : MP3, WAVE 지원)
③ 스플래쉬 기능 - CD앨범 실행 시 초기화면에 지정된 이미지를 자동으로 나타내줌
④ 쉬운 책/앨범 제작 기능 - 이미지가 있는 폴더 지정으로 자동 책/앨범 생성
⑤ 멀티앨범 제작 기능 - 한 장의 CD에 여러 개의 책/앨범을 구성해 배포 가능
⑥ 쉬운 주석 삽입/편집 기능 - 편리하게 주석 삽입 및 편집 가능

2) 플립앨범을 이용한 전자앨범 만들기

(1) 활동목표

① 자신이 경험한 것에 대하여 회상해 본다.

② 전자앨범에 사진, 음악, 주석 등을 넣어 자신만의 전자책을 만들어 본다.

③ 만들어진 전자책을 교사와 친구들에게 소개해본다.

(2) 활동자료 : 플립앨범 프로그램

(3) 교육과정 관련 요소

① 의사소통 - 말하기 : 느낌, 생각, 경험 말하기
- 읽기 : 읽기에 흥미 가지기
- 쓰기 : 쓰기에 관심 가지기

② 자연탐구- 과학적 탐구하기 : 간단한 도구와 기계 활용하기

(4) 활동방법

① 플립앨범 실행하기 : 플립앨범을 실행하여 새 플립 북을 만들기 위해 [폴더] 혹은[빈 플립 북]을 선택하여 클릭한다. <폴더>를 클릭할 경우 미리 저장한 사진을 한 번에 불러와 앨범을 만들 수 있으며, [빈 플립 북]을 클릭할 경우 각 장마다 사진, 음악, 소리, 비디오 등을 삽입하여 앨범을 만들 수 있다.

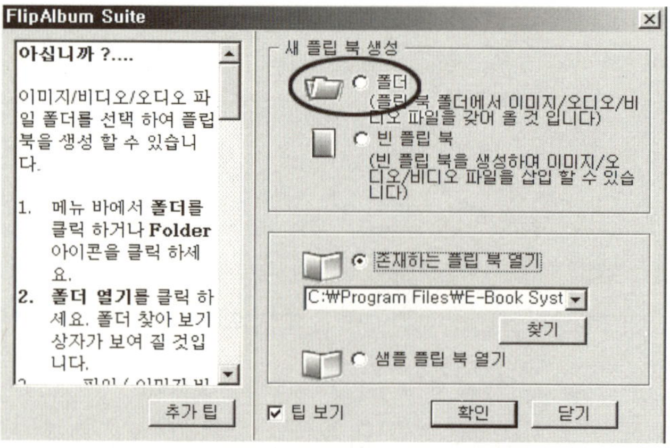

② 폴더에서 찾아보기 : [폴더]를 클릭한 후 전자앨범으로 만들고자 하는 이미지들이 저장되어 있는 폴더의 위치를 찾아 클릭한 후 확인을 누르면 플립앨범이 자동으로 만들어진다.

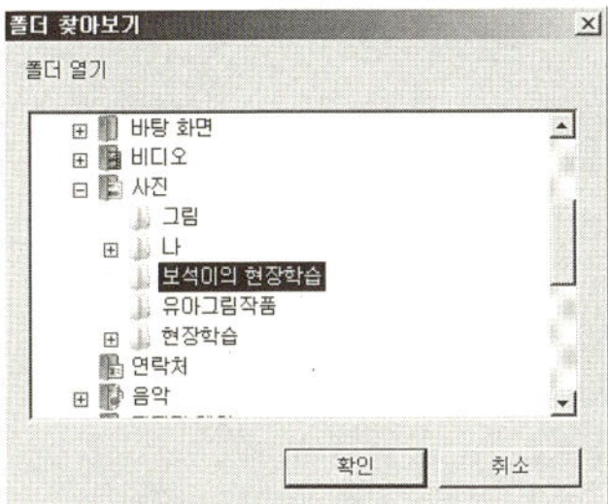

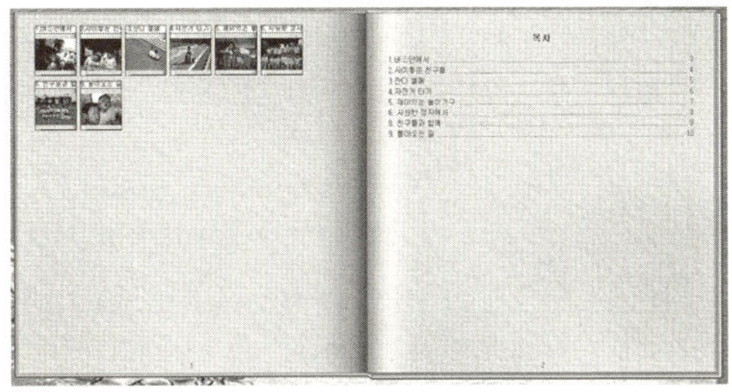

③ 새 앨범 만들기 : 처음의 도구상자에서 [빈 플립 북]을 클릭하여 빈 앨범으로부터 새 앨범을 만들 수 있다. 만들려는 앨범의 제목을 쓰고 확인을 누른다.

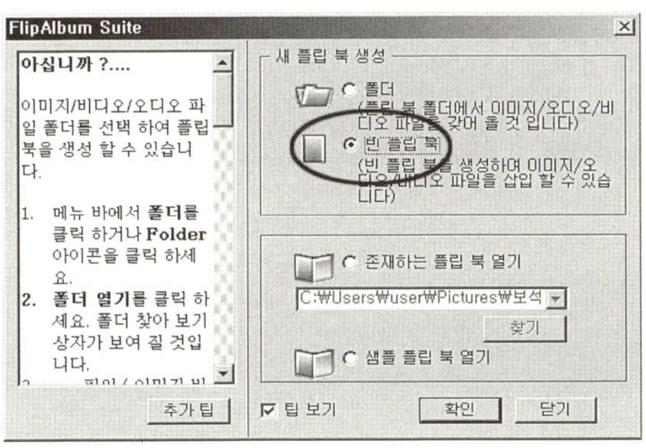

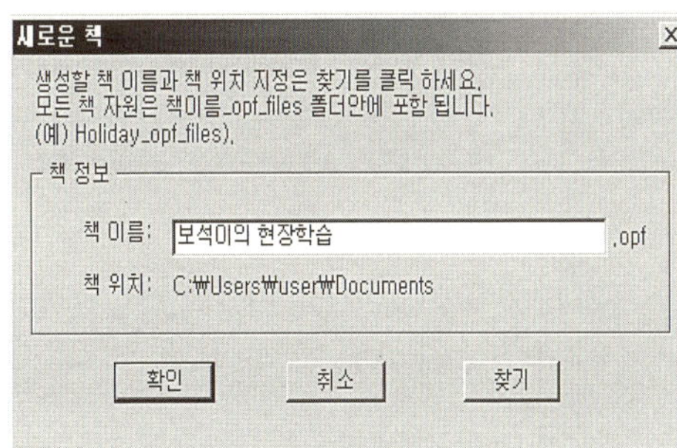

④ 표지 만들기 : 플립앨범을 실행한 후 책표지 위에 마우스를 놓고 오른쪽을 클릭하고 [페이지 속성]을 누른 후 '텍스쳐'의 [찾기]를 눌러 원하는 그림을 찾아 [열기]를 클릭 한다.

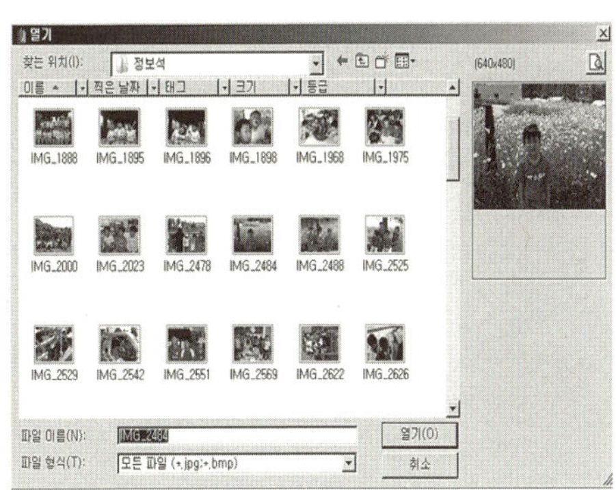

⑤ 제목 넣기 : 표지 그림에 마우스를 놓고 오른쪽 버튼을 클릭한 후 [주석 달기] 누른 후 앨범의 제목 및 넣고싶은 내용을 적어본다.

⑥ 배경음악 삽입하기 : 페이지 위에 마우스를 놓고 오른쪽 버튼을 클릭한 후 [페이지 오디오 설정]의[찾기]를 클릭하여 음악 파일을 선택하고[열기]를 클릭하여 배경 음악을 삽입한다.

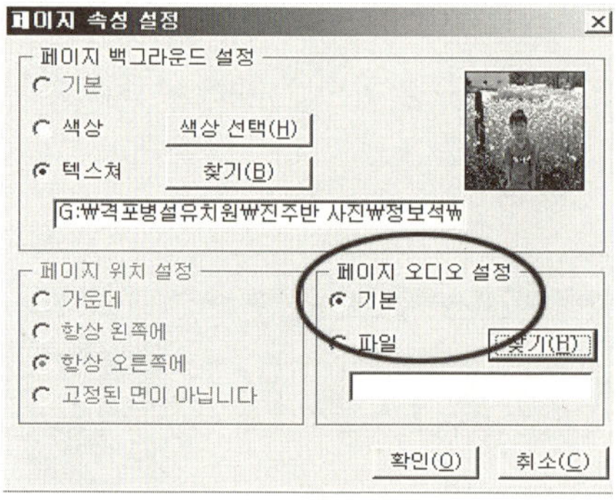

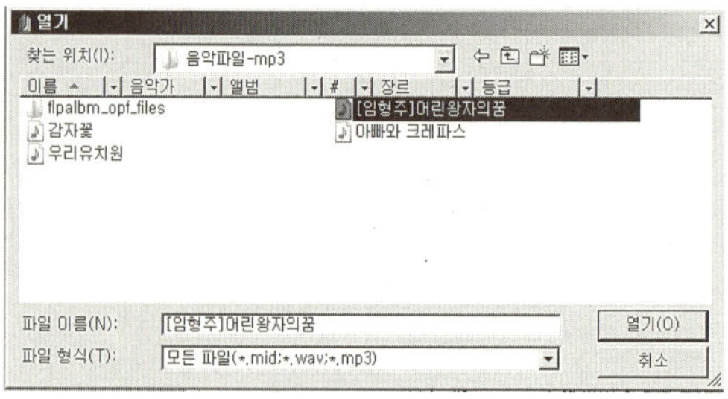

⑦ 페이지 만들기 : 페이지를 두 쪽으로 하거나 혹은 한 쪽으로 만들 수 있는데 한 쪽으로 만들고 싶을 경우에는 마우스 오른쪽을 클릭하여 [중앙 걸친 페이지]를 누른다.

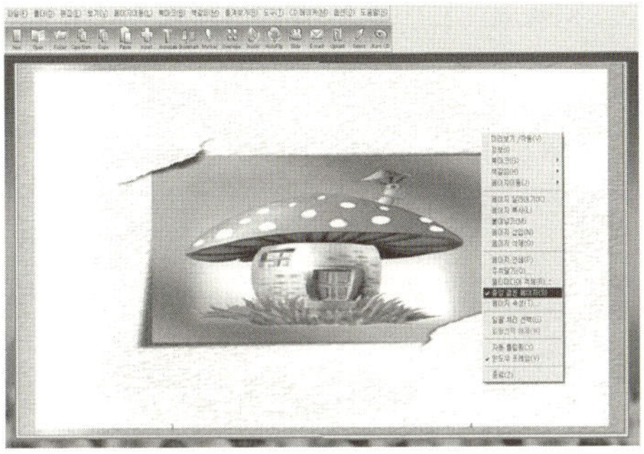

⑧ 이미지 불러오기 : 원하는 페이지에 마우스를 놓고 오른쪽 버튼을 클릭한 후 [멀티미디어 객체]를 클릭하여 그림/미디어 파일 중 원하는 파일을 선택하여 원하는 곳에 드래그 한다. (동영상 삽입도 가능하다.)

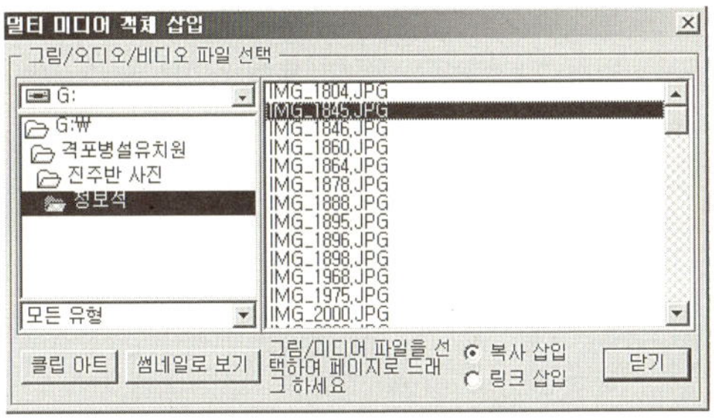

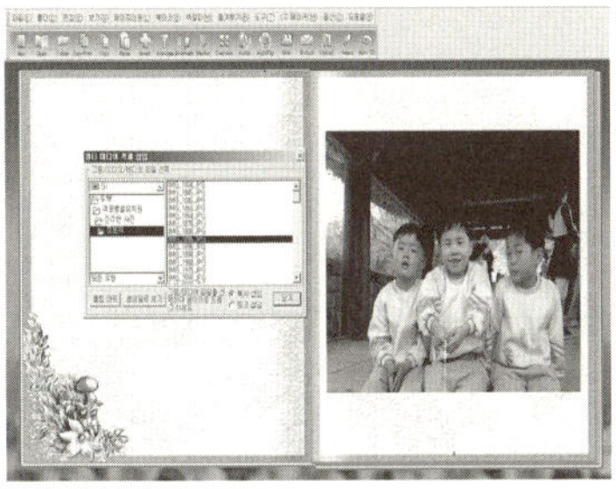

⑨ 주석달기 : 원하는 페이지에 마우스를 놓고 오른쪽 버튼을 클릭한 후 [주석달기]를 눌러 원하는 주석을 넣어 본다.

⑩ 북마크 만들기 : 원하는 페이지에 마우스를 놓고 오른쪽 버튼을 클릭하여 [북마크] 그리고 [추가]를 눌러 북마크를 만들어 본다.

⑪ 목차 수정하기 : 가장 앞부분으로 넘겨 목차 부분의 왼쪽부분의 미리보기에서 해당 부분의 이미지에 마우스 오른쪽을 클릭하여[이름변경하기]로 수정 할 수 있다.

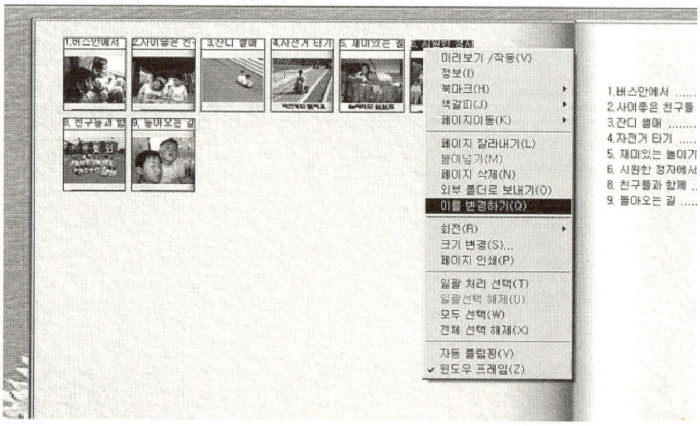

⑫ CD로 굽기 : 도구 바에 있는[Burn CD]를 눌러 CD로 구워 전자앨범을 완성한다.

제10장

유용한 편집프로그램 및 도구들

01 무비 메이커로 동영상편집

1) 무비 메이커란

무비 메이커는 비디오, 카메라로 기록한 사진 및 동영상을 간단한 방법으로 편집하는 동영상 편집 프로그램이다. Windows XP/7/8에서 무료로 제공된다. 만약 설치되어 있지 않으면 아래의 사이트에서 무료로 다운로드 받을 수 있다.

http://www.microsoft.com/ko-kr/windows/glt-movie-marker-download

2) 무비 메이커를 이용한 동영상 편집

(1) 사진을 활용한 편집

① 실행하기 : [시작]−[모든 프로그램]−[보조 프로그램]−Windows moviemaker를 클릭하여 실행한다.

삼성 SW 모음
기본 프로그램 설정
한글과컴퓨터 사전
한글과컴퓨터 타자 연습
한글과컴퓨터 한글 2007
V3Pro 2004
Windows 카탈로그
Windows Update
Internet Explorer 브라우저 시작
바이로봇 Desktop 5.5
곰플레이어
프로그램(P)
문서(D)
설정(S)
검색(C)
도움말 및 지원(H)
실행(R)...
Owner 로그오프(L)...
컴퓨터 끄기(U)...
시작
실제편

게임
곰TV (www.gomtv.com)
나모 웹유틸리티 2006
네이트온
보조프로그램
시작프로그램
아드레날린
퍼셉컴 아르미 6.0 EPSON용
플립앨범 5 Pro
플립앨범 5 Suite Eval
한글과컴퓨터
AhnLab
CDSpace 5
CrossCert
CyberLink PowerDVD
Daum
dCollection 라이선스 클라이언트
EPSON
EPSON Creativity Suite
EPSON Scan
Fasoo.com
FlipAlbum 5 Pro
HP
iPiano
Java Web Start
Microsoft Office
Naver Player
Presto! BizCard 4.1 (English Version)
Samsung
Samsung CLP-300 Series
SnagIt 8
UnH Solutions
X Codec Pack
Xvid
따끔이가계부3.0
메신저 센터
미디어 플레이어 센터
원격 지원
Internet Explorer
Outlook Express
Windows Media Player
Windows Messenger
Windows Movie Maker
Adobe Reader 9
Convert Manager
바이로봇 Desktop 5.5
바이로봇 ISMS Client 3.5
Octagon Viewer
DTS+AC3 필터
D-Player

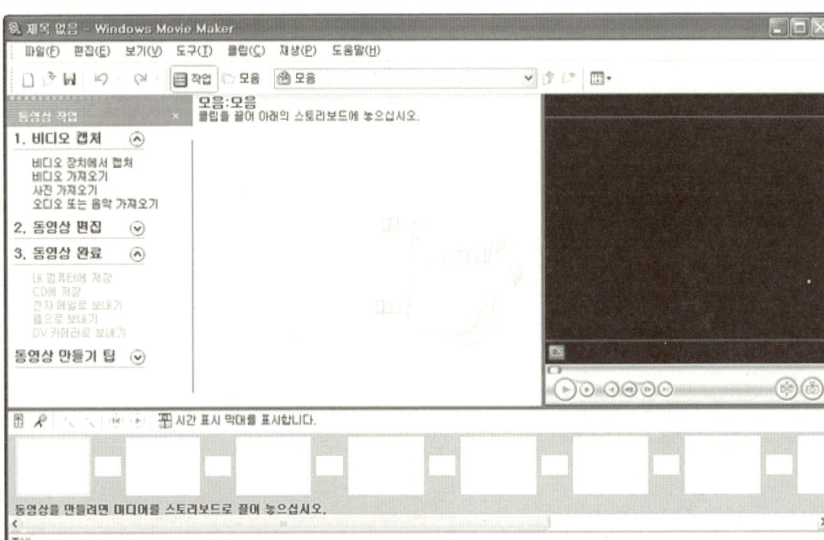
제목 없음 - Windows Movie Maker
파일(F) 편집(E) 보기(V) 도구(T) 클립(C) 재생(P) 도움말(H)
작업 모음 모음
동영상 작업
1. 비디오 캡처
비디오 장치에서 캡처
비디오 가져오기
사진 가져오기
오디오 또는 음악 가져오기
2. 동영상 편집
3. 동영상 완료
동영상 만들기 팁
모음:모음
클립을 끌어 아래의 스토리보드에 놓으십시오.
시간 표시 막대를 표시합니다.
동영상을 만들려면 미디어를 스토리보드로 끌어 놓으십시오.
준비

② 사진 가져오기 : 무비메이커 실행화면에서 [사진 가져오기]를 클릭한다.

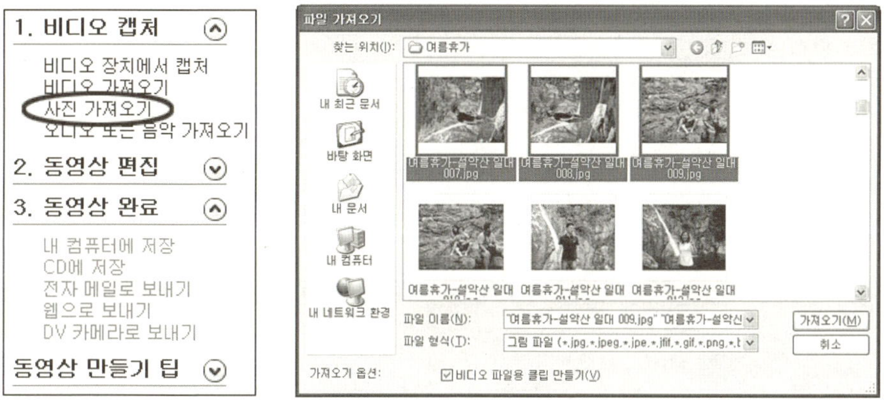

③ 스토리 보드에 추가하기 : 불러온 사진에 마우스를 대고 드래그 하거나 사진에 마우스를 대고 [스토리 보드에 추가]를 클릭하여 사진을 스토리 보드에 추가한다.

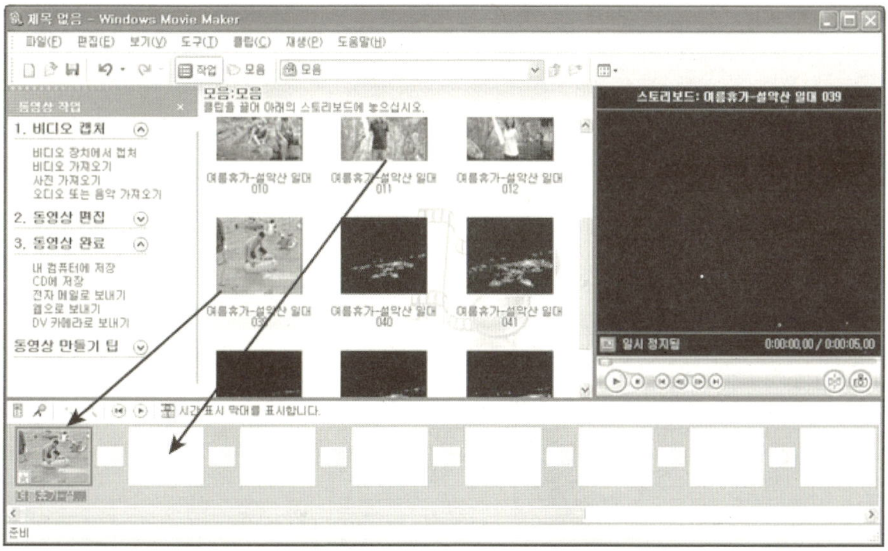

④ 배경음악 불러오기 : [오디오 또는 음악 가져오기]를 클릭하여 원하는 음악을 가져온다.

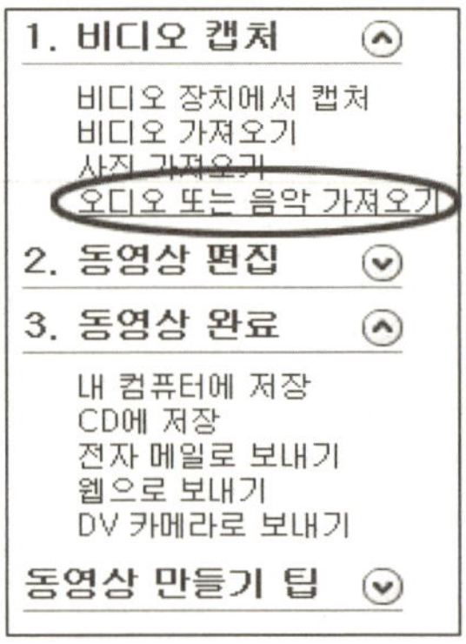

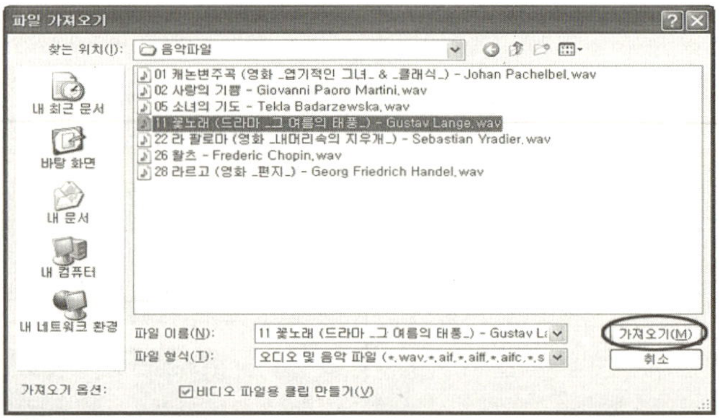

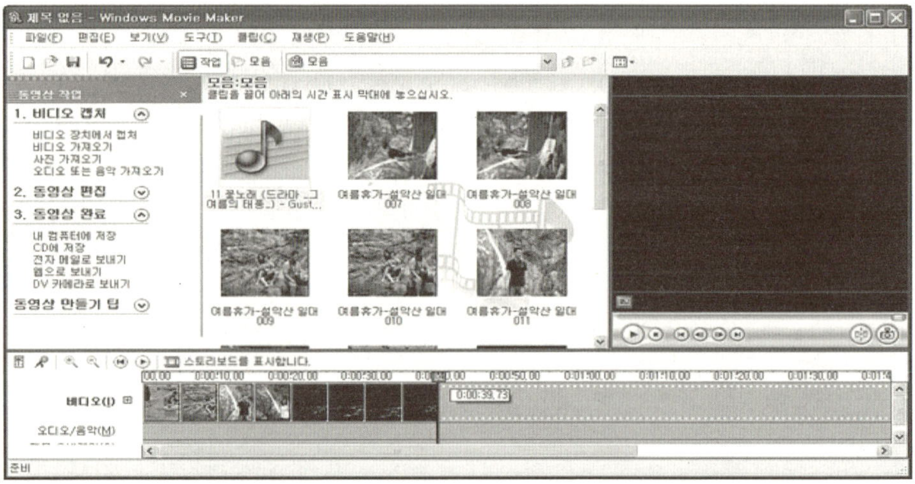

⑤ 내레이션 삽입하기 : [도구]－[시간 표시 막대 내레이션]을 클릭하여 음성을 녹음할 수 있다.

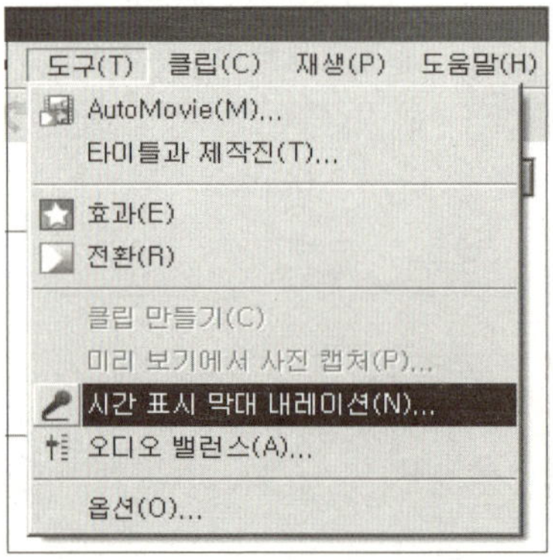

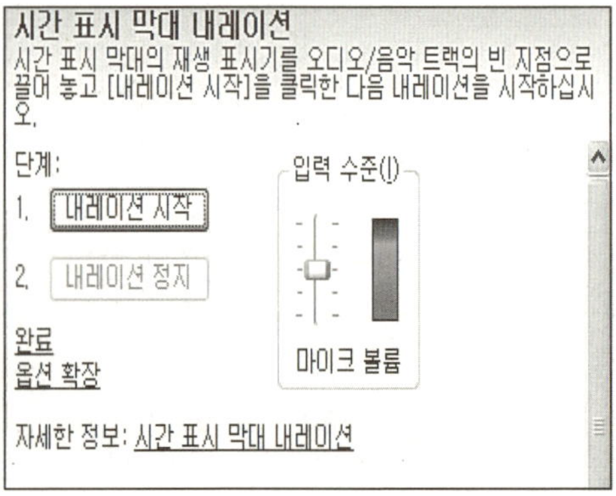

⑥ 타이틀 및 제작진 삽입하기 : [제목 또는 제작진 만들기]를 클릭하거나 [편집] –[타이틀 제작진]을 클릭하고 원하는 글꼴과 애니메이션을 설정한다.

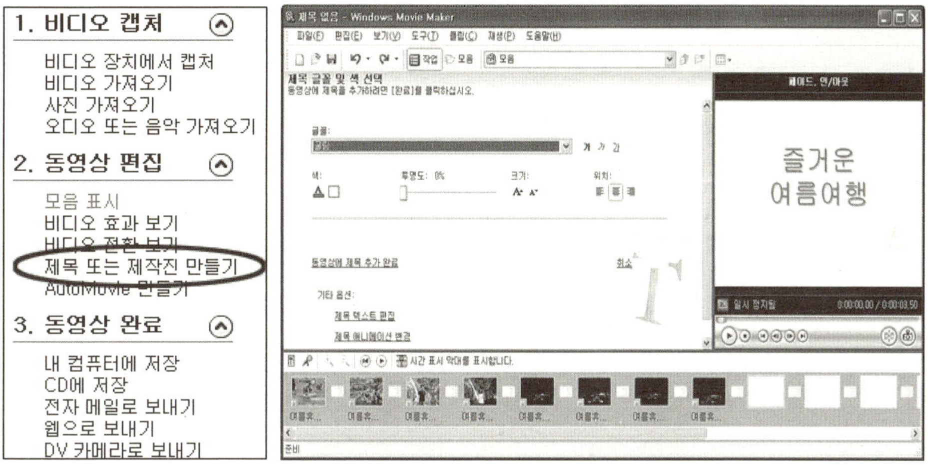

⑦ 전환 효과 적용하기 : [비디오 효과 보기], [비디오 전환 보기]를 클릭하거나 [편집]–[효과], [전환]을 클릭하여 화면에 원하는 효과를 줄 수 있으며 화면 전환시에도 여러 가지 효과를 넣을 수 있다.

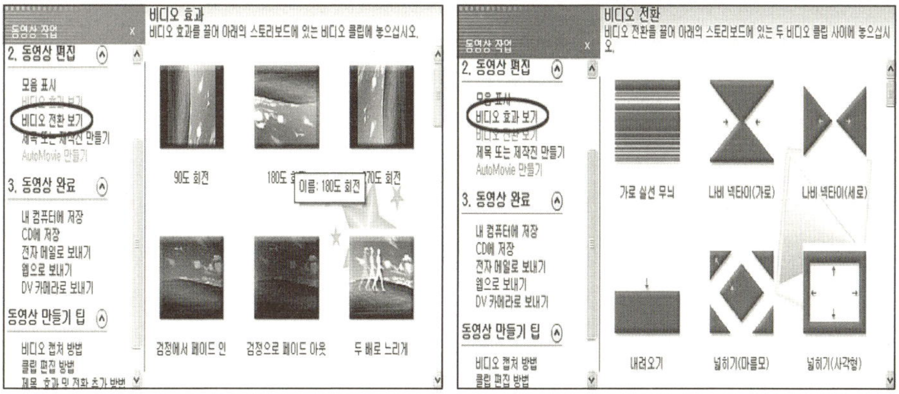

⑧ 저장하기 : [파일]–[동영상 저장하기]를 클릭하여 원하는 위치에 동영상을 저장할 수 있다.

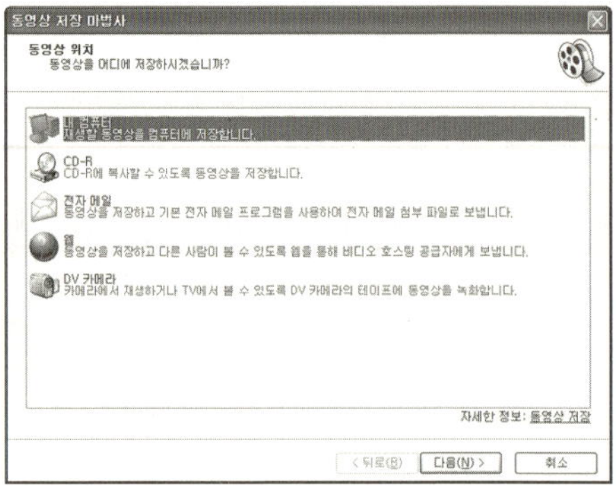

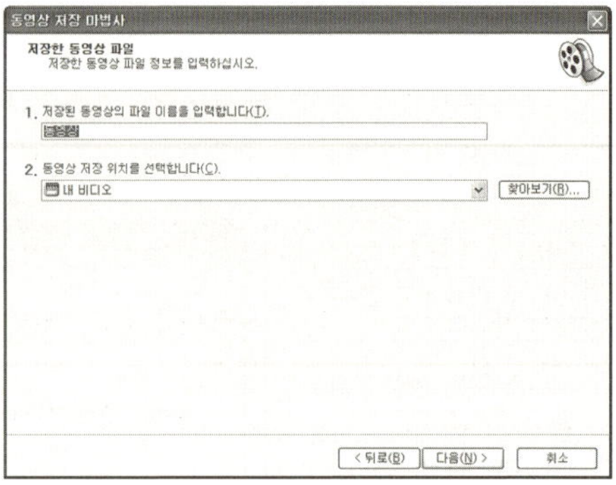

⑨ 완성된 동영상을 감상한다.

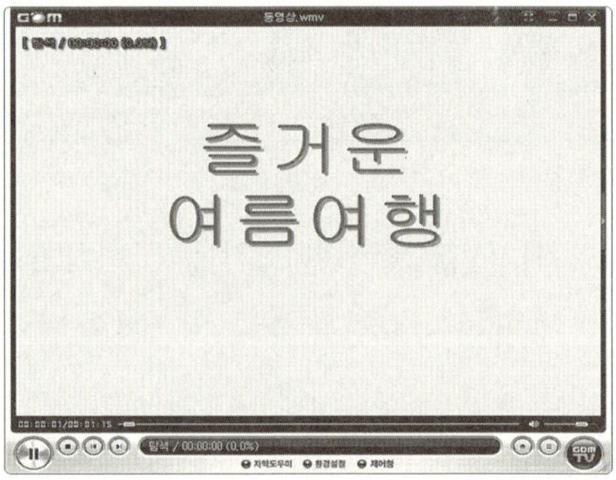

(2) 비디오 편집하기

① 사진 가져오기 : 무비메이커 실행화면에서 [비디오 가져오기]를 클릭한다.

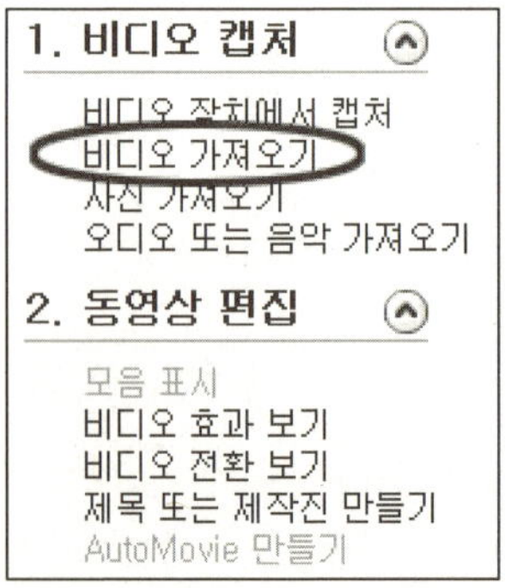

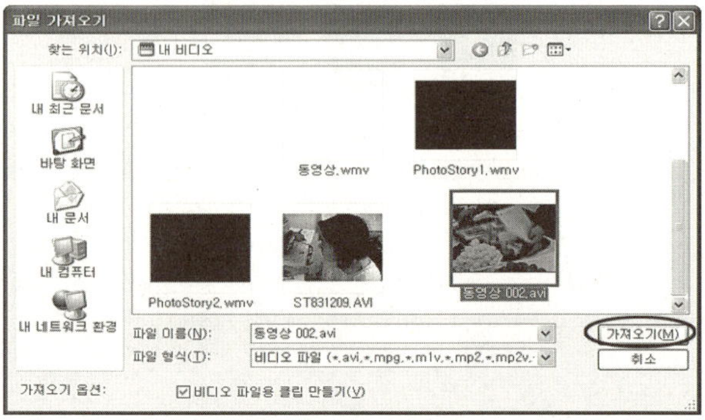

② 스토리 보드에 추가하기 : 불러온 비디오를 드래그하여 스토리 보드에 추가한다.

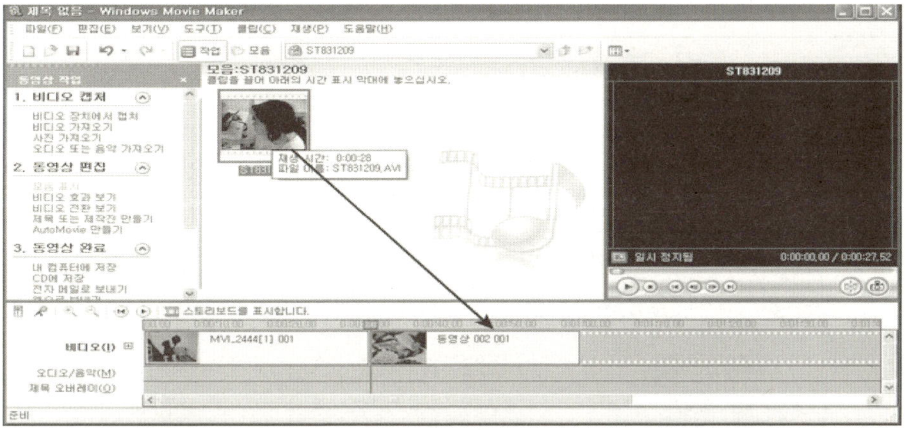

③ 배경음악 삽입하기, 전환 효과 적용하기, 제작진 및 타이틀 삽입하기, 저장하기 등은 1-④~⑧의 방법과 동일하다.

④ 편집된 동영상을 감상해 본다.

02 Pstory(photostory)로 동영상편집

1) Pstory란?

Pstory는 microsoft사가 개발한 동영상 편집 프로그램으로 사진을 이용하여 동영상을 만드는 프로그램이다. 사용방법이 간단하여 초보자도 쉽게 동영상을 만들 수 있다. Pstory는 아래의 사이트에서 무료로 다운로드 받을 수 있다.

http://www.microsoft.com/ko-kr/download/details.aspx?id=11132 혹은 마이크로소프트 다운로드 사이트에서 'photo story 3'를 검색하여 찾는다.

2) Pstory를 이용한 동영상 편집

① 실행하기 : Pstory프로그램을 다운로드하여 설치한 후 실행한다.

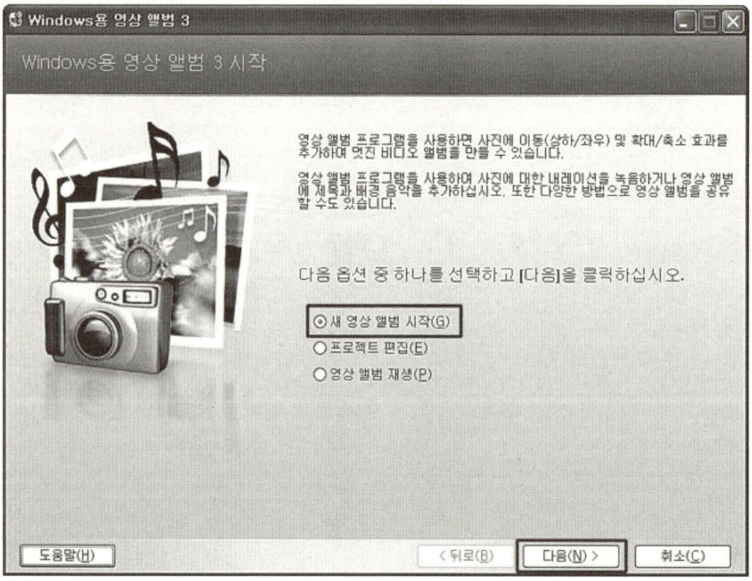

② 사진 가져오기 : 아래 화면에서 [사진 가져오기]를 클릭하여 원하는 사진을 선택한 후 [열기]를 클릭하여 사진을 불러온다.

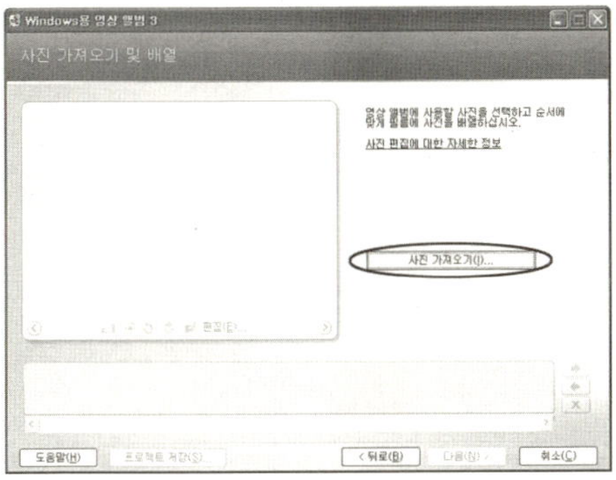

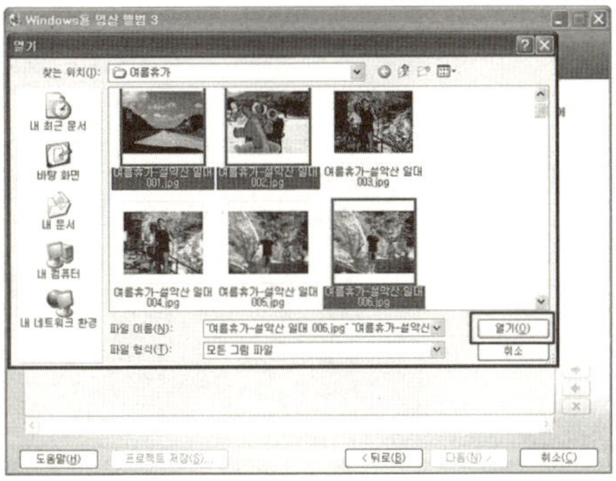

③ 제목 넣기 : 아래와 같이 영상의 제목을 쓰고 원하는 글씨체와 글자색으로 조정한다. 제목을 넣은 후 [다음]을 클릭한다.

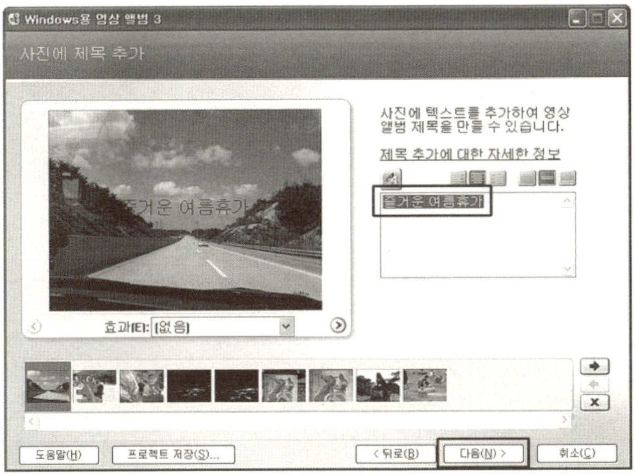

④ 나래이션 녹음 및 동작 사용자 지정 : 빨간색 녹음 단추를 클릭하여 내레이션을 넣을 수 있으며, [동작 사용자 지정]을 클릭하여 장면전환에 대한 설정을 할 수 있다.

[동작 시작 위치 및 끝 위치 지정]을 클릭하여 줌인, 줌아웃 되는 효과를 만든다.

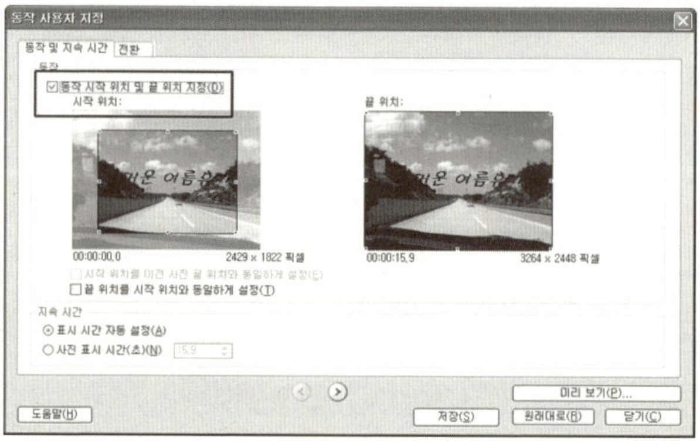

[사진 표시 시간]을 클릭하면 사진에 넣는 효과가 지속되는 시간을 설정할 수 있다.

[전환]탭을 눌러서 장면이 전환되는 방법을 설정할 수 있다.

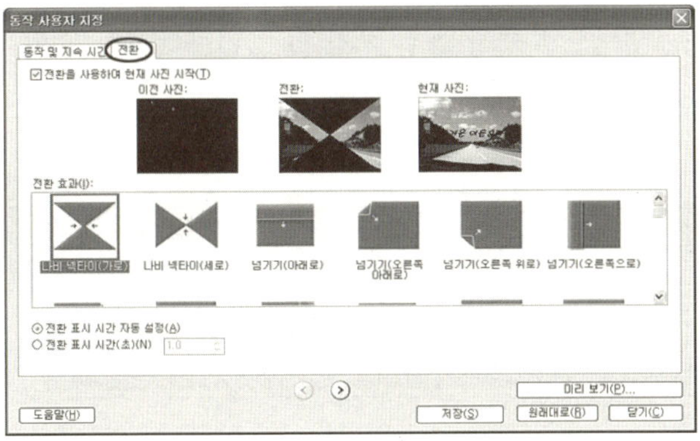

⑤ 배경음악 삽입하기 : [음악 선택]을 클릭하여 PC에 저장된 음악을 선택하거나 [음악 만들기]를 클릭한 후 원하는 스타일의 음악을 선정하여 배경음악으로 삽입한다.

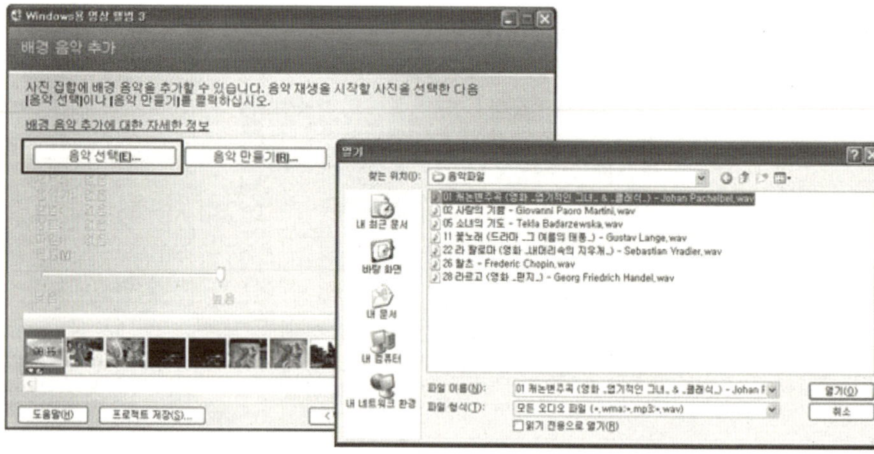

⑥ 저장하기 : 배경음악 선택 후 [다음]을 클릭하면 아래의 화면이 나오는데 [컴퓨터에서 재생하도록 영상 앨범 저장]을 클릭한 후 [다음]을 누르면 "내문서"-"내 비디오"에 저장된다.

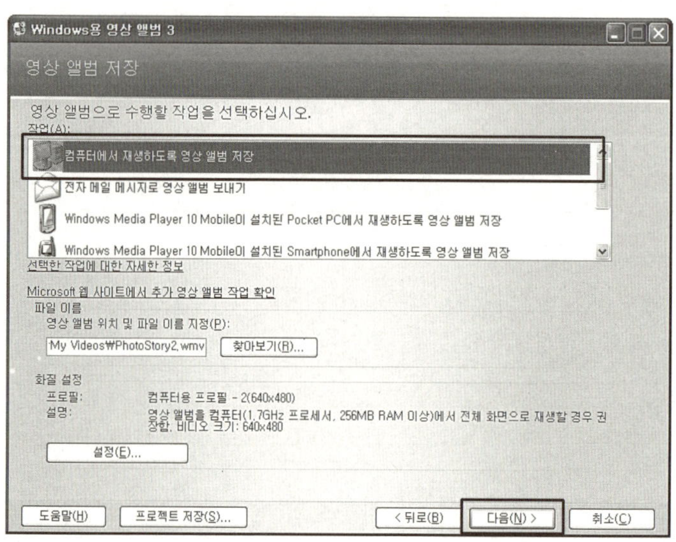

만약에 만든 동영상을 편집하고 싶다면 [프로젝트저장]을 클릭하여 작업한 동영상을 저장하도록 한다.

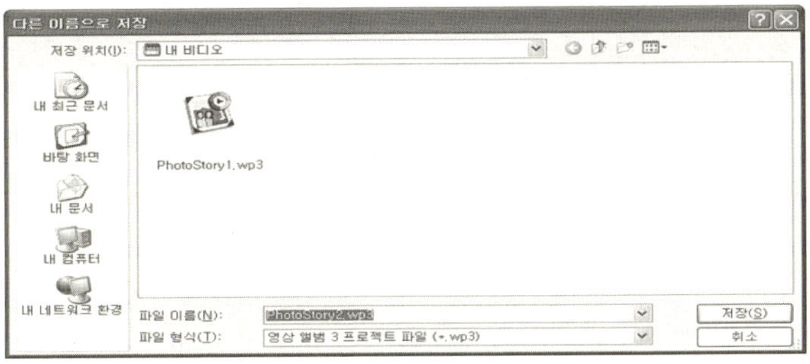

03 알씨로 동영상편집

1) 알씨란?

디지털카메라로 찍은 이미지들을 동영상으로 쉽게 제작하여 감상할 수 있도록 제공하고 있다. 또한 알씨의 꾸미기 기능을 이용해 이미지의 회전 및 편집, 보정, 날짜 삽입 등의 효과를 적용할 수 있으며 알씨에서 곧바로 쉽고 편리하게 사진인화를 주문할 수 있다. 알씨는 이미지의 처리 속도가 빠르고 사용하기 쉬운 인터페이스로 디자인되어 초보자와 전문가 모두 손쉽게 사용할 수 있다. 이 프로그램은 이스트소프트사가 개발한 프리웨어로 인터넷에서 알씨로 검색하여 무료 다운로드한 후 설치하면 된다.

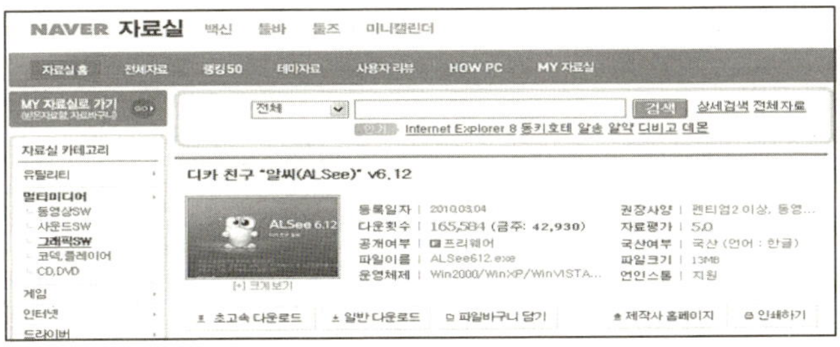

2) 알씨를 이용한 동영상 만들기

① 실행하기 : [알씨 아이콘]을 더블클릭하여 프로그램을 실행한다. 창이 열리면 왼쪽 트리에서 불러올 사진이 있는 폴더를 선택한다.

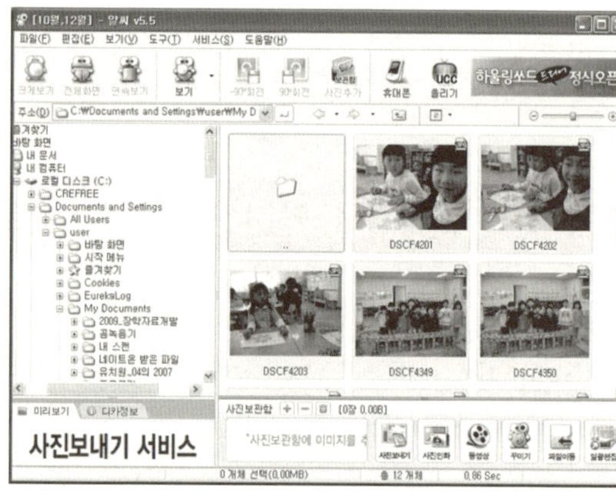

② 사진 선택하기 : 오른쪽 화면에 있는 사진들 중 동영상에 넣을 사진을 선택한 후 하단의 [+]기호를 클릭하여 사진보관함에 사진을 추가한다. 원하는 사진을 다 추가했으면 오른쪽 하단의 [동영상]아이콘을 클릭한다.

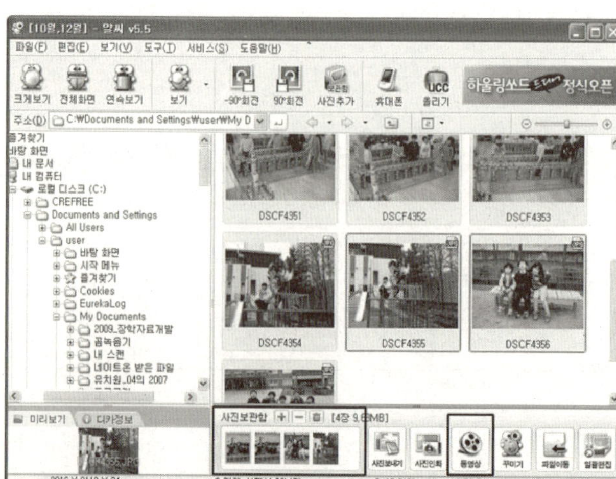

③ 동영상의 화질과 크기 선택하기 : 제시된 화질과 크기 중 원하는 것을 선택한다. 보통[800×600]을 하면 무난하다. [다음]을 클릭한다.

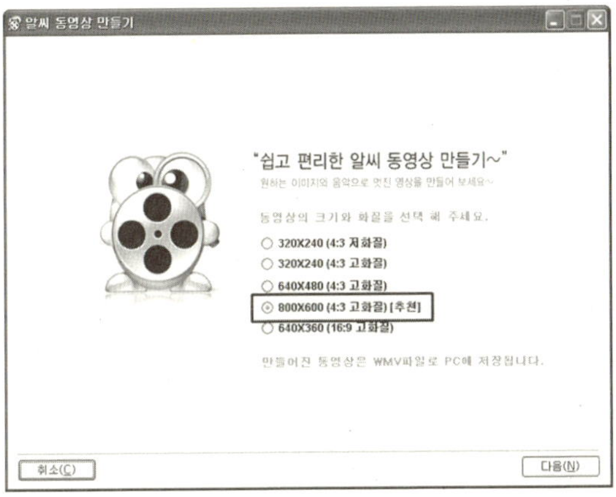

④ 배경 음악 삽입하기 : [음악]에 있는 [+]를 클릭하여 원하는 음악을 불러온다. 불러온 음악을 삭제하고 싶을 때는 [-]를 클릭한다. [재생시간 설정]에서 사진 1장이 넘어가는 시간을 설정한다.

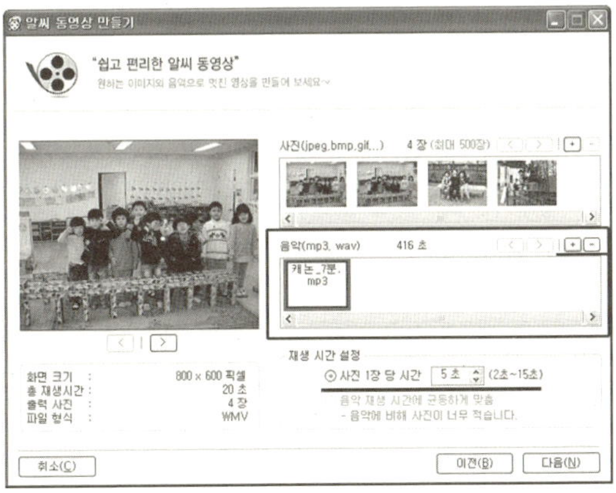

⑤ 화면전환 효과와 액자 효과주기 : [화면전환 효과]에서 원하는 장면전환 모양을 선택하고 [액자 효과]에서 원하는 사진액자 테두리를 정한다. 지정한 효과들은 모든 사진에 동일하게 적용된다. [다음]을 클릭한다.

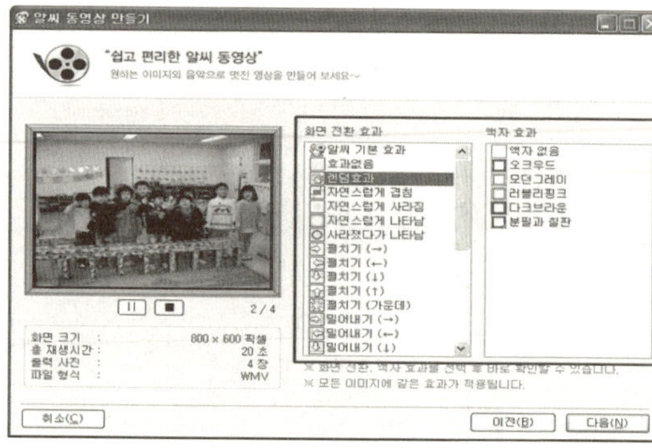

⑥ 자막 넣기 : 각 사진마다 자막을 넣을 수 있다. 글자크기, 모양, 위치 옵션을 선택하고 자막에 들어갈 내용을 타이핑한다. [만들기]를 클릭한다.

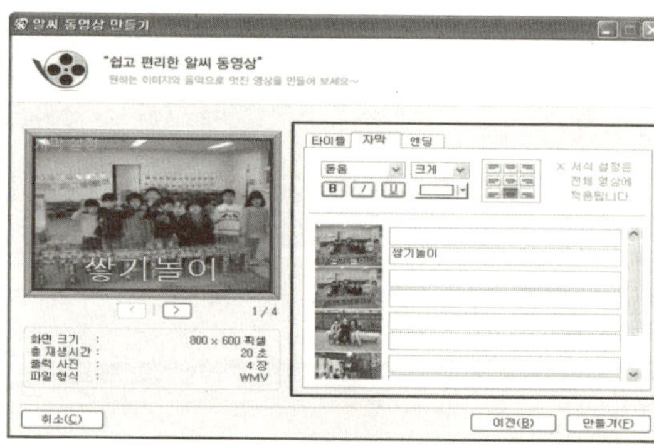

⑦ 동영상 만들기 실행하기 : [만들기]를 클릭하면 동영상 제작이 시작된다. 완료가 되면 감상할 수 있다.

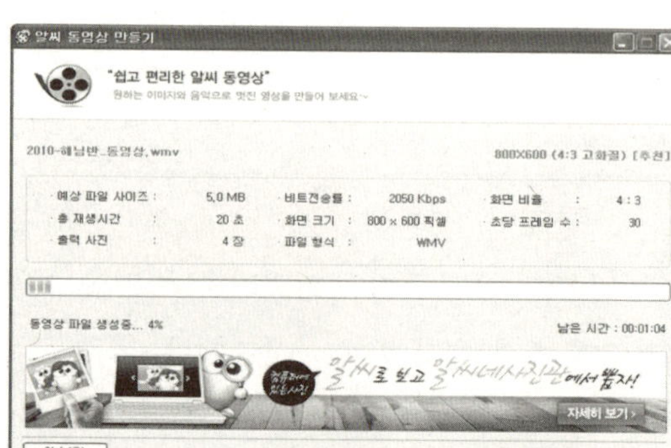

04 | 곰 녹음기로 소리편집

1) 곰 녹음기란

곰 녹음기는 컴퓨터에서 흘러나오는 모든 사운드를 MP3, WAV, OGG 포맷으로 손쉽게 녹음해주는 디지털 녹음기이다. 깔끔하고 사용하기 편리한 직관적인 인터페이스로 구성이 되어 있으며, 자르개 기능을 이용해서 녹음된 파일의 원하는 부분만을 손쉽게 잘라낼 수 있는 기능을 제공하기 때문에 무척이나 편리하다. 이 프로그램은 프리웨어로 인터넷에서 곰녹음기로 검색한 후 다운받아 설치하면 된다.

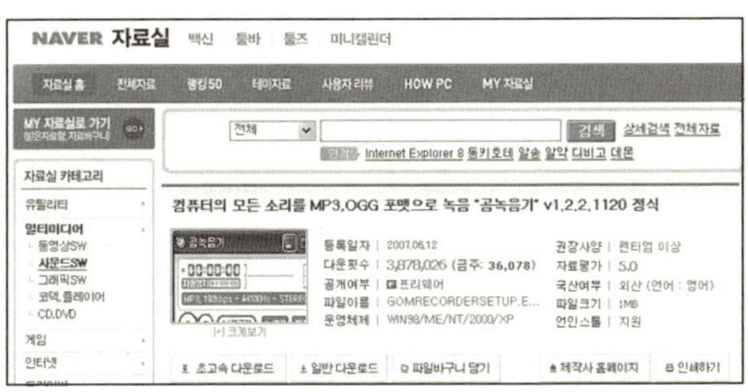

2) 곰 녹음기를 이용한 소리녹음 및 편집하기

① 곰 녹음기 실행하기 : [곰녹음기]아이콘을 실행하여 곰 녹음기 창을 연다.

② 환경설정하기 : [파일설정]에서 형식, 음질을 선택하고 녹음한 파일을 저장할 위치를 선택한다. [녹음설정]에서 시스템 소리 끄기, 항상 위에 표시 등의 옵션을 선택한다. [확인]을 클릭한다.

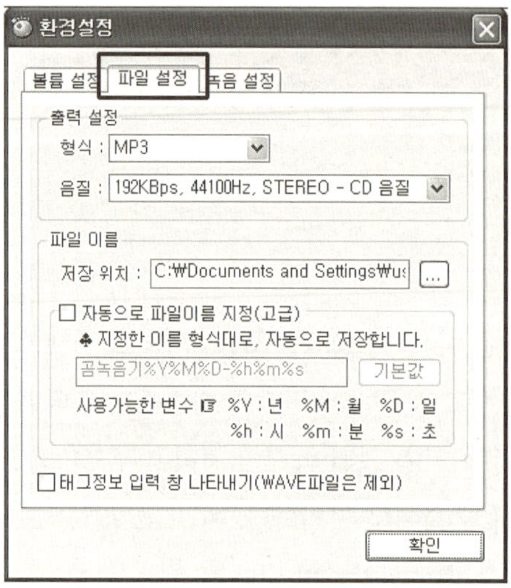

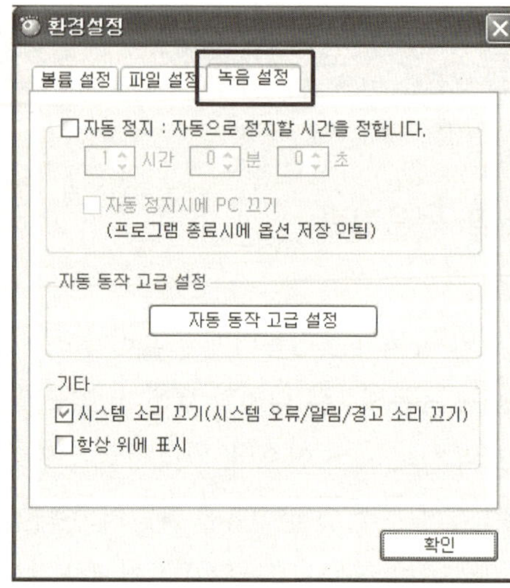

③ 음악 파일 열기 : 음악을 녹음하기 위해서는 원곡이 있어야 한다. CD플레이어 있는 한 곡을 전체 녹음하거나 1절이나 2절 등 일부분만 녹음하기 위해 원곡을 불러온다. 음악 재생기(곰 오디오)가 자동으로 실행되면 일시정지 또는 멈춤 버튼을 눌러둔다.

④ 녹음파일 저장위치 선택하기 : 곰 녹음기의 [빨간단추-녹음단추]를 누르면 앞으로 녹음할 파일을 저장할 위치를 묻는다. 원하는 폴더를 선택하고 파일명을 적은 후 [저장]을 누른다.

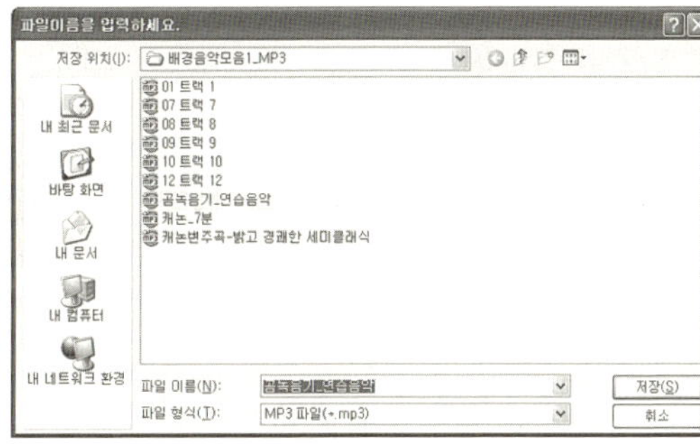

⑤ 원하는 만큼 녹음하기 : 곰 오디오에서 [재생]버튼을 눌러 원곡을 플레이 시킨다. 원하는 만큼 음악을 녹음하고 곰 오디오의 [일시정지 또는 멈춤]버튼을 누르면 자동으로 곰 녹음기의 녹음이 멈춘다. 녹음이 완료되면 녹음한 음악파일을 열어 재생을 확인한다.

⑥ 자르개로 음악을 편집하기 : [자르개]버튼을 눌러 자르개 창을 연다.

⑦ 편집할 음악 불러오기 : [파일]-[파일열기]를 선택해 편집할 음악을 불러온다.

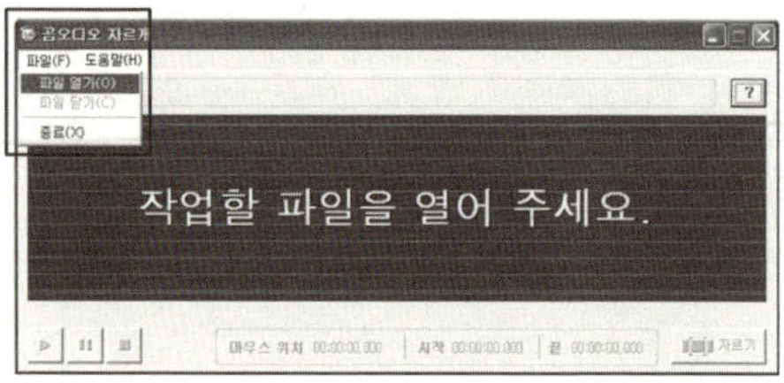

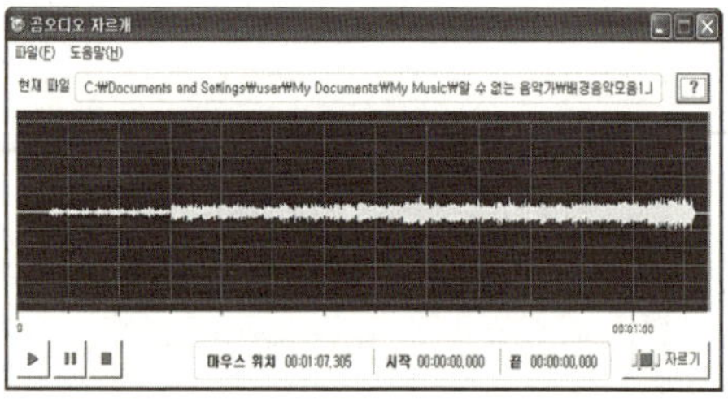

⑧ 잘라낼 영역 설정하기 : 마우스로 잘라낼 음악부분의 시작점과 끝점을 차례대로 찍어서 영역을 설정한다. 또는 시작점에서 끝점까지를 드래그하면 영역이 설정된다. 설정한 영역을 변경하려면 마우스를 다시 찍으면 된다. 그 다음 [자르기]를 클릭한다.

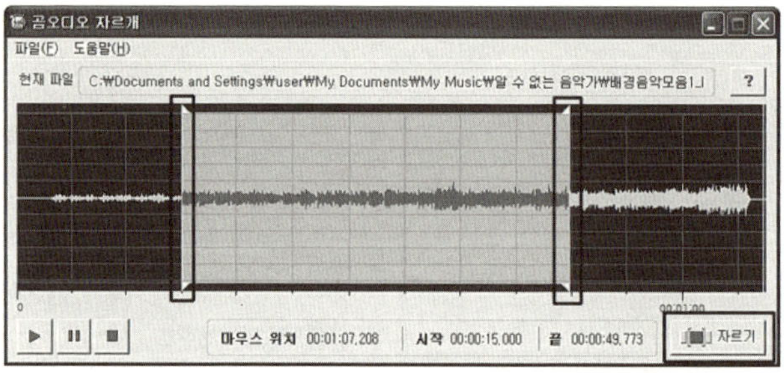

⑨ 잘라낸 음악영역을 저장하기 : 음악을 저장할 위치를 선택한 후 [저장]을 클릭한다.

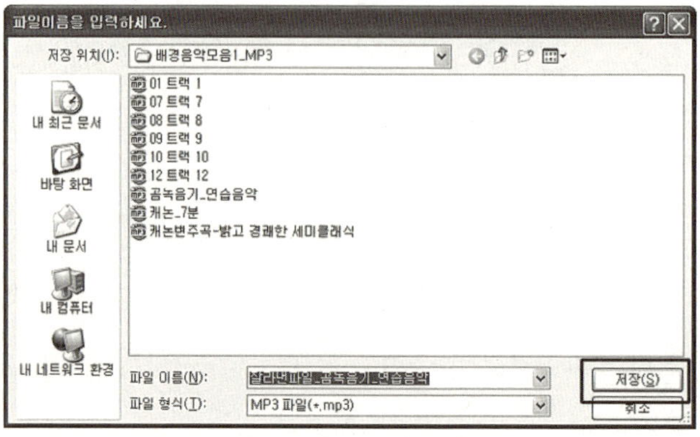

05 유용한 도구들

1) 디지털 카메라

(1) 디지털 카메라란?

디지털 카메라(Digital Still Carmera)는 "DSC"로 약칭되며 렌즈를 통과한 빛을 필름대신 CCD(Charged Coupled Device)를 이용해 디지털 신호로 변경하여 카메라의 데이터를 보관하는 기록 매체에 저장하는 장치이다. 저장된 데이터는 자체 LCD모니터, PC, TV, 또는 프린터 등의 출력 장치를 통해 출력할 수 있다. 또한 디지털 카메라로 촬영한 이미지는 컴퓨터를 통해 다양한 편집을 할 수 있다.

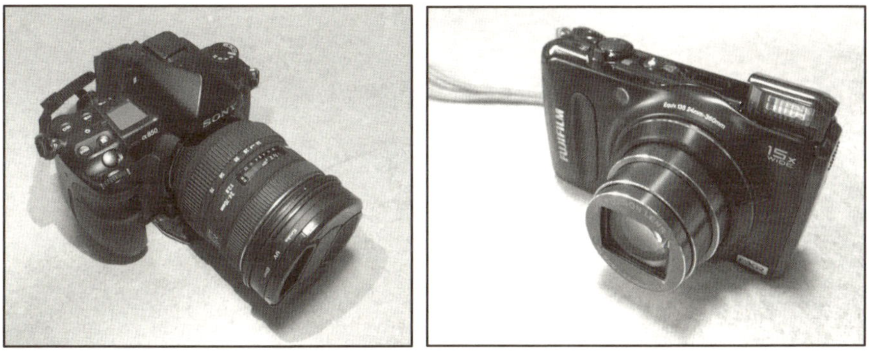

디지털 카메라

(2) 디지털 카메라의 장점

카메라는 다른 이미지 미디어에 비해 조작이 쉽고 간편하다. 특히 디지털 카메라의 대중화로 쉽게 필요한 이미지를 만들어 내거나 자유로운 표현을 하는 데 매우 효과적으로 사용할 수 있다(노연숙, 현혜연, 하동환, 2007). 또한 필름 카메라와는 달리 그래픽 프로그램으로 간단한 수정, 보완이 가능함은 물론 전문가적인 효과를 줄 수 있다. 이러한 디지털 카메라의 장점을 정리하면 다음과 같다.

첫째, 사진을 촬영한 후 바로 찍은 내용을 확인할 수 있다. 과거 필름 카메라와 같이 현상과 인화 과정을 거치지 않고 카메라 액정을 통해 촬영한 사진을 볼 수 있으며, 마음에 들지 않았을 때는 구도나 밝기를 수정하여 여러 번 다시 촬영할 수 있기 때문에 좀 더 나은 사진을 얻을 수 있다.

둘째, 유지비가 적다. 디지털 카메라는 필름값과 인화비 걱정이 없으며, 디지털 카메라는 사용 후 이미지를 컴퓨터로 옮기고 카메라에 있는 이미지들을 메모리에서 지우면 다시 사용할 수 있어서 거의 영구적으로 활용이 가능하다. 따라서 많은 양의 촬영이 가능하다.

셋째, 필름카메라보다 많은 양의 데이터를 저장할 수 있다. 저장 메모리를 사용하여 많은 수의 사진을 저장할 수 있다. 256MB 메모리의 경우 PC화면 크기 정도의 사진을 수백장 저장할 수 있다.

넷째, 영구보존할 수 있다. 디지털 카메라는 이미지를 디지털 방식으로 저장하기 때문에 이미지에 변색이 생기지 않고 원본 그대로 보관할 수 있는 것은 물론 언제라도 원할 때 열어 감상할 수 있다.

다섯째, 편집도 내 마음대로 한다. 포토샵이나 페인트샵 등의 그래픽 프로그램을 이용하여 이미지의 수정이 용이하다. 또한 촬영한 이미지에 배경 그림이나 테두리를 넣는 등 이미지를 편집할 수 있다.

여섯째, 동영상 촬영도 가능하다. 물론 캠코더에 비해서는 촬영시간이 짧고 화질이 떨어지지만 디지털 카메라에 동영상 기능이 포함되던 초창기와 달리 최근에는 동영상 기술이 크게 발달해 e-mail용 간이 동영상 등으로 활용하는데 부족함이 없다.

(3) 디지털 카메라의 활용

디지털 카메라는 유아교육 현장에서 유용하게 사용될 수 있다. 디지털 카메라를 교육 현장에서 활용하였을 때의 유용성을 교사와 유아, 학부모의 측면에서 살펴보면 다음과 같다.

먼저, 교사에게 있어서 디지털 카메라는 현장에서 매우 유용한 기록매체가 된다. 디지털 카메라는 유아들의 학습과정을 비디오처럼 볼 수 있게 해줄 뿐 아니라 유아의 동작과 음악, 그리고 보존하고 어려운 3차원 구성물도 기록할 수 있도록 해준다(김경철, 1999). 교사는 유아들의 활동 결과물과 활동 과정들을 디지털 카메라로 촬영하고 이를 저장하여 기록화 하였을 때 유아들의 발달 상황을 파악할 수 있고, 유아들이 무엇을 학습하고 있는지 알 수 있으며, 자신의 교수방법을 수정하여 교육적 효과를 높일 수 있다.

둘째, 디지털 카메라는 유아들에게 학습을 위한 도구로 사용될 수 있다(김경철, 박현진, 2005). 즉 유아들은 디지털 카메라를 이용하여 효율적인 학습 경험을 할 수 있다. 노연숙, 현혜연, 하동환(2007)은 디지털 카메라를 탐색, 표현, 감상을 효율적으로 적용할 수 있는 도구가 된다고 하였다. 즉, '탐색'을 통해 주변에서 관찰 가능한 다양한 요소들을 찾고, 느끼는 과정으로 유아들은 내 주변의 사물과 인물에 대한 호기심과 관찰 능력을 키우게 되며, 언어적인 표현 능력이 부족한 유아들에게 자신의 생각이나 감성을 표현할 수 있는 유용한 수단으로 사용될 수 있다. 또한 이미지를 '감상'하는 과정을 통해 대상에 대한 관심을 높일 수 있다. 뿐만 아니라 유아들의 학습과 경험들을 기록화 한 사진들을 감상했을 때 유아들은 성취감과 소속감을 느낄 수 있으며, 활동에 대한 동기 유발이 용이하다(박미정, 2009).

셋째, 디지털 카메라의 활용은 학부모로 하여금 자녀에 대한 이해와 유아교육기관에 이해를 높이며, 교육의 동반자가 되게 해준다. 교사는 학부모와 상담 시 유아들의 활동과정 및 결과물을 토대로 상담함으로써 학부모는 유아들의 학습 상태와 발달에 대하여 보다 쉽게 이해할 수 있으며 유아교육기관에서 행해지는 교육활동에 대한 이해를 높일 수 있다.

이처럼 디지털 카메라는 교육 현장에서 유용한 교수매체이며, 그 활용도가 매우 큰 것임을 알 수 있다. 디지털 카메라의 사용의 용이성을 바탕으로 다양한 기능을 학습 상황에 맞게 적절히 활용한다면 교육의 효율성을 높이기 위한 효과적인 교수매체로 활용될 수 있을 것이다.

2) 보이스 레코더

(1) 보이스 레코더란?

보이스 레코더는 마이크를 내장하고 있어 쉽고 간단히 음악은 물론 인터뷰 등을 녹음할 수 있다. SD카드를 매체로 사용하며 믹서 기능과 이펙트 제공, 메트로놈 등 다양한 부가기능이 제공되며, 오디오 케이블 혹은 USB 케이블로 레코더와 PC를 연결하여 데이터를 주고 받을 수 있다.

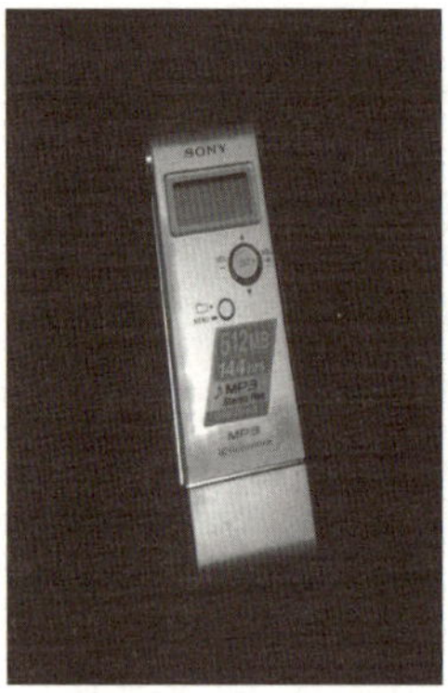

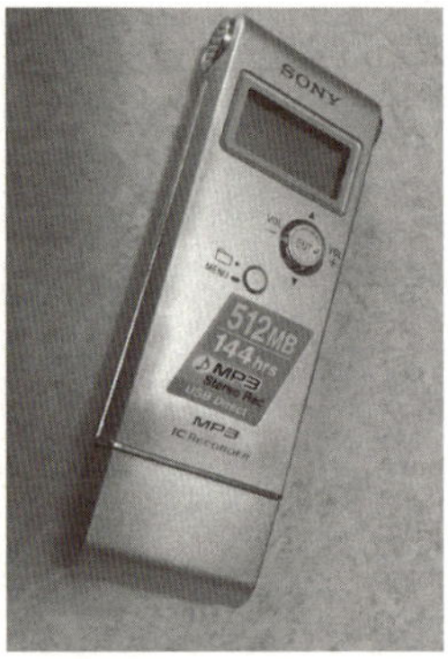

보이스 레코더

(2) 보이스 레코더의 장점

대부분의 MP3 플레이어가 음성 녹음 기능을 부가 기능으로 지원하고 있고, 휴대폰에서도 녹음 기능을 제공한다. 또한 노트북이나 PMP에서도 마이크는 기본적으로 탑재되어 있다. 이처럼 보이스 레코더의 기능을 지원하는 다른 디지털 제품이 있지만 보이스 레코더가 가지는 가장 큰 장점은 기록, 즉 녹음에 초점을 맞추어진 다양한 기능을 가지고 있다는 점이다. 보이스 레코더는 장시간 녹음이 가능하다. 4GB의 용량을 기준으로 고음질 녹음의 경우는 약 48시간, 장시간 재생 녹음의 경우는 무려 1152시간 가량의 녹음이 가능하다. 또한 소리가 있을 때는 자동으로 녹음을 시작하고 소리가 들리지 않을 때는 일시 정지하는 VOR(Voice Operated Recording)기능을 제공하고 있으므로 배터리 소모를 줄이고 장시간 녹음이 가능하도록 해준다.

이 밖에도 보이스 레코더의 녹음 파일은 MP3 파일 형태로 할 수 있으므로 MP3 플레이어로 활용이 가능할 뿐만 아니라 음질을 명료하게 하는 기능을 비롯해 다양한 음향 효과를 제공하기도 한다.

(3) 보이스 레코더의 활용

보이스 레코더는 흔히 인터뷰 등 교사에 의해 사용된다고 생각하는 경우가 많지만 유아 교육 현장에서도 유용한 교수매체로 사용될 수 있다.

보이스 레코더는 유아의 언어활동을 위한 교수매체가 될 수 있다. 언어영역에서 유아들은 자신의 말소리를 녹음해서 들어보거나 동화를 읽는 것을 녹음하여 다시 들어봄으로써 말과 글의 관계에 대한 관심을 높일 수 있다. 또한 녹음된 음성을 PC에 저장하여 전자 동화를 만들거나 프레젠테이션 자료를 만들 때 활용할 수 있다.

뿐만 아니라 교사는 보이스 레코더를 사용하여 유아들의 자연스러운 대화내용을 녹음해 들어봄으로써 유아의 또래들과의 상호작용 내용과 언어표현능력, 관심사 등을 파악하여 유아에 대한 이해를 높이고 앞으로의 교수-학습 방향을 설정하는 데 참고자료로 사용할 수 있을 것이다.

참고문헌

김경철(1999). 기록화를 통한 유아평가 방법. **열린유아교육연구**, 4(1), 21-43.

김경철, 박현진(2005). 디지털카메라의 유아교육기관 현장 활용. **어린이미디어연구**, 4, 129-156.

노연숙, 현혜연, 하동환(2007). 디지털 카메라를 활용한 유아 사진 교육이 이미지 리터러시 능력 향상에 미치는 영향. **한국사진학회지**, 16, 64-72.

박미정(2009). 사진활동을 통한 유아의 '살아있는 것'에 대한 이해 변화. 한국교원대학교 대학원 석사학위논문.

찾아보기

ㅍ

ㅎ

저자소개

김경철

현) 한국교원대학교 교수

전) 한국어린이미디어학회 회장

연구실적:

유아교육개론

멀티미디어를 활용한 유아언어활동

곽주희

현) 인천굴포초등학교 병설 유치원교사

현) 한국교원대학교 박사과정 수료

연구실적

유아용 소프트웨어 사용자 인터페이스 분석

유치원에서의-learning

유아의 동기유발 전략탐색

유아 컴퓨터 교육

2014년 9월 15일 1판 1쇄 인쇄
2014년 9월 20일 1판 1쇄 발행

저 자 : 김경철 · 곽주희
발행자 : 김 동 규
발행처 : 교육과학사

주 소 : 경기도 파주시 문발동 광인사길 71
전 화 : 031 - 955 - 6956~8
팩 스 : 031 - 955 - 6037

Home-page : www.kyoyookbook.co.kr
E-mail : kyoyook@chol.com
등 록 : 1970년 5월 18일 제2-73호
정 가 22,000원
ISBN 978-89-254-0885-9